지은이 ¦ 장 스타로뱅스

프랑스 문학사 및 지성 … 스 주네브에서 태어나 주네브대학에서 문학과 의학을 … 브대학병원과 미국 존스홉킨스대학에서 인턴 생활을 했다. 이 시기에 정신분석학 임상의로서 프로이트를 깊이 연구했다. 1958년 주네브대학에서 『장자크 루소: 투명성과 장애물』로 문학 박사학위를 받고 같은 대학 지성사 교수로 부임한다. 1960년엔 『멜랑콜리 치료의 역사』로 의학 박사학위를 받았다. 루소를 '투명성'과 '장애물' 사이를 부단히 오간 작가로 부각한 박사논문은 출간 즉시 루소를 읽는 새로운 관점을 제시했다는 평가를 받았고, 지금까지도 루소 연구의 고전으로 꼽힌다. 이후 스승인 마르셀 레몽과 공동으로 루소 전집을 편집한다. 레몽과 장 루세, 알베르 베갱, 조르주 풀레 등과 함께 '주네브학파'의 일원으로도 꼽힌다.

문학과 의학, 인문학과 자연과학 사이를 넘나드는 연구 궤적은 그의 저작에 고스란히 드러난다. 스타로뱅스키에게 루소(문학)와 멜랑콜리(의학)는 연구와 비평의 출발점이자 근간이다. 보들레르의 시를 멜랑콜리의 관점으로 훌륭히 분석한 『거울에 비친 멜랑콜리』(1990)를 비롯하여 멜랑콜리라는 주제는 스타로뱅스키의 거의 모든 저술에 등장하며, 이를 집대성한 책이 『멜랑콜리의 잉크』(2012)이다.

계몽주의의 이념이 당대의 예술작품에 어떤 반향을 일으켰는지 추적한 『자유의 발명 1700~1789』(1964)과 『1789 이성의 상징』(1973)은 18세기 유럽의 예술과 철학사상을 자유로이 넘나들면서 '빛의 세기'의 이면을 독창적으로 읽어낸다.

그밖에 주요 저서로는 자신의 문학 사상과 방법론을 개진한 『비평의 관계』와 『곡예사의 초상』(1970), 소쉬르 연구서 『말 아래의 말』(1971), 광기의 발현을 다룬 『세 개의 분노』(1974), 18세기 연구 논문집 『악 속의 약: 계몽주의 시대 비판과 정당화』(1989), '작용'과 '반작용'이라는 용어의 역사와 문학적 수용사를 다룬 기념비적 저서 『작용과 반작용』(1999), 오페라와 현대 회화를 논한 비평서 『매혹적인 여인들』(2005), 루소 연구 논문집 『비판과 유혹』 및 디드로 연구 논문집 『디드로: 어느 악마의 지저귐』(2012), 문학과 예술에 대한 연구 및 비평을 모은 『세상의 아름다움』(2016) 등이 있다.

옮긴이 ¦ 이충훈

서강대학교 불어불문학과를 졸업하고 동 대학원에서 불문학을 공부했다. 프랑스 파리 4대학에서 「단순성과 구성: 루소와 디드로의 언어와 음악론 연구」로 문학 박사학위를 받았으며 현재 한양대 프랑스학과 부교수이다. 스타로뱅스키의 『장자크 루소: 투명성과 장애물』, 디드로의 『백과사전』『미의 기원과 본성』『듣고 말하는 사람들을 위한 농아에 대한 편지』, 사드의 『규방철학』, 조르주 페렉의 『생각하기 / 분류하기』 등을 우리말로 옮겼다.

자유의 발명 1700~1789 / 1789 **이성의 상징**

L'INVENTION DE LA LIBERTE
1700~1789
suivi de
1789 LES EMBLEMES DE LA RAISON
by JEAN STAROBINSKI

This Korean edition was published by arrangement with EDITIONS GALLIMARD (Paris) through Bestun Korea Agency Co., Seoul.

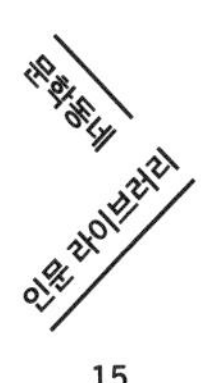

자유의 발명 1700~1789 | 1789 이성의 상징

장 스타로뱅스키 ¦ 지음
이충훈 ¦ 옮김

문학동네

차례

1789 이성의 상징

일러두기

1. 이 책은 Jean Starobinski, *L'invention de la liberté 1700~1789* suivi de *1789 Les emblèmes de la Raison* (Gallimard, 2006)를 완역한 것이다. 이 원서는 『자유의 발명 1700~1789*L'invention de la liberté 1700~1789*』(1964)과 『1789 이성의 상징*1789 Les emblèmes de la Raison*』(1973)의 합본이다.
2. 원서에서 이탤릭체로 된 강조 부분은 고딕체로 표시했다. 본문 하단의 각주는 역주이고, 본문 중간의 [ ]는 역자가 독자의 이해를 돕고자 덧붙이거나 부연설명한 부분이다.
3. 단행본과 잡지는 『 』, 시詩와 논문 등은 「 」, 예술작품은 〈 〉로 표시했다.

책을 펴내며

이 책의 목적은 18세기 예술과 철학사상에 공히 나타났던 내용을 재조명해보는 데 있다. 18세기 내내, 그리고 프랑스혁명의 위기 상황에서 구체화되었던 경험을 그것이 나타난 양상을 고려하면서 느껴보고 이해해보고 싶었다. 관상을 보듯, 예술가들에 의해 구현된 다양한 광경에 의미를 부여해보고 싶었던 것이다.

이런 관점에서 유럽 계몽주의 시대를 성찰하고 이를 두 권의 책으로 펴냈었다.* 첫 책 『자유의 발명 1700~1789』에서는 어떻게 계몽사상이 개화된 의지의 기획에 힘입어 인간의 타락을 가르치는 신학을 거부하고 인간 본성을 회복하여 감각적 삶과 감정에 관한 주제들을 우선시했는지 보여주고자 했다. 감각과 의지를 중시하는 새로운 인간학은 이미 17세기 말에 나타났다. 나는 이렇게 시작된 인간학에 근거해 내 생각을 과감하게 확장해보았다. 이 책의 제목에 쓰인 '발명'이라는 말은 원래 이 단어가 갖는 두 가지 주된 의미를 고려한 것이다. (성십자가 발견 축일Invention de la Sainte Croix이라고 할 때나 새로 찾은 성인의 유골을 가리킬 때처럼) 성물聖物을 되찾는다는 옛 의미와 함께 새로운 양식, 새로운 기계,

* 『자유의 발명 1700~1789』(주네브: 알베르스키라, 1964)와 『1789 이성의 상징』(파리: 플라마리옹, 1973)을 가리키며, 2006년 갈리마르Gallimard에서 이 두 권의 합본이 출간되었다.

새로운 정부의 체계 등을 혁신하여 창조하는 행위라는 의미가 그것이다.* 나는 이 한 단어로 계몽사상의 두 목표를 한번에 지적할 수 있으리라 생각했다. 하나는 근대국가의 주체가 잊었거나 잃었던 최초의 자유를 정당하게 회복하는 것이고, 다른 하나는 시민의 행복을 약속하는 사회 변혁의 기초를 놓는 것이다. '자유의 발명'이라는 제목은 복원하는 동시에 창설하는 것이었던 창조적 야심을 겨냥한다.

두번째 저작 『1789 이성의 상징』에서는 프랑스혁명기 문화에 나타나는 몇 가지 전형적인 이미지를 유럽 신고전주의의 맥락에서 고찰했다. 이 책은 당시 사람들이 위대한 원칙의 승리를 축하하며 그 원칙을 분명히 드러내 널리 퍼뜨리고자 바랐던 형식들을 연구한다. 당대에 이 승리는 서광曙光이 비치는 모습으로 재현되곤 했다. 오늘날의 관점에서 보면 어둠을 추방하고자 했던 이 예술이 최고조에 이른 것은 고야와 같이 자기 내면에서는 물론 자기 주변에서 어둠이 불길하게 회귀할 것을 두려워한 예술가들에게서였다.

두 책이 빛을 보게 된 정황을 기억해야겠다. 『자유의 발명 1700~1789』는 스위스 주네브의 편집인이었던 알베르 스키라의 제안에 응한 것이었다. 스키라는 '예술, 사상, 역사'라는 제목의 총서를

* '발명invention'이라는 단어에는 '어떤 성유물의 발견' 또는 '로마가톨릭에서 그러한 발견을 기념하여 거행하는 축제'라는 종교적인 의미가 있다. 『아카데미프랑세즈 사전』은 invention의 두 가지 의미를 구분한다. 하나는 흔히 이 말이 갖는 '(새로운 것을) 고안해내는 정신의 능력'이라는 의미이고, 다른 하나는 '성유물의 발견을 가리키거나 교회에서 성유물을 발견했던 것을 기념하여 개최하는 축제'라는 의미다. 물론 이 단어가 이전에 존재하지 않았던 것을 새롭게 제작하는 행위를 가리키기는 하지만 수사학에서 이 단어는 이미 존재했던 이야기를 토대로 새로운 이야기를 '고안'한다는 의미로 사용되었다. 여기서는 이 단어를 '발명'이라고 옮겼지만 이후 문맥에 따라 '고안' 또는 '창안'이라고 옮기기도 했다.

발간하고자 몇 사람에게 뜻을 물었다. 이 총서의 목적은 유럽 예술사를 세분화된 학문분과의 벽을 뛰어넘어 다시 훑어보자는 데 있었다. 조르주 뒤비가 낸 첫 세 권은 880년에서 1420년까지의 긴 시기에 할애되었다.[1] 앙드레 샤스텔은 두 권의 책에서 르네상스부터 르네상스의 '위기'(1420~1600)까지를 다루었다. 다음으로 줄리오 카를로 아르간은 『수도들의 유럽 1600~1700 *L'Europa delle Capitali, 1600~1700*』에서 바로크 시대를 다루었다. 이어서 내가 18세기를 맡았다. 이후 작업은 외제니 드 케제르, 넬로 포넨테, 로베르 들르부아가 맡았다. 책에 각주나 고증자료를 넣지 말자는 데 누구도 이의를 제기하지 않았다. 이 시리즈는 강의식이 아니라 구체적인 증거를 바탕으로 자유로운 성찰을 제시하고자 했다. 볼거리를 제공하면서 생각할 거리도 제공하기 위해서였다.

제목에 '1789'라는 연대를 앞세운 두번째 책은 역시 제목에 연대를 표시한 다른 두 저작과 짝을 맞춘 것이다. 이브 본푸아의 『로마 1630: 초기 바로크의 지평 *Rome, 1630: l'horizon du premier baroque*』(1630년은 로렌초 베르니니가 로마의 산피에트로바실리카에 천개baldacchino를 세운 해)과 가에탕 피콩의 『1863: 현대 회화의 탄생 *1863, Naissance de la peinture moderne*』(이 책은 낙선전Salon des Refusés과 마네의 그림을 출발점으로 삼았다)*이 그것이다. 총서를 하나 해보자는 기획은 밀라노에서 시작되었다. 이를 주관한 이브 본푸아는 총서 이름을 '시대의 천칭에 대하여'라고 붙였다. 저자들에게 역사적 문맥을 고려했을 때 중요한 의미를 지니는 사건이나 작품의 연대를 출발점으로 삼게 하자는 계획으로, 본푸아는 총서의 프로

* '낙선전洛選展'은 나폴레옹3세의 주선으로 1863년 5월 15일에 살롱전에서 낙선한 작품들을 모아 개최한 전시회를 말한다. 여기에 마네의 〈풀밭 위의 점심식사〉가 전시되어 스캔들을 일으켰다. 이 시기에 마네는 또다른 걸작 〈올랭피아〉를 완성했고, 이 작품은 2년 후에 공개되었다. 낙선전은 이후 1864년, 1873년, 1875년, 1882년에도 개최되었다.

그램을 다음과 같이 명확하게 규정했다. “역사의 매 순간에 회화, 건축, 조각 등은 위대한 모범을 수용하거나 부정하면서 그 예술의 미래를 결정한다. 매 순간, 형식의 변화와 사회의 발전은 예상치 못한 방식으로 서로에게 영향을 미친다. 우연이 개입하면서 깊은 원인들이 벌이는 작용에 혼란이 오기 때문이다. 그래서 어떤 가능성은 꽃피는 반면 다른 가능성은 퇴색되기도 한다. 마치 두 가능성이 각각 시대의 천칭 양쪽을 누르고 있다가 거부되거나 수용되기라도 하는 것처럼.” 밀라노의 출판사가 문을 닫아서 이 총서는 빛을 보지 못했다. 더 정확히 말하면 1970년과 1973년에 파리에서 본푸아의 책과 내 책이 출간되고 끝이었다.[2]

지금의 판본을 정서正書하는 데 파리의 아자벨 샤틀레와 사비나 앙젤이 큰 도움을 주었다. 두 사람에게 진심으로 감사의 뜻을 전한다.

J. S.

1. 이 세 권의 합본이 『성당의 시대: 예술과 사회 980~1420 *Le Temps des cathédrales. L'art et la société, 980~1420*』(파리: 갈리마르, 1976)이다.
2. 두 책은 플라마리옹Flammarion 출판사에서 나왔다. 가에탕 피콩의 책은 1974년에 알베르 스키라의 출판사에서 처음 출간했다가, 1988년에 이브 본푸아가 서문을 쓰고 알랭 봉팡이 발문을 써서 갈리마르 출판사에서 다시 출간했다.

자유의 발명 1700~1789

I

18세기 인간의 공간

행동과 감각

18세기에 덧씌워진 신화에서 다시 출발해야 한다. 부르주아의 유럽은 19세기 초부터 이미 18세기를 우아하고도 경박한 시대, 자유로운 풍속과 발랄한 정신을 가진 세기로 상상했다. 태평하게 축제나 즐기던 시절을 감미로우면서도 죄스럽게 여겼다. 산업용 철의 시대, 민주적 반역의 시대 뒤로 장식리본을 두르고 가면을 썼던 황금시대, '달콤한 인생'의 시대가 사라져가는 모습이 보였다. 18세기에는 죽음과 전쟁마저 레이스로 장식되었으니 그것이 어찌 진정한 죽음, 진정한 전쟁일 수 있겠는가. 19세기 중반부터 남부럽지 않게 잘사는 부르주아계급이 갖게 된 불안과 허위의식이 구체제라는 신화를 등장시켜 역사철학을 수립했다. 여기에 금기 없는 행복의 노스탤지어와 함께 참을 수 없는 가벼움에 대한 비난이 어찌 투사되지 않을 수 있겠는가. 화려하게 꽃피웠으나 이제는 덧없이 흘러간 그 시기에서 무언가를 보존하고 싶었던 사람들도 있었겠지만, 과일 속 벌레처럼 허무의 취향을 품고 있었음을 결국 인정할 수밖에 없었고, 그 허무의 취향을 적극 활용했던 것이 '추상적 이성'이었다. 부르주아는 프랑스혁명 덕에 모든 것을 얻었으면서 정작 혁명을 세상에 악이 들어오게 된 틈으로 보았다.

[18세기 화가들인] 앙투안 바토의 공원, 프랑수아 부셰의 규방, 프란체스코 과르디의 사육제에는 모두 낙원의 이미지가 나타난다. 그러나 그들의 낙원은 다가올 몰락을 예감하는 멜랑콜리로 은밀히 변형되었고 어김없이 쾌락에 따라붙는 탈선으로 이미 죽음을 바라보는 낙원이다. 19세기 상류사회의 대변자들은 18세기의 도덕적 타락을 개탄했다. 그런데 바로 그 사회가 '루이15세풍' 가구를 갖추고, 춘화를 수집하고, 여흥을 즐길 때 '달콤한 인생' 시대의 장식을 둘렀던 것이다. 18세기의 장신구를 모아둔 곳에 들어가본다면 하나같이 손쉬운 사랑, 짜릿한 유혹, 감미로운 굴복으로 수렴하는 온갖 기호를 볼 수 있다. 물론 산업화 시대의 화려한 무도회는 18세기를 재현해보는 시늉만 했다. 아름다움을 되살리고 우아한 예의범절을 되찾는다는 명목으로 빅토리아 시대의 억압적인 도덕규범과 하룻밤 작별하는 것이다. 더는 오비디우스를 읽지 않는 이 실증적인 사람들에게 경박한 18세기라는 위조된 이미지는 15~18세기의 '인본주의' 시대가 고대 그리스·로마의 이교 신화에서 찾고자 꿈꾸었던 심미적 알리바이의 반복이다. 이렇게 구축된 18세기는 그저 허구의 세계일 뿐이다. 연극처럼 이 허구의 세계에서 빈축을 샀던 배역들을 찾아볼 수 있겠지만 거리를 두고 살펴보기만 해도 그것이 빈축을 살 일인가 하게 된다. 심지어 진지한 역사가들조차 18세기를 실제와 다르게 제시하는 경향이 있었다. 로코코 시대 오페라에 등장하는 알렉산드로스대왕이나 비너스가 고대의 신과 영웅의 모습을 곧이곧대로 재현한 것이 아니었다는 점과 마찬가지다.

18세기를 그 시대의 복합성 그대로, 엄숙함 그대로, 위대한 원칙과 백지 상태의 취향 그대로 바라봐야 한다. 현재 우리가 시도하는 모든 계획과 우리가 맞닥뜨리는 모든 문제 뒤에는 늘 18세기가 있다. 역사가에게 18세기는 역사라는 현대적 개념을 만들어냈거나 적어도 그 개념을 도입했던 시대이며, 예술을 깊이 생각하는 사람에게 18세기는 미학적 성찰이 독자적 학문으로 도약하여 전개된 시대다. 예술의 실천 자체에서 결정적인 혁명이 이루어지진 않았다 해도 18세기는 실험과 과장, 갈등에 개방적이었던 시대다. 비평가와 철학자가 예술에 대해 (간혹 시의적절하지 않았던 경우도 있지만) 목소리를 내기 시작했다. 그들은 예술가가 선택한 방식을 논하는 데 그치지 않고 예술의 목적, 즉 미와 숭고의 고유한 가치를 지적인 판단으로 인식할 수 있는지 물었다. 그저 희열에 호소하는 것으로는 부족했다. 18세기 사람들은 예술에 침해할 수 없는 영역을 남겨두고, 예술의 즐거움을 인간성의 완전한 발현이라는 기획으로 자리매김하려 했다. 예술이 어떤 기능을 갖추어야 하는지에 대한 근심어린 문제제기로 예술이 성장한다는 점은 결국 사소한 문제가 아닐 것이다. 디드로의 『살롱*Salons*』[일련의 미술비평]과 「회화론Essais sur la peinture」[「1765년의 살롱」에 삽입된 글], 버크의 『숭고와 미의 이념의 근원에 관한 철학적 고찰*A Philosophical Enquiry into the Origin of Our Ideas of the Sublime and Beautiful*』, 레싱의 『라오콘*Laokoon*』 등은 이미 실현된 예술의 논의를 넘어 아직 실현되지 않은 예술을, 다음 세대 예술가가 작품과 삶에서 따라잡고자 노력하게 될 천재 예술가의 모습을 제시했다.

일찍이 디드로는 흔히 이론가의 언어가 지나치게 모호하여, 판이하게 다른 예술작품이 각자 준거로 삼은 원칙을 똑같은 말로 표현한다는 점을 이야기했다. "두 사람이 같은 표현을 사용하여 완전히 다른 것을 생각하고 말하는 일이 얼마나 자주, 얼마나 쉽게 일어나는지 모릅니다."[『배우에 관한 역설』] 계몽주의의 세기[18세기]에는 모든 사람이 자연을 이야기하지만, 자연을 이해하는 방식은 제각각이다. 호가스의 자연은 샤르댕의 자연이 아니다. 18세기 미학이론의 역사만 봐서는 그 시대 예술이 실제로 어땠는지 규정할 수가 없다. 예술에는 이론가가 보지 못한 면이 많았고, 이론에는 예술가가 거추장스럽다고 오해할 만한 요구가 꽤 많았다. 한편에서는 철학자들이, 다른 한편에서는 예술사가들이 사상은 어떻게 전개되었고 작품은 어떻게 만개하게 되었는지 따로 연구했다. 물론 이런 업무 분담이 잘못됐다고 할 수는 없지만, 18세기의 생생한 현실을 이해하고자 하는 우리에게는 불만스러운 상황이다. 우리의 임무는 (예술 따로 사상 따로 해석하는 것이 아니라) 둘이 공유하는 역사적이고 사회적인 기원을 고려하면서, 자유로워지려는 예술과 그런 예술을 이해하고 지도하고 고취하고자 하는 까다로운 성찰이 얼마나 복잡한 관계를 맺고 있는지 알아내는 것이다.

18세기를 경박한 세기로 보는 관점에서 벌써 꽤 멀어지지 않았는가? 하지만 그 시대가 그렇게 보일 구실을 제공하기는 했다. 흔히 18세기 정신을 [풍속, 사상, 도덕의 자유를 추구하는] 리베르티나주libertinage*로 한정한대도 그리 이상하지 않다. 리베르티나주는 누려볼 수 있는 자유의 한 가지 경험이라 하겠다. 원칙적으로 불복종에서 유래하는데, 그것이 없었다면 진지한 성찰의 작업이 만개하는 일도 없었을 것이다. 18세기는(적어도 이 세기를 대표하는 가장 중요한 인물들은) 진리를 추구하듯 행복을 추구하기 위해 자유롭기를 원했다. 마음껏 향유하고 마음껏 검토할 것. [리베르티나주에 빠져 사는] 리베르탱libertin과 [모든 종류의 구속을 거부하는] 절대자유주의자libertaire는 보들레르에 따르면 간혹 동일인물이기도 했다.

권태, 낙담, 무의미에서 벗어나야 했기에 방탕에 빠질 수밖에

* 『아카데미프랑세즈 사전』은 '리베르티나주'를 "방탕하고 방종한 품행"으로 정의하면서 "종교를 존중하지 않는 사람의 태도"를 가리킨다고 설명한다. 그러나 종교나 풍속과 관계없이 "절개가 없거나, 어떤 규칙과 어떤 체계에도 얽매이지 않는 성격"을 가리키기도 한다. 17세기 초에 이 말은 독선적이고 권위적인 종교의 관점을 벗어나려는 태도를 가리켰지만, 점차 종교는 물론 풍속과 체계와 같은 모든 예속으로부터 해방되고자 하는 태도로 의미가 넓어졌다.

없었다는 증언은 수없이 많다. 감각한다는 것, 그것도 강렬하게 감각한다는 것은 존재를 의식하는 데 이르는 한 방식이었다. 무엇에도 구애받지 않고 진취적으로 사유한다면 결과는 항상 같다. 즉 누구든 생각하는 사람은 막연하긴 해도 '나는 존재한다'고 선언하게 되겠지만, 생각의 활력이 떨어진다면 나는 존재한다는 그 생각도 사라져버릴 수 있다. 리베르티나주 대신 성찰을 선택한다는 것은 그저 외부 대상에 덜 의존적이라는 것이고 즉각 맛볼 수 있는 삶의 즐거움 대신 관념을 이리저리 조합해보는 데서 행복을 찾겠다는 것이다.

18세기 벽두에 영국 철학자 존 로크는 [『인간지성론』에서] 이러한 태도를 이론화했다. 마음은 항상 생각하고, 태어날 때부터 본유관념을 가지며, 그 때문에 마음의 존재를 확신할 수 있다고 주장한 데카르트와 반대로, 로크는 마음이 갖는 관념은 감각작용의 결과일 뿐이고 사유는 감각경험으로 얻은 자료에 전적으로 의존한다고 확신했다. 그에 따르면 마음은 본유관념에 의지할 수 없고, 마음이 제 존재를 의식할 수 있는 때는 감각하는 순간, 또는 감각작용이 남긴 흔적들을 성찰로써 적극적으로 비교하는 때뿐이다. 존재한다는 의식만큼 다양한 것이 없고 우리의 행복은 존재의 감정과 긴밀히 이어져 있기에, 감각작용을 다양하게 하고 사유를 배가하는 것만큼 긴요한 일이 없다. 아무것에도 열중하지 않는 마음은 없는 것이나 같다. 다행히 우리는 자연적으로 초조함과 불안을 갖고 태어났기에 한시도 가만히 있을 수가 없다. 우리는 끊임없이 공허에 빠지면 어쩌나 하는 불안을 피하고, 감각과 사유가 비록 덧없이 사라지곤 하지만 그것을 수단으로 삼아 충만함, 강력함을 끊임없이 되살려야 한다.

이 생활양식이야말로 18세기에 나타난 즐거움 추구, 교역 확대, 자연 탐사 등 끝없이 이어지는 모든 활동의 양식樣式이었다. 소유는 영원할 수 없었다. 소유는 순간에 새겨지고 그 순간은 곧 지나가기 때문이다. 손에 잡은 것 너머에서 불안은 벌써 새로운 부름을 듣고, 우리의 삶은 거기서 다시 시작하며 확증받고자 한다. 권태를 피하려면 정념에 빠져야 한다. 뒤 보스 신부가 쓴 『시와 회화에 관한 비판적 성찰*Réflexions critiques sur la Poésie et la Peinture*』(1718)은 18세기 미학에 지속적인 영향력을 발휘했는데, 이 책 1장부터 그러한 교훈이 드러난다. "마음도 육체처럼 욕구를 가진다. 인간의 가장 큰 욕구 가운데 하나는 어딘가에 몰두하려는 욕구이다. 마음이 무기력할 때 곧 권태가 생기고, 권태는 너무 고통스러운 병이기에 인간은 흔히 힘겨운 노동을 시도함으로써 권태로 인해 불안한 감정이 생길 때의 고통을 덜고자 한다. ……확실히 우리가 정념에 사로잡혔을 때의 흥분은 고독할 때조차 너무도 강렬해서 이에 비하면 다른 모든 상태는 무기력 상태나 다름없다. 그래서 우리는 정념을 자극할 수 있는 그 대상 때문에 여러 밤을 불안하게 보내야 하고 여러 낮을 고통스럽게 보내야 한대도 그 대상을 본능적으로 뒤쫓는 것이다. 사람은 정념 없이 살아갈 때, 정념으로 인한 고통보다 더 큰 고통을 겪는다."

이 '합리주의' 세기의 초입에 이론적 이성은 정념이 시와 예술의 영역에 행사하는 절대적 영향력을 결국 인정했다. 1718년에 나타난 정념의 이미지들에는 낭만주의적 영혼에서 끓어오르는 격렬한 이미지가 없는 것이 사실이다. 그러나 예술작품이 단번에 부여받게 된 심리적 기능에는 들끓는 마음과 강렬한 표현의 가치가 우세했다. 예술작품을 규정하는 것은 그 주관적인 효과로, 마음이 몰두할 데 없어 무력할 때 그로부터 벗어나게 하고, 비유적인 사건들을 이용하고 훌륭히 흉내내면서 한순간 감정을 들끓게 한다. 세속적 인본주의 전통에서 예술은 애호가나 '식자' 같은 개인을 직접 겨냥한다. 파노프스키가 [『상징형식으로서의 원근법』에서] 정확히 보여주었듯, 원근법이 발명된 이래로 그림은 독특한 의식, 특정한 관객에게 제시되었으니, 그 사람이 바로 회화공간을 조직하는 기준인 '시점'의 주인이다. 이와 같이 의식은 연속된 시간을 무기력한 상태가 중간중간 끼어드는 불연속적 순간의 연속으로 경험하는 동안만큼은 중심적이고 특권화된 지위를 점하게 된다. 예술에서 의식은 감정의 고조를 이용하며 이를 통해 감각이 눈을 뜰 때 느끼게 되는 찰나의 행복이 자극되고 강화된다. 그러니 예술은 더 표현적이고 더 격렬하고 더 섬세해야 하지 않겠는가? 마음을 동요시키고 즐겁게 하고 흥분하게 하려면 동요, 즐거움, 흥분을 웅변적으로 그려내야 하지 않겠는가? 그러므로 '풍부한 표현력'이라는 가치를 얻기 위해, 이야기 형식에 담긴 내용의 도덕적 효과를 위해 이미지가 요청될 수도 있다. 그래서 예술가는 이미지로써 비장한 순간, 짜릿한 장면의 시뮬라크르 simulacre*를 구성해 관객의 공감을 유도하여 그와 유사한 격정을, 연민과 공포의 반응을 불러일으키고자 한다. 순간을 그려내는, 이내 사라져버릴 표현을 보여주는 그림은 이야기를 짧게 요약해서 제시하고자 한다.

하지만 화폭의 인상은 더욱 빨라
한순간 모으노니
시로써는 순차적으로 말할 수 있을 뿐인 것을.

라 모트, 『우화*Fables*』 1권, 열여섯번째 우화

역사화歷史畵의 확장된 표현력은 회화의 이미지가 고정되어야 하기 때문에 생기는 어려움들을 피하고, 여전히 뚜렷이 남아 있는

* 원래 플라톤이 제시한 개념. 그에 따르면 현실은 이데아의 시뮬라크르이다. 시뮬라크르는 원본의 복제와 같으므로 이 둘은 엄격하게 구분되어야 한다. 그러나 시뮬라크르는 원본의 타락한 형태가 아니라, 원본을 뛰어넘을 수 있는 가능성을 갖는다고 평가되기도 한다. 원본보다 더 원본답고, 실재보다 더 실재다운 이미지를 제시해주기 때문이다.

과거와 곧 나타나게 될 미래 사이에 벌어지는 변화의 양상을 포착하여 사건을 생생하게 형상화해준다. 이는 [현재 순간의 고정성을 특징으로 하는] 이미지의 '불순한' 용례로, 그 전형적인 양상은 삽화나 일화를 다룬 판화에서 찾을 수 있다.

하지만 교양을 갖춘 사람은 기존의 모든 권위에 반대할 권리를 강력히 요구하다보니 반대자의 입장까지 갖게 된다. 스스로 자신에게 반론을 던지는 자가 될 수 있는 것은 이 때문이다. 그렇기에 18세기는 그 시대의 모든 경향과 그 시대에 인기를 끌었던 모든 관례적 표현에 비판의 칼날을 댔던 것이다. 간혹 단호한 의지로 완전히 다른 것을 실험하고자 할 때도 있었다. 그리하여 즉각적 자극을 추구하는 로코코 시대의 취향이 영원한 아름다움을 추구하는 신고전주의 시대의 취향으로 대체되었다. 표현의 변동성이 형식의 부동성不動性 속에 숨어버린다.

자유의 경험

18세기를 페트갈랑트fêtes galantes*의 시대와 '자유가 아니면 죽음을'이라는 명구를 새긴 삼색기가 전쟁터에 나타난 시점 사이에 놓는다면, 18세기 역사는 자유의 운동이 번지고 터져 비극의 섬광 속에 활짝 꽃피는 장면으로 볼 수 있다. 이 역사가 결국 자유의

* '우아한 연회'라는 뜻으로, 공원이나 숲속 빈터에서 무도회 의상을 입은 인물들이 벌이는 전원의 축제를 주제로 삼은 앙투안 바토(1684~1721)의 그림들을 가리킨다. 1717년 프랑스의 '회화와 조각 아카데미'에서 역사화와 장르화(일상을 소재로 한 회화) 사이의 중간 개념으로 이 용어를 도입했다. galant라는 말은 보통 여자의 환심을 사는 남자, 혹은 그런 남자의 행동방식을 가리킨다. 이 회화 장르는 흔히 멋지게 차려입은 여성들에게 구애하는 남성들의 모습을 그리곤 한다. 바토 이전의 화가들이 가공의 장소에서 마법의 힘으로 사랑이 이루어지는 장면을 그렸다면, 바토의 그림은 세속적이고 사실적이다.

세상을 창시하는 것으로 귀결해서가 아니다. 18세기 내내 자유의 관념은 도를 넘은 변덕으로 경험되기도 했고, 동시에 악습에 맞선 격렬한 항의로 경험되기도 했다. 자유로운 삶의 취향은 고삐 풀린 향락의 모습을 띨 때도 있었고, 도덕 재무장을 호소하는 형식을 띨 때도 있었다. 어떤 이들(헨리 필딩이나 레티프 드 라 브르톤 같은 작가들)을 보면 이 두 경향이 한데 섞여 있다. 자유를 가혹하게 거부하는 적대적인 힘과 맞서는 상황에서 이런 주장이 나타나 점점더 뚜렷해졌다. 자유를 바랐지만 결국 실망하게 된다. 18세기 역사는 전제권력이 자행하는 행태와 이에 호락호락 넘어가지 않는 개인들의 반격 사이에 벌어진 전투(때로는 대화)의 결과였다. 도덕이나 종교 영역에서처럼 정치 영역에서도 권위와 그 권위에 복종하는 신민의 관계가 임의적인 것에 불과함을 증명하지 않는 것이 없어 보인다. 칸트의 말처럼 계몽주의 시대의 인간은 단호히 자연법이 아닌 법은 따르지 않기로 했다. 자율적 존재, 미성숙하지 않은 성인, 교육받고 문명화된 존재이고자 했으며 자기 안에서 깨닫게 된 법을 따르고자 했다.

산업이 태동하고 도시에 대규모 인구가 집중되자, 복종의 형식이 달라지고 정치와 행정의 문제도 새로이 제기되었다. 부자들은 거만했고 통치계급은 경솔했으며, 억압적인 권력기구를 동원하여 전방위적으로 자유를 침해했다. 그렇지만 않았던들 절대자유의 요청이 그렇게 강력히 드러날 일도 없었을 것이다. 그러자 극소수의 자유가 극단적으로 행사될 때 만인의 자유가 침해받는다는 점을 알게 되었다. 18세기를 루이14세 말기 전쟁의 황혼과 나폴레옹의 대량학살 사이에 놓는다면, 이 시대 역사를 피로 물든 국가 개념의 강림으로 읽을 수도 있겠다.

확실히 철학자들은 역사의 흐름을 다른 쪽으로 바꾸고 싶었을 것이다. 강렬히 해방되고자 했고 시급히 족쇄를 벗고자 했으니, 이렇게 요구된 자유의 사변적 이미지가 종이 위에, 가능성의 세계에 투사된다. 루소는 "인간은 자유롭게 태어났다"고 선언했다.[『사회계약론』 1권 1장] 자연상태의 개인이 사회에 소속되고 시민이 된다 해도 무엇에도 종속되지 않는 자유만은 빼앗길 수 없다. 그런데 "인간은 어디에서나 족쇄에 묶여 있다." 그러니 문제는 사회질서의 수립과 자유의 요청이 결코 충돌하지 않는 사회체계를 찾는 것이다. 루소는 물론 그의 동시대인들도 해결하기 어려웠던 문제다. 하지만 이들에 따르면 새로운 '사회기술art social'을 사용한다면 틀림없이 그 해결책을 찾을 수 있다. 사회기술이라는 용어는 의미심장하다. 기술art이라는 말이 지금처럼 좁은 의미도 아니었고 전문화되지도, 순화되지도 않은 시대였기 때문이다. 기술이란 자연적으로 주어진 것에 더 뚜렷한 질서를 부여하고, 이를 더 보기 좋게, 더 유용하게 만들어 완벽을 지향하는 방법을 말한다. 입법자들은 무엇에도 종속되지 않는 자연적 자유를 시민사회의 자유로 바꾸고 개인의 안전과 국가의 권위를 조화시키면서 모범적인 최고의 기술을 제시할 것이다. 로크나 몽테스키외같이 양식을 갖춘 사상가의 이성이 나타나 (저도 모르게 폭정에 이끌리는) 군주의 권력과 (혼란스럽게 뒤섞이는) 개별자들의 욕구 사이에 개입해 세력을 재편했다. 이해관계가 올바로 합의되기만 하면 주권자와 인민 양쪽에 제동을 걸 수도 있었을 것이고, 타협을 제시할 수도, 법을 존중하는 마음을 불어넣을 수도 있었을 것이다. 그런데 누가 이성의 목소리에 귀를 기울이는가? 무엇이 자기에게 이득이 되는지 누가 아는가? 전제군주도 모르고, 악습에 격분한 '하층민'도 모르고, 의기양양하게 정복을 이어나가는 부르주아조차 모른다. 유럽 대륙 사람들은 영국이 현명한 권력 분립 체계를 통해 시민사회의 자유를 확보했다고 보았다. 그런데 18세기 후반이 되면 선망했던 영국의 이미지가 흔들리고, 이제는 멀리서 아메리카의 이민자들이 관용을 내세우고 절도를 지키면서 이상적인 연방을 중심으로 모이는 것을 보게 되었다. 그러니 최고의 사회기술은 호사스러운 유럽을 만만하게 보는 아메리카인들이 실현하지 않겠는가?

18세기가 겪은 모험에 대해 예술이 그저 삐딱한 증언, 증빙자료만 제시했던 것은 아니다. 예술은 그 모험의 일부이기도 했다. 예술과 예술가는 지위 변동을 겪었다. 예술작품의 형식에서 즉각 뚜렷이 느낄 수는 없더라도 장기적으로 보아 그 변동은 결정적이었다. 예술가의 주장과 (18세기의 또다른 발명품인) 미학의 시도를 통해 창조의 관념이 생겨나고 뚜렷해졌다. 그러한 관념이 예술작품을 자유로운 의식의 대표적인 행위로 만들어준다. 새로운 정신이 데려오고 새로운 대중이 소환한 시인과 음악가, 화가는 그때까지 알려지지 않은 자유의 가치를 아는 선택받은 사람이자, 때로 그 가치를 알리는 선지자가 된다. 어떤 면에서 이러한 책임 이전은 거친 현실의 전장에서 자유가 얼마나 많은 장애물을 마주했으며, 결국 상상적인 것과 내재성의 영역으로 후퇴하게 된 까닭을 짐작케 한다.

예술은 역사의 어떤 지점에서든 사회 전반의 상태를 직접적으로 표현하진 않는다는 점이 충분히 강조되지 않았다. 예술은 권력과 부를 가진 이들의 전유물이었다. 그들이 작품을 주문하고, 자기 취향과 문화를 기준으로 작품을 평가했다. 예술사회학은 여기서 꼭 짚고 넘어가지 않을 수 없는 여러 가지 질문을 던진다. 예술의 생산과 수용의 회로에서 배제된 사회계급이 있는가? 예술작품은 문화의 언어를 모르는 채로 살아가는 말 없는 사람들과 어떤 관계를 맺는가? 그림과 조각, 건물의 소유자가 되는 후원자가 그것들의 다양한 기능을 결정할 수 있다는 점도 잊어선 안 된다. 그는 작품을 개인적 즐거움을 위해 보관할 수도 있고, 반대로 군중을 초대하여 경이로운 작품을 감상하게 할 수도 있다. 후자의 경우에는 예술가의 영광보다도 비용을 낸 사람의 위신이 더 중요할 때도 있다. 이때 사회적으로 열등한 조건을 가졌기에 '미'의 생산과 소비의 회로에서 배제된 것처럼 보이던 사람들이 한데 모여 예술작품을 넋 놓고 바라보고 감화되는 수용자로 재통합된다. 미술 애호가가 혼자 즐기려고 모으는 수집품과 민중의 시선을 한몸에 받는 교회나 광장의 예술적 기능은 전혀 다를 수밖에 없다. 민중은 교회나 광장에서 신앙의 상징, 공동생활의 공간을 찾게 된다. 여기에서 집단적 귀속과 일체화가 이루어지는 셈이다. 예술의 기능을 분석한다는 것은 결국 말하는 사람이 누구인지, 왜 그것을 언급하는지, 나아가 누구를 대상으로 말한 것인지, 수용자가 작품을 이해했는지 묻는 일이다.

여유가 있다면 화가는 창조의 즐거움을 느끼려고 창조하고, 동시대 관객의 취향을 경멸하고, 작품 판매를 거부한 채 후세의 판단에 맡겨버릴 수 있다.(18세기에는 당연히 이런 일이 거의 없었다고 해야겠다.) 반면에 건축가가 자기 혼자 즐기려고 한다면 그의 설계도는 서류함에 처박히고 말 것이다. 설계도는 작품의 주인이 될 사람의 동의를 얻었기에 기념물이 되어 남는다. 주인은 다른 설계도들과 대조해보고 그 설계도가 낫다고 보았기에 돈을 댄 것이다. 그전에도 그랬지만 18세기 건축의 역사는 이중의 추동력, 즉 건축 언어의 진보와 군주, 성직자 같은 후원자의 의지가 낳은 결과이다. 어떤 형식이 태어나고 사라지는 것은 주문자가 밝혀온 의도들의 역사와 떼려야 뗄 수 없으며, 이 취향들은 또 그 시대의 사회적, 정치적, 종교적 맥락과 떼어놓을 수 없다.

호사와 사치

궁정 사람들, 각료들, 첩들이 거주할 궁전을 짓고, 호화로운 마차나 경비대가 다니도록 대로를 뚫고, 여흥을 위해서 극장을, 수입을 늘리기 위해서 제조소를, 신 앞에 무릎꿇기 위해서 교회를 세우는 등 17~18세기의 군주는 끝없는 욕구를 가진 사람처럼 행동했다. '왕의 명령으로' 지어진 건물들은 무엇보다 '왕을 위한' 건물이다. 루이14세가 베르사유를, 표트르대제가 상트페테르부르크를 세웠듯 왕이 도시를 건설한다면 이는 무엇보다 수도나 거처를 만들기 위함이다. 그러니 돈을 댄 왕은 자기가 주문한 작품의 일차 수취인으로 행동하기 마련이다. 작품이 자신의 권세에 비례하기를 바라고, 자기가 쥔 권력의 이미지가 작품에 뚜렷이 드러나기를 바란다. 실제로 그 작품에는 자신을 상징하는 문장紋章과 표어, 자기 가문을 상징하는 이니셜과 무기가 새겨진다. 시키면 모두 이루어지는 그의 의지를 드러내는 이미지들이다. 왕이 건축을 시켰다면, 예카테리나2세가 이야기한 '건축광狂'에 빠졌다면, 그것은 새로운 정치를 실현할 수단을 마련하기 위해서일 때도 있지만, 실상 자기가 욕망한 모든 것이 마법처럼 이루어짐을 증명하는 가시적이고 영원히 변치 않을 증거를 매 순간 마주하기 위해서이다. 절대군주가 된 자는 자기 조상들이 살던 곳에서 살 수 없다. 예외가 있다면 그곳을 새 거주공간으로 개조하여 자신의 치세를 눈앞에 구현한 경우일 것이다. 그러나 군주와 그를 둘러싼 작품들 사이의 이 '자기도취적' 관계는 순식간에 공적 행위와 지배력 과시로 바뀐다. 18세기 군주들은 독일의 작은 궁정조차 예외 없이 호화스럽게 과시하는 바로크 전통을 따른다. 스펙터클이 적어도 옛 형식을 따를 때는 하나의 스펙터클 이상이 되기 마련이다. 관객은 그곳에 거리를 두고 자유롭게 머물 수 없다. 그것이 눈부신 놀라움을 자아내는 기획인 이상 그곳에 모인 사람들의 마음을 사로잡고 매혹하여, 그들로 하여금 복종의 의식儀式에 참여케 한다. 무엇으로도 막을 수 없는 강력한 의지가 눈부신 빛으로 나타난다고 할까. 호사는 그저 지상권souveraineté을 나타내는 기호만이 아니다. 권력이 지각 가능한 형태로 물질화되고, 권력이 뚜렷하게 드러나는 가운데 외관을 일신할 수 있는 힘의 표현이라 하겠다. 군주가 자신이 소유한 영지와 맺는 개인적 관계가 세상 모든 사람의 눈앞에 놓인다. 절대권력의 신화는 그 팽창하는 영광을 관객이 지각하자마자 그 관객을 사로잡아 궁정인으로 바꿔버리며 위엄 넘치는 군주의 세력 안으로 끌어들이려 한다. 그래서 군주를 궁정과 궁전의 소유자로 보게 되면 유추적으로 군주가 세계 전체의 소유자라는 허구적 관계도 성립한다.

프랑스에서 [재상 리슐리외가 사망하고, 어린 나이에 왕위에 오른 루이14세에 대항했던] 프롱드의 난이 끝나고 영국에서 찰스 1세가 처형된 후, 군주들은 죽을 수도 있는 위험을 피해야 함을 어렴풋하게나마 알았다. 그래서 호사를 과시하는 일은 자신에게 닥칠 수도 있는 액운을 막는 마법인 동시에 도전이기도 했다. 17세기에 루이14세 같은 군주가 여전히 확고한 신권을 갖고 있었다면, 18세기에는 확신에 넘치는 왕과 넋을 잃고 복종하는 인민의 불안정한 공모가 깨지는 경향이 있었다. 태양왕 루이14세의 패전과 종교적 분열, 네덜란드 오라녀 가문의 영국 왕좌[윌리엄3세] 등극은 장엄한 의식으로 표현되던 지상권이 시뮬라크르로 대체되는 시대가 시작되었음을 보여준다. 권력이 후계자에게 넘어갈 때 의식儀式은 관습과 기교처럼 느껴지지, 더는 절대적 질서가 마법처럼 창조되는 것으로 느껴지지 않게 된다. 그때는 역할의 분담, 연극의 의식意識이 우세해진다. 궁정의 경박한 호사는 위엄을 갖추기는커녕 행정에 장애가 되고 빚만 떠안게 된다. 그때 '집무실'들은 고립됨과 동시에 종속된 별개의 세계를 이룬다. 애첩의 변덕에 각료나 고관이 해임될 수 있는 체제에서 절대 권위는 더는 물처럼 원활히 흘러가지 못한다. 간단히 말해 국왕의 광휘는 더는 국가를 조직하는 원리가 아니다. 이제 궁정에서 벌어지는 의식은 왕국의 변방까지 뻗어나가는 의지의 발현과 아무런 상관이 없다. 이는 그저 스스로를 볼거리로 만드는 도 넘은 향유에 불과하다. 군주의 과시적 행위는 더는 지배력을 행사하지 못한다. 그저 오페라를 듣고 사냥을 하고 애인을 바꾸며 여흥을 찾는, 권태에 젖은 한 사람이 보일 뿐이다. 군주가 그런 효과를 노린 건물, 또는 그보다 진지한 목적으로 짓게 한 건물은 확실히 웅장하긴 하다. 하지만 건물에 장식을 붙이고 매혹을 더하면 공익보다 군주 개인의 즐거움에 더 비중을 둔 것이 아니냐는 의혹을 사게 된다. 인민은 건물을 보면서 마음이 사로잡히거나 현혹되기는커녕, 감탄하는 마음으로 국왕의 권위에 복속하기는커녕 저 화려한 세상을 짓느라 돈을 써대어 결국 국가가 파산에 이르렀으므로 자신은 그 세상에서 배제되고 그 세상 밖으로 내던져졌다고 생각하게 된다. 루이세바스티앙 메르시에는 "파리에서는 부자들이 극빈자가 바로 옆에서 보고 있는데도 거만하게 향락을 누리니 이곳에서 행복하기란 불가능에 가깝다"라고 말했다. "극빈자가 부자들은 기둥뿌리가 뽑힐 정도로 낭비하는데 자기에게는 떡고물도 떨어지지 않는 것을 보면서 한숨짓는 것도 당연하다. 파리의 극빈자는 행복의 측면에서 농민보다 훨씬 못한 것이다."[『파리의 풍경』] 고전 규범을 통달한 건축가들이 형식들을 아름답게 다뤄보았던 그때 저 아름다운 건물 정면 뒤편에서는 군주가 특권을 누리며 별개의 세계에서 살아가고, 인생의 즐거움을 추구하고 방 안에 틀어박혀 제 방을 꾸민 장식을 황홀하게 바라본다……. 바로크 양식의 자기중심적이고 마술적인 양상이 그렇게 고립되고 정제되고 완성되었지만, '설득의 수사학'은 거부되어 수다스러운 수사학이 되거나 고작 상투어구들을 손쉽게 이어붙이는 연설이 되고 말았다.(그렇지만 계몽주의 시대의 건축가들은 17세기 고전 비극을 계승한 동시대 시인들보다 탁월했으며, 더 많은 형식의 문제들에 단호히 맞섰던 점에서 찬사를 받아 마땅하다.) 전통적 형식은 인위적으로 변했고 꽤나 평이해졌으며 실체를 비워버렸으니, 풍요를 추상적 가치로 표현하는 화폐 같은 것에 불과했다. 그 풍요가 관습적 기호를 통해 볼거리로 만들어진 것이다. 사치란 결국 손에 넣은 잉여를 장식적으로 보여주는 것으로, 그 유일한 목적은 보란 듯이 소비하는 데 있다.

18세기에는 (에티엔 루이 불레와 클로드니콜라 르두 세대에 이르기까지) 건축 외적 형식에 혁신이랄 것이 거의 없었고, 공인된 언어의 요소들을 완화된 형태로 다루는 데 그쳤다. 그렇지만 18세기의 특징은 뭐니 뭐니 해도 실내장식에 있었다. 쾌락주의에 따라 생활방식을 인공적으로 만들려면 목공예품과 패널에 그림을 그리는 데생화가들의 재치가 보통이 아니어야 했다. 고급가구 세공인, 금은 세공인, 재단사, 미용사, 요리사도 마찬가지였다. 가뭇없이 약해지는 빛보다 개인의 향락이 압도적으로 우세한 호사스러운 세상에서는 옷을 비롯해 개인을 둘러싸고 있는 가구나 보석, 골동품, 사적 공간의 장식 등이 더욱 중요해질 수밖에 없었다. 유행은 빠르게 나타났다 사라진다. 즐거움을 지배적 규준으로 삼는 취향은 다양함, 놀라움, 쇄신을 요구하기 때문이다. 특권층에게는 생활방식을 이처럼 인위적으로 포장하는 일(이 모든 것을 루소는 예술이라 부르고 우리는 문화라 부른다)이 점점 복잡해지고 가벼워지며, 잎맥 위에서처럼 가느다란 선으로 갈라지고 물러지며, 자잘한 물건들이 많아지고, 거울이나 광택 위에 반사되는 빛의 유희에 적합해진다. 부상하는 부르주아계급은 서둘러 눈에 보이는 특권을 손에 넣고 싶었고, 궁정을 모방한 형식을 갖추는 것을 그들이 이룬 성공의 표현으로 여겼으니, 인공적인 것을 선호하는 마음은 더욱 뚜렷해졌다. 이미 한 재산 모은 부르주아가 고작 재산밖에 가진 것 없는 봉건영주와 만난다. 피에르 프랑카스텔은 [『18세기의 유토피아와 사회제도』에 실은 한 논문에서] 18세기 화가 앙투안 바토가 작품을 그려주었던 거상巨商들을 두고 이렇게 정곡을 찔렀다. "부르주아는 권력을 원했지만 문화도 원했다. 부르주아는 자신이 편입된 사회에 어떻게 영향을 미칠 수 있는지 이해했다. 확실히 부르주아는 그들이 태어난 사회적 범위 내에서 출세하여 자신이 거둔 성공을 보여주기를 바랐다. 혁명적인 정신 상태는 그것이 결국 파열시키는 사회와 언제나처럼 오랫동안 부딪치기 마련이다." 재력가나 부유한 상인은 귀족이 되고 토지와 작위를 얻고 귀족의 가면을 써보려 애쓴다. 축적한 부를 정확히 계산하는 일과 아무렇지 않게 낭비하는 모습 사이에 어쩔 수 없는 불일치가 끼어들어 둘 사이에 거리가 생긴다. 그래서 귀족의 쾌락은 사유화되는 경향이 있지만, 사적인 인간은 출세하자마자 생활수준을 높이면서 자기의 출신을 감추고자 한다. 그런 사람은 노상 돈 벌 생각뿐이지만, 명예나 쾌락을 추구하다가 파산한 귀족을 닮고도 싶어한다. 적어도 프랑스를 예로 들면 절대왕정이 이러한 변화를 촉진한 것도 사실이다. 프랑스 절대왕정은 하루가 멀다 하고 소란을 일으켰던 옛 봉건귀족의 정치적 주장을 억누르며 그들을 그저 뿌리가 뽑혀나가는 지주계급으로 만들어버리고, 국왕은 저 좋을 대로 신하와 관료를 뽑았다.

지방 소귀족을 대표하는 몽테스키외는 루이15세가 벌인 국내정책의 결과를 침통하게 바라보면서 군주정치는 "모든 이해관계를 개별화한다"라고 정확히 규정했다.[『단상들』] 건축가는 전제군주의 거처나 행정 집무실(또는 간혹 병원이나 성당)을 짓지 않을 때는 개인 호텔, 작은 성, 도시 성문 근처의 별장을 짓는 것으로 재능을 실현했다. 이런 건물에 부여된 기능은 일차적으로 재산이 많은 사람들에게 사적 주거지의 즐거움을 주는 데 있었다.

18세기에 재산은 정말이지 요행이었다. 하인, 농민, 돌팔이 의사가 출세했다. 그들은 사람들의 마음을 사로잡을 줄 알았고 재치industrie(18세기에 이 말은 천재적인 모든 방편을 가리키는 말로, 사기도 여기에 해당했다)를 동원했다. 절대왕정은 이에 관용을 베풀었고, 왕에 봉사하고 돈이 되는 공직을 산 평민을 호의적으로 맞아들이는 일도 많았다. 사회구조는 위계적이고 구체제의 동업조합 장벽이 높기는 했지만, 그리 엄격하진 않아서 재능 있는 사람이 출세하고 모험가들의 재빠른 유입이 불가능할 정도는 아니었다.

그리하여 고수익을 올린(산업, 교역, 재정) 사회권력의 대표자들이 점점 많아지고, 이들은 과거 왕에게 봉사하고 인민을 보호하는 것을 기초로 했던 질서의 변화된 형식을 열심히 수용하려고 했다. 역설적이지만 과감한 설비투자로 출세한 어떤 부르주아들에게 가장 긴급했던 일은 [생활방식을 바꾸어] 지출과 순전한 소비, 궁정인의 전유물이던 기생적 호사를 하는 것이었다. 봉사의 가치가 (겉으로는 그대로인 듯 보였지만) 향락의 가치로 바뀌었던 퇴조일로의 봉건제도에서 영향력이 증가한 부르주아계급에게 과거에 특권을 누리던 이들의 생활양식을 능숙하게 따르기란 전혀 어렵지 않았다. 볼테르는 [「세속인」이라는 시에서] "부자는 많은 돈을 쓰려고 태어난 사람"이라고 썼다. 이는 자기 이름에 귀족임을 나타내는 '드de'를 붙이고 자신의 천재성을 재산 관리에 이용했던 한 부르주아의 관점이다. 더 엄격한 도덕이나 더 잘 합의된 이해관계를 내세웠던 다른 부르주아들은 사치에 반대 입장을 취했다. 이 가치의 하락이 18세기의 귀족 정신을 덮치게 되는데, 이를 올바로 평가하기 위해서 19세기 초 경제학자 장바티스트 세가 "궁정 주변의 빈곤한 환경을 설명"하는 대목을 살펴보자. "그곳이 개인 서비스가 소비 중에서도 가장 빠르게, 대규모로 소비되는 곳이다. 생산되기가 무섭게 소비된다. 개인 서비스에는 군직, 하인, 유용하거나 무용한 공무원, 대리인, 법관, 성직자, 변호사, 배우, 음악가, 광대들의 조합에서 제공하는 서비스도 포함시켜야 한다. ……여기서 물질의 생산 자체는 다른 곳보다도 더 열성적으로 파괴에 몰두하는 것 같다. 고급 요리, 훌륭한 직물, 유행품이 앞다투어 그곳으로 쓸려들어가 아무것도, 거의 아무것도 거기서 헤어나오지 못한다."[『정치경제론』]

유럽의 상황에 초점을 맞춘다면 호사는 동유럽에서 더욱 강한 인상을 주는데 여기에는 종교적인 특징이 있다. 정복욕으로 가득한 바로크의 언어는 독일, 보헤미아를 거쳐 러시아까지 확산되지만, 그 특유의 유연함으로 변형을 겪는다. 이 변형을 이끈 것은 지역의 천재와 시대의 필요일 것이다. 바로크에서 로코코로의 이행에는 마찰이랄 것이 없었지만, 둘 사이를 매개하는 양식이 하나 있다. 나는 이 양식을 '환희에 찬 바로크'라고 규정하고 싶다. [이탈리아의 조각가이자 건축가] 잔 로렌초 베르니니와 그의 제자들이 이전에 보여주었던 에너지는 이제 없지만 극적인 명민함은 여전하며 여기에는 벌써 로코코 양식의 장식적 쾌활함이 예고되어 있다.

반反종교개혁에서는 신의 현전을 내적으로 확신할 수 있다고 생각하지 않기에 번번이 호화로운 재현의 힘을 빌게 된다. 조형예술의 수사학은 신자의 마음을 사로잡거나 그들이 계속 신앙을 간직하게 하고자 질서 잡힌 세계에 성스러운 것이 분출하는 깜짝 놀랄 만한 장면을 반복한다. 독일 벨텐부르크 성당에서 건축가 아삼 형제가 연출한 장면 어디에서나 용을 퇴치한 성 게오르기우스의 승리를 함께 기뻐하지 않을 수 없다. 그곳에서 우리는 절정의 순간에 멈춰 있는 대형 종교 오페라의 한 장면을 보고 있는 것이다.(도판 1) 과시적인 색채, 교묘하게 은빛 기사 쪽으로 모이는 빛, 한없이 굽이쳐 흐르는 무늬(이로 인해 괴물과 보검, 성녀 마르게리타, 위로 솟구치는 기둥들이 살아 움직이는 듯하다), 완만히 기운 굴곡, 이 모든 것이 놀라운 환영 효과를 만들어낸다. 이 장소 전체가 하나의 사건이 된다. 공간이 곧 감동이다.

흘러넘치는 다채로운 색상, 두터운 기둥에서 반쯤 빠져나온 살아 숨쉬는 듯한 여인상女人像이 메텐 수도원 도서관을 마법의 동굴처럼 보이게 한다.(도판 2) 종교사를 다룬 장면들이 신화적인 아기천사들putti과 회반죽으로 칠한 화환장식에 둘러싸인 저 궁륭 아래에서 종교에의 입문은 경이로운 세계로 들어가는 것이다. 그

도판 1. 코스마스 다미안 아삼(1686~1739)과 에기트 퀴린 아삼(1692~1750), 〈성 게오르기우스와 용의 전투〉, 1717, 바이에른 벨텐부르크수도원 성당.

도판 2. F. J. 홀칭거(1691~1775), 바이에른 메텐수도원 도서관, 1706~1720.

러나 피어첸하일리겐 순례성당 안에 있다면 우리는 주체할 수 없는 환희를 느낄 것이다. 발타자르 노이만은 원과 타원형이 얽혀드는, 기가 막힐 정도로 세심한 대위법적 구도를 취해 중앙 제단 주변에 금색, 분홍색, 흰색이 섞여 솟구치는 모습을 만들어낸다. 진짜나 다름없게 그려진 천장을 볼 때 느껴지는 환희는 무한을 향해 열려 있다.(도판 3)

로카유 양식

18세기에 사치는 구질서와 신질서가 일시적으로 만나 기이하게 혼합된 현상이다. 여기서 우리는 신권을 바탕으로 한 권력이 신민을 압도하여 복종하게 했던 과시적 화려함이 그저 쾌락주의로 타락했으며, 부가 상징에 불과했던 비가시적 질서와는 전혀 다르게, 대상이 직접 제시되고 향유되는 완전히 물질적인 만족과 안락이 추구되었음을 알게 된다. 17세기에 호사는 왕이나 귀족의 '카리스마'를 상징적으로 보여주는 것일 수 있었다. 반면 18세기에 사치품은 사물로 변모한 부가 감각 앞에 드러난 것에 지나지 않는다. 사치품의 휘황한 광채는 영적인 과거와는 무관하며, 외관들의 세상을 밝혔던 권위가 회절回折되어 표현된 것도 아니다. 18세기의 비극만큼 이미 낡아버린 질서를 애지중지 붙잡고자 하는 것도 없다. 아직 화려하게 남아 있기는 해도 더는 가치가 없이 볼테르의 명성에 기대 간신히 유지되었을 뿐이다. 18세기의 비극 담화는 고상한 시적 언어가 부각된 다양한 형식을 수정하여 활용하기는 하지만, 이 형식들은 형식 자체만을 가리킬 뿐 과거에 그 형식에 담아내던 내용에 더는 부합하지 않는다. 그래서 다양한 즐거움을 노리는 예술가는 그런 형식을 제 마음 가는 대로 이용하곤 했다.

도판 3. 발타자르 노이만(1687~1753), 프랑켄 피어첸하일리겐 순례성당 내부.

종이 양끝이 살짝 말린 두루마리꼴 장식은 전통적으로 명구나 문장紋章을 담곤 했는데, 이 장식을 아무것도 넣지 않고 마음대로 쓸 수 있는 형식으로 삼은 것이 그 때문이다. 윤곽은 우아하게 부각되고, 그 주위로 여러 대상이 자유롭게 뒤섞인다. 상징적 기능을 전부 잃고 배경 장식 그 이상도 이하도 아니게 된 것이다. 하지만 상징적 요소(와 그에 상응하는 명료한 윤곽의 확산)를 뺐을 때, 이렇게 내용이 주는 무게가 줄면 보는 사람은 장식을 불필요하다고 생각하게 된다. 장식에는 아무런 목적이 없기에 매혹적으로 보이거나 빈축을 사게 된다. 형식은 메시지를 전달하는 대신 순수한 낭비처럼 나타난다. 빈곤과 과잉이 동시에 존재하는 것이다. 의미는 전부 사라져버렸거나 보이지 않는 잔여만이 남으며, 지나칠 정도로 화려하게 감각이 만개하여, 안락과 유용성의 가치에만 집중하는 이성의 과잉을 역으로 상쇄해주는 듯하다. 이 사회의 한 순간과 미학적 풍토 사이에 어떤 분명한 상관관계가 드러난다. 지위가 상승하면서 귀족의 예법을 열심히 모방하는 부르주아계급과, 고상한 잉여의 장식이 기생하기라도 하듯 갑작스럽게 들어선 이들 유용한 형태(및 현미경, 나침반 등 자연학 기구까지)가 딱 들어맞는 한편, 원래의 지위를 잃고 얼마 안 되는 토지 소득으로 사느냐 아무 일 없는 한직이나 맡느냐 하는 상황 사이에서 결국 의존적이고 불안정하게 살아갈 수밖에 없게 된 귀족과 이렇게 상징 형식이 그저 향유의 대상으로 타락해버린 상황이 딱 들어맞는다.

로코코 양식(원래 이 용어는 로카유 양식style rocaille*과 루이

* '로카유'는 바위roc와 조약돌caillou의 합성어로 돌이 많은 곳, 돌로 장식된 곳을 뜻하며, 17세기에 건축 장식을 위한 작은 돌, 조개껍데기 등을 지칭하는 말로 의미가 넓어졌다. 18세기에는 흔히 조개껍데기 모양의 장식이 두드러져 로카유 양식이라 불렸다. 로카유 양식과 로코코 양식이 혼동되곤 하는데, 전자는 프랑스에서 발전한 예술양식이고, 후자는 이 시기 유럽 전역에서 발전한 유사한 양식을 가리킨다. 예술사에서 '로코코'라는 용어는 18세기 프랑스 로카유 양식과 이탈리아 바로크 양식을 종합하기 위해 19세기에 등장했다.

15세 양식을 총칭하는 말이다)은 17세기 말에 아라베스크의 대가 장 베랭과 왕실건축소Bâtiment du roi 도안자 앙투안 르포트르가 윤곽을 잡고, 질마리 오프노르와 루이클로드 바세가 발전시키며, 니콜라 피노, 쥐스트오렐 메소니에, 프랑수아 드 퀴비예스가 열중한 비대칭적이고 '피토레스크pittoresque'*한 장르에서 정점을 이룬 양식으로, 세밀화로 그려진 불꽃 문양의 바로크로 정의해도 좋을 것이다. 로코코 양식에서는 작은 불꽃이 장식적으로 타오르며 반짝거리고, 권위로 충만한 신화적 이미지가 앳되고 여성스럽게 그려진다. 17세기의 초기 바로크에는 국왕의 권력을 연극적으로 과장해서 나타내고자 한 형식들이 있었다. 로코코 양식은 이 형식들이 우아하고 기발하고 평이하고 쾌활하게 증식되면서 그와 함께 의미가 약화되고 의미를 내포한 가치들이 성겨지는 경향을 보여주는 예술의 사례다. 이 양식에는 사랑을 상징하는 어린아이, 꽃장식, 화살, 화살통, 조가비 등이 널리 쓰이는데, 이런 것들이 벽난로 위에서 바다나 꽃의 비밀을 드러낸다. 특히 조가비는 무지갯빛으로 빛나는 내밀성의 상징으로, 부채꼴로 펼쳐진 장식주름에 가장자리는 완만하게 둥글며 꽃줄장식이 달렸다. 로코코 양식은 화장 회반죽과 내장재를 이용하여 건축의 뻣뻣한 선을 감추고, 형태를 둥글게 만들고 완화한다. 기분 좋은 현기증과 자신에 찬 내밀성을 표현하려 애쓰는 것이다.

* 『아카데미프랑세즈 사전』(1762)에 따르면, '피토레스크'는 "화가가 표현해볼 만하다고 생각하는 대상들의 배치, 풍경들의 양상, 형상들의 태도"로 정의된다. 흔히 볼 수 있는 대상이나 풍경이 아니라 예외적이고, 기발하고, 호기심을 자아내고, 이국정취가 느껴지는 경우이다. 이 시기 여러 이탈리아 여행기의 제목에 이 단어가 흔히 사용되곤 했다.('voyage pittoresque') 이때 pittoresque라는 말에는 이국적이고 특별한 풍경과 자연의 모습에 대한 강한 호기심이 담겨 있다. 아울러 이 단어는 의미가 확장되면서 "정신에 그림을 그리듯 보여주는 모든 것"을 뜻하기도 한다. 『트레부 사전*Dictionnaire de Trevoux*』(1771)은 이 말이 이탈리아어 pittore에서 왔음을 밝히며 "그림에서나 볼 수 있는 기이하고 기묘한 표현"이라고 설명한다.

더 까다롭고 장엄함을 덜 좋아하는 사람들은 집이 더 활기차고, 밝고, 난방이 잘되도록 더 조밀하기를 요구했다. 루이15세도 이 유행을 따랐다. 그는 호사스럽게 널찍한 공간보다도, '작은 집'이라 불리던 협소하고 따뜻한 공간의 안락한 내밀성을 선호했다. 18세기 말에 이탈리아 건축가 프란체스코 밀리차는 프랑스 주택의 안락함에 찬사를 보냈다. 그가 보기에 프랑스식 집은 방들의 규모가 더 작아서 이탈리아식 대저택보다 장점이 훨씬 많았다. 이탈리아식 저택은 방이 한쪽에 배치되어 늘어서 있으니 웅장하기는 해도 살기엔 불편했다. "반면에 프랑스 집은 외부에서 보는 모습이 웅장하지도 아름답지도 않다. 어쩌면 집 내부의 소소한 편의와 집 외부의 아름다운 장중함을 동시에 갖출 방법은 영원히 없을지 모른다."[『건축의 원리』(1785)] 이렇게 협소한 거주공간에 중국산 실내장식품, 장식용 도자기, 과자 상자, 담배 상자, 작은 축소 모형이 우글거린다.

이 시기 유럽에는 동화가 유행했고 간혹 리베르탱 콩트conte libertin*로 변형되기도 했다. 이 유행은 로코코 양식에서 늘 나타나는 앳된 표현이나 가벼움을 지향하는 풍토를 더욱 강조한다. 그 문체와 언어를 자세히 분석해보면 영어, 프랑스어, 독일어에서 허구 속 인물들의 이름에 K나 Ph와 함께 Z가 얼마나 자주 쓰이는지 알 수 있다. 프랑스어에서 알파벳 Z는 이국적인 문자다. Z를 쓰면 고대풍(제피로스Zéphir[그리스 신화에 나오는 바람의 신])이거나 근동풍이거나, 요정을 떠올리게 하거나 에로틱한 효과가 생긴다. Zaïre, Zélide, Tanzaï†…… 하는 식이다. 드니 디드로의

* 18세기에 유행한 상당히 짧은 단편소설 형식의 이야기로, 흔히 남녀의 사랑 이야기를 다뤘다. 대표적인 작품으로는 비방 드농의 「내일은 없다」, 바스티드의 「프티트 메종」, 부아즈농의 「쥘미스와 젤마이드」, 비비에나의 「인형」, 크레비용 피스의 「소파」등을 꼽을 수 있다.

† 자이르Zaïre는 볼테르의 5막 비극 『자이르』의 여주인공이고, 젤리드Zélide 역시 볼테르의 비극 『타니스와 젤리드』의 여주인공 이름이다. 탄자이Tanzaï는 크레비용 피스의 1막 희비극 『탄자이와 네아다르네』의 주인공 이름이다.

초기 소설 『입 싼 보석*Les Bijoux indiscrets*』에 등장하는 지르지필Zirzi-phile이라는 인물의 이름은 이국적 문자가 주는 매혹과, 벽을 세우듯 자음이 여럿 중복되면서 나타나는 아이 같은 분위기가 결합되어 있다.(같은 작품의 또다른 주인공 망고귈Mangogul과 미르조자Mirzoza의 이름도 마찬가지다.)

구불구불한 선이야말로 로코코 양식의 기본 요소 중 하나다. 굴곡이 심한 이 선을 이론화한 연구자들도 있었는데, 그러자 이를 비판하는 비평가도 금세 나타났다. 이런 선은 처음에는 회화의 대규모 구성에 영향을 행사하는 한 가지 원칙이었다. 알퐁스 뒤 프레누아는 『회화의 기술*Art de peindre*』(1688)에서 구불구불한 선을 라틴어로 다음과 같이 완벽하게 정의했다. "모든 부분의 윤곽은 물결이 일듯 구불구불한 모양이어야 하며, 기어가다 몸을 사리는 불꽃이나 뱀처럼 보여야 한다." 1700년에 앙투안 쿠아펠도 같은 어휘를 사용한다. "형상을 나타낼 때…… 형태를 우아하게 하면, 다시 말해 뚜렷하게 표현하지 말고 물결치듯 표현하여 불꽃을 닮게 그리면, 그 형상은 생기가 도는 정신을 갖추게 된다." 『아름다움의 분석*The Analysis of Beauty*』에서 윌리엄 호가스는 구불구불한 선의 사용을 우아함과 아름다움의 보편 조건으로 보았다. "사냥할 때처럼 우리 눈을 이끌" 수 있는 "형태의 균형 잡힌 복잡성"이 보기에 좋다. 우리 눈에서 시작되는 상상의 광선은 연속적으로 다양한 움직임을 따르게 된다. 다양성은 권태로운 정지 상태에서 벗어나게 해주고, 연속성은 다양성에 하나의 질서를 부여해줄 것이다. 이렇게 끝없이 변화해도 길을 잃을 염려가 없다. 우리는 예쁜 곱슬머리, 막대기를 휘감은 리본 등 물결치듯 혹은 뱀이 기어가듯 구불거리는 선이 풀려나가는 것을 볼 때마다 그런 즐거움을 경험한다. 이어 호가스는 대상이 운동할 때 즐거움이 커진다고 말한다. "나는 젊었을 때 농민의 춤을 관찰하면서 매혹을 느꼈다. 춤을 추던 한 여자가 마음에 들었는데 두 발로 구불구불한 곡선을 그

도판 4. 이냐시오 베르가라(1715~1776), 발렌시아 소재 도스 아구아스 후작의 성 정면(1740~1744). 도안은 이폴리토 로비라 브로칸델.

려내는 것을 내 눈이 열심히 뒤좇았을 때 특히 그랬다. 꼼짝없이 시선이 사로잡혔고, 상상으로 나타나는 광선은 쉼없이 그녀와 더불어 춤추었다." 다른 많은 대목에서도 호가스는 나선형의 순수한 기하학에 지나칠 정도로 몰두하는 편인데, 위 대목에서 구불구불한 선에 대한 자기 취향의 에로틱한 기원을 고백하고 있다. 그 우아한 일렁임을 보면 그것의 본질이 여성적이고 춤추기에 알맞다는 점을 알게 된다.

구불구불한 선

18세기 장식이 지나치게 과감했다는 비판이 즉각 잇따랐다. 고급 취향에 어울리지 않는다는 비난이었다. 고딕 양식과 뭐가 다르냐는 것이었다. 정당한 비판은 아니지만, 고딕 양식과 비교되었다는 점이 전혀 뜻밖은 아니다. 발렌시아에 있는 도스 아구아스 후작의 성에는 대단히 많은 영향이 결합되어 있는데, 플라부아양flamboyant 양식[불꽃 모양의 고딕 건축양식]을 연상시키는 이 성은 가우디와 모던양식modern style을 미리 보는 것 같다. 바로 이 경우에서, 로코코 양식을 특징짓는 구불구불한 선의 원칙이 육중한 충만함의 이상을 따를 수도 있고 경쾌하게 꽃이 피어오르는 모습을 따를 수도 있음을 알게 된다. 발렌시아의 정면 현관에서 석재는 부풀어오르고 팽창하여 항아리, 남성상, 뱀, 과일, 성모 출현의 형상이 된다.(도판 4)

실내장식의 장인들은 도안을 할 때 수많은 장식을 집어넣었지만, 그 목적은 반대로 질량감이 느껴지지 않을 만큼 가볍게 보이도록 하는 데 있었다. 잎, 깃발, 날개, 꽃장식, 리본, 책의 페이지는 아주 얇아 휘어질 정도여서 구성이 빽빽하지 않고, 서로 얽혀들 때도 빈 곳이, 들쭉날쭉한 톱니모양 같은 것이 생긴다. 황금

도판 5. 발타자르 노이만, 피어첸하일리겐 순례성당.(1743년에 건축 시작)

색을 칠한 화장 회반죽(또는 [이탈리아 로마 인근] 카포디몬테의 정교하게 세공한 도자기 위)에 빛이 비칠 때마다 거울에 반사되어, 살롱에는 강렬한 빛이 타닥거리며 무한히 나뉘면서 다시 태어난다.

중국풍 이미지의 매력은 그저 이국취향 때문만이 아니다. 중국의 사례는 창조적 변덕, ('그로테스크'의 전통에서) 불규칙한 것의 추구를 자극한다. 또한 구불구불한 것과 날카로운 것, 굽은 것과 뾰족한 것의 결합, 유연한 것과 강렬한 것의 결합을 가능케 한다. 로코코 양식은 이같이 낯선 것에 익숙해지게 함으로써 새로운 방식으로 즐거움을 자극하려 한다.

확실히 18세기는 유럽에서 프랑스 취향이 헤게모니를 장악하는 시기다. [합스부르크 왕가의] 쇤브룬 궁전과 [프로이센의] 상수시 궁전, 스톡홀름에서 러시아까지, 베르사유를 모델로 삼고 새로운 영광을 위해 프랑스 태양왕의 위대한 장식을 가져오고자 했다. 하지만 군주들의 세계에서 프랑스가 패권을 쥐었다 해도, 성숙기에 도달한 뒤 소강상태에 접어든 이탈리아의 바로크, 영국 경험주의, 추리게라 가문의 에스파냐, 그리고 독일까지도 독창적인 데가 많다는 점을 확인해야겠다. 특히 독일은 아삼 형제, 야코프 프란타우어, 마테우스 다니엘 푀펠만, 발타자르 노이만, 요한 디엔첸호퍼 등을 통해 자국 건축에 고유한 천재적 표현을 얻었다.

발타자르 노이만은 시토수도회를 위해, 기적이 일어났던 자리에 피어첸하일리겐 순례성당[남독일 반츠]을 설계했다. 그는 프랑켄 지방 풍경에 이탈리아 바로크와 프랑스식 공간 구성을 접목했다.(도판 5) 대다수 민중의 열기를 달아오르게 하고 그들을 결집하기 위해서는 이런 바실리카 건축양식을 따른 설계와 하늘로 치솟은 파사드가 필요했다. 여기에 새겨진 볼록 곡선과 오목 곡선을 보면 프란체스코 보로미니의 건축이 떠오른다. 번쩍 솟은 풍모, 굳건한 토대, 구형 돔과 채광창을 이고 있는 두 개의 탑

이 율동적인 자연스러움을 갖춘 이 건축물(건축가 생전에 완성을 보지는 못했다)은 유럽 예술의 한 정점일 뿐 아니라, 대부분의 귀족계급과 부르주아계급이 기독교에서 멀어진 18세기에 특히 독일 남부와 오스트리아 중부에는 반종교개혁의 정신이 끈질기게 남아 있었음을 알려준다. 계속 가벼워지다가 더 나중에는 무미건조해지는 양식도 있다. 트리엔트공의회 때 생겨나 계속된 양식으로, 이를 따른 마지막 작품으로 모차르트와 하이든의 미사곡이 꼽힌다.

아삼 형제는 뮌헨에서 살던 집 옆에 사설 예배소인 성 요한 네포무크 성당을 지었다. 이 건축물은 비좁고 드높고 구불구불한 물결 모양으로 생동감이 넘치는 회랑을 갖췄다. 니콜라우스 페프스너에 따르면 이곳에서는 "엄격히 균형 잡힌 구성에 시각적 환영 효과를 만들어내는 모든 원천이 훌륭히 결합되어 있어서, 놀라움을 자아내는 강렬한 감각이 느껴지고 이것이 쉽게 종교적 열의로 변한다." 비틀린 형태로 솟구쳐오르는 기둥들과 '투각透刻 장식'의 효과에서 바로크 취향을 떠올리는 것이 당연하다면, [이탈리아 건축가] 필리포 유바라의 건축에는 또다른 바로크가 있다. 유바라는 운동보다 규모에서 효과를 보려 한다. 카를로 폰타나의 제자였던 유바라는 로마에서 공부하고 피에몬테에서 사부아 가문을 위해 건축물과 장식품을 제작했다. 그의 건축에는 매우 날카로운 '회화적' 효과와 다소 무뚝뚝하기까지 한 엄격함이 승리를 구가한다. 토리노 근처의 스투피니지 사냥별장은 놀라운 중심 구도를 사용한 경우로, 본체에서 네 개의 날개가 뻗어나온다. 밀리차는 "이곳에는 입구가 여덟 개인 대단히 특이한 살롱이 있는데, 이 입구들은 군주들이 쓰는 십자가 모양의 방 네 개로 연결된다. 또 방 옆에는 궁정 귀족, 사냥 관리인, 조마사調馬師를 위한 숙소가 있다"라고 썼다. 스키피오네 마페이는 이 건축물을 보고 "방 하나하나를 현명하게 그 목적에 부합"시켰다고 감탄했으나, 마페이

보다 더 엄격했던 밀리차는 유바라가 "구성의 통일성을 좋아하지 않아서 결국 규칙을 따르지 않았다"라고 평가한다.

밀리차는 '신고전주의적' 이상에 따라 이렇게 비난을 퍼부었지만, 루이15세 양식을 대표하는 예술가들에 대한 비판은 더욱 가혹했다. [프랑스의 건축가이자 장식가] 질마리 오프노르(도판 6)는 다음과 같은 혹평을 받았다. "오프노르는 프랑스의 보로미니다. 과장된 윤곽에 대한 그의 취향을 절대 받아들여서는 안 된다."

비판의 목소리

1750년부터 반작용이 뚜렷해지기 시작했다. 구불구불한 형식과 피노, 퀴비예스(도판 7), 메소니에가 중요하게 생각했던 '변덕스러운' 장르는 조롱받고 시대에 뒤진 것이 되었다. 1780년 프랑스 건축가 니콜라 르 카뮈 드 메지에르의 비난은 시사하는 바가 크다. 그는 과도한 '피토레스크 양식'을 비난할 목적으로 규정할 수 없고 괴물 같다는 경멸적인 의미에서 '바로크'라는 말을 사용한다. 로코코라는 말도 거의 같은 시기에 경멸적인 의미를 띠기 시작한다. "저 모호하고 바로크적인 부분을 장식에 포함시켜서는 안 되겠다. 그 부분들은 분명히 정의내릴 수도 없어 치커리chicorée라고들 부르는 것이다. 그러니 이용한 지 아직 십여 년도 되지 않았고, 불행하게도 프랑스에서나 삼십오 년 이상 이어져온 저 고딕식 기묘함에서 벗어나자. 상상력이 타락해야 나타날 법한 저런 장르에 어떻게 매혹될 수 있었는지 도저히 이해할 수 없다. 새로움을 추구하는 정신 때문에 이끌렸는지도 모른다. 바로크적으로 만들기가 쉽다는 점도 이유가 될 수 있다. 허용되지 않는 형식이 없었다. 반짝거리기만 하다면 만족이었다. 조화도, 일치도, 대칭도 없었다. 쇠시리를 특별한 모습으로 주름지게 하고, 형편없는 장

6

7

8

도판 6. 질마리 오프노르(1672~1742), 〈아라베스크〉, 베를린 주립미술도서관.
도판 7. 프랑수아 드 퀴비예스(1695~1768), 〈변덕(카프리치오)〉, 주네브 공공대학도서관.
도판 8. 조반니 바티스타 피라네시(1720~1778), 항아리에 들어갈 담채화 데생, 뉴욕 J. P. 모건 부인 컬렉션.

식틀에 한껏 로카유 양식을 넣은 뒤 뒤집어 끼워넣으면 만사형통이었다. ……나무를 자르다가 그저 우연히 장식을 하나 생각해내고, 이를 뭐라고 규정할 수가 없어서 이 장식에 중국 식물이라 이름붙이고 그것으로 쇠시리를 이어 중앙부를 만들었다. 결국 장식은 자연적 형태와 멀어지는 것처럼 보일수록 더 값어치 있어 보였다. 바토 같은 화가들의 그림이 그런 탈선에 빠졌다. ……그것은 일시적인 병이요 취향의 타락이니, 아무리 경계해도 지나치지 않다."[『건축의 정수』(1780)] 하지만 더 준엄한 장르, 더 활기 넘치고 엄격한 양식을 주동했던 어떤 화가들은 로코코 양식의 좌우 비대칭과 구불구불한 굴곡을 그들 시대에 이미 경험한 바 있다. 그들의 초기 카프리치오capriccio* 중에서도 식물의 자유로운 유연성을 표현한 피라네시의 데생을 꼽을 수 있다.(도판 8) 피라네시의 장식 취향이 나중에는 이집트의 근엄한 형상들을 모델로 삼으리라고는 그때는 짐작도 할 수 없었을 것이다. 다른 많은 사례가 있겠지만 피라네시의 사례야말로 그동안 얼마나 다양한 경험이 시도되었는지 알려주며, 지나치게 엄격한 잣대로 시기를 구분하고 분류하기가 얼마나 어려운 일인지 보여준다.

질서와 다양성: 새로운 도시

유행은 단번에 비방의 대상이 되고 저항에 부딪혔다. 비방자들은 유행을 따르지 않았던 것도 아니면서 대놓고 유행을 조롱하곤 했다. 로코코 시대는 스스로 만들어낸 허구를 비아냥거리기를 좋아

* 18세기에 이탈리아어 '카프리치오'는 특별히 화가들이 상상으로 그린 풍경화를 가리키는 말이었다. 이 화가들은 고대의 폐허를 허구적으로 그려내곤 했는데 그런 그림의 세부는 모두 현실의 대상을 모방한 것이 아니라 화가가 직접 상상해낸 것이었다.

한다. 장식적 체계, 협소한 실내에 오락거리 소장품을 들이는 취향을 18세기의 유일한 특징, 한 양식을 표현하는 유일한 증거로 봐서는 안 될 것이다. 질서가 주도권을 쥘 때 어쩔 수 없이 생겨나는 권태를 상쇄할 목적으로 다양성을 추구하는 일과 한없이 장식을 늘리는 일이 관련되어 있음을 알려면 18세기에 나온 이론 저작(이론과 실천 사이에 피할 수 없는 괴리가 있음도 감안하자)을 읽어보는 것으로 충분하다. 로코코 체계는 사소한 놀라움을 주는 것을 늘리고 비대칭을 이용해서 권위적 질서를 완화하는 체계다. 가령 몽테스키외는 『취향론*Essai sur le goût*』에서 상보적인 명제들 사이를 오간다. "마음에 수많은 것을 보여주는 것으로 충분하지 않다. 질서를 갖추어 보여주어야 한다." 그러나 바로 다음에 이렇게 쓴다. "사물에 질서가 필요하다면 다양성 또한 필요하다. 마음이 다양성을 찾지 못하면 활기를 잃는다. ……마음이 본 적 없는 것을 보게 해야 한다. 마음에 일으킨 감정과 마음이 느낀 감정이 같을 리 없다." 다양성은 눈에 쉽게 띄고 뚜렷이 드러나야 한다. 이런 이유로 몽테스키외는 대부분의 동시대인과 마찬가지로 고딕 양식의 다양성은 혼잡하다고 싫어했다. 로카유 양식에 장식이 너무 많다고 비판하는 사람들은 무질서한 고딕 양식이 다시 나타날 위험을 끊임없이 돌려서 말하곤 했다. 이에 대해 앙드레 신부는 다음과 같이 분명히 말한다. "건축에서 작은 형상들을 이렇게 모아둔 것을 기교가 뛰어나다고 할 것이 아니라 기교가 지나치다고 해야 한다. 자연은 더 적은 기교로도 만족하므로, 기교를 너무 부린다면 자연은 만족은커녕 물리게 되어 이를 받아들이지 않을 것이다."[『미론美論』(1741)]

대칭만한 것이 없지만 그것으로는 부족하고 여기에 뜻밖의 것으로 대비 효과를 더해야 한다. 18세기가 항상 따르는 규칙은 마음의 즐거움으로, 대칭 속에서 군림하는 시선의 즐거움이며, 다양성과 대비 속에서 이루어지는 영원한 쇄신의 즐거움이 그것이다. 몽테스키외는 로크의 심리학에 기대 이를 설명한다. "뭐가 되었든 결국은 지겨워지기 마련이다. 즐거움이 상당했을 때 특히 그렇다. 큰 즐거움으로 만족감을 느끼듯 그 즐거움을 떠날 때도 똑같은 만족감을 얻는다. ……우리 마음은 결국 감각에 질리게 된다. 그런데 감각하지 않으면 마음이 짓눌려 허탈함에 빠진다. 이때 다양한 변화를 주면 개선이 가능하다. 마음은 감각하더라도 진력을 내지 않게 된다. ……마음에는 이런 성향이 있기에 항상 다양한 대상에 끌리고, 놀라움이 원인이 되는 즐거움을 맛보는 것도 그 때문이다. 놀라움이란 공연을 볼 때나 행동이 신속하게 전개될 때처럼 예상하지 않은 일을 예상하지 않은 방식으로 알아보고 느낄 때 마음에 즐거움을 주는 감정이다."

질서와 다양성을 강조하는 이성적 이론은 정말 이성적이어서 기법을 달리하는 유파라도 충분히 수긍할 수 있다. 로코코 양식은 다양한 장식을 두드러지게 늘어놓으면서도 전체 도면의 질서가 무너지면 어쩌나 하는 데 전혀 개의치 않는다. 나중에 엄격한 비판정신을 갖추고 등장한 이들은 루이15세 양식을 따랐던 대담한 데생화가들이 과도하게 변덕을 부리고 비대칭을 지나치게 사용하는 데 충격을 받았다. 건축에 조예가 깊었던 벌링턴 공작 덕분에 [간결과 절제를 강조하는] 팔라디오 양식으로 전향한 영국인들까지 언급하지 않더라도 켈뤼스 백작, 샤를니콜라 코생 같은 이들은 퀴비예스나 메소니에 같은 건축가의 경박한 장식과 무질서를 일관되게 빈정거렸다. 켈뤼스와 코생의 글을 살펴보면 우리로서는 당연히 로코코 양식의 대변자로 분류할 만한 시인과 화가가 '피토레스크 양식'에 적대적이었다는 데 놀랄 것이다.

루이15세의 '섬세한 즐거움'을 그려낸 데생화가 코생은 이탈리아 여행에서 돌아온 뒤, 분명 퐁파두르 부인의 격려 때문이었겠지만, '고급 취향'을 옹호하고 꾸불꾸불한 서법과 지나치게 꾸민 양식의 반대자를 자처한다. 코생은 빈정거리는 어조로 쓴 『금은 세공인에 드리는 탄원*Supplication aux orfèvres*』에서 다음과 같이 말했다. "금은 세공인들에게 부탁하노니, 죽 단지 뚜껑에 실제 크기대로 아티초크나 셀러리를 그리면서 그 옆에 손가락만한 토끼를 그리지 말고…… 사물의 정해진 용도를 바꾸지 말며, 촛대는 항상 수직으로 곧게 세워서 빛을 발하게 해야 하고…… 촛농받침은 흘러내리는 밀랍을 받아내려면 오목해야지, 볼록하면 밀랍이 촛대 밑 식탁보로 떨어진다는 점을 기억하기 바란다. 실내장식 조각가들에게 부탁하노니, 장식품을 조각할 때는 낫 장식을 모래시계보다, 사람 머리를 장미 한 송이보다 더 작게 만들지 말아주십사 한다. ……최소한 사물이 네모반듯할 수 있을 때 그것을 구부리지 않도록 하고, 꼭대기 장식을 반원형으로 조각할 수 있는데도 마치 서체의 장인들에게 배우기라도 한 양 S자 모양으로 둥글려 망치지 말아주십사 한다. ……조각가들에게 부탁하노니, 반듯하게 아름다운 목재를 주었더니 그것을 구불구불한 형태로 작업한다면 예상을 넘어선 지출로 파산에 이르게 하는 꼴이며, 이 방 저 방 할 것 없이 죄다 둥근 모양으로 만드는 걸 즐기니 문조차 그렇게 해놓으면 반듯하게 만들 때보다 지출이 훨씬 늘게 되는바, 문은 둥글든 반듯하든 열고 나가기는 마찬가지이므로, 우리로서는 둥근 문이 더 낫다고 볼 수 없음을 명심해주십사 한다. 집의 벽을 둥글게 장식하는 것도 마찬가지여서, 그렇게 되면 의자를 어디에 놓을지 가구를 어디에 배치할지 망연해지고 말 터이니 전혀 안락해 보이지 않는다." 물론 이러한 거부를 퀴비에스와 메소니에가 내세운 질서와 다양성의 이상과 다르지 않다고 보곤 하지만, 코생은 질서와는 다른 기준, 다양성과는 다른 기준이 있어야 눈과 정신을 만족시킬 수 있다고 보았다.

그렇지만 질서가 지나치면 독이 된다. 로코코 양식에 반발한 이론가 로지에 신부는 도시 미화를 위한 생각을 제시할 때, 훗날 유토피아적 도시 건설을 꿈꾸는 건축가들을 매혹하게 될 완전한 규칙성에 따라 세운 구도에 동의하지 않는다. 그는 널찍널찍하게 닦인 대로에 드러나는 이성적 질서를, 공원처럼 본성상 자유롭지는 않더라도 적어도 변덕스러운 장식이 나타나는 무질서와 대조해보고 싶은 것이다. “가끔씩은 대칭을 버리고 이상하고 진기한 데 빠져보자. 물론 진실한 것과 자연스러운 것을 벗어나서는 안 되겠지만 폭신폭신한 것과 단단한 것, 섬세한 것과 감각을 거스르는 것, 고상한 것과 투박한 것을 기분 좋게 섞어보자.”[『건축에 대한 시론』(1753)]

공원은 수미일관 예술의 법칙을 따르는 숲과도 같다. 이상적 도시는 도시-공원으로 변형된 도시-숲이다. “도시를 숲처럼 보아야 한다. 공원의 아름다움을 이루는 핵심은 길이 여러 곳으로 나 있는가, 널찍하게 닦여 있는가, 잘 정렬되어 있는가 하는 것이지만, 그것만으로 충분하지 않다. 앙드레 르 노트르[루이14세의 조경설계가] 같은 이가 설계도를 그려야 하고, 훌륭한 취향과 사상이 담겨야 하고, 질서와 기이함, 대칭과 다양성이 동시에 들어 있어야 한다. ……천재 예술가의 상상력에 파리만큼 아름다운 터를 제공할 수 있는 도시가 어디 있겠는가. 파리는 평평한 데만 있거나 산처럼 높은 데만 있지 않으니 변화무쌍하고, 그 중심에 큰 강이 흐르는 거대한 숲이다. ……예술가가 생각하는 대로 자르고 다듬을 수 있다고 해보자. 그러면 그토록 유용한 파리의 다양한 모습에서 무얼 끌어내지 못할까?”[로지에 신부] 로카유 양식에 적대적이었던 로지에 신부는 정원예술에서 모델을 빌려와 대도시에 적용해보고자 했는데, 그 모델이 바로 17세기 프랑스의 자수刺繡 화단이다. 로코코 양식의 창안자들은 정말이지 자수 그림에서 영감을 얻은 것 같다. 위와 같은 인용문은 그저 취향의 역사만을 알려주는 것이 아니다. 18세기 전체를 관통하는 정신의 한 양상이 거기 있다. 로지에 신부는 엄격하고 남성적인 고대 예술의 규준을 충실히 따랐고, 로마 건축의 순수한 형식으로 돌아가고자 했다. 그런 이론가였으니 결코 혁신가로 볼 수 없다. 과거를 열렬히 찬양하는 모습을 보면 보수적인 정신을 가졌다고 할 수 있다. 그러나 한 나라 수도의 모습을 바꾸는 문제에 있어서만큼은 이 보수주의자는 비현실적이지 않은가 싶을 정도로 전혀 거침이 없다. 오랜 역사를 거쳐 만들어진 파리라는 도시는 일종의 숲처럼 다뤄진다. 즉 혁신적 의지로 무장한 건축가는 야생의 자연 공간을 다루듯 대로며 광장이며 원형교차로를 자기가 생각하는 대로 고안한다. 파리를 아름답게 만들겠다고 생각한다면 '새로운 설계도를 따라 재건'해야 한다. 크리스토퍼 렌[17세기 영국 건축가]이 런던대화재 후에도 해낼 수 없었던 일을 로지에 신부는 아무 타격도 받지 않은 도시에서 해내는 것이 바람직하다고 생각했다. 사실 피에르 파트[18세기 프랑스 건축가]가 그랬듯 루이15세의 영광을 기리는 기념비와 광장의 모든 설계도를 한 장의 지도에 옮겨본다면 도시가 어떤 식으로 완전히 다시 그려질지 상상해볼 수 있다. 그런데 그 기획이 모두 실행에 옮겨지진 않았다. 왕은 자신의 영광을 위한 공간을 마련하려고 백성이 살고 있는 거주구역을 파괴하여 원성을 사는 일을 단호히 거부했다. 그래서 18세기에 만들어진 대규모 공간은 도시 거주구역 외곽에 위치하게 된다. 루이15세 광장(지금의 콩코르드 광장), 에투알 광장, 에콜밀리테르[사관학교] 등이 그렇다. 널찍한 대로들 사이로 탁 트인 길(로지에가 '공원길'이라 부른)은 19세기나 되어서야 공사가 시작되었다. 로지에 신부의 계획은 오스만 남작의 기획을 이미 예견한 셈이었다.

그러니 로지에 신부의 제안은 질서와 다양성이라는 완벽하게 고전적인 제약을 급진화한 표현이다. 실제 공원의 경우처럼 애초의 목적은 산책자의 즐거움을 늘리는 것뿐이었다. 그리고 아름다움과 함께 유용성도 고려한다. 로지에 신부는 다른 많은 동시대인처럼 인구 문제가 새롭게 대두되어 현실적으로 도시와 도시 주변의 모습을 바꾸어야만 한다는 점을 충분히 깨닫고 있었다. "도시 출입구의 목적은 주민들이 나가고 외부인이 들어오기 쉽게 하는 데 있다. 그러므로 완전히 자유롭고 탁 트여야 한다. 대로를 닦으면 그렇게 트여진다. 여기서의 대로avenue란 도시에 더 많은 사람이 살게 되고 더 많은 사람이 몰려옴에 따라 애초에 도시로 들어오는 길을 그만큼 확장한 것을 말한다. ……대로는 넓기만 할 것이 아니라 가능한 한 굽거나 우회하지 않아야 한다. 또한 관문 및 거기서 이어지는 도시 내부의 길도 대로의 장점을 똑같이 가져야 한다. 대도시에 들어설 때 여러 길이 거위 발처럼 방사상으로 통과하는 대형 광장이 있으면 좋을 것이다. 이런 취향은 포폴로 문[민중의 문]을 통해 로마로 들어가는 길에서 발견할 수 있겠으나, 파리에는 비슷한 것이 전혀 없다." 이와 같이 로지에 신부는 접근성과 기능의 문제들을, 18세기에 급격한 인구 증가를 겪은 수도들의 필요에 따라 더할 나위 없이 명확하게 제시했다. 그렇지만 이런 현대적인 문제들은 실질적으로 고대에서 착상을 얻은 양식과 언어를 통해 다뤄진다. 18세기 후반에 등장하는 위대한 건축 실무자들과 마찬가지로 로지에 신부의 이론에서는 과감한 의도와 전통적인 장엄한 형식에 대한 존중이 전혀 분리되지 않는다. 때때로 기능적 필요와는 무관하게, 실로 대단히 새롭게 설계된 건물에 주랑과 기둥이 추가되기도 하지만, 고전적 부속물을 완전히 배제할 정도로 과감하진 않았다. 그래서 18세기의 끝 무렵에 '건물 파사드'와 건물 내부가 불일치하는 경우가 다시 늘어났다. 이미 18세기 초반의 건축물에서 이런 불일치가 충격을 준 바 있다. 바로크 양식의 호화로운 외부 뒤에서 무언가가 약화되고 감소하고 있었다. 권위와 권력의 위용이 더는 예전같지 않았던 탓이다. 파사드와 철책은 즐거움이 들어서버린 완전히 세속적인 영역과 뚜렷이 구분되는 경계가 되었다. 18세기 말에 이르면 혁신가마저도 제 의지를 분명히 표현하는 대신 고대 질서의 외관 아래 숨게 된다. 혁명 이데올로기가 여전히 고전 비극의 낡은 형식을 따르고, 자코뱅파의 수사학이 키케로와 타키투스의 관례적 표현으로 치장되는 것이 정확히 이때였다. 다른 시대의 차용물, 가면, 신화 등 모든 것이 18세기에 새로 획득한 지식과 이 시대에 고안된 형식 사이의 간극을 드러냈다. 이 간극은 그때까지 포기할 생각을 하지 못했던, 과거로부터 물려받은 형식들을 시대에 뒤진 것으로 만들어버린 엄청난 사회적, 지적 변화가 없었다면 그렇게 뚜렷하게 드러나지 않았을 것이다. 비로소 이때부터 존재와 외관, 필요와 과잉, 자연적인 것과 인위적인 것, 활력과 퇴폐에 관한 성찰이 발전할 수 있었다. 18세기보다 더 자기 시대 취향의 관습적인 부분을 의식하고, 자기 세기가 감히 이뤄내지 못했던 변화는 무엇이었는지 알고 싶어하고, 늘 경험에 귀기울였던 세기가 있었던가? 몇몇 대범한 이들은 인간이야말로 제 역사를 개척하는 존재이며 인간의 가치를 인간 스스로 만들어낼 수 있으리라고 주저 없이 단언했다. 현재의 자신을 이루는 모든 것과 자신을 둘러싼 모든 것은 자기 의지에 따른 행동으로 바꿀 수 있다. 그리고 이 발견, 오직 이 발견만이 모든 것을 변화시킨다.

광장과 거주지

작은 도로가 촘촘하게 나 있는 도시에서 광장은 일견 호사스러운 공간 낭비로 보인다. 광장은 다른 곳이라면 어디에서나 엄격히 따져보았을 공간을 낭비하고, 주민 대다수가 찔끔찔끔 갖는 것을 뚝 베어 가져가기 때문이다. 도시에는 물이 귀해서 위층까지 배달하는 물장수에게 비싼 값에 물을 사 먹기도 했는데, 그런 곳에 웅장한 분수대를 그렇게 많이 만든 것도 마찬가지다. 그런 공간 자체가 사치다. 광장이 군주, 성인, 승전, 동맹국에게 봉헌된 이유가 여기 있다.

루이15세 광장(콩코르드 광장)은 결정적으로 봉헌이 큰 역할을 한 경우다. 광장을 조성할 필요가 생겼던 것은 루이15세가 1748년에 에드메 부샤르동에게 웅장한 조각상을 의뢰했기 때문이다. 이 조각상은 가장 웅장한 장소에, 가장 합당한 위치에 놓여야 했다. 공간을 최대한 넓히고 경계를 획정하여 국왕의 초상이 그 공간을 여실히 지배하는 것처럼 보여야 했다. 그런데 왕은 왕국 수도의 구역 하나를 파괴해야만 하는 계획을 승인하기보다 튈르리 궁과 샹젤리제 거리 사이에 있는 황무지를 제공해서 이 계획을 완성시켰다. 건축을 담당한 앙주자크 가브리엘은 새로운 광장의 설계도를 그리면서 성 안의 대로들이 모두 앞뜰에 모이는 모델을 따랐다. 광장 주위에 외호外濠를 넓게 파고, 벽이며 난간까지 둘렀고 중간중간에 통행로를 여럿 냈다. 이런 식으로 둘러싼 공간은 잔디밭으로 경계를 짓고 가장자리에 울타리를 쳤으며, 사이사이에 회전로를 두었다. 사방 네 구석은 경사면을 이루었고 “그 끝에는” 장식적으로 “초소나 커다란 초석을 두어 마무리”했는데, 지금은 남아 있지 않지만 그 위에 “무리지어 있는 알레고리적 형상들”(마르셀 포에트)이 올려져 있었을 것이다. 궁전 앞에 녹지를 조성하고 나무를 심었음은 물론이다. 바로 이곳이 18세기의 가장 뛰어난 정신의 소유자들이 바라 마지않던, 도시와 농촌의 상호교류가 이루어지는 더없이 좋은 예다. 디드로는 그래도 만족하지 않았다. 그는 건축가가 이곳에 나무가 우거진 자연을 더 고려하지 않았다고 아쉬워했다. “내가 루이15세 광장을 지금 있는 그 자리에 만들어야 했다면 숲을 베어버리지 않도록 조심했을 것이다. 나였다면 기둥들을 거대한 회랑 형식으로 배치하여 기둥들 사이에 어둠이 짙어지면서 깊이감이 느껴지게 했을 것이다.”[「회화론」]

그러나 어디에서든 누구도 완전한 창조의 자유를 누리며 하나부터 열까지 만들어낼 수는 없는 법이다. 루이15세 광장 조성 사업을 맡은 가브리엘은 그 규모가 확실하게 느껴지는 멋진 궁전을 세우면서 대규모 공사를 할 수 있었다. 반면 로마에 있는 에스파냐 광장의 경우에는 조건이 더 까다로웠다. 광장이 이미 조성되어 있던 데다, 트리니타데이몬티 성당도 광장 꼭대기에 있었던 까닭이다. 바로크 정신의 금과옥조를 따라 광장과 성당을 하나의 유기적 전체로 만들어보고자 했던 계획들은 17세기부터 있었다. 그렇게 하면 그 유기적 전체에 기념비적 계단을 놓아 생명의 관계를 강하게 드러낼 수 있을 것이었다. 1725년에 시작된 이 공사는 프란체스코 데 상크티스가 완성했다. 그전까지는 대중에게 개방되지 않아서 개인적인 공간이나 다름없던 광장이 열린 곳으로 변했고, 가파른 경사가 솟아오르는 신앙을 표현하면서 매혹적인 공간이 되었다. 깊이와 높이가 서로 대화한다. 시선은 피에트로 베르니니가 만든 바로크 양식의 아름다운 분수(라 바르카치아)에서 성당으로 이어진다.(도판 9)

낭시의 반원형 광장은 열주로 둘러싸여 있어 이 때문에 장엄한 내밀성 같은 것이 생긴다. [현대 프랑스의 예술사가] 루이 오트쾨르가 말한 대로, 시기에는 큰 차이가 있어도 로마의 산피에트로 광장을 둘러싼 열주를 꼭 빼닮았다고 볼 만하다.[『프랑스 고전 건축사』] 어쨌든 이 열주가 랭탕당스 궁과 부속 건물 전체를 유기적으로 결합하는 한 가지 방법이었으며, 이때 건물들은 하나의 거대한 '보편의도dessein général'를 따르고 질서와 다양성을 통해 복잡한 조화를 드러내고자 한다. 하지만 낭시의 반원형 광장을 떠나 [영국 남서부 서머싯 카운티에 위치한] 바스의 로열 크레센트에 가보면, 기하학적 배치 자체는 동일하나 그 기능이 다르다는 점을 알 수 있다. 바스의 열주는 광장을 포위하면서 조여드는 장식적인 열주가 아니라, 잔디밭을 앞에 둔 거주지의 연속적인 전체다. 이곳을 건축한 존 우드는 안락함을 간직한 힘의 놀라운 인상을 구현할 뿐만 아니라, 나중에 제인 오스틴이 여러 소설에서 묘사한 사교계의 모델이 되는 거주지 유형을 실현한다. 그곳은 공간의 인

9

10

도판 9. 피라네시, 〈에스파냐 광장 전경〉(판화), 1750, 주네브 예술과역사미술관 판화실.
도판 10. 치즈윅 하우스.(미들섹스) 벌링턴 경(1694~1753)이 1725년에 착공.

접성을 도덕의 벽으로 보완할 필요가 있는 곳이다. 접촉을 피할 수가 없다보니 사교생활에 민감해지는 이곳에서 소설가는 복잡한 모델을 얻는다.

부유한 사람의 거주지는 작은 성이었을까 아니면 큰 저택이었을까. 행복하게 살려면 너무 큰 집 때문에 생기는 걱정을 덜어야 한다. 가까이에 나무들이 있고, 녹지가 있고, 번거로운 절차를 잊고 몽상에 잠길 정원이 있어야 한다. 하지만 우아함과 조화, 보는 사람으로 하여금 위압감을 느끼게 하는 장중함 또한 갖추어야 한다. 가브리엘이 프티 트리아농[베르사유 궁전 북서쪽에 자리한 별궁]에서 거둔 성취는 과장에 빠지지 않으면서 고상함을 살릴 줄 알고, 과도한 부자연스러움을 피하면서 매혹적으로 표현할 수 있었다는 것이다. 프티 트리아농은 위엄 넘치는 건물의 구성에 더해 아늑한 내밀함이 느껴지기까지 하니, 사치스러우면서도 쾌활한 모습을 띠고 있다.

벌링턴 경이 팔라디오의 저택에서 착상을 얻었을 때, 그것은 맹목적인 모방이 아니었다. 에밀 카우프만은 벌링턴이 런던의 치즈윅 하우스(도판 10)에서 "계단을 짓고 위압감을 주는 돔을 설치하는 식으로 바로크적 특성을 과도하게 사용하는 동시에, 구성면에서는 건물 정면의 창을 정원 쪽으로 내는 등 바로크적 특성을 완화하기도 하면서 팔라디오 양식의 모델에서 멀어진다"고 지적했다.[『계몽주의 시대의 건축』]

18세기 말의 건축가들은 열주, 난간, 회랑, 아치 등등의 어휘를 그대로 사용하기는 하지만, 그것이 가리키는 바는 벌써 달라져 있었다. 에티엔 루이 불레의 초기작인 오텔 드 브뤼누아를 보면 기둥들이 더 앞으로 나와 있고, 지붕은 꽃의 여신 플로라의 조각상을 얹어 꼭대기가 잘린 피라미드형이다.(도판 11) 동시대인들은 그곳에서 상상력의 과잉을 보았다. 테라스와 회랑을 대조적인 곡선으로 유연하게 이어놓은 빌라데아티 성은 고전적 조화의 원천을 통해 환상적인 서정성을 담아냈다.(도판 12)

11

12

도판 11. 에티엔 루이 불레(1728~1799)의 오텔 드 브뤼누아.(파리) 1744년경의 판화, 파리 카르나발레박물관.
도판 12. 토리노 근처의 빌라데아티 성.(18세기 후반)

II

즐거움의 철학과 신화학

감정의 관할

18세기는 즐거움이 제기할 수 있는 모든 질문을 마주했으며, 그래서 이 세기는 즐거움을 발명하기라도 한 것 같다. 18세기는 즐거움을 가벼운 경험의 대상만큼이나 진지한 성찰의 대상으로도 삼았다. 즐거움을 따로 떼어내어 그전과는 전혀 다르게 대하는 것이다. 예술의 영역에서 즐거움과 합리적인 분별력, 즐거움과 영혼의 감화에 부여했던 전통적인 의존관계가 제거되거나 느슨해진 때가 이 시기다. 도덕적인 삶의 즐거움은 언제나 덕성스러운 행동에서 비롯한 결과여야 하며, 예술의 즐거움은 사전에 판단의 검열을 따라야 한다는 생각을 이제 학자들 스스로가 문제삼는다. 즐거움은 늦게 왔지만 앞으로는 상석에 자리할 것이고, 더는 증명이 필요하지 않으니 즐거움이 모든 것을 증명할 것이다. 17세기에 푸생이 말한 희열은 이성적 행동에 따른 논리적 결과였다. 그러나 이제 불안과 열락을 느끼는 가운데 즉각적인 직관으로 유쾌한 특징을 포착하고자 하는 예술이 도래했다. “감수성은 부정적이고, 열등하고, 준비 단계에 있는 어떤 것이 아니라, 본질적으로 긍정적인 것이 되었다.”(빅토르 바슈) 성격이 모호한 부분이 있는 우리의 감정은 예술작품을 마주볼 때 최초의 응답일 뿐 아니라 최후의 응답이기도 하다. 앙드레 신부 같은 이론가는 감각적인 것의 우위를 자세히 분석하면서도 다음처럼 비판하기도 한다. "우리를 자극하는 대상이 완전성을 갖췄음을 명확하고 뚜렷하게 바라보는 데서 즐거움이 비롯될 때, 우리가 이 대상을 좋아하게 되는 것은 그것이 우리에게 직접 즐거움을 제공하기 때문이거나 그것에 호감이 느껴지면서 얻게 되는 즐거움의 결과라는 데 나는 동의한다. 감각대상은 바로 이러한 방식으로 우리에게 영향을 미쳐 그 대상을 좋아하게끔 한다. 감각대상이 우리에게 느껴지는 것이 먼저이고, 그것이 무엇인지 알게 되는 것은 나중이다. ……감각대상은 이렇게 무지를 틈타 마음속에 들어온다."[「사심 없는 사랑에 대한 연설」] 그런데 앙드레 신부가 감각대상을 "이성으로 검토한다면 잃을 것이 너무 많다"고 생각한 반면, 동시대 이론가인 뒤 보스 신부는 마음을 사로잡는 아름다운 작품의 매혹이 먼저고 성찰은 나중 일임을 증명하고자 한다. "감정의 판정"은 추론에 선행하며, 추론이 개입하는 경우는 오로지 "우리가 일반적으로 시나 회화에 대해 판단할 때, 어떻게 그런 감정의 판정이 내려졌는지, 또는 어떤 결함이 그 즐거움을 방해하지는 않는지, 예술작품을 무엇으로 장식했기에 우리의 마음을 끌 수 있는지 설명할 때뿐"이다.[『시와 회화에 대한 비판적 성찰』] 추론이 맡는 설명의 역할이 대단히 중요하기는 해도 결국 경험을 통해 얻은 것이므로 부차적인 역할에 그친다. 이성은 나중에 등장하여 최초의 즐거움을 승인한다. 이론가들의 말에 귀기울여본다면 어느 정도 감식안을 가진 사람에겐 이 점이 전혀 위험하지 않다. 감각적 관능은 일종의 본능적인 작용으로 예술작품이나 이성이 나중에 완전함을 발견하게 되는 존재와 마주할 때만 깨어난다. 같은 시대 모럴리스트들도 비슷하게 생각했다. 그들은 인간이 즐거움과 행복을 추구하기 위해 태어났음을 받아들이면서, 이에 즉시 덧붙이기를 미덕이란 가장 오래 지속될 수 있는 즐거움이요, 가장 확실한 행복을 보증하는 유일한 것이라고 했다. 그렇다. 관능을 찾으라. 그러나 장기적으로 당신에게 득이 되는 것은 무엇인지, 장점은 무엇인지 느껴보라! 이런 방식으로 도덕은 향유하는 동시에 오래 지속되는 쪽에 기대를 걸어보라고 충고하면서 제 권리를 되찾고 마음을 사로잡을 수 있게 되리라 생각했다.

이렇게 판단과 감수성이 경쟁하면서 복잡한 아름다움의 이론을 설명할 때 이 둘은 이상적인 화해에 이르게 된다. 완전한 조화는 정신을 만족시키는 질서도 있어야 하지만 다양한 세부와 미묘한 차이들로써 적절히 놀라움을 마련하여 감각을 일깨우기도 해야 한다. 질서와 다양성이라는 고전 미학의 두 원칙은 판단의 활동과 감수성의 활동을 동시에 자극하게 되는 특질로 해석되었다. 예술작품의 어떤 요소들(대칭, 명확성 등)로 판단이 이루어진다면, 다른 양상들(장식, 매력적인 기이함)이 주는 즐거움은 마음에 일어난 즉각적 충격에 기인한다.

18세기 사람들은 즐거움에 빠져 살았는가? 오히려 즐거움을 생각하며 살았다고 해야 할 것이며, 이 둘이 완전히 동일하진 않다. 즐거움과 즐거움이 지배하는 덧없는 왕국은 토론과 성찰, 우화적 표현의 주제였다. 즐거움의 양을 계산하고, 마지막 화살이 활시위를 떠났을 때 냉정하게 주판알을 튕기는 사람들은 인간에게서 악의 총합이 즐거움의 총합보다 크다고 생각한다. 그렇기에 우리를 둘러싼 작품들은 결함을 보충하고, 감춰진 선함을 이미지로 포획하려는 경향이 있다.

즐거움이 재평가되면 사치의 근거가 마련되고, 지상의 가치와 모험을 즐기는 대담한 의식의 자유로운 운동도 인정된다. 피조물이 우월함을 주장하고 스스로를 목적으로 삼는 것은 바로 즐거움을 누릴 때이다.

즐거움의 이미지와 이론을 분석하는 사회학자는 무언가 기이하고 모호한 데가 있음을 거듭 확인하게 된다. 봉건사회는 모든 것이 위계화된 세속 군주의 권력을 경유하여 복종하는 사회이므로, 이 사회에서 즐거움을 추구한다는 것은 사회가 와해된다는 신호와도 같다. 귀족이 '관능을 좇는 자'가 되어 제 즐거움에 갇힌다면, 즐거움을 예정에 없던 기분전환 정도가 아니라 존재의 유일한 목적으로 삼는다면, 그에게 특권적인 지위를 부여했던 영예의 구조 전체가 부정되고 만다. 그때 특권은 남용이 되고, 혈통과 가문은 맹목적인 추종이 되고, 왕권의 태양 신화는 눈부시게 반짝이는 즐거움 속에 분쇄되어 그만 빛을 잃는다. 이와 달리 부르주아의 즐거움은 의무나 임무를 완전히 잊는 법이 없다. 즐거움을 얻는 것은 부를 획득하는 것과 같다. 인간은 세계의 부를 얻을 수 있게 해주는 지배적인 이해관계를 부의 획득으로써 확인하기 때문이다. 즐거움을 누리는 안목이며 자기애는 (추상적인 신과 인자한 자연의 관점에서 본다면) 모든 것이 사람 하기에 달렸다는, 도덕이 받아들이는 최초의 원칙이다. 즐거움은 권력이 뒤로 남기는 잔여물이 아니라, 사회적 삶에서 새로운 개념을 구축하는 출발점이 마련되는 근본 여건이다. 여기서 '쾌락원칙'은 팽창하고자 한다. 즉 교환하면서 증가하고, 항상 타인의 행복과 관련되며, 애쓰고 일하는 것으로도 얻을 수 있음이 확인된다. 인간이 평등과 안전을 보장하는 정부의 호의적인 보호를 받으며 봉사를 주고받는 이유가 여기에 있다.

그러므로 즐거움의 서로 다른 두 의미보다 더 모순적인 것은 없다. 그중 하나는 '석상'을 식사에 초대한 리베르탱[몰리에르의 희곡 속 난봉꾼 동 쥐앙(돈 후안)]이 베푸는 마지막 향연이다. 그는 미래의 전망 없이 홀로 취해 죽음에 발부리가 걸리고, "내 죽은 뒤 홍수가 온들"이라며 [다가올 미래에 무관심했던] 루이15세의 말처럼 권태에 빠져 헤어나오지 못하거나 반복되는 생활에서 자신을 잊고 말 운명이다. 또다른 하나는 재산에 대한 최초의 경험이 제공하는 즐거움이다. 우리가 그 재산을 가지는 것은 오직 그것을 모든 이가 나누어 가져야 함을 더 잘 느끼기 위해서이고, 그래서 재산은 더는 죄악이라고 비난받지 않으면서 정의와 부정의를 가르는 자연적인 척도가 된다. 이런 의미에서 즐거움은 방탕과 다르다. 오히려 즐거움은 존재의 각성과 연결되며, 의식이 포착되고 집중되고 세상 사람과 타인에게 헌신하게 하는 넘치는 활력이다. 에피쿠로스를 따르는 이들은 즐거움을, 이미 시효 만료된 절대 권위의 형상을 대체할 수 있는 유일한 명령으로 보기까지 한다. "즐겨라, 다른 지혜는 없다. 즐기게 하라, 다른 미덕은 없다."(세낭쿠르)

다소 도식화하면 즐거움을 두 가지로 구분할 수 있을 것이다. 하나는 희미하게 사라져가는 즐거움으로, 징벌의 대상이 되는 과잉의 추구이며, 다른 하나는 이제 빛을 발하기 시작하는 낙관주의적 즐거움으로, 모든 것을 즐거움의 법에 따라 조직할 태세가 되어 있다. 이 두 양상을 함께 놓고 보았을 때 즐거움에는 이면이 있고, 그 이면에는 전혀 경박한 데가 없음을 인정하게 된다. 어떤 이들은 즐거움을 무無로 보는데, 초기 낭만주의의 저주받은 이들에게 무에 관한 생각이 강박적으로 나타나곤 한다. 또다른 이들은 즐거움을 오직 자연을 통해서만 보편적인 행복이 보증되는 세계에 대한 희망이라고 본다.

여성이 지배하는 허구의 세계

여성이 지배한다(고 생각하게 한다). 행복이 다가오리라는 약속이 여성의 주변에 감돌고 있다. 하지만 여성이 처한 상황은 양면적이다. 제 자신의 주인으로, 타고난 재기와 뛰어난 학문으로 존경을 불러일으키는 여성들도 있지만, 반대로 수녀원에 갇히고, 원치 않는 결혼을 하고, 꾐에 빠져 인생을 망치는 여성이 또 얼마나 많은가. 역사를 들춰보면 여성 대부분은 살림을 도맡아 부덕婦德을 수행하는 일에서 절대로 벗어나지 못했음을 알게 된다. 그러나 눈부시게 사치가 번성하고 아낌없이 예술이 소비되는 선택받은 부의 세상에서는 사정이 달라서, 열정 넘치는 존경을 담은 미사여구를 듣는 여성은 바로 자신이 운명을 좌우한다고 생각하게 된다. 그렇지만 사랑에 빠져 한숨짓는 남자에게는 한 명의 여자를 더 소유하는 것 말고는 다른 야심이 없다. 여자가 이내 가면을 쓰고 누가 더 위선적인지 그 남자와 경쟁한대도 전혀 놀랄 것이 없다. 감정은 이제 명예를 걸고 욕망을 실현하는 일에 불과하다. 격하지 않고 부드럽게 사랑을 받아내려는 말은 갈급한 육체의 암호화된 언어이자 이성의 패배를 알리는 지적인 전주곡과 같다. 친절이며, 존중이며, 찬사며, 급히 써보낸 쪽지와 초상화의 교환이며 하는 것으로 가득한 대단히 세련된 체계가 온통 펼쳐짐으로써 확실하게 격렬한 동물적 만족에 이르게 된다.

그러므로 이 세련된 언어는 가면이며 '얇은 천'에 불과하다. 그렇다는 것을 누구도 모르지 않지만, 속마음을 숨기고 거짓 장애물을 놓으면 상대가 사랑하는 마음에 안달하게 되니 그런 것을 계속 쓸 수밖에 없다. [디드로의 초기 소설] 『입 싼 보석』의 주인공[셀림]은 "그 이후 제 젊은 시절은 그런 즐거움을 누리는 데 소모되고 말았습니다. 신비스러울 것도 전혀 없는 여자들을 어떤 여자든 상관없이 줄기차게 만나고 다녔지요. 맹세는 한없이 늘어놓았지만 전혀 진실하지 않았습니다"라고 말한다. 누군들 영원히 사랑하겠다는 맹세를 하지 못하겠는가. 하지만 그 맹세는 [18세기 프랑스 작가] 장피에르 플로리앙의 연애시처럼 "사랑의 즐거움은 그저 한순간일 뿐"임을 은연중에 내포한다. 연인들이 그런 암묵적인 사실을 몰라서가 아니라 그 반대였음에도 그들은 상투적인 헛된 맹세를 그럴듯하게 잘도 늘어놓는다. 언약이 지켜지지 않는 것은 누구도 언약이 앞으로 지켜지리라 믿지 않기 때문이다.

이것을 보면 18세기의 특징이 품행의 영역에서는 겉만 번지르르한 '외관façade'에 호소하는 데 있음을 다시 한번 알 수 있다. 거짓된 겉모습은 진실을 은폐하지만, 또 그렇게 은폐한다는 사실을 알게도 해준다. 우아하게 늘어놓는 거짓말은 다들 합의를 보았다면 전혀 경멸받을 일이 아니다. 거짓말은 문체를 낳고 훌륭한 언변의 방식이 된다. 그때 삶의 진실과 언어의 기교는 서로 적당한 거리를 유지하면서 발전하게 된다. 여자들의 환심을 사는 말은 완곡하게 표현해야만 한다는 데 가치가 있다.(그렇더라도 하층민의 천박한 말투의 다른 극단이라 할 가식적인 말투는 피해야 한다.)

이러한 허구의 수사학이 인정되는 데는 시각예술이 크게 기여했다. 일단은 정숙해야 하기에 말로 표현할 수 없는 즐거움의 모든 양상을 이미지를 통해 생생하게 재현할 수밖에 없고, 우아한 언어로는 완곡하게만 말할 수 있는 것을 강력한 이미지로 표현할 수밖에 없다. 한편으로 이미지는 욕망을 예찬하고, 영원히 계속되는 봄의 청명한 하늘과 꽃장식을 배경으로 강박적인 욕망이 피어나게 하는 목적을 갖는다. 그래서 회화예술은 과감한 솔직함과 환영을 일으키는 마법적 기능을 동시에 담당하게 된다. [18세기 화가] 프랑수아 부셰와 그를 모방한 화가들은 규방이나 문 위쪽 공간, 창과 창 사이 벽에 그림을 그리면서 본래 내용과는 다른 왜곡된 신화를 찬란히 꽃피우며 사랑의 영광을 찬양한다. 어디를 보나 즐거움이 나타나니, 그보다 더 진실한 것이 있겠는가. 목가적인 작품에 필요한 모든 것이 갖춰져 있으니, 이보다 더 거짓된 것이 있겠는가. 여기서는 신화적 원천에서 연출된 요소만을 끌어오기 마련이다. 한껏 멋을 부린 태도라든지, 흥미로운 장면이라든지, 휘돌아 날아오르는 사랑을 상징하는 어린아이들 같은 것이 소재를 제공한다. 유혹 가득한 이 왕국에서 즐거움은 무한히 반복될 수 있을 것처럼 보인다. 우리가 살아가는 인생과는 다른 곳에 있으므로 누가 여기서 우리에게 권태며 죽음을 말하겠는가.

신화는 낯선 느낌을 준다. 시적 전통에서 허용된 그럴듯한 구실을 제공함으로써 누드, 유괴, 포옹을 노골적으로 드러낸다. 그런데 몽환적인 환영이라면 어느 것이나 그처럼 베일을 벗기면서 동시에 비현실적으로 만드는 기능을 가질 수 있다. 상상력을 동원해 다른 공간으로 이동할 줄 안다면 어떤 금지든 피할 수 있다. 이국취미는 신화를 보완하며 그와 유사한 알리바이를 제공한다. 정신은 편견을 극복하고, 다른 사람인 척해보고, 외부에서 제 자신을 바라보기를 즐긴다. 이국적인 장식이며 배경이 비록 진실한 것은 아니더라도, 그런 모습을 한 욕망은 도덕적으로 다른 세계로, 별 저항 없이 소망이 충족될 수 있는 환경으로 도피한다. 문학의 이국취미는 사회풍자 기능도 할 것이다. 왕국의 수도에서 벌어지는 온갖 추문이 허구의 투명한 베일에 감싸여 고발될 것이다. 추문은 라퓨타로 옮겨지거나 페르시아 사람을 놀라게 한다.* 이렇게 옷을 바꿔 입은 인물들에는 부정할 수 없는 유사성이 느껴진다. 그런 이들로 인해 쾌락의 면모가 뚜렷해지고 가장假裝한 모습도 두드러진다. 물론 가장을 했어도 그 아래에서는 날카로운 비판의 날 역시 벼려지고 있다. 기지 넘치는 말이나 사랑의 화살이 그런 것이니, 기존 바로크 양식의 기념비적인 질서와 이후 낭만주의의 몽상에 잠긴 심정 토로 사이에서 18세기만의 고유한 천재가 드러나는 곳은 순간이 강렬히 드러나는 그 날카로운 접점에서이며, 짜릿한 묘미, 섬세한 고통, 덧없이 흘러가는 것과 불연속적인 것 속에서다.

절반 이상이 새로 발명된 낯선 세계의 이미지는 아이러니하게도 해방을 가능케 한다. 이국취미와 신화 앞에서 정신은 비현실적인 것 쪽으로 물러서게 되는데, 그런 것을 볼 때 정신에 도취가 일어나서이기도 하고, 그에 비추어 현실이 한 편의 희극처럼 그려

* '라퓨타'는 조너선 스위프트의 『걸리버 여행기』를, '페르시아 사람'은 몽테스키외의 『페르시아인의 편지』를 염두에 둔 표현.

지는 관점을 정신이 발견하기도 해서이다. 18세기는 진실한 감정에 대한 노스탤지어를 경험하기에 앞서 다양한 종류의 분열에 마음껏 빠져들었다. 알레고리, 전위轉位, 반어법, 중의법, 암시 등 편차며 경사傾斜에 대한 상당한 정신적 경험이 있었다. 그런 경험은 인생의 짐을 덜어주고 인생을 즐거운 것으로 만든다. 인생에 굴곡이 있다 해도 궁정이니 도시니 살롱이니 하는 우아한 세계의 회로에 갇혀 빠져나갈 일이 없다. 초기 낭만주의는 그저 호기심에 여행을 떠나고 싶어서가 아니라, 만족하지 못하기에 새로운 마음이 일어나는 어떤 공간으로 정말 떠나야만 할 때 비로소 나타난다. 로코코 시대를 살아가는 사람은 이국취미를 그저 새로운 형식을 제공하는 것으로만 생각했다. 파리나 런던의 신문기사를 읽고 소재를 얻은 외설적인 모험을 상상의 하늘 아래 옮겨놓는 것이다. 그러니 직접 떠나는 것이 아니라, 친밀한 세계의 부富에 식민지에서 들여온 향수와 옷감을 추가하는 것뿐이다. 흑인 시종을 거느린 영국 여성이 술탄이 되는 식이다.

정신에 배경이 더해졌을 때 얻어지는 효과 덕분에 삶은 변화무쌍한 허구를 얻고 삶의 태도는 여흥을 닮는다. 명민한 수사학은 다른 것의 이미지들을 매개로 수사학의 대상(또는 대상의 결함)을 열심히 가리켜 보이려 한다. 그리하여 사람들은 가면을 쓰고 있겠다는 의도 없이도 가면을 쓰며, 진실해야겠다는 생각 없이도 숨김없이 의견을 제시한다. 말과 생각을 따로 기입한 이중장부를 가진 수사학에 딴살림을 차리는 생활이 상징적으로 대응한다. 부유한 남자는 아내에 첩까지 두고, 도시의 저택과 함께 '프티트 메종petite maison'*도 두었다. 하지만 즐거움이 은밀해지자마자 즐

* 원래는 '작은 집'이라는 뜻이지만 여기서는 이 시기에 이 말이 갖는 의미를 고려하여 원어 그대로 옮겼다. 부유한 귀족은 파리에 '오텔hôtel'이라는 대저택을 갖고 있지만 교외에도 일종의 전원주택으로 '프티트 메종'을 소유했다.
이 공간에서 은밀한 사랑이 이루어졌음은 말할 것도 없다. 참고로 1557년에 광인 수용시설로 세워진 구빈원의 이름도 '프티트 메종'이었지만, 18세기에 나타난 전원주택과는 아무 관계가 없다.

거움을 위한 무대가, 즐거움을 누리기에 적합한 지역이, 별도의 장소가 필요해진다. 여배우만큼 두 모습을 연기하는 달인이 없으므로, 여배우야말로 그곳에 거주하도록 예정된 사람일 것이다.

『입 싼 보석』의 한 등장인물[셀림]은 다음과 같이 말했다. "그 당시 프티트 메종 열풍이 대단했습니다. 저도 중동 사람이 모여 사는 변두리에 프티트 메종 한 채를 세냈습니다. 그곳에 만나던 여자나 예전에 만났던 여자, 수작을 붙이던 여자나 그만둔 여자, 싫증이 나면 내보낼 여자 몇몇을 들여앉혔습니다. 그곳에 친구들도 부르고 오페라단의 여배우들도 부르곤 했습니다. 간단한 저녁식사도 했는데 에르겝제드 공께서 친히 참석해서 자리를 빛내주신 적도 몇 번 있었습니다. 아! 마마, 정말 좋은 포도주에, 일품 술에, 콩고 제일의 요리사까지 갖췄었는데요." 이야기는 아프리카 콩고라는 이름의 공간에서 진행되지만 여기는 다름 아닌 프랑스이고, 또 오페라 극장 무대에서나 볼 수 있는 공간이기도 하다. 오페라는 이미 가장假裝의 세상에 속한 곳이기 때문이다. 즐거움의 왕국은 현실과 나란히 존재하는 다른 세계에 있는데, 이 두 세계는 통일적이면서 동시에 분산되어 있다. 어떤 면에서 즐거움의 왕국에 수도가 있다면 그곳이 바로 오페라 무대다. 그곳엔 광기를 모시는 신전도 있다. 외부로 난 출구는 바로 정원, 유행처럼 닦인 대로, 으스대며 걷던 가로수길, 춤추러 가는 원형 홀(로톤다), 런던의 복스홀, 파리의 팔레루아얄이다. 즐거움의 왕국에서 제단과 은밀한 장식은 규방의 몫이다.

규방이 어떤 설비를 갖추고 있었는지 알고 싶다면 프랑스 건축가 르 카뮈 드 메지에르가 1780년에 쓴 다음 설명을 읽어보자. "규방은 관능이 머무는 공간으로 간주된다. 그곳에서 관능은 무슨 일을 벌일지 생각해보거나 어떤 욕망을 채울지가 관건인 것 같다. 사치, 나태, 취향이 압도적으로 나타나는 공간에 무엇 하나 소홀히 된 것이 없다는 점이 중요하다. ……빛이 지나치게 강하다보면 강렬하고 거슬리는 그림자가 생기는 것을 막을 수 없으니, 신비스럽게 비치는 조명이 필요하다. 그런 빛을 얻기 위해서는 십자형 창문 부분에 거울을 솜씨 좋게 배치하면 된다. 규방에는 똑같은 창문을 여러 개 낸다든지 해서는 안 된다. 거울을 설치해서 조명 효과를 낼 수 있다. 하지만 거울이 가장 중요한 실내장식이어서는 안 된다는 점에 주목하자. 거울을 너무 많이 설치하면 분위기가 음울해지고 단조로워진다. 그러니 거울이 달린 공간보다 달리지 않은 공간이 적어도 두 배가 되도록 거울을 배치해야 한다. 이렇게 배치하면 빈 공간이 생길 테고, 그러면 그곳에 호화롭고 아름다운 직물을 두어 장식하고 여기에 액자에 담은 그림을 하나씩 걸 수 있다. 액자는 비단으로 땋은 금줄과 술이 달린 장식끈으로 솜씨 좋게 벽에 설치한다. 그림의 주제는 신화에 나오는 사랑스럽고 기분 좋은 대목에서 찾는다. 암피트리테의 승리, 프시케와 사랑의 여신, 비너스와 마르스의 이야기라면 규방의 성격에 알맞은 구성을 제공할 수 있다. 규방은 무엇보다 편안해야 하고 즐거움을 주지 않는 것이 없어야 한다. 가까이서 들여다봐야 하는 세부 장식들이 규방의 규모에 맞게 조화를 잘 이뤄야 한다. 어떤 의미에서 규방에서 가장 중요한 것은 모든 즐거움이 여기에 모인다는 점이다. 십자형 창문을 동쪽으로 내면 채광이 부드러워진다. 가능하면 전망이 아름다운 곳으로 창을 내야 한다. 자연 풍경에 별것이 없으면 예술의 힘을 빌려보자. 이 경우는 취향과 천재의 힘을 한껏 발휘해서, 모든 수단을 동원하여, 원근법과 회화의 마술적 효과를 통해 환상을 만들어내야 한다. ……규방에서 침대를 놓는 움푹 들어간 부분을 거울로 장식해도 멋있을 것이다. 거울과 거울이 닿는 접합부는 나무줄기를 여러 개 배치해 가리면 된다. 나무는 잘 다듬고 한덩어리를 이루게 하고 잎이 무성하게 달리도록 하고, 채색하여 자연 그대로의 모습을 유지하게 한다. 나무를 오점형으로 배치하면 거울에 비칠 때 굉장한 숫자로 늘어날 것이다. 촛불에는 얇은 천을 팽팽히 혹은 느슨하게 늘어뜨려서 빛의 강도를 조절하면 광학적 효과가 증대될 것이다. 그러면 마치 숲에 들어와 있는 기분이 들 수 있다. 조각상을 채색해서 적절히 배치하면 장식도 되고 환상을 일으키는 효과도 낼 수 있다."[『예술의 정수, 혹은 예술과 감각의 유비』]

규방에는 가짜 자연이 놀라운 환상의 무대를 만들어낸다. 여기가 "더없이 생생한 색채로 장식된" 꽃의 여신 플로라가 그녀에게 반한 바람의 신 "제피로스의 사랑의 손길을 은밀히 기다리는" 곳이다. 그렇지만 규방을 장식하는 예술은 창조적이지 못하고 타산적이며, 장식이 지나치고 부유한 자의 간혹 오만하기까지 한 의도에 좌우된다. 동시대의 켈뤼스 백작은 예술가가 노예처럼 되어버렸다고 한탄하면서도 그저 체념하고 마는 것 같다. [회화와 조각 아카데미에서 개최한 한 강연에서] 그는 "명사가 됐든, 부자가 됐든 예술에 종사하는 사람들에게 일거리를 주는 사람은 작품을 제안할 때 가려서 하고 제 뜻을 분명히 밝혀야 한다. 최소한 그것만큼은 해야 한다. 하지만 아무리 정당하고 자연스러운 결정이라도 대단히 훌륭한 의도를 망치고 예술가의 천재와 작업을 속박하는 일이 비일비재하다. ……일반적인 상황이 이러할 때 예술은 어려움을 겪을 수밖에 없다. 그 어려움이 현재까지 예술의 불행이 되었고 앞으로도 그럴 것이다. 유일한 해결책이 있다면 예술가가 어떤 부분을 작업하더라도 자율적일 수 있도록 놓아두는 것뿐이다"라고 했는데, 이런 불만은 이미 이탈리아에서 큰 반향을 얻은 바 있다. 창조의 완전한 자유와 천재의 절대적 권리를 요구하는 데 있어 후대 예술가들이 꼭 더 훌륭했다고 말할 수 있을까?

18세기 말까지 여전히 [미사여구에 치우친] 알렉산드리아 양식이 영감을 주었다. 여기서 신화라 해봤자 우아하고 상투적인 우화 정도였고 님프와 사랑의 신들의 세상이었다. 신들에겐 불가사의

한 데가 전혀 없었다. 화가와 조각가는 정말로 숭배했던 신의 본질이 아니라 전통에 따라 그 신에 부여된 감각 가능한 속성들을 재현하고자 했다. 어떤 자세를 취하게 하고, 어떤 옷을 입히고, 어떤 장신구를 달 것인지에 대한 목록이 있어서 장식에 필요한 대로 배치만 하면 되었다. [신들이 거주하는] 올림포스 산에서 지상권은 전혀 느껴지지 않았다. 적어도 요한 빙켈만 때까지는 그랬다. 신들은 젊은이의 살결을 가졌는데, 그것은 아름다운 색채와 값비싼 재료가 두드러져 보이게 하려는 구실일 뿐이었다. [알렉산드리아의 시인] 칼리마코스는 "아폴로의 옷은 황금으로 지었고, 버클도 리라도 화살도 화살통도 금이고 신발도 금이었다. 호화로운 아폴로 신에 부합하는 것은 금이기 때문이다"라고 말했다. 피에르샤를 르베크는 이 말을 인용한 뒤 다음과 같이 말한다. "특히 화가는 칼리마코스의 생각을 무시해서는 안 된다. 금속 가운데 가장 비싼 금이 쏟아내는 눈부신 색깔은 빛을 내뿜는 천체[태양]의 색깔과 대단히 유사하므로, 아폴로를 재현할 때, 특히 태양을 상징할 때 금을 아낌없이 써도 좋겠다."[『회화, 조각, 판화 사전』 중 '신화Mythologie' 항목] 부셰도 금을 이렇게 이해했다. 그는 초자연적인 것을 마주할 때 전율이 일어난다는 걸 몰랐다. 그의 그림에는 빛이 얼마나 넘쳐흐르는가! 황금색 빛과 우윳빛 살결이 기가 막힐 정도로 조화를 이루지 않는가!

신화의 장면들은 18세기에 건축된 고급 관저들을 장식하며 허구의 생기를 전한다. 분수 주변, 작은 숲 가운데, 또는 천장에(도판 13, 14) 신화를 재현한 형상들은 또다른 삶, 환상의 삶이 펼쳐지는 공간을 체험케 하는 '동기들'이다. 장바티스트 로뱅에 따르면, 화가는 천장화를 그릴 때 "도안의 수를 늘리면서 공간을 확장하고, 가장 보기 좋은 전체의 움직임과 형식이 주는 즐거움을 제공해야 한다. ……천장은 당연히 내부의 모든 부분에 운동과 생명력을 발산하므로, 천장이 없다면 건물 내부는 흔히 광대한 고독에 잠길 것이다. 천장화 장르는 건축예술의 모든 장식을 강화하는 왕관과도 같다. 아니, 더 정확히 비유하자면 더할 나위 없이 균형 잡힌 아름다움의 형식에 생생한 광채를 입혀 살아 움직이는 것처럼 보이게 하는 빛나는 피부와도 같다."

재현, 환영

거울 놀이. 즐거움 자체를 주제로 삼아 그것을 발산하고자 하는 예술, 유혹의 장면을 재현하면서 유혹하고자 하는 그림들이 있었다. 관능을 형상화하면서 즐거움을 주는 그림이다. 앞서 언급했듯이 르 카뮈는 이상적인 규방을 장식할 그림으로 어떤 것이 좋을지에 대해 "어떤 의미에서 규방에서 가장 중요한 것은 모든 즐거움이 여기에 모인다는 점이다"라고 말했다. 그러므로 '행복한 순간들'이 주제이자 이야기의 내용이 되며, 화가는 그 내용을 가지고 '기분 좋은 감정'을 일깨우고자 한다. 종교화가들이 신심 어린 행동의 장면을 거듭 제시하며 감화를 바랐듯이, 즐거움을 주제로 작업한 화가들은 관능적인 장면을 늘리면서 에피쿠로스의 신조를 옹호하고 선양했다. 이는 이미지를 이용한 프로파간다로 볼 수 있지만 이번엔 감각적인 행복의 확산과 비단·피부·시선과 닮은 무엇을 떠올리게 한다.

클로드 질로는 연극 무대장식을 그린 화가로, 희극배우들의 자세와 갖가지 표정을 화폭에 담았다. 장프랑수아 드 트루아가 그려내고자 한 세계 역시 연극 무대에서나 볼 수 있는 태도가 일상화된 곳이다. 그는 궁정인과 부유한 부르주아를 대화, 게임, 식사와 같은 우아한 일과 속에서 포즈를 취하게 했다. 외관의 유희는 외양만 번지르르한 즐거움을 누리는 호화로운 삶의 이미지에 비추었을 때 새로운 힘을 발휘하게 된다. 회화는 마법과 같은 모방을

도판 13. 안토니오 과르디(1698~1760)와
프란체스코 과르디(1712~1793), 〈여명〉,
1750년경, 베네치아 팔라초치니미술관 소장.

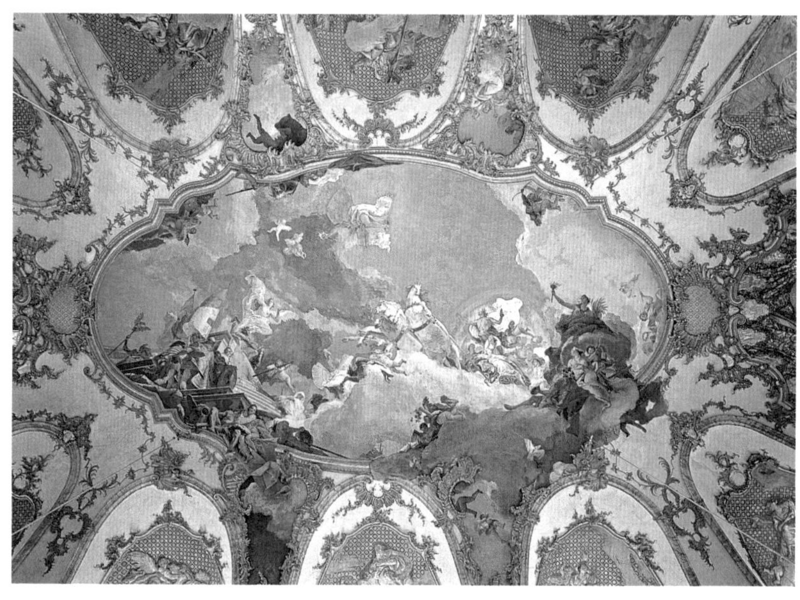

도판 14. 조반니 바티스타 티에폴로(1696~1770), 〈아폴로의 승리〉, 황제홀의 천장 프레스코화, 1752, 뷔르츠부르크 주교관저.

통해 스펙터클을 그려내는 스펙터클을, 화려하게 빛나고자 하는 사회의 빛나는 이미지를 제공한다.

드 트루아 및 18세기 화가들의 그림에 '기록적' 성격이 나타나는 이유는 그들이 자연 그대로의 형태를 마주보는 것이 아니라, 문화가 빚어낸 산물을 마주보고 그림을 그렸기 때문이다. 회화예술은 화폭에 그 자체로 예술작품이기도 한 여러 대상과 형상을 가득 채워보고자 한다. 건축의 세부묘사나 조각품이나 가구나 견직물이나 보석이나 레이스 세공품을 말이다. 예술가들은 더없이 고상한 예술에서 하위 장르로 내려가보기도 하고, 건축가 다음에는 가발 만드는 사람을 찾고, 보석세공업자 다음에는 장화 만드는 사람을 보러가기도 한다. 그다음에야 드 트루아는 붓을 드는 것이다. 또한 그가 그린 인물들은 얼마나 오랫동안 거울 앞에서 이 표정 저 표정을 지어봤겠는가. 그다음에야 그는 그들의 표정을 따라 그려보는 것이다. 그러므로 유혹을 위한 이 모든 예술의 기능이 그 예술 모두를 종합하는 회화라는 더 높은 유혹 속에 여전히 남아 있음을 이해하게 된다.

그리하여 회화예술은 실재의 재현이라는 점에서 분명 승리를 거둔 뒤, 이번에는 그 실재를 둘로 겹쳐 표현하기에 이른다. 화가의 시선이 그림을 고르는 등장인물들에 포개지는 〈제르생의 간판〉(바토)은 재현 속의 재현이 나타나는 상징적인 작품이라 하겠다. 그러나 바토는 이중의 모방을 꿈과 시적 창조의 수준으로 끌어올린다. 바토가 그린 많은 데생화에서 볼 수 있듯이 그는 확실히 모델에게 몸의 자세, 치마의 물결, 올려 묶은 머리 아래로 보이는 목덜미의 모습이 뚜렷이 나타나도록 표현해주기를 요구한다. 스타일이 워낙 대단한 이 화가는 오늘의 유행을 모방하면서 내일의 유행을 창조한다. 바토가 희극배우들과 연인들을 어둠 속에 배치할 때, 가능은 하지만 동시에 있을 법하지 않은 축제의 사례를 18세기에 내놓는 것이다. 배우와 귀부인과 농부가 그렇게 한데 모여 하나된 적이 있기나 했던가? 바토의 꿈속에서가 아니라면 그 정도의 신뢰와 애정을 어디에서 찾을 수 있었을까? 그러나 바토는 그 시대 유행에 맞게 등장인물을 차려입히고 머리를 꾸며줌으로써 황금시대가 가까웠음을, 바라던 행복이 어쩌면 이뤄질 수 있음을 느끼게 한다. 그의 그림은 실재하는 광경을 모방한 것은 아니어도, 적어도 매력적인 이미지였고 어쩌면 지켜질 수 있을 약속이었다. 관객은 어렵지 않게 마치 자신이 그곳에 가 있는 것처럼 느꼈다. 바로 그 빛이 아니라면, 누구도 따라할 수 없는 그 터치가 아니라면, 그 순간의 우아함이 아니라면, 진짜 풀숲에 무성하게 우거진 가지 밑에서 도대체 금세 고스란히 반복될 수 있는 장면이란 게 있을 수 있기는 할까. 휘돌며 비상하는 사랑의 신들이 그려져 있어도 그 장면은 아르카디아[이상향]가 아니다. [바토의 〈키테라섬으로의 순례〉에 그려진] 키테라는 그리스의 섬이 아니라 프랑스의 풍경이고 더 나아가 회화의 지평이다. 여기저기 형태를 다소 서투르게 표현하기도 하고, 이렇게 코를 구부려보고, 저렇게 무거운 미소를 짓게 하면서 바토가 바란 것은 상상의 낙원을 만드는 것이 아니라 그저 인간의 영역에 머무는 것이다. 그는 궁정화가와는 달리 인물의 모습을 신화 속 주인공들의 얼굴로 바꾸는 것을 내켜하지 않는다. 그는 좀더 교묘하게 풀숲 속에 비너스, 목신牧神, [농경과 경계의 신] 테르미누스 등 이교 신들의 상을 세운다. 이들이야말로 신의 형상으로 표현된 즐거움을 신중히 보여주는 것이다. 이상한 것은 절반쯤 어수룩하게 또 절반쯤 알레고리적으로 표현된, 신과 인간을 이어주는 어줍은 친밀성이다. [바토 작품의] 비현실성은 배경이나 형상 때문이 아니라, 작품에 표현된 인물들의 불확실한 믿음 때문이다. 그래서 바토의 인물들은 즐거워하면서도 그토록 근엄해 보인다. 그들은 즐거움의 공간에서 종교적으로 살아간다. 사람들은 예배의식도 치르고 순례도 하는데, 그들은 제 마음을 강하게 움직이지 않는 것에는 그게 무엇이든 정말 무관심해 보인다. 바토는 시선이 다른 곳을 향하고, 대화가 중단되고, 음악가가 악기를 조율하는 순간, 그 사이의 시간에 습관적으로 자신의 취향을 집중시킨다. 어떤 신비로운 것이 등장해서 마음을 열지 않는다면 모를까. 마음이 부재를 절감하는 중단의 순간들 말이다. 바토의 인물은 두 손을 모으고 시선은 다른 곳에 두면서 즐거움을 관장하는 신들이 긴장을 풀고 있는 장면을 만들어낸다. 그런 뒤 그의 인물들은 재현 밖으로 사라진다. 〈키테라섬으로의 순례〉를 보면 연인 한 쌍은 비너스에게 봉헌한 뒤 신상을 떠나고 감사 표시를 받은 신상만 홀로 남는다.(도판 15) 바토 그림의 멜랑콜리는 이와 같이 묵상과 멀어짐, 내밀성과 먼 곳에서의 부름이 공존하는 데 있다. 그것은 그림을 삶의 행복의 대체물로 의식하면서 그림을 그릴 때 얻게 되는 행복의 멜랑콜리라 하겠다.

"섬이여, 수정水晶 리본으로 대지에서 갈라진 황홀한 섬이여! ……여기 지도에도 없는 우연한 곳, 나무 밑에 영원한 게으름이 있노니."(공쿠르 형제)[미술평론서 『18세기 미술』의 '바토' 편]

자연과 희극을 사랑하는 바토는 새로운 장르를 개척한다. 자연에서 희극이 펼쳐지며 이 둘이 하나가 되는 동시에, 연극적 스펙터클과 격식을 차린 사교계 의식의 구분이 사라지는 장르다. 여기서는 창조가 모방을 압도한다. 꿈 또는 추억이 구성을 이끄는 것은 바토가 루벤스의 빛, 뤽상부르 공원의 싱싱한 푸른 잎, 자신의 습작 노트에서 취한 형상 등 여기저기 흩어져 있는 요소를 한데 모아 하나의 세계를 구성하기 때문이다. 켈뤼스가 쓰기를, 바토에게는 "세련된 의복도 있고 희극적인 의상도 있어서 그는 적당하다고 생각한 남녀 인물에게 그 옷을 입혔다. 태도에 자연스럽게 어울리는 옷을 선택한 것이다. ……그림을 그려볼까 할 때 그는 모아둔 습작 중에서 그 순간 제일 적절해 보이는 형상을 골랐다." 작업실에서 옷을 차려입고 취한 포즈와 "배경의 풍경에 상응하여" 화

15

16

도판 15. 앙투안 바토(1684~1721), 〈키테라섬으로의 순례〉, 1717, 베를린 샤를로텐부르크성.
도판 16. 바토, 〈세레나데를 부르는 메체티노〉, 샹티이 콩데미술관.
도판 17. 조반니 바티스타 티에폴로, 〈장터의 약장수〉, 1756, 바르셀로나 보자르미술관.
도판 18. 바토, 〈이탈리아 희극배우들〉, 1720년경, 워싱턴 내셔널갤러리.

17

18

폭에 펼쳐진 연출 사이에는 얼마나 큰 거리가 있는가! 그때 다른 이의 옷을 입은 메체티노는 더는 가장한 것이 아니다. 푸른 나뭇잎에 둘러싸여 기타로 아르페지오를 연주하는 모습이야말로 그의 진정한 모습이다.(도판 16)

이 재현의 세계에서 장식과 우아한 옷차림은 즐거움을 누리고 남보다 사랑받고자 하는 의지를 나타내는 기호가 된다. 유혹할 것이면 화장이든 코르셋이든 멋진 바이브레이션이든 수단을 가리지 않는다. 분명 지배하고자 하는 욕망은 사랑하고자 하는 욕망과 함께 간다. 유일한 대상이 되는 것, 그것은 폭군의 권력을 손에 넣는 일이다. 그저 수많은 경쟁자가 있을 뿐! 하지만 손에 들어온 것을 계속 유지할 수 있다는 보증은 전혀 없다. 갚아야 할 빚이 있는 사람은 타인의 성공이 사기와 협잡으로 보인다. 바토는 자신의 예술을 비난하고 싶지 않으니 이 기만이라는 주제를 내색하지 말아야 하지만, 간혹 그 주제를 슬쩍 드러낼 때가 있다. 속임수(때로는 선의 관점에서, 좀더 자주 악의 관점에서)야말로 18세기 상상력이 열중했던 한 가지 커다란 주제였으니 말이다.(도판 17, 18)

작은 즐거움들로부터……

그림 그리는 즐거움을 얻기 위해 그림을 그린다는 것은 자기가 애호가들 보기 좋으라고 그림을 그리고 있다는 사실을 잊는 것이다. 애호가의 취향과 화가의 참신함을 하나로 묶는 공모는 늘 불안정하다. 애호가는 화가가 형식을 제안하면 이를 유행에 맞춰 결정하는 것은 자기라고 생각한다. 애호가는 제 주변에서 감탄하는 작품을 모범으로 삼아 의견을 정한다. 화가는 새로운 것을 창안하고 싶다는 입장이다. 그러나 애호가 마음에 들려면 정말로 자유롭게 창안할 순 없다. 화가는 이 사실을 깨닫고 짜증이 난다. 반드시 사회적으로 성공을 거두어야 하건만 또 자유롭게 아름다움을 연구하고 싶기도 하다. 주문을 받아야 생계가 해결되지만 불현듯 솟아나는 영감은 또 어쩔 것인가. 그래서 그럭저럭 절충이 이루어지게 마련이고, 그러면서 스타일이 나타난다. 그림을 사주는 사람이 자신의 그림에 호감을 느끼는 한계를 벗어나버릴 때 화가는 더이상 자유롭게 붓을 들 수 없게 된다. 물론 리베르탱인 구매자들에겐 예술가에게 자유롭게 그리라고 할 용의가 있다. 그러나 구매자가 바라는 그 자유는 단편적인 일화를 재현해달라는 특별한 주문의 범위 안에서나 허용된다. 그래서 화가는 그런 장면밖에 못 그리고, 더욱이 그 장면을 외설적으로 표현할 자유밖에 없게 된다.(이 구속을 못 견디고 벗어나고 싶은 사람이 도피처로 삼을 곳은 '정물화'뿐이다. 붓의 자유를 되찾기 위해 대상의 모방에만 힘쓰는 것이다.)

이제 막 부자가 된 사람이 있다고 하자. 그는 화가에게 시시한 연애 이야기를 그려달라고 주문한다. 그에게 화가는 자기에게 즐거움을 주기 위해 봉사하는 여러 '수행원들' 중 하나일 뿐이다. 그럴 때 화가는 오페라 여가수나 요리사, 가발 제작자와 다를 바가 없다. 부자가 그림의 구성이며 작업에 사사건건 참견하면서 손의 살집을 표현하거나 코트의 깊이 팬 부분을 그리는 것 등등 아무것도 화가 마음대로 하지 못하게 한다면, 화가에겐 그것이 헤겔이 말하는 주인과 노예로 살아가는 관계가 아니면 무엇일까? 자기를 이미지 납품업자로, 하찮은 장인으로 보고 있으니 수치스러울 수밖에 없다. 그날로 저항해서 완전한 독립을 쟁취할 수 있을까? 그럴 리 없다. 작가와 철학자의 우호적인 비평이 활자로 찍혀 나오기 전까지 화가가 구할 수 있는 유일한 도움이란 대중의 취향을 미리 예측하고 눈에 띄지 않게 취향을 끌어내는 것이며, 그 시대가 품은 여기저기 산재한 욕망에 방향을 만들어줄 어떤 새로운 것을 고안하여 사람들의 마음을 사로잡는 것이며, 그 욕망을 창조하고 그 욕망에 형태를 부여하는 것이다. 화가의 자유는 제한되어 있는 동시에 도전할 만한 것이라, 이제는 모든 것에 무감각해진 결과 그때까지 알려지지 않은 감동과 짜릿함과 쇄신을 찾아 나서는 구매자의 주의를 끌 만한 형상을 부각시킬 수 있는 한에서는 자유를 행사할 수 있다.

그렇기에 섬세한 쾌락주의는 역설적인 길을 걷는다. 약동하는 신앙심을 모방하니 말이다. 겉으로는 즐거움을 거부해보는 그런 정도까지만 승화하는 것이다. 아름다움은 어떠한 유용성도 갖지 않는다는 생각은 유용한 아름다움에 진력이 난 사람들에게 매력적으로 다가온다. "사랑은 돈에 좌우되지 않는다Amor non mercenarius."[라이프니츠] 즐거움은 오직 조화롭게 어울리는 형식을 좇을 것이고, 예술은 더는 기분이 좋거나 나쁠 때 반응이 천차만별로 변하는 '성마른' 대중을 위해 존재하지 않고 마음의 순수한 시선과 차분한 명상으로 대해주기를 요구할 것이다. 그러므로 최고의 즐거움은 창조적 자유가 그 자유의 법칙에 따라 완수됨을 보는 것이리라.

이 순수함의 유혹은 다른 많은 유혹 중 하나일 뿐이다. 18세기를 거치면서 감수성은 격렬해지고, 초조해지고, 과도해졌다. 이러한 정신의 풍토를 함께 겪는 예술가는 그 요청에 부응하여 드라마를 만들기 위해 노력하게 된다. 드라마에서 지금껏 자신이 사용하지 않았던 힘을 어떻게 사용할 수 있을지 알게 되는 것이다.

이 시기의 작가 세낙 드 멜랑의 표현에 따르면 "현 세기 육십대의 정신"*이 확산되던 그때, 미술 애호가는 엉뚱하거나 타락한 경험을 통해 다시 한번 즐거움을 활활 타오르게 하려 한다. 권태

* 세낙 드 멜랑, 「정신과 풍속에 관한 고찰」, 『철학과 문학 작품집』(1795). 해당 대목은 다음과 같다. "현시대의 이미지는 노년의 이미지다. 무능력, 과거에 대한 존경심, 나이와 무감동의 결과인 자기애, 돈에 대한 집착이 '현 세기 육십대의 정신'의 성격을 나타내는 것 같다."

는 즐거움에 바짝 붙어 나아가기 때문인데, 이것이 18세기가 가장 즐겨 다룬 한 주제다. 같은 감각이라고 해도 너무 자주 반복하다보면 더는 놀람의 효과를 내지 못한다. 먼 지역에의 이국취미는 아무리 매력적이더라도 금세 시들기 마련이다. 그러면 새로운 원천을 개발해야 하는데, 그것이 악惡이라는 이국취미다. 공포와 금지된 즐거움이 가득한 암흑의 대륙 깊은 곳까지 들어가봐야 하는 것이다. "고통의 쾌락으로의 전환"이라는 상투적 표현은 물론 사드 후작의 손에서 나왔을 법하지만, 이 말을 한 사람은 장자크 루소다.[『고독한 산책자의 몽상』 중 '여덟번째 산책'] 더욱이 덕이 고양될 때 느끼는 취기 비슷한 것도 여전히 매혹적이기는 마찬가지 아니던가? 이것이 새로운 이국취미이며, 선행을 경험할 때 공연히 눈물이 날 것 같은 그런 낯선 느낌과도 같다. 디드로는 정념이 악의 과잉에 이르든 선의 한계에 이르든 중요하지 않다고 확신했다. 위대한 정념이 있다면, 확산해나가는 활력이 감탄을 자아내기만 한다면 말이다. [몰리에르 희극에서] 동 쥐앙은 석상의 손에 제 손을 얹는다. [베토벤의 오페라에서] 피델리오는 감옥에 갇힌 플로레스탄을 구하려고 죽음을 무릅쓴다. 18세기 말, 프랑스혁명의 위기를 전후로, 쉽게 해낼 수 있는 대수롭지 않은 모험으로는 더는 즐거움을 느낄 수 없게 된다. 즐거움을 얻으려면 신의 권위나 운명에 용감히 맞서는 반항 의지 정도는 발휘해야 했다. 이것이 '질풍노도' 운동이 확고하게 믿은 하나의 확신이었고, 요한 하인리히 퓌슬리나 고야 같은 화가의 작품에 드러나는 주된 테마 중 하나다. 이를 이해하려면 퓌슬리나 고야가 상상력을 동원해 그린 작품들에서 여성의 모습이 무엇으로 바뀌는지 살펴보는 것만으로 충분하다. 여성은 박해자나 박해받는 자, 살인자나 고문당하는 자, 악마이거나 능욕당하는 자가 된다. 이제 여성은 로코코 양식으로 치장된 규방에 군림하는 여왕이 더는 아닌 것이다. 욕망의 아름다운 '대상'은 흉악한 쾌락의 (능동적이거나 수동적인) 도구가 된다. 여성이 그 쾌락의 도구를 휘두르든 그것에 당하든, 파괴의 행위가 완수되는 곳에서 쾌락의 이면에 존재했던 것은 그저 권태인 것이 아니라 죽음이었다. 금세 사위고 말 눈부신 향유가 피투성이가 된 희생양의 모습으로 나타나 성화聖化된 자리를 찾는 것이 비극의 주제가 된다. 시대에 뒤떨어진 환상이 나타나고 무신론을 띤 리베르티나주는 음침하기 짝이 없는 신앙의 형식을 다시 창안한다.

장례식 풍경은 으스스한 기분을 느끼게 한다는 점에서 흥미를 끈다. 영국에서는 조지 셀윈, 토머스 워턴 같은 품위 넘치는 신사들이 사형 집행에 대단한 열정을 가진 사람으로 통한다. 에드먼드 버크는 이런 장면이 상이한 즐거움의 감정, 보다 강한 마음의 움직임을 불러일으킬 수 있다면서 그런 감정을 환희delight로 규정했다. 버크는 극장에서 피가 철철 흐르는 비극을 상연한다고 가정해보자고 했다. 그 비극이 보여주는 것이란 허구의 죽음뿐이다. 반면 가까운 광장에서 상류층 출신 범죄인의 처형이 집행된다는 소식이 들리면 극장은 눈 깜짝할 사이에 텅 비고 말리라. 실재가 허구보다 우월한 것이다. "고통과 위험은 자기보존 본능과 관련된 정념들로부터 나온다. 그런데 우리가 실제로 겪지 않는 고통과 위험을 생각할 때 그 정념은 환희에 넘치게 된다. 나는 이 환희가 즐거움이라는 말로 불릴 수 없다고 생각했다. 환희는 고통과 관련되고, 긍정적인 즐거움의 관념과는 전혀 다르기 때문이다. 나는 이러한 환희를 자극하는 모든 것을 숭고하다고 부른다."[『숭고와 미의 관념의 기원에 관한 철학적 연구』] 피로 물든 사건이 숭고해지는 것은 그 사건을 그저 순수한 스펙터클로 보게 되었기 때문이다. 나와 내 이웃의 목숨이 안전하기만 하다면 우리는 폐허가 된 런던을 바라보며 숭고의 전율을 느낄 수 있다. "필경 이곳에서 현실은 재현처럼 간주된다. 다시 말해 실제의 이해관계와 영향관계가 고려되지 않는다는 것이다. 사실 버크의 확신처럼 정상인 가운데 실제로 파국이 닥치기를 바라는 사람은 없다. 그런데 바로 그 사람이 파국을 보려고 재앙이 일어나는 곳으로 달려가는 것이다. 이런 식으로 이데아의 수준에서 현실과 가상의 수준으로 낮아진다는 플라톤의 지적과는 정반대로, 예술의 지위를 유용한 현실의 수준으로 떨어뜨리는 대신 현실을 미적 가상의 수준으로 높이면서, 그 어떤 실질적 이해관계에서 벗어나 실재를 고려하며 미학적 관점에서 바라보게 하는 생각이 점차 윤곽을 잡아가는 것을 보게 된다. 바로 이러한 방식으로 미적 태도는 적어도 어느 정도는 이 질서에 이해관계가 부재한다는 것으로 정의된다."(버나드 보즌켓) 지금 서술한 경향은 이론적으로만 중요한 것이 아니다. 실재를 미적 가상의 수준으로 끌어올린다는 것은 벌써 댄디즘이 내세운 프로그램과 전혀 다를 바 없고, 이 태도가 그것에 조응하는 이론과 마찬가지로 18세기 영국의 귀족 서클에서 기원했다는 사실이 전혀 놀랍지 않다.

……사악한 즐거움으로

무기력하고, 권태에 찌들고, 더는 아무것에도 자극받지 못하는 애호가 성향에 빠져버린 상황에서 이제 사람들은 대상과 존재를 다룰 때 그것들을 실제로 갖는 무게로부터 벗어나게 하여 욕망의 임의적인 몽환에 잠기게 한다. 능숙하게 연출된다면 삶 전체가 상상의 세계로 이동하여 예술작품이 된다. 그러므로 자기가 느끼는 고통과 마찬가지로 타인이 느끼는 즐거움과 자신의 죽음 자체도 이제는 한 편의 연극을 이루는 요소에 불과하고, 그 연극에는 고독하고 나르시스트적 향유를 누리고자 하는 특권의식이 반영된다. 사드 후작이나 윌리엄 벡퍼드는 이러한 태도를 극단적으로 밀고나간 사례인데, 여기서는 의식이 자기만의 환상과 타인의 존재를 구분하지 못하는 유아幼兒적 단계로 퇴행하고 있음이 분명하다. 18세기 내내 (채찍질이나 정력제 등의 도움으로) 발전을 거듭한 '사악한 즐거움plaisir noir'은 유아唯我적 변덕의 급진적 양상으로, 삶을 예술의 수준까지 높여 선과 악, 고통과 관능을 미적 창조를 가능케 하는 재료처럼 다루곤 했다. 이때 불안은 전지전능한 힘의 환상으로 위장하는데, 그것이 세계를 그려보고 자기 뜻대로 징벌을 내리는 신의 권력을 패러디하는 것임은 물론이다. 세상을 보는 눈이 형식미에 편중되다보면 대상이 아니라 그 외관을 보게 되고, 이 때문에 관능을 뒤쫓는 이는 욕망의 마법으로 절대적인 힘을 갖추게 된 제 모습에 그만 빠져버리고 만다. 동시에 공포, 고문, 살인은 머릿속에서 펼쳐지는 광경으로, 즐거움(혹은 버크의 '환희')에 바쳐진 그림으로 바뀐다. 이 상상의 극은 이내 사탄의 모습을 띠게 된다. 이렇게 자신의 꿈에 사로잡혀 더는 현실에 이를 수 없는 분리된 개인은 신에게 도전장을 던지는 포즈를 과시하며 스스로를 중요한 사람으로 생각한다. 그는 자신이 그런 존재라는 증거를 찾기 위해 상상으로 경험했거나 살아가면서 고안한 최악의 중죄重罪를 되풀이하게 된다. 18세기 후반부를 대표하는 특징으로서 활력에 대한 격렬한 호소야말로 바로 이 방향으로 사용될 수 있어, 어떤 존재를 잔혹하고 문란한 허구 혹은 상상에 빠져버리는 존재가 소설의 형태로 재현된 또다른 허구의 상태로 끌어들이게 된다.

강렬한 자유가 펼쳐진다는 말은 무엇인가? 사실 초기 낭만주의에서 고삐 풀린 상상력의 수단을 동원하는 일은 진정한 독립성의 표현이라기보다는, 성인이 되어 책임 있는 행동을 해야 한다는 데서 느끼는 두려움의 표시로 나타난다. 칸트는 '계몽'이라는 말을 미성년에서의 벗어남, 전통적인 권위의 족쇄를 결국 용기 있게 벗어나 자유롭게 사유하는 의식의 해방이라는 뜻으로 사용했다. 사악한 즐거움을 대표하는 이들이 빛을 마주할 때 질겁한다는 말은 단순한 은유가 아닐 것이다. 그들은 그 무엇도 내면의 법을 피해갈 수 없는 성취하기 어려운 자유를 주장하기보다 대문자의 아버지Père라는 전통적인 형상을 모독하는 편을 선호한다. 그들은 감히 맞서고 과오를 저지르려는 열망에 사로잡혀, 결국 처벌을 받지 않을 수 없게 된다. 처벌이 이루어진다면 그것이 바로 절대적 권위가 존재한다는 증거이며, 그들은 그 권위 없이 살아갈 수 없는 것이다.

방금 설명한 태도와 로코코 양식의 특징인 사치스러운 과잉 사이에 연속성이 존재한다는 점은 쉽게 알아볼 수 있다. 사치는 공들여 가공한 요소들의 숫자를 늘려가면서 결국 무엇으로 귀결하는가? 삶을 꾸미고 또 꾸며서 더는 꾸밀 데가 없는 상태에 이른다. 말 그대로 그 삶 주변의 찬란한 빛 속에 완전히 흡수되어버릴 때까지 말이다. 구두 매듭에서 정원 건축에 이르기까지, 포크에서 대포에 이르기까지 모두 동일한 양식을 띠고 있을 뿐 아니라, 이 양식은 장식하려는 의도를 관철하고자 어떤 공백, 어떤 틈도 용납하지 않으려는 의지를 발견하게 된다. 그런 공백이며 틈을 예술 작업의 중단이라는 뜻으로 받아들이는 것이다. 능수능란한 장식에 진공에 대한 공포가 반영되어 있고 이것이 사용 가능한 공간 전체를 가차없이 차지하려는 의도라면, 그렇게 장식하는 목적은 인생이 마치 재현처럼 경험될 수 있을 닫힌 세계를 구성하려는 데 있다. 처음에는 그저 부를 소유했다는 증거뿐일 수도 있던 것이 삶을 다른 차원으로 이끌어 즐거움을 추구하는 가운데 우리가 실제로 살아가는 삶이 비현실적인 것이 되도록 유도하는 마법이 된다.

이때 건물 파사드의 역할은 그 의미를 확장하게 된다. 파사드 바깥쪽으로 외부를 마주보고 있는 오른편(코테 쿠르côté cour)과,

파사드의 닫힌 문 뒤편으로 안쪽을 향하는 왼편(코테 자르댕côté jardin)이 구분된다.* 이때 파사드는 특권적 세계의 경계를 이루고, 파사드 안쪽은 그곳에 거주하는 사람들을 위한 공간이 된다. 그래서 파사드에는 권위의 환영을 불러일으키는 기호들이 우아하게 펼쳐지며, 파사드 안쪽에 배치된 벽에 두른 장식판과 거울은 환영의 권위를 세운다.

요정 이야기에서 범죄 소설에 이르기까지, 부셰의 님프에서 퀴슬리의 고통에 뒤척이며 잠자는 여자에 이르기까지, 그네에서 교수대에 이르기까지, 변형이 이루어지는 자리는 어디인가? 허구는 언제나 장소들을 마음대로 다루기 마련이지만, 이 시대는 그 어느 때보다 더욱 그러하다. 이제 허구는 치장이니, 쉽게 마음을 끄는 매력이니, 비단결 같은 옷감이니, 우아하게 배치된 가구니 하는 것이 없어도 좋다. 사치품의 장인이 가공한 아름다운 대상들은 상상력에 댈 것이 못 된다. 상상력만 있다면 상상의 공간을 펼쳐나갈 수 있고, 마음껏 장면을 구성할 수 있다. 재단사, 미용사, 타피스리 제작자를 부를 필요가 없다. 상상 속에서 살아간다는 것은 수만 가지 친절한 배경장식들에 넋놓고 사로잡히는 것이 더는 아니다. 그 외부가, 다른 이들이 꾸며놓은 기교들이 더는 자극제가 되지 못한다. 오직 꿈의 힘만이 영감을 준다. 새로운 것을 고안하고, 창조하고, 스스로 비상하면서 과잉과 과도함을 발견하고, 이를 통해 향유가 증가하는 것을 느낀다. 환상 속에서 상상력이 전개될 때 그 안에는 분명히 그때까지 상상력을 감금해왔던 황금 감옥에 대한 더없이 격렬한 조롱이 있다. 창조적인 꿈은

* côté cour와 côté jardin은 연극 용어로, 관객이 보았을 때 무대 오른편을 côté cour, 무대 왼편을 côté jardin이라고 부른다. 루이14세가 튈르리 궁에 극장을 지었을 때, 배우들은 무대 양쪽 끝에서 무대에 오르게 되는데, 튈르리 궁 쪽에서 들어오는 경우 côté cour로 입장한다고 했고, 튈르리 정원 쪽에서 들어오는 경우 côté jardin으로 입장한다고 한 데서 유래한다.

죽음, 밤, 심연처럼 스스로 부여한 경계 말고는 더는 알고자 하지 않지만, 그 꿈은 그저 예쁘기만 한 것을 세심히 추구하던 데서 벗어나 시시한 배경을 뒤엎어버리는데, 그 목적은 배경장식을 다르게 만들려는 것뿐이며, 또 이 꿈이 사교계의 가면을 거부하는 것은 오직 유령들이 벌이는 연극에 활기를 불어넣기 위해서다. 사드가 고안한 음산한 성城들과 프티트 메종에는 닮은 점이 없다. 사드의 성은 사교계를 다루는 희극의 비현실성이 아니라, 꿈의 총체적인 비현실성을 띠기 때문이다. 성들 전체가 결코 실현되지 않을 고독한 욕망의 투사이자 재현(연극적이면서 심리적인 이중의 의미로)이다. 반면 살롱 생활은 현실적인 것과 비현실적인 것 사이에 영원히 진행되는 타협이라는 차이가 있다. 허구는 상상적인 것의 하위 형식에 더욱 격분하는 동시에 더욱 적대적이게 된다. 상상력이 광란에 빠질 때도 진리는 필요하다. 진리의 이름으로 하찮기 짝이 없는 창작물을 단죄해야 하는 것이다. 그러나 상상력은 고양된 창작물밖에 가진 것이 없으며 상상력의 활력은 부분적으로 상상력을 배반하기까지 한다. 극심한 분노를 느끼게 되면 상상력이 자극되고 활기에 넘쳐, 인간의 조건을 어떤 비밀도 남김없이 드러낼 각오가 된 것 같아 보이기도 한다. 그렇지만 그러한 분노와, 상상 속에서 껑충 도약할 수 있게 해주는 환상은 완전히 다른 길을 갈 수도 있다. 그래서 퓌슬리와 고야가 그토록 자주 그린 파괴의 장면은 자기파괴의 의미일 수도 있고 그들의 예술이 펼쳐지는 비현실성 밖으로 난 출구를 찾는다는 의미일 수도 있다. 퓌슬리는 연극적 파토스에 사로잡혀 있었다. 그의 기질은 고상한 스타일이 틀어쥐고 있던 헤게모니를 뒤엎지는 않지만 광란과 현기증의 의미는 지속적으로 증가한다. 팽팽히 지속되는 불안, 누구도 막을 수 없는 파괴와 죄악의 취향이, 여전히 우아함을 자랑하던 그 시대의 아름다움에 불규칙적이고 기이한 모습을 부여한다. 퓌슬리가 영국 화가 조슈아 레이놀즈와 조지 롬니의 장밋빛 뺨과 윤

도판 19. 장오노레 프라고나르(1732~1806), 〈그네의 행운〉, 1766, 런던 월리스 컬렉션.

도판 20. 프라고나르, 〈도둑키스〉, 1766년경, 상트페테르부르크 에르미타주미술관.

기 있는 머리를 가진 영국 여자를 늘 좋아하기는 했지만, 그는 그 여성을 변형시키고 옷을 벗겨 잔혹한 예배를 주관하는 겸임사제로 만들었다. 이성이 잠들 때 꿈속에 나타나는 괴물에 매혹된 고야도 적어도 한 번은 그 꿈에서 벗어나는 데 성공한다. 우선은 사랑의 꿈이 악몽으로 변하고, 악몽을 꾸면서 극도의 불안에 사로잡힌 화가는 발버둥을 치면서 결국 상상적인 것 너머에 있는, 이미지 너머에 있는 황량한 불모지를 향해 나아가야 했을 것이다. 그때 그는 텅 빈 하늘을 그린다.

회화는 순간을 고정하는 예술이다. 로코코 미학은 회화작품에서 포착한 이 순간이 특별히 웅변적인 표현을 갖기를, 덧없이 흘러가버리는 상황을 그 절정에서 표현하기를, 어떤 기회의 형상화를 추구한다. 그때 즐거움은 의지를 가지고 노력해서가 아니라 우연한 마주침으로 얻어진다. 우아한 사랑을 그리는 회화작품과 '고급 취향'이 표현하는 극적인 과장의 차이는 우연과 감각의 혼란이 우세해졌을 때 뚜렷이 드러난다.

프라고나르의 두 그림을 보면 순간적인 것은 갑작스럽게 나타난 여성 육체와의 접촉(혹은 시선)으로 인해 깨어나는 '불안'과 같다. 그런데 그 불안에는 벌써 물러서고 후퇴하는 움직임이 예고되어 있다.(도판 19, 20) 누군가 한껏 잡아당기는 그네가 다시 내려가고 있고, 젊은 여자의 시선은 어머니가 감시하는 반쯤 열린 문을 돌아보고 있다. 이 순간이 다시 올지 누가 알겠는가?

그러나 여성이 항상 그렇게 스쳐지나가는 다정하고 친절한 희생자였던 것은 아니다. 18세기는 지난 세기에 여성을 극심한 고통을 겪는 대상이나 죽음을 가져오는 자(도판 21)로 만든 바로크 시대의 범죄적 에로티시즘을 단 한 번도 잊지 않았다. 신고전주의가 부흥할 무렵, 어떤 화가들은 이 주제를 특별한 양상으로 표현한다. 앞으로 그 화가들은 의식의 부차적 상태, 경직 상태, 죽음

21

22

도판 21. 조반니 바티스타 피아체타(1682~1754), 〈유디트와 홀로페르네스〉, 로마 코르시니갤러리.
도판 22. 요한 하인리히 퓌슬리(1741~1825), 〈악몽〉, 디트로이트미술관.

을 나타내는 기호들을 재현하는 것을 보게 된다. 잠든 여성은 간혹 실제 죽은 여성들이기도 하며, 『밤의 상념*Night-Thoughts*』을 쓴 에드워드 영을 둘러싼 전설처럼 여성의 매력은 시간증屍姦症과 동시에 근친상간의 모습을 띤다.

퓌슬리는 그의 잠자는 여성을 눕힌 채 그저 방치하면서 그녀가 불안과 경련 너머에서 마주친 황홀경을 그대로 드러낸다. 하지만 여성이 길게 누운 수평 상태는 초자연적인 순간, 추락으로 변한다. 그녀는 아래로 떨어질 것이며, 떨어지고 있다. 추락하면서 느끼는 현기증에 몽마夢魔가 누르는 압박이 더해진다.(도판 22)

III

불안과 축제

축제와 그 다음날

페트갈랑트[바토의 그림]에서 프랑스혁명의 축제까지, 즐거움의 여러 가지 의례가 어떻게 변해왔는지 살펴보면 18세기의 내적 변화를 이해할 수 있다.

확실히 우리는 최초의 기원으로 거슬러올라가거나, 최소한 르네상스와 바로크 시대의 축제까지는 올라가야겠다. 궁정에서나 군주들 주변에서 축제는 현실의 모습을 마법적으로 바꾸는 기회였다. 전능한 무대감독의 지휘로 모든 예술이 협력하여 공간을 변형시키고, 시간을 멈추게 하고, 귀족과 그 수행원들이 한 가지 테마를 직접 재연해 유쾌한 결론으로 이끌어가곤 했는데, 간혹 몇날 며칠이나 이어지는 일도 있었다. 궁정인들이 완벽을 기한 음악과 춤에 맞춰 한껏 꾸민 모습으로 참가했던 격식을 차린 이 부자연스러운 축제 가운데 18세기 초까지 살아남은 것은 무엇인가? 거의 없다. 군주의 축제에는 마술적 효과와 더불어 화려한 볼거리로 가득한 장엄한 모습이 거의 남지 않게 되었다. 내적 규칙 따위는 더는 신경쓰지 않았다. 참가자들은 배우가 되어 미리 준비한 연기를 하지 않아도 되었다. 무도회, 만찬, 볼거리가 마련됨에 따라 참가자들은 자유롭게 모여 즐거움을 주는 장식을 배경으로 향유의 대상을 늘려나갔다. 가면을 쓰고, 신분을 감추고, 옷을 바꿔 입고 축제에 들어갈 수 있다면 여기서 중요한 것은 연기가 아니라, 눈에 띄지 않게 슬쩍 들어가고 기회를 엿보고 몸을 숨기면서도 자기가 누군지 다른 이들이 알아채게 하는 것이다. 변장도 장식의 일종이며 유혹하고 접근하고 물러서는 도구일 것이다. 변장은 자기가 맡은 역할과는 관계가 없다. 온통 즐거움만을 추구하는 사회집단이 존재할 때, 갖은 인위적인 수단이 동원되고 많은 비용이 드는 축제는 거추장스럽게 '지배적 정념'을 막아서는 것 없이 곧바로 그 정념에 빠져볼 수 있는 어떤 진실한 순간처럼 나타난다. 이는 정말이지 낭비를 위한 인생에서도 탁월한 낭비이기도 하지만, 불안으로 점철된 순간들로 이루어진 인생의 탁월한 한 순간이기도 하다. 축제는 짧은 시간 동안 긴밀히 연결된 순간들을 하나의 연속체로 만들어주기에 매혹된 의식은 단 한 순간도 멍하니 있을 수 없다. 끊임없이 되살아나는 현재를 벗어날 수 없는 것은 항상 눈앞의 대상을 가장 중요하게 생각하는 변덕스러운 사람들이 가득하기 때문이다. 사람도 많고 우연히 벌어지는 일들이 쌓여 축제에서는 "즐거움들이 신속하게 하나로 이어진다."(자크 로셰트 드 라 모를리에르, 『앙골라: 인도 이야기』) 욕망은 너무 빨리 진력내고 싫증내기에 다른 대상들 속에서 다른 순간을 맛보고자 하며, 결국 그것을 찾아낸다. 욕망은 다양한 모습으로 변화하는 가운데 반복되고자 하며, 결국 그렇게 다양화한다. 축제란 다양성의 정점, 놀라움의 항구적 승리, 결코 고갈되지 않는 것의 시뮬라크르를 (결국 고갈과 권태를 예감하면서) 마련하기 때문이다.

그러한 전형적인 축제는 본성상 복수複數일 텐데, 그런 축제가 여럿으로 분산되곤 한대도 놀랄 일이 아니다. 바토의 그림에서 구성요소들이 어떻게 조직되어 있는가만 놓고 보더라도 이러한 분산을 알 수 있다. 그의 그림에서 모여 있는 사람들은 불안정한 상태에 있다. 공간과 마찬가지로 시간에서도 관객은 축제의 가장 자리에 놓인다. 그때는 축제가 곧 시작되려 하거나 막 끝나는 순간이다. 희극배우들이 인사를 하거나 키테라섬 순례가 끝나는 순간이다. 이제 즐거움을 얻겠지 하고 기대하거나 그 추억에 잠겨보는 순간인 것이다. 마음에 깊은 감동을 받았거나 그 감동을 느끼는 등장인물들은 항상 경계에 서 있다. 하지만 그 시간에는 간격이 들어설 수밖에 없으니, 이것이 즐거움의 법칙 자체다. "항상 즐겁다면 그것은 즐거움이 아니지"(볼테르) [『자디그』] 않은가. 축제는 다시 시작해야 하고, 형식을 달리한 축제를 다시금 고안해야 한다. 방탕이며 오락은 둔해진 축제이고, 사냥과 전쟁은 관습에 따라 진행되는 의례적인 축제이고, 만찬은 식도락 축제이고, 게임은 우연에 몸을 맡겨야 하는 불안감이 존재 전체를 사로잡은 뒤 긴장이 풀어지는 추상적인 축제다. 그리고 음악회며 오페라며…… 수만 가지 상황의 의례에 자잘하게 비용이 든다. 이것이 영원히 이어지는 축제의 정신이라 하겠다. 일상의 사치스러운 배경장식, 엄청난 수로 빛나는 크리스털 샹들리에는 고정되고 응고된 축제라 할 것이다. 축제 전에 열리는 서막은 또 얼마나 많은가! 우아한 산책은 화려한 빛과 우연한 만남이 어울려 그려지는 축제다. 라 모를리에르는 품행이 단정치 못한 리베르탱 이야기를 그린 콩트 『앙골라』에서 이 점에 대해 대단히 특별하게 묘사하고 있다. "전망이 너무나 멋졌다. 수많은 남성과 여성이 다양하게 한데 어우러진 모습, 더없이 화려한 취향의 옷차림, 각양각색의 장신구가 보기에 참으로 매혹적이었다. 한쪽에는 멋쟁이 여자들이 깃털 모양 장식을 달고 보석 달린 귀고리와 다이아몬드 목걸이를 걸고 한껏 멋을 내었다. 입술연지는 기본이었다. 여자들이 걸어갈 때는 바구니 네 개가 큰길 전체를 막아선 듯 보였다. 그녀들은 조심성 없이 아이 같은 거동으로 길을 걷다가 정중한 인사를 받으면 고개를 돌려 답례했다. 다른 쪽에는 다른 부류의 여자들이 보였는데, 앞의 여자들과는 대조적이었다. 그들의 얼굴에는 무기력한 모습이나 나쁜 건강상태가 역력했다. 격식 없이 툭 트인 드레스 차림에, 주름이 가득 잡힌 치마 밑에 흰 슬리퍼를 신은 예쁜 발은 물론, 종아리가 시작되는 부분까지 슬쩍 드러났으니, 그곳에 무언가 강렬한 유혹의 힘이 나타나 보였다."

권태의 위협을 피할 수가 없다. 뒤 데팡 부인은 [볼테르에게 보낸 한 편지에서] 권태를 치료하려면 방탕에 빠져보는 것도 한 방법이라고 했지만, 그건 그저 임시방편일 뿐이니 그 자체로 비난의 의미가 있다. 정신은 이리 달아나고 저리 달아나느라 기진맥진이다. 불꽃놀이는 끝났다. 이제 다시 햇빛을 마주보아야 한다. 즐거움을 즐기느라 지쳐버린 후 진짜 빛이 밝아오자, 촛불 아래에서는 그토록 매혹적으로 보였던 얼굴이 지쳐 초췌한 모습으로 드러난다. 남편이 지나치게 분칠을 한 아내에게 느끼게 되는 (리처드 스틸[이 그가 주간으로 있던 일간지 『스펙테이터』에 실었던 한 기사의 표현]에 따르면) 낯선 놀라움이 그러하리라. "분을 사용하면 피부가 쉽게 망가지므로, 아침에 일어나면 지난밤 침대로 데려온 여성이 그녀의 어머니뻘은 되어 보여 젊다고는 생각할 수 없을 것이다."

돌이켜보면 축제의 마법은 거짓에 불과하다. 어떻게 될지 모르면서 초반부터 반복되는 깜짝쇼의 순간들이 간헐적으로 이어지는 이면에, 상이한 시간이 은밀히 작동하고 있었다. 파괴의 시간, 모든 것이 죽음을 향하는 시간 말이다. 『앙골라』에서 무도회의 돌발적인 사건들, 우아한 변장, 사랑의 오해를 묘사하는 페이지들을 읽어보자. 로베르 모지가 정확히 강조했듯이, 어느 것 하나 죽음을 연상케 하는 환멸과 피할 수 없는 불행의 순간으로 귀착하지 않는 것이 없다. "무도회가 끝나갈 때 촛불은 약해지고, 연주자들은 불쾌하게 취했거나 잠들어 더는 악기를 연주하지 않고, 모여든 사람들은 흩어져서 가면을 다 벗었다. 잔뜩 분칠한 얼굴 위로 희고 붉은 화장이 마구 흘러내려, 그 사이로 무기력하고 창백하며 여기저기 부스럼이 생긴 피부가 드러나 보였다. 다 무너져가는 것 같은 애교를 보자니 혐오감이 밀려왔다.” 바로크적 의식이 가장 애호한 한 가지 주제가 여기에 있으니, 현실의 빛이 보다 찬란하게 내리쬘 때 그만큼 더 거부감에 얼굴이 찌푸려지는 현실을 마주보면서 느끼게 되는 ‘환멸’이 그것이다. 17세기에는 음울하거나 그로테스크한 환멸이 드러날 때 영적인 개종이 이루어지곤 했다. 덧없이 사라지는 것과 영원한 것, 사교계의 허영심과 신앙의 확실성 중에 선택을 해야 하는 경우였다. 18세기의 문학작품과 예술작품(이 둘은 전통적으로 환상을 만들어내는 공모자였다)에는 이런 개종의 움직임이 거의 없다. 호가스나 고야 같은 화가가 황혼을 맞은 교태꾼 노파를 그릴 때 그들이 그려낸 환멸에 도덕적 감화를 겨냥한 의도가 배제되어 있진 않지만, 이런 풍자적 표현의 밑바닥에는 절망이 가득하다. 환멸을 넘어서게 해주는 것이 전혀 없기 때문이다. 분칠로 가렸던 초췌해진 육체를 대경실색하여 확인할 때, 보상도 없고 내일도 없는 현실의 베일이 벗겨지는 것이다. 이제 환멸은 더는 영적인 모험을 떠나기 위한 한 단계가 아니라 최후의 심판과도 같다. 불안하기만 한 무감각 상태를 벗어나려면 축제가 필요했다. 축제가 끝나면 남는 것이라곤 몽롱함뿐이며, 그것과 죽음은 한 발 차이다.

사치스러운 축제를 열어 수천 발의 불꽃으로 밤을 지워버리려 했겠지만, 밤은 그렇게 복수를 하는 것이다. 홀로인 의식은 (아무리 뜻을 같이하는 고독한 군중에 둘러싸여 있더라도) 어둠을 이겨낼 정도로 강하지 않다. 그런데 귀족들의 축제는 차별을 토대로 한다. 축제의 중심에는 특권층이 있다. 황홀하게 바라보는 민중은 주변으로 밀려나 있다. 자기들 모임에 다른 사람들이 끼어들지 못하게 하는 구분짓기가 없다면 그렇게 모일 수도 없었다. 모임은 세심히 일정한 거리를 두고, 일정한 간격을 유지하면서 이루어진다. 이렇게 모인 집단 내부에서조차 참가자 한 명 한 명은 자기만의 즐거움을 추구하면서 다른 모두에게서 떨어진다. 각자 적절한 순간을 맛보고자 하므로 무리 한가운데에서 고립된다. 주변에서 무리지어 즐거워하는 이들의 모습은 자기가 얻고자 하는 즐거움을 생생하게 표현한 그림으로만 나타날 뿐이다. 이런 유형의 축제가 역설적이라고 생각한다면 개인들이 자기중심적 욕망에 사로잡혀 제각각인 경험들을 기묘하게도 분리하기 쉽게 만들기 때문이다. 이런 축제에 기억도 없고 미래도 없는 순간이 중요한 것과 마찬가지로, 사람들은 나눔도 소통도 구할 생각이 없는 것 같다. 즐거움은 그 자리에서 소진되고 오직 제 자신만을 기념할 뿐이므로, 즐거움이 마주칠 수 있는 것이라곤 그저 날카롭게 쏘아대는 빛뿐이다.

축제에 빛나는 재능(예술가, 시인을 말한다)을 초대하는 것은 축제를 장식하고 활기를 불어넣기 위해서지만, 새벽빛이 비칠 때 텅 빈 무대를 보다 주의깊은 시선으로 바라볼 사람을 부르는 일이기도 하다. 미망을 벗은 비판정신이 깨어나고, 축제란 것이 시민의 우정, 군주의 사랑, 마음의 합일처럼 무언가 오래 지속될 수 있는 것을 가질 수도 있었겠다는 후회의 마음이 커진다. [『달랑베르에게 보내는 편지』에 나오는] 루소의 표현을 빌려 말하자면 배타적이기를 멈추어 전체 인민을 아우르고 통합하며, 사회적 장벽을 부수고 그동안 분리되었던 것을 하나로 모을 수 있을 축제를 열어보고자 하는 마음이 생긴다. 참으로 중요한 일은 바로 귀족 축제에서 내적 활력의 방향을 바꾸고 그 축제가 받아들이지 않았던 공유와 소통을 실현하고, 축제를 통해 분리되었던 사회적 조건들을 하나로 모으는 것뿐이리라.

사실 구체제에서는 사적인 축제와는 별도로 출생이나 결혼, 평화조약 등을 축하하는 공공 축제가 빈번하게 열렸다. 일류 건축가의 구상에 따라, 몇 시간 동안 진행될 축제를 위해 거리 한복판에 무대장치를 세우고, 개선문과 우의적인 형상들, 포도주 분수대도 마련되었다. 민중은 근위병, 장교, 제후들의 행진을 보러 왔다. 이 축제는 장식조명과 불꽃놀이로 마무리된다. 덧없이 사라지고 마는 움직이는 예술작품인 이 축제의 몇몇 순간은 판화로 제작되어 남겨진다.

민중에게 허락된 축제도 있었지만 그것이 실로 민중적인 것이었을까? 사람들이 빼곡히 몰려든다. 발 디딜 틈도 없을 때가 있다. 성체축일Fête-Dieu 행렬을 뒤따르다가 다른 사람들 발에 짓밟힌다면 이는 신심이 높아서가 아니라, 그저 구경거리를 좋아하는 사람들의 호기심 때문이다. 루이세바스티앙 메르시에는 [『파리의 풍경』에서] 다음과 같이 지적했다. "행렬이 순서에 따라 나아갈 때 경탄이 쏟아졌다. [성상을 안에 모신] 천개天蓋, 햇빛, 일정하게 흔드는 향로에서 솟아오르는 향불, 아름다운 장식품들. 군악대 소리도 들렸으나 장엄한 축포 소리에 빈번히 음악이 묻혔다." 민중은 축연에 초대되긴 했어도 그 자리에 깊이 참여한 것은 아니었다. 1780년에 메르시에는 파리의 민중이 유쾌함을 잃었다고 선언했다. 그래서 당국이 개입하여 행사에 뜨거운 열기를 불어넣으려고 했다. "어떤 상황에서 경찰은 고래고래 소리 지르는 사람들을 고용했다. 그러면 그들이 여러 구역으로 들어가 다른 사람들을 자극했다. 그렇게 사순절을 앞두고 실컷 먹고 마시는 일주일 동안 괴짜들이 서로 결속하게 되었다. 하지만 정말 대중이 환희에 차오르고 민중이 깊은 만족감을 느끼는 모습에는 그 무엇도 모방할 수 없는 특징이 있다." 그런데 『파리의 풍경』의 저자 메르시에가 동시대의 삶에서 진정한 축연을 발견하는 상황이 있기는 하다. 의미심장하게도, 성 루이 축제 때 튈르리 궁과 왕립 식물원에 하층민의 출입을 허용한 것이 그 경우이다. 몇 시간 동안이지만 사회를 뚜렷이 갈라놓았던 분리가 무너진 것이다. "이렇게 모든 민중이, 특히 달빛이 비치는 밤에 한데 모인 장면만큼 특별하고 활기 넘치는 장면도 없다. 모든 신분의 사람들이 하나가 되고, 그것이 이 광경에 다양성을 부여해, 생생하고 생동감 넘치고 호기심을 잔뜩 자아내게 한다. 고백건대 내가 튈르리 궁을 정말 좋아하는 날이 있다면 일 년 중 단 하루, 바로 이날이다." 메르시에는 반교권주의자였고 프리메이슨 단원이기도 했다. 그런 그가 여기서 내비친 감정, 즉 축연인 동시에 종교의례이기도 한, 모두가 한 집단으로 참여하는 성대한 의식을 가지고자 하는 감정은 그 혼자만의 것이 아니었다. 그는 부자들이 흥청망청하는 주연은 물론 교회의 전례에도 반대하면서 민중이 한데 모였을 때의 환희가 오락과 종교적 행동의 종합이기를 바랐다.

무대 위에 있는 사람은 누구인가?

『백과사전*Encyclopédie ou Dictionnaire universel raisonné des connaissances humaines*』(이베르동Yverdon 판)*을 보면, "바토는 인간혐오자에 침울한 사람이었다. 그러나 그의 그림에는 보통 유쾌하고 즐거운 장면만 나타난다. 자기 성격과 판이하게 다른 이런 취향의 원인은 바토가 젊었을 때 떠버리 약장수들이 사람들을 모으려고 펼쳤던 공연 같은 것에 자주 가서 즉석에서 그림을 그렸다는 사실에서 찾을 수 있다"고 했다. 화가의 성격과 작품이 극과 극이라고 해야 할까? 질은 장터에 마련된 대중극장 배우로, 바토는 조롱당하는 배우의 모습을 통해 자신의 침울한 성격을 고백한다.(도판 23) 끝없이 수다를 늘어놓으며 혼을 쏙 빼놓는 떠버리 약장수들과 달리 질의 이미지는 말수가 적은 순진함과 실패를 드러낸다. '당나

* 여기 언급된 『백과사전, 혹은 인간 지식의 체계적이고 보편적인 사전』은 디드로와 달랑베르가 편집한 『백과사전』과 다른 것으로, 포르튀네바르텔레미 드 펠리스가 편집과 집필을 맡아 1770년부터 1780년 사이에 스위스의 이베르동에서 출판되었으며, 프로테스탄트의 관점을 충실히 담고자 했다.

도판 23. 바토, 〈피에로〉(과거 제목은 〈질Gilles〉), 1718년경, 파리 루브르박물관.

귀 씻긴다고 말이 되랴.'* 질이 주연으로 등장하는 연극의 제목이다. 이 그림에는 의사가 타는 슬픈 눈의 동물이 간결한 알레고리로 표현되어 있다.

꼼짝없이 서서 팔을 늘어뜨리고 자신의 정신만큼이나 순진한 새틴 소재의 옷을 입은 질은 아직 각성에 이르지 못한 얼빠진 모습으로, 혼란에 사로잡힌 의식 수준에 있음을 보여준다. 18세기에 가장 기민한 정신을 가진 사람들은 이 마비 상태가, 이 우둔함이 무언지 알았고 그것을 그렸다. 아를르캥이나 피가로 같은 인물이 승리를 구가하는 꾀 많은 이야기에 반드시 따라붙는 반反명제라 할 것이다.

도라 파노프스키는 [『질이냐 피에로냐? 바토 도상학에 대한 노트』에서] 정면을 응시하는 이 인물을 보면 이탈리아 희극 극단 중앙에서 질(피에로)이 그런 방식으로 응시하는 모습이 떠오른다는 점뿐만 아니라, 극이 끝나고 막이 내리는 이 장면의 구성은 바토가 감탄해 마지않았던 렘브란트의 〈이 사람을 보라Ecce Homo〉의 구도를 놀라울 정도로 모방하고 있음을 지적했다. 암시와 패러디, 전위轉位의 유희를 통해 어리석음을 표현하는 희극적인 신비와, 모독당한 순수함을 표현하는 성스러운 신비, 즉 '성스러운 순진성'이 하나가 되는 것 같다.

베네치아의 사육제 기간에는 자유의 경험이 극단적인 형태를 띠었다. 스위스 작가 필리프 모니에는 1907년에 익명이 만들어내는 매혹을 다음과 같이 기술했다. "가면을 쓴 이상 못할 행동이 없고 못할 말이 없다. 공화국은 가면을 허용했으니 보호도 해야 한다. 가면을 쓴 이상 살롱이든 관청이든 수도원이든 무도회든 궁전이든 가장무도회든 어디든 들어갈 수 있다. ……얼굴과 어깨에 걸친

* 원문을 직역하면 '당나귀 머리 씻겨봤자 비누만 닳을 뿐A laver la tête d'un âne on perd sa lessive'으로, 노력해도 달라질 것이 전혀 없다는 뜻.

흰 새틴 천 조각과 검은 호박단琥珀緞에 검은 레이스를 단 두건이 외투에 길게 잡힌 주름과 잘 어울릴 때 이 희극적인 괴상한 옷차림이 귀족주의적인 도시를 민주적인 도시로 바꾸어낸다. ……가면이 가장보다 더 나은 것은 그 익명성 때문이다. 가면은 비밀이고 익명이고, 불처벌을 보장한다. 가면은 합법적인 광기이자 허용된 무의미한 말이다. ……더는 누가 누구인지 모른다. 우리가 누구인지, 알쏭달쏭한 말로 당신에게 다가오는 사람이 누구인지, 뾰족한 팔꿈치로 당신을 스쳐가는 사람이 누구인지, 은밀한 신호로 당신을 초대하는 사람이 누구인지, 좁은 길에서 당신을 미행하는 사람이 누구인지, 당신과 함께 테이블에 앉아 숫자 맞추기 놀이를 하고 커피를 마시고 있는 사람이 누구인지, 당신의 구두 위에 슬며시 얹혀 떨고 있는 희고 수줍은 실내화의 주인공은 누구인지 더는 아무도 모른다.”[『18세기의 베네치아』]

볼거리라면 물불을 가리지 않고 시각적 즐거움을 가장 중요하게 여기는 문명만이 그렇게 변장의 기술을 발전시킬 수 있다. 가면 축제에서는 모두 자기 정체를 드러내지 않은 채 저마다 보고 보여지는 즐거움을 얻는다. 기분이나 상황에 따라 그때그때 임의적으로 달라질 수 있는 외관만 노출할 뿐이다. 가면을 쓴 사람은 출신, 조건, 지위 등 자기를 규정하고 얽매는 모든 것에서 벗어나 그 순간에 보이는 이미지, 즉석에서 지어내는 말로 축소된다. 가면을 쓴 자는 배우처럼 일회성의 본질을 드러낸다. 그가 누리는 무궁무진하지만 짧게 끝나고 마는 자유는 허위의 보호 아래 있다.(도판 24)

그래서 보칼리제[가사 없이 모음만으로 부르는 성악곡]의 곡조를 덧없이 흘려보내며 진실보다 더 설득력 있는 명증함을 고동치게 하면서, 극장의 모든 좌석에서 갈채를 받는 여배우는 그녀의 실제 모습으로 보이지 않기 때문에 유혹적인 것이다.

도판 24. 피에트로 롱기(1702~1785), 〈휴게실에서 생긴 일〉, 1757년경, 베네치아 쿠에리니스탐팔리아미술관.

관객은 오페라에서 막에 하나씩은 축제, 즉 스펙터클 속의 스펙터클인 군무 장면이 들어갔으면 했다. 막과 막 사이에는 막간극을 넣어주었으면 했다. 오페라는 벌써 가벼워진 세계지만, 여기에 발레가 들어가면 또다른 단계의 가벼움이 생긴다. [당대의 전설적인 무용수] 마리 안 드 카마르고, 가에타노 베스트리스가 추는 피루에트[한쪽 발끝으로 회전하며 추는 발레 동작]는 자유로운 민첩함의 정수를, 이들이 더는 중력에 붙잡혀 있지 않음을 표현한다.

같은 관람자가 회화작품을 생각할 때는 사교계 축제, 춤을 곁들인 예식을 실제 장소(장터, 공원, 극장, 정자)를 배경으로 그려서 그 추억을 계속 간직할 수 있기를 바랐다. 또 간혹 천한 사람들과 어울리는 것 아니냐는 의심을 받을 정도로 그 자리에 함께했던 사람들을 실제에 가까운 이미지로 그려 오래도록 남기기를 바라기도 했다. 하지만 이런 실제 같은 축제를 보면 여기 모인 사람들이 허구의 존재는 아닐까 하는 생각에 혼란스러워지는 것도 당연하다. 화가들은 철저하게 상상력을 동원하여 허구의 인물들을 모아놓고 '매혹적인 삶'을 표현하기를 좋아했다. 여기서 행복은 정확히, 우연한 동작에 활력을 온전히 다 쏟아붓는 모습으로 재현되었다. 행복은 목적 없는 활동이요, 정지 없는 휴식과 같았다. 춤은 이렇게 생동감 있게 표현된 한가로움을 완벽히 성취해낸 것으로, 순수한 생명력을 표현해낸 걸작이었다.

바토의 가깝거나 먼 제자들은 환희를 나타내는 색채를 골라 축제라는 주제를 반복해서 표현하는 데 열중했다. 하늘과 나무, 드레스, 식탁보, 요리가 서로 마주치는 곳이 바로 축제였기 때문이다.(도판 25)

25

26

도판 25. 미셸 바르텔레미 올리비에(1712~1784), 〈일라당에서 열린 축제〉, 1766, 베르사유 트리아농성.
도판 26. 윌리엄 호가스(1696~1764), 〈유행을 따른 결혼식 II: 이른 아침〉, 런던 내셔널갤러리.

아르미드의 정원*이나 황금시대를 그려내는 이미지가 환상을 표현하는 흔하디흔한 장소였다. 그래서 그곳으로 이동한 척들을 해도 여전히 거리는 유지되었다. [상상과 실재의] 간극을 비판하는 데에는 풍자가 제격이었다. 풍자는 사람들이 다른 방식으로, 그러니까 우둔하게, 바보처럼, 범속하게 살아간다는 점을 보여줄 테니 말이다. 호가스는 이런 고발 예술의 대가로 통한다. 〈유행을 따른 결혼식〉에서 삶의 즐거움을 좇던 부부는 간통, 죄악, 죽음이라는 비장한 사건들을 겪고 말았다. 그러나 이 장면은 드라마의 서곡일 뿐이다. 아침나절에 남편과 아내는 각자 다른 축제에서 돌아와 멍한 상태로 있다.(도판 26) 급사장은 청구서를 보여주러 왔다가 헛되이 하느님께 이들의 용서를 구하지만, 채무 지불은 요원한 일이다.

성상파괴의 축제

당장은 완전한 상상으로 보이지만, 작가들의 머릿속에 축제의 새로운 양상이 나타났다. 특히 디드로와 루소의 몇몇 열띤 글들이 그러한데, 이 글들은 한 세대 전체를 사로잡았다. 이 '축제의 이론'은 아주 중요하다. 한편에서는 모두가 뜨겁게 한마음이 되는 것이 중요한 가치를 지니게 된다. 이 가치를 내세워 사람들은 배타적이고 저마다 따로 노는 귀족 축제의 전통과 결부된 형식, 작

* 16세기 이탈리아 시인 타소의 서사시 『해방된 예루살렘』에 등장하는 여자 마법사 아르미드의 정원을 말한다. 십자군 전쟁을 배경으로 한 이 작품에서 이교도인 아르미드는 기독교도 기사인 리날도를 자신의 아름다운 정원으로 납치한다. 이 정원은 현실과는 동떨어진 매혹적인 공간을 상징한다. 이성과 의무 대신 정념과 쾌락이 강조되는 곳이다. 바로크 시대에 많은 오페라 작가들이 이 주제를 선호해서 무대에 올렸다. 륄리, 헨델, 비발디, 조멜리, 살리에리, 사키니, 글루크, 하이든은 물론 로시니, 드보르작도 이 주제로 오페라를 썼다.

품, 음악, 장식을 비판하게 된다. 이런 점에서 보면 민중적 축제는 순수한 자발성을 앞세우는 성상파괴적 열정에서 출발한다. 다른 한편에서는 소박하고 검소해지고자 하는 축제의 이미지가 젊음을 되찾게 되니, 지체 없이 새로운 형식들의 출현을 촉진한다. 그래서 축제가 현실에 뿌리내리고자 할 때 예식과 의상, 기념물을 갖추게 된다.

극예술을 둘러싸고 논쟁이 시작되었다. 지금도 감탄을 자아내는 18세기의 공간에 잠시 주목해보자. 뮌헨의 옛 레지덴츠 궁, 베르사유의 극장, 베네치아의 극장 페니체가 그런 곳이다. 이 공간들이 당대인들에게조차 사치와 쾌락에 취한 문명의 극단적 표현으로 보일 수 있었다는 점을 이해해야 한다. 아이러니하게도 (여배우를 베스타 여신을 섬기는 무녀로 간주했듯) 극장이 신전과 비교된다면, 그곳이 경박한 우아미가 표현된 명소임과 동시에 문학과 음악의 열광이 정점에 오를 수 있는 지점이기 때문이다.

미덕을 사랑했던 철학자들은 스펙터클의 이상적인 역할과 현재 그것이 처한 현실을 첨예하게 맞세운다. 극장이 왜 마음이 하나되는 곳일 수 없겠는가. 그러나 극장에서 으스대는 상류층 관객 한 명 한 명에게 극장은 자기가 특별한 존재임을 과시할 기회이자, 남다른 감정을 느낄 구실이 된다. 극장은 의식意識의 연대가 강화되는 장소, 함께 마주하면서 얻는 진실이 드러나는 공간이어야 했으나 이제는 진정한 목적을 잃어버렸다. 극장은 존재의 중심을 이루는 대신 허위의 가상이 머무는 궁전일 뿐이다. 특별한 마법이 일어나 어디든 분리가 없는 곳이 없게 된다. 극장 외벽은 한데 모인 관객을 감싸 안는 것이 아니라 그곳에서 배제된 모든 사람과의 경계를 표시한다. 스펙터클을 보러 온 사람들을 이어주는 것은 아무것도 없다. 소란스러운 극장 1층의 입석 관객들과 산만한 박스석 관객들은 무한히 멀리 떨어져 있는 듯하다. 루소가 『스펙터클에 관하여 달랑베르에게 보낸 편지*Lettre à M. d'Alembert sur les* *spectacles*』에서 제시한 가장 강력한 논거들은 의식들의 분리와 "저마다 자신을 위한" 배타적이고 소외된 즐거움을 고발하는 것이다. 그런 자기만을 위한 즐거움에서는 이기심의 압축적인 힘이 공감의 팽창적인 힘을 막아선다. "다들 스펙터클을 보러 모였다고 생각하지만 각자 고립되는 곳이 그곳이다. 다들 친구와 이웃과 가까운 사람들을 잊으러 그곳으로 간다." 메르시에도 같은 생각이지만, 그는 한술 더 떠서 18세기 극장 건축의 전형적인 양상 하나를 비판한다. '박스석'이라는 작은 사적인 공간을 벌집처럼 쌓아올리는 것 말이다. 박스석 하나하나를 폭군과도 같은 여왕이 멋진 모습으로 지배하고 있다. 여왕이 스펙터클을 보러 온 것은 아첨을 듣기 위해서다. 무대 쪽으로 트인 공간보다 복도로 난 문이 더 중요하다. 그 문을 통해 친구들과 아첨꾼들이 웅성거리며 들어오기 때문이다. "여성이라면 작은 박스석에 스패니얼 개와 쿠션, 발을 덥히는 보온기쯤은 갖춰야 하지만, 특히 오페라글라스를 든 오지랖 넓은 자도 한 명 있어야 한다. 들어오고 나가는 사람이 누구인지 일일이 알려주고 배우들의 이름을 거명해주는 사람이다. 그런데 귀부인은 들고 있는 부채에 작은 구멍을 내고 거기에 유리알을 하나 박아 자기 모습은 감춘 채 다른 이들을 볼 수 있다. ……관객은 손에 돈주머니를 들고 극장 문앞에 서서 기다린다. 해마다 박스석을 임대하기 때문인데 실제로는 거의 비어 있기 일쑤다." 루소와 디드로는 먼 옛날을 회상하면서 이렇게 세분되어 잘게 쪼개진 축제를 고대의 축제 또는 민중이 벌이는 즉흥적인 축연의 이미지와 대립시킨다. 전자가 변덕스러운 허영 때문에 공간이 분리되었다면, 후자는 집단적 환희로 충만하다. 디드로는 이렇게 목소리를 높인다. "모일, 모시부터 모시까지 어둡고 좁은 곳에 고작 수백 명이 모여 즐기는 것과, 성대한 축일에 전 국민의 이목을 집중시키고, 가장 화려한 건물들이 붐비고, 그 건물들을 에워싼 수많은 인파를 보는 것은 정말이지 얼마나 다른 것입니까."[『사생아

에 대한 대화』] 여기서 종교의식과 [연극적] 재현이 분리되지 않았던 고대 아테네의 비극까지 떠올려본다. 디드로는 도덕 교육과 미적 열광이 하나되기를 항상 바랐다. 그리스 극작법은 한데 모인 관객 무리를 하나의 거대한 존재로 변형시켰다. "연극을 보러 모인 사람들은 얼마나 아름다운가요! 왜 그토록 빨리 헤어져야 하는가요! 정직한 이가 사람들의 의견을 모아 한데 합치고 하나로 만들 때 선하고 행복하지 않은 이가 없습니다!"[디드로의 콩트 『드 라 카를리에르 부인, 혹은 우리의 개별 행동을 대중이 일관성 없이 판단한다는 점에 대해서』] 하지만 어떻게 해야 하는가? 확실히 새로운 연극작품을 쓰고, 몇몇 친구들과 [이탈리아 남단의] 람페두사섬으로 떠나 그곳에 정착하기를 꿈꾸어야 한다.* 사회는 스펙터클에 반영되고 스펙터클은 사회적 유대를 재창조한다.

루소는 아테네보다 스파르타를 선호하므로 국가 예식이 관객의 흥분을 자아내어 그들이 하나되는 마음을 갖기를 바랐다. "캄캄한 동굴 같은 곳에 몇 되지도 않는 사람들을 처량하게 몰아넣고 침묵과 무위에 꼼짝 못하고 벌벌 떨게 만들며, 보이는 것이라고는 칸막이벽, 철창, 병사들뿐이요, 굴종과 불평등의 비통한 이미지뿐인 저 배타적인 스펙터클을 거부합시다. 행복한 인민들이여, 거부합시다. 여러분의 축제가 열릴 곳은 그곳이 아니오. 여러분이 한데 모여 다정한 행복의 감정을 느낄 곳은 탁 트인 야외, 광활한 하늘 아래여야 하오. ……여러분의 순수한 스펙터클의 조명

* 디드로의 『사생아에 대한 대화』 중 두번째 대화에서 도르발은 이렇게 말한다. "극장에 갈 때마다 서글퍼지곤 했소. 연극의 유용성과 극단을 만드는 데 들어가는 수고를 비교해볼 때마다 그런 감정이 들었소. 그래서 이렇게 소리 높여 말했죠. 아! 친구들, 머나먼 세상, 바다 물결 이는 람페두사로 떠나, 조그맣게 무리지어 행복하게 살 수 있다면! ……안식일 없는 민족이 없으니 우리도 그런 날들을 만듭시다. 그 성대한 날 멋진 연극을 올려 정념을 두려워하도록 가르치고, 멋진 희극을 올려 의무를 깨닫게 하고 훌륭한 감식안을 갖춰줍시다." 소박한 스펙터클의 사회적 유용성을 강조하는 말이다.

은 오직 태양뿐이어야 하오. 여러분 스스로 스펙터클을 하나 만들어보시오. 태양이 내리는 빛에 가장 부합하는 스펙터클을 말이오. ……그런데 이 스펙터클의 목적이 무엇이겠소? 무얼 보여주겠소? 보여주는 것이 아무것도 없지 않겠소? 군중이 모여드는 곳 어디에서나 자유와 평안이 가득하지 않겠소? 광장 한가운데 꽃으로 장식한 말뚝을 하나 꽂고 그곳에 인민을 모아보시오. 그게 바로 축제가 아니겠소? 좀더 잘 해볼까요? 스펙터클에 관객이 필요하지 않겠소? 관객더러 스스로 배우를 해보라고, 한 사람 한 사람이 다른 사람들 속에서 자신을 바라보고 서로 사랑하게 해보시오. 그러면 모두가 더 큰 하나로 뭉칠 것이오."[『스펙타클에 관하여 달랑베르에게 보낸 편지』]

루소가 꿈꾼 축제는 오직 서로 마주보는 가운데 열정을 북돋아줄 양식糧食을 찾아낸 인민이 비로소 하나됨을 느끼는 감정이나 다름없다. 자유를 공유하며 열광할 때 시선이 서로 마주친다. 한 사람 한 사람이 모두 평등한 존재임을 느끼게 될 때 의식의 상호성이 축제의 본질이 된다. 드디어 투명성이 도래했음을 축하하게 된다. 더는 마음에 숨기는 것이 없고, 더는 마음을 나누는 데 장애물이 없다. 모두가 관객인 동시에 배우이므로, 스펙터클과 관객 사이의 거리도 사라진다. 스펙터클은 어디에나 있고 어디에도 없다. 축제의 이미지는 모든 사람의 시선에 똑같으므로 더는 나뉠 수 없다. 이것이 무한히 증가한, 인간적인 만남의 이미지다. 마음을 열고 서로 화해했을 때는 화려한 장식보다 의미심장하게 아무런 장식도 더하지 않는 편이 축제의 특징을 더욱 뚜렷하게 해줄 것이다. 그래서 공간이 자유로이 비워져 환희가 그 공간을 완전히 차지한다. 익숙하지 않은 이미지는 모두 사라져야 한다. "무얼 보여주겠소? 보여주는 것이 아무것도 없지 않겠소?" [루소가 아니라면] 아무것도 보여주지 말자고 도대체 누가 말할 수 있겠는가? 축제가 마음속에 있다면 극장이 무슨 소용이 있는가. 진실이 넘쳐나 장엄하게 빛을 비추기만 하면 될 때 환상의 도움을 받아야 할 이유가 어디 있겠는가? 이미지를 필요로 하지 않는 이러한 미덕은 (오로지 자기의 이미지가 어떤지만 알고자 하므로) 지체 없이 성상파괴적 시도를 부추긴다. 건축물의 정면을 세우고, 칸막이를 치고, 허구를 집어넣고, 매력적인 가면을 쓰던, 불평등이 지배하는 세계에서 두드러졌던 체계가 더는 유지될 수 없다. 그 모든 것이 이제는 유해한 장애물임이 감지되었으니 위세를 잃게 된다. 성상파괴적인 배경장식의 폐지는 포괄적인 행사로서의 축제를 개최하는 데는 인민이 힘을 모아 참여하는 것만으로 충분하다는 것을 공표하는 일이다. 장식과 치장을 아끼지 않는 축연에 맞서, 검소한 축제는 팽창적인 에너지가 더해진다는 점을 내세운다. 화려한 축연이 눈부심과 장엄함을 표현하기 위해 환영을 이용하는 예술의 힘을 빌렸다면, 검소한 축제는 그런 눈부심과 장엄함을 자연스럽게 일으킬 수 있다. 장식이 하나씩 배제될 때마다 시선을 사로잡아 신뢰를 기초로 한 상호성에 헌신하지 못하게 하던 마법이 하나씩 사라진다. 그 누구도 개인적으로 갈망하는 것을 얻지 못해 오래도록 초조해하는 일이 더는 없을 것이다. 사람들의 욕망은 덕성스럽게 승화하는 가운데 인민 통합을 목표로 삼게 된다. 모든 사람이 그 이상 고조될 수 없는 뜨거운 환희를 느낄 때 개인의 욕구 같은 것은 그 속에 녹아버린다. 모든 의지가 하나로 통하기만 하면 만족감을 느끼기에 충분하며, 그럴 때 욕망은 더는 다른 어떤 대상도 필요로 하지 않는다. 문자 그대로 욕망의 대상이 사라져버린다. 그렇게 다시 태어난 축제는 집단적 주체의 각성과 다르지 않기 때문이다. 그 주체는 저절로 태어나서, 자신을 이루는 모든 부분 속에서, 전체에 참여하는 부분 하나하나에서 자기 모습을 발견한다.

마음의 투명성을 내세워 장식을 비우고, 이미지를 추방하고, 순수한 현전의 전례를 세우자는 이 준엄한 요청은 루소만의 꿈이 아니었다. 18세기의 대규모 공동체주의 운동이 동일한 방향을 따른다. (경건주의나 감리교) 같은 종교 운동이 그러했고, 18세기 후반에 루소의 생각에 고취되었던 자코뱅주의 같은 정치 운동이 그러했다. 혁명에 영향을 받은 파괴 행위들은 축제의 모습을 띠게 되고, 혁명 축제에서는 구체제가 쌓아올렸던 상징들을 불태우는 일이 벌어진다. 단두대는 국왕의 머리를 땅에 뒹굴게 함으로써 위대한 이미지를 장엄하게 파괴한다. 프랑스혁명기에는 국가 차원의 전례를 열린 장소에서 개최하여 대중운동을 전개하게 될 텐데 그때가 되면 인민은 마침내 제 자신을 마주하고 지각할 기회를 갖게 된다.

원리는 같지만 결과는 상이했던 경우를 살펴보자. 의복 영역에서 상퀼로트주의sans-culottisme*는 하나의 의미심장한 징후였다. 혁명파는 밖으로 드러나는 외관을 '민중적'으로 변모시키면서, 외적인 우아미에 가치를 부여하지 않을 것임을 상징적으로 분명히 한다. 구체제에서 확고히 자리잡았던, 남성 육체를 꼭 죄는 의복의 모든 장식을 보란 듯이 부정했던 것이다. [구체제에서는] 퀼로트, 재킷, 망토를 몸에 딱 달라붙게 입었고, 여기에 가발을 씀으로써 남성의 육체를 고스란히 드러내며, 비단같이 윤기가 흐르는 매혹적인 광채를 더해 이목을 끌고자 했다. 그때까지 의복의 역할이 아름답게 꾸미는 데 있었다면 상퀼로트주의는 이를 철폐하고자 하는 의복상의 기호로 볼 수 있다. 쿠아예 신부가 1755년에 [『조국이라는 낡은 단어에 대한 논문』에서] 주장했듯이, 보기에 좋은 것이 아니라 "함께 사유하는" 것이 절대적으로 중요하기

* 퀼로트culotte는 짧은 반바지라는 뜻으로, 18세기의 귀족과 부유한 부르주아 남성들은 이 바지를 입고 스타킹을 신는 것이 관례였다. 이와 반대로 부정 접두사 sans이 붙은 '상퀼로트sans-culotte'는 긴 바지를 입던 도시 하층민을 가리키는 말이었으며, 프랑스혁명을 주도한 부르주아들 역시 이들을 과격하다고 배척했다. 그러나 과격파가 주도권을 잡으면서 상퀼로트들의 영향력이 높아졌고, 급기야 이들의 옷차림이 '혁명'의 아이콘이 되었다.

에 우아하게 차려입고자 한다는 것은 암묵적으로 공동체에서 이탈하는 것을 뜻했다. 옷을 지나치게 잘 차려입은 사람은 의심스러운 자였다. 인민의 구원을 생각하기에 앞서 저만 생각하는 사람이니 말이다. 테르미도르 반동réaction thermidorienne*에서 읽을 수 있는 깊은 의미는 그 시기에 겉멋을 부리는 경향이 크게 증가했다는 데 있다. '멋쟁이 왕당파Muscadins' '멋쟁이 젊은이Incroyables' '멋쟁이 여자들Merveilleuses'† 같은 호칭은 의복에 대한 관심이 다시 생겼음을 희화화한 표현이며, 이 시기에 프랑스혁명에 맞선 반격이 시작되었음을 알 수 있다.

자유라는 주제를 열정적으로 꿈꾸다보면 스펙터클이 가졌던 영예를 모조리 빼앗을 생각에 황홀해진다. 그래서 18세기가 끝나갈 무렵이면 관심의 방향이 재현 예술에 등을 돌리고 가시적인 세계와는 다른 실재로 향하게 된다. 그러한 경향은 분명히 발견된다. 고야, 다비드, 르두 같은 화가를 예외로 한다면 18세기 말

* 로베스피에르가 이끄는 자코뱅파의 공포정치에 대항하여 중도파와 온건파가 쿠데타를 일으켰는데, 그날이 혁명력 2년 열월熱月(테르미도르Thérmidor) 9일(1794년 7월 24일)이었다. 이후 총재정부가 수립되면서 종교와 풍속이 자유로워졌다.

† 로베스피에르의 실각 후, 온건한 총재정부가 들어서자 혁명을 피해 프랑스를 떠났던 귀족들이 속속 귀국하기 시작했다. 무도회와 극장이 다시 문을 열었고, 여기에 드나드는 젊은 귀족들은 남다른 패션 감각을 뽐냈다. 이들은 말끝마다 "Incroyable(굉장한데!)" "Merveilleux(기막힌데!)"라고 감탄하곤 했는데, 이를 명사화해서 남자 멋쟁이는 Incroyables, 여자 멋쟁이는 Merveilleuse라는 호칭을 얻었다. 뮈스카댕Muscadin은 원래 리옹의 비단 제조공이나 상점 점원을 가리키는 말이었는데, 1789년 리옹의 귀족과 부르주아로 구성된 의용군이 창설될 때 그들에게 봉사했던 상점 점원들도 여기에 대거 참여했다. 1793년 여름에 국민총동원령에 반발하여 파리의 젊은이들이 가두시위를 벌였고 급기야 상퀼로트들과 주먹다짐을 하는 일까지 벌어졌는데, 당시 국민공회에서 시위를 벌인 이 젊은이들을 '뮈스카댕'이라 지칭했다. 이들은 공포정치 시대에 모습을 드러내지 않다가 총재정부 시기에 다시 등장하여 급진 자코뱅파와 상퀼로트들에 맞섰다. 이들은 대부분 정치적으로 왕당파였다,

의 최고 걸작이 교향곡과 시에서 나왔다는 것이 우연일까? 이러한 성상파괴주의가 맞서 싸운 것은 가시적이고 공간적인 물질성에 응고되어버린 예술이었다. 그런 예술은 감정의 교환이 아니라 부의 소유를 상징했다. 자유롭고 자발적인 열정은 표현되지 않은 상태에 머무를 수 없었다. 그러한 열정은 새로운 형식을 고안하고, '외면적' 형상, 스펙터클의 장식으로 굳어지지 않고 주체의 도약을 포착할 수 있는 표현방식이 필요하다고 선언한다. 그것이 음악이고 시다. 음악은 마음에서 솟아나 미묘한 표현으로 진정한 정념의 언어를 펼쳐 보이며, 시는 더는 묘사에 빠지지 않고 전통을 잘못 이해해 강요당했던 좋은 취향이라는 속박에 구애받지 않게 된다. 레싱은 『라오콘』에서 "시는 회화와 같이"라는 낡은 격언을 단호히 거부하면서 '피토레스크'한 재현 방식과는 다른 극적인 표현성을 시에 부여한다. 그런 식으로 내면성의 예술이 보다 명확하게 정의된다. 헤겔은 낭만주의 예술의 핵심이 음악과 서정시에 있다고 보았다.

그런데 서정시와 음악은 명상 속에서 음미되고, 이를 다른 사람들과 함께 나누려면 침묵이 선행되어야 했다. 낭만주의는 고독한 존재들과 마음을 나누는 일에 대해 말한다. 이제 새로운 정치 질서를 세우고 축제를 통해 그 질서를 실현하고자 하는 사람들은 어떤 결정을 내리게 될까?

"아! 우리는 이달 하순에 훌륭한 축제를 거행했도다! ……저 제단이 있던 자리에, 아니 무슨 말인가, 떠버리 약장수들이 재주를 넘던 간이 무대라고나 할 그 자리에, 우리는 자유의 왕좌를 세웠다. 그곳에 무엇을 올렸던가. 죽은 자의 석상이 아니라 자연의 걸작이라 할, 살아 숨쉬는 신의 이미지를 두었다. ……머리에 붉은 모자를 쓰고 손에 창을 쥐고 여신 차림을 한 매혹적이고 아름다운 여성이 산꼭대기에 앉아, 영벌을 받은 오페라의 어여쁜 여성들을 주위에 거느렸다. 그녀들은 천사보다 더 멋지게 애국가를 부르며 이번에는 성직자를 파문하였도다." 자크 에베르는 공화력 2년 안개의 달(브뤼메르) 20일(1793년 11월 10일)에 자신이 발간하는 신문『페르 뒤셴*Le Père Duchesne*』에 노트르담에서 거행된 '이성의 축제'를 위와 같이 자유롭게 묘사했다. 이 축제의 이미지는 익살스럽기 짝이 없는데, 그러한 모습에는 깊은 모순이 반영되어 있다. 축제의 의도가 반기독교적이기만 한 것은 아니다. 전통 종교에 대한 결연한 신성모독은 새 공동체를 위한 제식을 확립하는 형식을 갖추게 된다. 사멸한 이미지를 살아 있는 존재로, 삶의 명증성 자체로 대체하려는 욕망보다 더 진실한 것은 분명 없다. 시민 쇼메트는 국민의회 연설에서 과장을 섞어 다음과 같이 주장했다. "우리가 쓸데없는 이미지를 지키려고, 생명도 없는 우상을 지키려고 희생한 줄 아시오. 천만의 말씀이오. 우리는 자연의 걸작을 택해 자연을 재현하기로 했던 것이오. 저 성스러운 이미지를 보고 뜨거운 마음을 느끼지 않을 이는 없소." 성상파괴주의는 시뮬라크르를 비난하면서 실재하는 '현전'을 강림하게 하나, 사실은 진실한 현전을 불러내기는커녕 재현이라는 낡은 함정에 빠지고 말았다. 오페라 여배우가 '이성'인 것처럼 말이다. 이것도 스펙터클이요, 이것도 이미지다. 이미지를 삶으로 대체하자고 주장하는 이야말로 제일 귀찮은 사람이다. 보이는 모든 것이 과도해지니 우스꽝스럽지 않으면 외설적이 된다. 이런 제식에 무대 연출의 기교들이 더해졌으니 자발적인 것이 아니었음이 명백히 드러난다.

로베스피에르는 '지고한 존재의 축제'를 창설했을 때 분명히 루소의 정신에 더 충실했다. 하지만 로베스피에르에겐 여러 안案이 있었다. 군중의 동선과 옷차림은 화가 다비드가 결정했는데, 다비드의 기획안에는 무엇이 환희에 찬 인민을 자유롭게 자극할 수 있을지가 예견되었다. "자비로운 별이 떠올라 자연이 화려한 빛과 생기를 띠는 시간이 되면, 친구들과 형제들, 배우자들, 아이들, 노인들, 어머니들이 얼싸안고 앞다투어 신의 축제를 장식하고 찬양한다. ……천둥 같은 대포 소리가 난다. 그 순간 모두가 집 밖으로 나오고, 빈집은 공화주의 법과 미덕의 보호 아래 남는다. 인민이 거리거리를, 광장을 가득 채운다. 기쁨과 형제애로 뜨겁게 달아오른다. 다양하게 무리지어 모인 사람들이 봄꽃으로 단장하고 있으니 활기 넘치는 화단이나 다름없고, 그곳에서 뿜어 나오는 향기에 도취되어 사람들은 이 장면을 더욱 감동스럽게 느낀다. ……둥둥 북이 울리면 모든 사람이 새로운 대형을 이룬다. 총으로 무장한 청소년들이 소대 깃발 주위로 사각형의 전투부대 대열을 형성한다. 어머니들은 남편과 아들을 떠나 장미꽃 다발을 손에 든다. 딸들은 어머니를 떠나 남편의 품에 안기고 꽃바구니를 들고 남편을 따른다. 아버지들은 칼을 찬 아들을 인도하고, 모두가 손에 떡갈나무 가지를 쥐고 있다."[「지고한 존재의 축제 기획안」] 여기서 또다시 새로운 전례는 혁신의 상징을 드높이기 위해 이미지를 없앤다. 다비드가 사용한 한 가지 기교는 제식이 이루어지는 공간에 과거 세계의 허수아비를 하나 세워, 이를 불태우면 (예상치 않게 의기양양한 모습을 갖추고 새롭게 창조된) 두 번째 형상이 나타나게 하는 것이었다. 로베스피에르는 횃불을 들고 무신론의 조각상을 불태운다. "이것이 사라지면서 그 자리에 지혜의 조각상이 나타나 인민에게 휘황찬란한 모습을 드러냈다." 허위의 가상이 사라지는 바로 그 순간 지고한 진리가 승리를 구가하는 모습을 보는 것이다. 이는 마술이나 다름없었다. 악을 상징하는 허수아비를 세워놓고 불태우는 것이다. 로베스피에르는 "국왕들의 화신이 프랑스에 토해놓았던 저 괴물은 이제 무의 세계로 돌아갔다. 괴물과 함께 세상의 모든 죄악과 불행도 사라져야" 한다고 선언한다.[「지고한 존재의 축제 연설」] 그런데 여기서 성상파괴주의는 새로운 가시적 형상, 즉 새로운 우상의 출현으로 바로 이어진다. 한 이미지가 사멸하고 또하나의 이미지가 태어난다. 그리고 모든 폭군의 적으로 자처했던 로베스피에르가 열광적 미덕에 취해, 이번에는 그가 폭군으로 보인다는 사실이 너무도 분명하다. 바로 그날, 로베스피에르의 실각을 예고하는 불평의 소리들이 높아졌다. 역사가 알퐁스 올라르는 "이는 테르미도르 9일에 일어날 장면의 예행연습과도 같았다"고 단언한다.[『이성의 전례와 지고한 존재의 제식(1793~1794)』] 새로운 스펙터클은 구질서의 스펙터클을 대변하는 상징들을 부숴버리면서 무대장식의 매혹(과 주술)을 되살려낸다.

그래서 모든 외면적 형식이 지워지는 것을 보고자 했던 소망과는 반대로 새로운 형식들이 출현한다. 루소는 사람들이 투명한 마음을 갖기를 꿈꿨다. 그러나 그런 루소조차 자신의 이상을 구체화할 때는, 전원시에서 배경을 빌려오진 않았어도 로마나 스파르타의 모범을 따르지 않을 수 없었다. 애국심의 수사학이 고대의 장면, 머나먼 지평을 떠올리게 하던 시절이었다. 지금 당장 투명한 마음을 경험할 수 없으면, 적합한 장소를 찾고 지나버린 과거를 미화하여 그 장소에 가져다두고 그 시절 의복을 입혀야 했던 것이다. 프랑스혁명은 그러한 이상을 성취하겠노라 주장하면서도 새로운 형식을 고안하는 데 이르지 못하고 옛날 목록을, 그리스·로마 시대 이미지의 세계를 뒤졌다. 사실 구체제의 지적 저항자들은 완전히 새로운 질서를 구축할 능력이 없었으므로, 일찌감치 향수에 젖어 과거 시대 이미지의 세계로 돌아섰다. 어떤 혁명 제식에 희극의 방식이 채택되었던 것은 새로운 것을 창조할 수도 있었을 그 순간에, 허구로 재구성된 과거를 모방하는 데 멈춰 섰기 때문이다. 새로운 현실을 촉진하는 대신 그림자연극théâtre d'ombre을 모델로 삼았다. 그래서 자유가 현대 세계로 밀려들어오면서 가장 먼저 한 일은 이전 시대의 위대한 우화를 모델로 삼아 자유의 형상을 조정한 것이다.

다비드는 지고한 존재의 축제 기획안을 짜면서 분명히 범아테네제 기록을 참조했다. 그 시절, 바르텔레미 신부의 저 유명한 책 『젊은 아나카르시스의 그리스 여행*Le Voyage du jeune Anacharsis en Grèce*』에 나오는 범아테네제 부분을 읽고 감탄하지 않는 이가 없었다. 결정적인 이유는 아카데미풍의 신고전주의에 영감을 받았던 데 있다. 그러나 혁명과 그리스적 이상 사이에 밀접한 관계가 있대도 우연한 일은 아니다. 빙켈만은 그리스인들에 대해 말하면서 그리스 예술에는 자유의 성격이 결부되지 않은 것이 없다고 확언한다. "건장하게 뻗은 줄기에서 기품 있는 움이 솟아나듯, 인민의 사유 방식을 고양하는 것은 바로 자유다. 사유하는 인간의 영혼이 천장 낮은 방이나 비좁은 공간보다는 너른 들판이나 탁 트인 길, 널찍한 건물의 용마루에서 훨씬 높이 솟아오르는 것과 마찬가지로, 자유로운 그리스인들의 사유 방식은 전제군주가 통치하는 나라의 사유 방식과 완전히 달랐음이 틀림없다."[『고대인들의 예술사』] 위대함과 자유. 고대의 삶의 이미지가 환히 비춰져 나타나는 도덕적 배경이 이 두 가지다. 그렇게 이해한다면 고대는 환상 효과를 갖는 스펙터클이 아니다. 깊이 생각해본다면 고대는 우리에게 영원한 인류의 전형을 제공한다. 경박한 이미지들, 로코코 양식의 특징인 유혹적인 추파, 바로크 수사학의 과장된 태도들이 일단 완전히 추방되고 나면, 자유로운 장이 열려 이제 우리는 되찾은 올림포스의 순수 형식에 이를 수 있게 된다. 빙켈만을 읽는 독자들은, 거짓된 외관에 대한 더없이 엄정한 비판을 견뎌냈을 때 결코 타락할 수 없는 형식들의 세계가 남는다는 점을 깨닫는다. 마찬가지로 다비드는 괴물을 태운 잔해 밑에서 여전히 빛나는 지혜가 솟아나기를 바랐다. 아름다움에는 무언가 제거되어 정화되는 일이 필요하다.

빙켈만의 통찰은 경탄스러운 예술의 기원과 절정, 쇠락을 재구성하는 역사가의 통찰이었다. 그 이상理想을 다시 경험할 순 없을까? 완벽한 규준을 다시 따를 순 없는 것일까? 신고전주의의 취향은 역사의 거리를 아주 분명히 의식하기는 해도 헬레니즘을 되살리겠다는 생각으로 작동한다. 윤곽선을 넣은 판화, 고대풍 조각가(존 플랙스먼), 라파엘로와 푸생의 모범에 매혹된 안톤 라파엘 멩스의 회화는 모두 이상의 최면에 걸린 왕국에 들어가려던 시도였다. 그러나 '우아미와 기품'을 찾는 사람들은 차가움만 얻기 십상이다. 단순한 기하학적 형식으로 되돌아온 건축가들(로버트 애덤, 존 손, 존 내시)은 시선을 고대에 고정하면서 새로운 것을 만들어내는데, 그들은 '돌의 꿈'을 꾸며 더욱 행복해했다. 당시 유행하던 장식은 루이16세 양식과 섞였는데, 이는 18세기 중반에 발굴된 헤르쿨라네움과 폼페이에서 찾아낸 주제들에서 영향을 받은 것이다. 플랙스먼은 조사이어 웨지우드의 도자기 제품에 완벽한 우아함을 갖춘 작은 인형 모양의 장식을 해준다.

하지만 몇몇 사람들은 고대의 모방은 결국 고대와 똑같아지기는 불가능하다는 사실을 증명할 뿐이라고 생각한다. 그들이 보기엔 그리스적 아름다움의 형식들을 되살리려고 하지 않는 편이 나을지도 몰랐다. 그리스 형식들과 우리를 가르고, 우리를 현대인으로 만드는 확고부동한 차이를 더 잘 인식하려면 실제로 거리를 두고 그 형식들을 파악해야 한다. 우리는 정말 자연스러움과 청춘의 직접성, 만족스러울 만큼 만개한 그리스의 자연을 되찾을 수 있을까? 우리는 운명적으로 성찰을 해야만 하고, 불행한 정념에 빠질 수밖에 없고, 현재를 차분히 감내할 수 없게 하는 모든 것을 받아들여야만 하는 것은 아닐까? 우리는 비개성적인 아름다움에 등을 돌리면서 그것과는 반대로 주관적 진리, 개인이 가진 유일하고 고통스러운 것이 무엇인지 가리켜주는 '특징'을 찾아나서야 하는 것은 아닐까?

장식에 둘러싸인 삶

몽테스키외의 소설『페르시아인의 편지』에 등장하는 페르시아인 중 하나인 리카는 공연장 객석에서 마주친 이미지들에 놀라는 한편, 배우가 있을 자리가 아닌 곳에서 배우들을 만나게 된다. "오후 끝 무렵 사람들이 모여 연극 비슷한 것을 하러 가더군요. 희극이라고 부르는 걸 들었습니다. 단 위에 대단한 움직임이 벌어지는데, 그걸 연극이라고 하더군요. 극장의 좌우 측면에는 안으로 쑥 들어간 작은 공간들이 있는데 그걸 박스석이라고 합니다. 그곳에서 남자와 여자들이 함께 말없이 연기를 합니다. ……괴로움에 빠진 여자가 번민을 표현하고, 더 활기 넘치는 다른 여자가 그녀의 애인을 탐욕스럽게 바라보고 남자도 그녀를 똑같은 시선으로 바라봅니다. 온갖 정념이 얼굴에 그려지고 웅변적으로 표현됩니다. 벙어리 여자가 되어 표현이 더 생생해졌다고나 할까요."

건축가는 모든 능력을 갖춰야 한다. 극장을 지을 줄 알아야 하고, 승마 연습장도 지을 줄 알아야 하고, 오페라 공연의 배경장식도 만들 줄 알아야 하고, 축제도 조직할 줄 알아야 한다. 그때 건축가는 무대배경에 맞춰 배우들의 자리를 바꿔야 하므로 무대감독, 연출가나 다를 것이 없다. 관객들 역시 저도 모르는 사이에 1층 입석에서, 계단과 박스석에서 또다른 배우들이 되는 셈이다.

프란체스코 갈리 비비에나는 (그의 형 페르디난도가 그랬고, 나중에 아이들과 조카들이 그런 것처럼) 평생 무대장식 일을 했다. 그는 유럽 전역을 돌아다니면서 주문이 있으면 빈이든, 낭시든, 베로나(교향악 아카데미 극장)든 가서 극장도 지었다. 그는 상상의 공간, 허구와 운명이 자리한 깊이 있는 공간을 창조하기 위해 원근법의 모든 가능성을 적용해보았다.(도판 27) 이 배경장식을 18세기에 상연된 형편없는 비극보다는 헨델과 알레산드로 스카를라티와 장 필리프 라모의 음악에 접목해보자. 무수히 많은

27

도판 27. 페르디난도 갈리 비비에나(1657~1743), 파르마의 파르네제 극장으로 잘못 알려진 어느 극장의 내부, 런던 내셔널갤러리.

도판 28. 조반니 도메니코 티에폴로(1727~1804), 〈서커스에서 외줄을 타는 풀치넬라〉(데생), 리처드 오언 구舊컬렉션.

도판 29. 1739년 파리에서 개최된 축제의 장식, 조명, 불꽃놀이 전경. 자크프랑수아 블롱델의 데생과 판화, 뮌헨 테아터무제움.

28

29

논쟁의 대상이 되었던 오페라야말로 이 시대의 거대한 미적 모험 가운데 하나다. 18세기의 무대장식을 이해하려면 보칼리제와 이때 창안된 음향효과를 보충하고 추가해서 봐야 한다. 모차르트가 남긴 걸작을 들으며 분명 음악을 음악 자체의 아름다움만으로 좋아할 수도 있겠지만, 이 음악은 그 자체로 감정적인 사건과 굴곡을 청중에게 재현해준다. 이는 그 시대의 음악언어에 '스펙터클의 구조'가 자리잡고 있다는 뜻이다. 음악의 진행 방식은 그 시대의 코드화된 형식을 갖추기 마련이어서 교향곡이든 소나타든 음악의 진행 자체가 극적인 사건들의 표현이다.

그러므로 18세기 위대한 정신의 소유자 대부분에게 극장 경험이 결정적인 역할을 했다는 것은 놀랍지 않다. 그들 스스로가 배우이거나 열정 넘치는 관객이었고, 간혹 아주 중요한 계시를 받기도 했다. 그들은 극장에서 그들만의 진리가 눈을 뜨는 것을 느꼈고, 빌헬름 마이스터처럼, 즉 괴테처럼, 연기하는 모습을 보면서 또 연극을 창조하면서 인간의 자유에 부여된 (실재적인 동시에 상징적인) 힘의 한 가지 양상을 발견했다.

그렇지만 즉흥적인 스펙터클은 이제 내리막길에 있다. 카를로 골도니는 '코메디아델라르테'를 글로 읽는 연극으로 바꾸었다. 말로써 새로운 것을 창조할 여지가 사라졌으니, 이제 배우는 극중 역할을 공부해야 했다. 아를르캥이 사랑을 배워 세련된 인물이 되면서, 저속하고 억세면서도 동화 같은 면이 있었던 어떤 쾌활함이 점점 사라진다. '몽환극'을 이끈 카를로 고치는 향수에 젖은 인물로 보이지만, 빈사 상태에 처한 장르를 소생시키는 데는 이르지 못한다. 아무튼 사육제의 어릿광대와 가설무대에서의 풀치넬라의 성공은 몇 년 더 지속되긴 한다. 이에 대해서 조반니 도메니코 티에폴로의 훌륭한 데생은 실제 있었던 이야기보다는 전설적인 이야기를 전해준다.(도판 28) 낭만주의가 한창일 때도 E. T. A. 호프만은 그 이야기를 기억하여 독자들에게 위대한 해방의 아이러니가 필요함을 일깨운다.

유럽 어디를 가나 군주가 신민에게 축제를 베푼다. 결혼과 탄생, 즉위와 정복을 축하하는 경우 축제는 일시적으로 흥분에 사로잡혀 화려한 빛을 발산한다. 포츠담에 간 볼테르는 구경거리를 좋아하는 파리 사람들처럼 그곳의 축제에 매료되었다. “좀 전에 기마행렬을 보았는데 그걸 무엇으로 봐야 할지 모르겠어요. 루이14세의 기마행렬 같으면서 동시에 중국식 연등축제더군요. 유리로 된 사만육천 개의 작은 등이 광장을 비추면서 마차 경기장을 정말 훌륭히 밝혔어요. ……4인조 분대 넷이 원형경기장으로 들어와 군악에 맞추어 한 바퀴 돌았습니다. 로마 사람, 카르타고 사람, 페르시아 사람, 그리스 사람으로 된 작은 무리들이었어요. [프리드리히2세의 동생] 아멜리 공주가 경기 심판들을 대동하고 상을 내리시더군요. 상으로 사과를 하사했던 비너스 같았습니다. ……이 기이한 스펙터클이 아름다운지 판단이 잘 서지 않습니다. 행사는 탁자 열 개를 붙여 저녁식사를 하고 춤을 추는 것으로 모두 끝났습니다. 요정의 나라에 있는 것 같았어요.”[「다르장탈 공작에게 보내는 편지」(1750년 8월 28일)] 파리라면 포도주 분수, 가짜 개선문, 센 강의 장식조명을 설치한다.(도판 29) 『메르퀴르 드 프랑스*Mercure de France*』의 기자는 이렇게 썼다. “불꽃놀이는 다량의 축하 폭죽에 가지가 넷 달린 중국 폭죽을 섞어 쏘아대는 것으로 시작했다. 폭죽이 끝나면 파리 시청 정면 13미터 상공에서 역시 중국 폭죽이 연속으로 터졌다. 이와 함께 다량의 폭죽이 터졌다. 그 뒤에 공원을 빙 돌면서 폭죽이 연속 두 번 터지는데, 나무 모양이다가, 평범한 항아리 모양이다가, 깃털장식이 있는 항아리 모양이다가 했다.”

모든 상황으로 보아 혁명기에 발생한 소요는 즉흥적인 스펙터클처럼 경험되곤 했던 것 같다. 그때 가장 열광적이었던 사람들은 스스로 연극의 역할을 떠맡고 있다고 느꼈다. 다른 자료도 많지만 특히 프리외르의 데생을 보면 몸짓 너머로 과장된 어조의 떠

30 

31 

도판 30. 장루이 프리외르(1759~1795), 〈1789년 7월 12일 콩페랑스 방책 화재〉. 베르토의 판화, 파리 프랑스국립도서관 판화실.

도판 31. 프리외르, 〈1792년 7월 14일 샹드마르스에서 열린 바스티유 함락 기념식〉. 베르토의 판화, 파리 프랑스국립도서관 판화실.

들썩한 말소리가 들리는 것만 같다. 바스티유 함락을 축하하는 기념식에서 봉건 왕정의 상징물을 한가득 쌓아놓고 불태울 때, 알레고리적인 불덩이에서 불길이 솟으며 철학자들이 꿈꿔왔던 기호들의 힘찬 수사학이 작동하는 것이다.(도판 30, 31)

IV

자연의 모방

충실성의 관점

'자연을 모방하라': 이 규범은 세대에서 세대로 전해졌다. 그런데 모방한다는 것은 무엇이며, 자연이란 또 무엇인가?

'자연': 이 말에는 수만 가지 측면이 있고 통하지 않는 뜻이 없다. 18세기를 옹호하고자 하는 사람 중 자연을 내세우고 그것을 제 입장에 유리하게 쓰지 않는 사람이 없었다. 물질세계를 말하는 것인가, 아니면 창조된 사물 전체, "세계 안에 주어진 대상들의 체계"(요한 게오르크 줄처)를 말하는 것인가? 18세기는 자연을 새롭게 의식한다. 바로크 시대의 자연학자, 기하학자, 철학자가 전투에서 승리를 거두었다. 세계가 무한하다는 생각이 승리한 것이다. 갈릴레이의 망원경은 우주의 경계를 확장했다. '부동의 동인動因'과 '최고천最高天'으로 에워싸인 구 모양의 한정된 우주라는 전통적인 이미지가 막을 내리게 된 것이다.

우주에는 더는 높은 곳도 없고 낮은 곳도 없다. '달 아래'의 낮은 세계도 없고, 천사가 사는 높은 세계도 없다. 상부와 하부라는 말이 가졌던 원래의 유추적인 의미가 더는 발견되지 않는다. 이제 우주에는 구원이나 타락을 향한 방향을 상징적으로 나타내는 것이 전혀 없다. 모든 점은 똑같은 가치를 갖는다. 누군가가 살아가는 다른 세계가, 지성을 갖춘 피조물이 있을지도 모른다. 지구도, 로마도, 예루살렘도, 태양조차도 세계의 중심으로 간주해서는 안 된다. 이곳에 있든 다른 곳에 있든 누구나 자기가 선 지점이 중심점이라고 생각할 수 있다. 세상을 보는 관점이 상대적이고 잠정적임을 바로 인정하기만 한다면 말이다. [현대 비평가] 조르주 풀레가 강조하듯이 18세기는 "상대주의의 세기로 남았다. 진리는 일련의 관점들이며, 우주를 아우를 수 있을 최상의 관점은 신의 관점이다. 이 때문에 모든 관점이 옳을 수도 있으며, 모든 장소와 순간이 진리의 일부를 감싸는 원의 중심이 될 수도 있다."[『원圓의 변형들』] 신은 편재하는 중심과 부재하는 원주를 가진 무한한 구와 같다는 신비주의자들의 유명한 정의에서 보듯, 정말 신이 우주의 점 하나하나에 들어 있지 말란 법이 있겠는가. 뉴턴은 다음과 같이 확언한다. "무형이고, 살아 있고, 지성을 갖추고, 언제나 현전하는 존재가 있다. 그 존재는 무한 공간에서 그 공간의 감각중추이기라도 하듯 사물을 그 자체로 내면에서 바라보고, 지각하고, 전체적으로 또 철저하게 이해한다. 그 존재는 사물을 즉각 파악하기 때문이다."[『광학론』] (데카르트주의자들의 바람처럼) 신이 공간 외부에 존재하거나 (스피노자주의자들이 주장하듯) 공간을 신의 속성이라고 가정하면, 공간은 중립적이고, 등방성等方性을 가지며, 동질적이고, 어떤 점도 다른 점보다 우세하지 않다는 사실만 남는다. 절대적인 중심도 없고 최종적인 경계도 없다면 ('신의 불꽃'을 위탁받은 사람이라면) 누구라도 자신의 활동으로, 자신의 관점으로, 상호성을 조건으로 자신의 이익을 정당하게 추구하며 세계를 설계할 권리가 있음을 주장할 수 있다. 이 태도가 앞으로 중요해진다. 공간이 동질적이어야 속도와 질량, 관계를 정확히 잴 수 있고, 그 결과 물질의 법칙이 탐구되어 우리 앞에 제시된다. 인간은 역학의 계산을 통해 자신의 힘을 늘리고 힘의 방향을 조절한다. 개인의 '관점'이란 그저 명상의 중심이 아니라, 변화를 가져오는 행동을 떠받치는 근거지가 된다.

중립의 공간은 정복사업의 대상이 되고, 이성은 그 공간을 체계적으로 계산하게 된다. 인간은 '불안'하기에 자기가 가진 힘을 여러 차례 시험해보면서 그렇게 세상 속에 들어온다. 이제 제 마음대로 이끌어가고, 자신이 중요하게 생각하는 가치와 이익에 따라 배치하게 될 세상에서, 인간은 지식이 증가할수록 자신의 힘이 커지는 것을 보게 된다. 중립 공간은 곧 기술의 공간이다. 베이컨과 데카르트 같은 선구자들은 바로 이 점을 공언했으며, 18세기는 이를 실현할 준비를 끝냈다. 교역과 산업은 자연을 착취하기 위한 체계적인 기초를 쌓게 된다. 기대 이윤을 더 확실히 얻으려면 자연을 억압할 목적으로 자연을 지배하는 단일한 법칙들을 무기로 삼아야 한다. 비록 인간 자신도 자연의 인과율을 따르지만, 우리가 경험을 통해 얻은 지식은 자연을 지배할 힘을 준다. 그 힘은 물론 제한적이나 부와 복지의 축적이라는 형태로 나타나기에는 충분하다.

공간의 지배는 여러 방식으로 뚜렷이 드러나는데, 가장 구체적인 방식부터 살펴보자. 유럽, 특히 프랑스에서는 도로가 확대되고 더 안전해졌다. 농촌과 도시 사이에는 거래가 더 활발해졌다. 동인도와 서인도를 상대로 하는 교역과 광산 개발에서 거액을 탕진하기도 하지만 큰돈을 벌기도 했다. 가장 신중한 사람들은 농업 기술을 개량하여 부를 얻고자 했다. 공리주의를 내세워 인간의 노동으로 공간을 침략하는 양상도 그만큼 다양했다. 이미 르네상스 시대부터 준비되고 발전해온 이러한 움직임은 17세기의 전쟁들로 인해 다소 늦춰지기는 했으나 이제 본격화되고 비약적으로 발전해 오늘날까지 계속되고 있다. 경제적, 사회적 힘(상업에 종사하는 부르주아계급과 산업의 힘)은 벌써 몇 세기를 거치면서 마침내 자신의 진정한 언어, 가장 효과적인 수단, 정신적 도구, 다시 말해 자신의 이데올로기를 발견하기에 이른다. 의기양양해진 부르주아계급은 봉건적인 낡은 토지대장(이곳에는 여전히 종교적이고 '초자연적인' 가치를 중심으로 구성되고 인도되는 세계의 자취가 남아 있다)을 뒤엎고 토지와 관련한 모든 것(조세, 울타리를 친 경계 등)에서 생산성의 원리, 돈벌이가 되는 유용성의 가치를 앞세운다. 그러므로 토지가 아니라 돈을 기초로 하는 소유권이 기록된 장부는 영주와 사제가 그들의 '카리스마적' 지위로 획득한 영지를 확인해주는 토지대장을 대체한다. 19세기에 알렉시스 드 토크빌이 잘 지적했듯이, 18세기의 반교권주의자들은 종교 자체보다는 교회에 쌓인 부, 교회가 독점한 토지, 교회가 정치제도에 행사하는 위력을 비판하는 데 초점을 맞추었다. "프랑스혁명이 종교를 공격한 것은…… 사제들이 스스로를 내세에 속한 일을 관장하는 사람이라고 주장해서가 아니라, 그들이 바로 현세에서 소유권을 보유하고 영주 행세를 하고 10분의 1세를 징수했기 때문이다."[『구체제와 프랑스혁명』]

소유의 획득. 처음에 사람들은 기하학적 사유를 통해 세상이 점차 명백히 밝혀지기를 기대했다. 하지만 운동의 물리학이 보편적인 해석 원리가 아님을 깨닫는 순간이 온다. 삶은 물리학을 비껴간다. [현대 라이프니츠 연구의 대가] 이봉 블라발의 연구가 이 점을 잘 보여준다. 정복사업은 지향점을 포기하는 대신, 방법을 바꾸어 기술적이고 실용적인 실증주의 방식을 취한다. 기하학에 등을 돌린다면 이는 자연을 대상으로 한 학문을 직접 연구하기 위해서다. 또한 모든 현상을 수학 공식으로 표현하겠다는 희망을 버리고, 목록을 세심하게 기록하는 것에 만족하게 된다. 이러한 노력은 『백과사전』에서 두드러지게 발견된다.(여기에 더해 계통학을 세운 린네, 린네의 계통학에 반대한 뷔퐁, 『여행 통사』를 쓴 아베 프레보를 언급해야 할 것이다.) 백과사전적 지식은 사용 가능한 예술, 기술, 대상의 장부를 작성한다. 우리는 모든 사물을 내적으로 이어주는 법칙을 몰라도 된다. 정의만 올바르게 내리면 대상 각각을 적합하게 사용할 수 있다. [독일 출신의 프랑스 철학자] 베르나르 그뢰튀젠은 다음과 같이 썼다. "인간은 사물에 대해 소유권을 내세워 그 주변에 울타리를 두르고 그것을 작은 부분으로 나누어 포괄적인 대장에 기입한다. 사물을 전유하여 형태를 바꾼다. 말하자면 원래 가졌던 사물의 성격을 변질시키는 것이다. 소유는 대상의 본성을 바꾼다. 당신 소유의 나무는 그걸 바라보며 그저 나무구나 했던 나무가 더는 아니다. ……『백과사전』과 예전 르네상스 시대의 여행자들이 여행중에 보았던 진기한 일들을 기록한 『세계 도해*Orbis pictus*』[요한 아모스 코메니우스]의 본질적인 차이는 소유 정신의 유무에 있다. ……백과사전 집필자들은 독자더러 자기 땅을 둘러보라고 한다. 거기가 당신 땅이다. 당신이 그렇게 부자인 줄 몰랐으리라. 학자들이 당신에게 얻어준 것이 바로 그 땅이다. 그것을 즐겨보라."[『신화와 초상』]

이런 전유 과정에서 이미지가 엄청난 역할을 맡는다. 전 세계는 그림으로 그려지고 판각되고 채색되어, 자연사가와 소유권을 가진 자가 보는 대로 종과 개체를 나열한다.(뷔퐁이 확신하듯 종들은 눈에 띄지 않는 미묘한 차이들로 연결되기 때문이다.) 유럽 전역에서 진기한 수집품들을 모아놓은 연구실과 동·식물원의 수가 늘어난다. 처음에는 대상 자체를 수집하고자 했다. 식물 표본과 식물원에 모은 것은 식물 자체였다. 책 속에 넣은 이미지는 부득이한 대용품, 시뮬라크르였다. 지상에 실재하는 것을 의식 속에 잡아넣는 일이 판화가와 수채화가가 담당해야 하는 본질적인 역할이긴 했지만 그들이 맡은 '자연의 모방'은 미적 의식의 영역 외부에서 실행되는 것 같다. 단언컨대, 이는 장인의 일이지 예술가의 일이 아니다. 능숙한 손이 만드는 기계적인 작품이니 깊이 사유할 필요는 없다. 이 대상들은 우리가 이용하고자 하는 자리, 알고자 하는 자리에 놓여 있다. 유용성을 이 정도로 중요하게 고려하는 상황에서 예술을 말하는 것이 가당키나 한가?

예술가가 자연을 끈기 있게 모방하는 것으로는 충분하지 않다. 대상이 우리의 감정에 말하게 해야 한다. 18세기 미학이 굽히지 않고 주장했던 바가 이러하니, 장르화는 설령 샤르댕 같은 화가가 이 장르의 걸작을 그렸다고 해도 하위 장르로 여겨졌다. 디드로가 샤르댕의 말을 빌려 그의 그림을 만드는 것은 색이 아니라 감정임을 발견하기에는 아직 시간이 더 필요했다. 디드로가 『살롱』[「1759년의 살롱」]에서 처음에 경탄해 마지않은 것은 색의 마법과 극단적 진리였다. 샤르댕의 그림은 "자연 그 자체다. 사물은 화폭 외부에, 눈속임을 일으키는 진실의 외부에 존재한다. …… 다른 화가의 그림을 바라볼 때는 나 스스로 눈을 그림들에 맞춰야 할 것 같지만, 샤르댕의 그림을 바라볼 때는 자연이 내게 갖춰준 눈을 잃지 않고 그것으로 보기만 하면 된다." 장르화는 화폭의 평면에 자연의 분신을 창조하는 엄청난 일을 해내는 것이다. 장르화는 놀라운 거울과 같이 더없이 다양한 물질을 충실히 반영하는데, 거기 비치는 것은 "천하고 흔하디흔하고 길들여진 자연"이다. 이 환상은 제시된 대상을 두고 비평가가 곧장 소비자인 소유자의 태도를 취해야겠다고 느끼는 그런 것이다. 샤르댕이 그림으로 재현한 음식에는 시정詩情 넘치는 몽상이 없으니, 그 그림을 보면 정말 식욕을 느끼기 시작하는 것이다. "이 도자기 화병은 도자기로 만들어졌고, 이 올리브들은 그것이 잠겨 있는 물을 매개로 우리의 눈과 올리브를 실제로 나누고 있고, 여기 그려진 비스킷은 그대로 집어 먹기만 하면 되고, 여기 그려진 잡종 오렌지는 반으로 쪼개 즙을 짜기만 하면 되고, 포도주 잔은 들어서 마시기만 하면 되고, 과일들은 껍질을 벗기기만 하면 되고, 고기 파테는 칼을 가져다 대기만 하면 된다."[「1763년의 살롱」] 완벽하게 모방된 것을 마주했을 때 응시의 대상은 곧장 다른 것으로 바뀐다. 사물을 첫눈에 바라볼 때 중요한 것은 그것이 신비하게 놓여 있는 것이 아니라, 그것이 어떤 사용가치를 갖느냐 하는 것이다. 그래서 시를 본질적으로 극적인 것으로 생각하는 디드로는 다음과 같이 실망을 감추지 못했다. “흔히 장르화라고 부르는 이 회화 양식은 틀림없이 노인들의 회화이거나 애초부터 늙어서 태어난 사람들의 양식일 것이다. 여기에 필요한 것은 인내와 연구뿐이기 때문이다. 열기도 천재도 없고, 시정도 없는 것이나 마찬가지고, 기교와 진실만 많다. 그리고 그뿐이다.”[「1765년의 살롱」]

그래도 최소한 진리 탐구는 중요하다. 실재를 고집스러울 정도로 성실히 재현하는 장르화 예술이 시정 풍부한 회화와 맺는 관계는 철학이 서정시와 맺는 관계와 같다. 그래서 장르화는 철학자의 회화, 철학자를 위한 회화라 할 것이다. 아니 이 말로도 부족하다. 디드로가 사랑할 수 있는 철학은 오직 특별한 대상, 뜻밖에 발견한 세부묘사, 틀림없이 규칙을 벗어난 우연한 사건을 높이 평가하는 철학뿐이다. “자연은 결코 부정확한 것을 만드는 법이 없다”[「회화론」]라고 확신한다면 무엇 하나 소홀히 해서는 안 된다. 대상이면 대상, 몸짓이면 몸짓, 외모면 외모를 생생히 포착하는 시선을 통해 모든 것을 가시적으로 만들어야 한다.

전통적인 회화에서는 성실한 화가가 아주 작은 데까지 세부묘사를 하고, 변화를 주려고 하고, 개인의 특징을 내세우는 데 신경쓰면 비난을 받았다. 그것은 자연의 보편의도를 고려하는 게 아니라, 오히려 자연의 진행 방향을 막아서는 일이라고들 했다. [17세기 프랑스의 미술이론가] 앙드레 펠리비앵은 “개별 대상에서 만나는 자연은 보통 결함을 갖는다. 자연은 항상 완전한 것을 만들고자 하는 의도를 갖지만, 개별 대상을 만들 때는 그 의도를 거스르는 몇 가지 우연한 사건이 생겨나 자연의 진행 방향을 다른 쪽으로 돌리게 되기 때문”[『고대와 현대의 가장 훌륭한 화가들의 삶과 작품에 관한 대화』]이라고 썼다. 펠리비앵은 (아마도 뒤러를 생각하면서) ‘독일 취향’에는 결함이 있다고 비판하는데, 그 이유는 최대한의 순수 상태에서가 아니라, 통상 결함을 가진 것으로 나타나는 자연에 집착한다고 보아서다. 대략 한 세기 뒤에 멩스는 선임자의 이상주의를 한층 더 분명히 표현한다. "자연의 산물을 보면 자연은 여러 우연한 사건의 영향에 노출된다. 하지만 눈은, 수동적이기 때문에 아무런 저항도 하지 않는 물질만을 도구로 삼으므로 자유롭게 작동한다."[『회화의 미美와 취향에 대한 성찰』]

이 교리에 따르면 자연을 찾는다는 것은 우선 개별적 차이를 만들어내는 모든 세부묘사를 제거하여 자연이 목표로 하는 형상과 전형을 발견하는 일이다. 이를 위해서는 물질의 관성과 인간의 유행, 변덕이 완강하게 저항하는 것을 넘어서려는 노력이 필요하다. 이는 1770년에 조슈아 레이놀즈가 한 생각이다. 그에 따르면 예술가는 "평범한 화가들이 회화의 걸작은 관람객의 눈을 가장 잘 속일 수 있는 것이라고 생각한대도 개의치 않을 것이다. 그들이 화훼가나 조개껍데기를 그리는 아마추어 화가들의 예를 따라 같은 종 가운데서도 한 대상과 다른 대상을 구분해주는 가장 작은 차이들을 표현해낸대도 개의치 않을 것이다. 그러나 예술가는 철학자와 같아서, 추상적인 자연을 고려하여 각각의 형상에 그 종의 특징이 구현되게 할 것이다."[『회화론』] 그런데 추상적인 자연이 존재하지 않는다면? 자연이란 구체적이고 오직 구체적일 뿐이라면? 자연이 단순한 방식으로 단순한 것을 향해 움직이는 것이 아니라 복잡한 방식으로 복잡한 것을 향해 움직인다면? 그렇다면 개인의 특징을 나타내는 세부묘사를 제거하는 것이 정당하다고 보는 위의 이상주의 철학은 시대에 뒤진 것이 되고 말리라. 레이놀즈는 앞의 책에서 이렇게 썼다. "모든 동물 종과 모든 식물 종은 고정되고 확정된 형식을 가진다고 말할 수 있다. 자연은 다양한 빛이 중심으로 이끌리거나 시계추의 다양한 진동이 동일한 중심점 좌우를 왔다 갔다 하는 것처럼 항상 그 형식으로 이끌리게 마련이다. 광선 하나하나가 어떤 다른 지점을 통과할지라도 결국은 중심을 통과하지 않을 수 없는 것처럼, 자연은 기형을 만드는 것보다는 더욱 자주 완벽한 아름다움을 만들기에 이른다." 멩스는 [앞서 인용한 책에서] 이 '중심 형식' 개념을 취해 지나치게 순수한 이상주의의 한 주제를 수립한다. "완전성이 개별적인 것이 아니라 순수하게 이상적인 것이듯, 완벽한 아름다움은 물질이 완벽한 상태로 가시화된 것이다. 물질의 완전성은 그것과 우리가 가진 관념의 유사관계에서 찾을 수 있다." 이 생각에는 감동적인 데가 있다. 실제로 우아하고 소박한 '라파엘로주의'가 그 실천의 결과다. 하지만 디드로나 뷔퐁 같은 철학자는 대상 하나하나, 종 하나하나는 중심이 되는 유형에 불완전하게 향하기 마련이고 그 유형을 완전하게 간파해내는 것이 예술이라고 하는 앞서의 자연 개념에 맞서 변이, 분기, 개별화의 힘을 가진 자연 이미지를 내세운다. 그러므로 자연의 산물이 갖는 특징은 관념(이데아)을 향해 나아가려는 노력이 아니라 '연속적인 흐름을 갖는 운동', 즉 아직 뚜렷이 밝혀지지는 않았지만 최초에 물질에 발효가 생기면서 에너지가 생성, 증가하여 여러 방향으로 확장하는 운동에 있다. 그래서 창조의 힘은 이상적인 전형에서 찾을 수 있는 것이 아니라 개체, 나아가 역설적으로 '괴물'로 생각한 존재에서 찾아진다. 자연은 더는 '중심 형식'의 수립을 목적으로 하는 의도로 이해되지 않고, 이제는 시간이 무한히 흘러가는 가운데 모든 가능한 것을, 존재의 거대한 연쇄를 이루는 모든 고리를 창조할 능력을 갖춘 역동적인 것으로 나타난다. 자연이 끊임없이 창조해온 것은 몇 가지 특별한 전형이 아니라, 개별 존재가 가진 차이나 뉘앙스 같은 것이었다. 삶은 차이를 만들어내는 힘이 전개된 것이며, 일련의 총체적 조건들로 인해 늘 새롭게 만들어지는 결과라 할 것이다. 디드로는 '자연'의 창조적인 힘을 넘어서는 창조주의 존재를 믿지 않는다.

디드로는 "화가에게는 오직 한 순간밖에 주어지지 않으며, 화가가 두 순간을 아우르고자 한다면 두 가지 행동이 필요하다"라고 썼다.[「회화론」] 18세기의 화가는 이 조건을 무난히 받아들인다. 화가의 욕망은 순간을 포착하고 덧없이 지나가버릴 순간을 감각으로 표현하는 데 있다. 표현에 시간이 걸리는 붓과 오일이라는 도구로는 성취하기 어려운 목표다. 멀리 달아나는 대상에 바짝 붙어 빠르게 표현하려면 연필, 구아슈, 목탄, 수채물감을 솜씨 좋게 사용한다. 그 결과 섬세하게 그려진 데생의 성취야말로 18세기적 천재의 가장 적합한 표현으로 보인다. 사랑의 열기가 없다면 날카로운 시선이며 시원시원한 필치가 나올 리 없고, 그 모델이 소중한 순간에 마주친 사랑의 대상임을 몰라서는 안 된다.

하지만 우리가 이 데생들을 완성작으로 보아도 18세기의 미술 애호가들은 작품이 미완성으로 남았다는 데서 매혹을 느꼈음에 유의하자. 그들은 데생을 그저 스케치로만 생각했다. 당장은 한 가지 제안일 뿐, 완성은 나중에 이루어질 터였다. 데생화가는 구성을 끝내지 않고 작품을 필경 미완으로 남겨두었다. 이 작품이 즐거움을 준다면 데생화가와 관람자의 동조가 이루어지는 가운데 관람자가 이를 마음속으로 완성해보게 되는 까닭이다. 미술애호가는 데생이 포착한 순간을 보면 완성이 유보된 작품의 가상적 성격이 드러난다고 보았다. 또한 이렇게 유보된 완성에의 기대와, 향후 뚜렷해질 묘사를 뒤섞는 방식이 화가들의 마음을 움직여, 꼭 그림을 완성시켜야 할 필요가 있겠는가 생각하게 한다. 켈뤼스는 데생의 즐거움이 어디에서 기인하는지 설명하면서도 그 원인이 자유분방함이라는 생각에는 단호히 반대한다. 데생은 "단순한 윤곽에 불과하나 자주 정념을 야기하고, 화가의 정신이 그 표현의 힘과 진실을 얼마나 깊이 느꼈는지를 입증한다. 호기심 어린 눈과 뜨겁게 달아오른 상상력이 함께 즐기며, 스케치에 멈춰 있는 것을 완성하겠다고 다투는 듯하다. 내 생각에 아름다운 데생과 아름다운 그림의 차이는 전자의 경우 힘이 넘치는 데생에서는 위대한 화가가 그려내고자 한 모든 것을 읽을 수 있는 데 반해 후자의 경우에는 여러분 앞에 제시된 대상을 화가 혼자서 마무리한다는 데 있는 것 같다. 그래서 아름다운 그림을 볼 때 이상으로 아름다운 데생을 볼 때 더 큰 자극을 느끼는 경우가 많다. ……유일한 난점은 데생의 즐거움에 홀딱 빠져버린 몇몇 화가의 태도에 있다. 그들은 오로지 데생만 하다가 회화를 소홀히 했다. 종이에 생각을 재빨리 쏟아내는 기분 좋은 매혹, 풍경은 물론 자연의 찬미자들의 취향을 한껏 자극하는 다른 아름다움 속에 드러난 자연을 모방하면서 느끼는 매혹에 몰두했다. 방금 거명한 사람들이 제아무리 데생을 잘했더라도 리베르티나주는 언제나 비난받아 마땅하다는 점에 동의해야 한다."[『데생론』] 가브리엘 드 생토뱅과 오귀스탱 드 생토뱅이 데생화가이자 판화가에 지나지 않았음은 사실이다. 그들이 추구한 [기존 형식과 완성도에 구애받지 않는] '리베르티나주'는 경이롭게 이어지는 스냅사진들 같은 데생을 만들어냈다. 그것은 일화적 사실성은 그대로 보존하면서도 꿈꾸는 듯한 자유로써 세상을 이미지로 만드는 바로 그 순간 세상의 무게를 사라지게 만든다.(도판 32) 콩스탕탱 기스의 데생을 보고 보들레르를 사로잡은 것이 벌써 여기에 있다. 덧없이 지나가는 것의 서정성과 사라지는 것의 아름다움에 대한 열광 말이다.

이 데생화가들은 여성의 비밀을 포착하고자 한다. 적나라한 누드화라 하더라도 생동감과 몸짓, 몸의 자세, 존재 전체의 풍모가 유행을 한껏 따른 풍성한 천의 진짜 같은 주름과 어우러진다. 더없이 장난기 가득하고 쾌활한 프라고나르는 잠자리에 드는 여성 노동자들을 그리면서 희극적인 분위기를 연출한다. 슬그머니 역광을 이용해서 잠옷 아래로 몸이 비치게 하는 것이다.(도판 33) 그러면서도 그는 (도판 34. 〈젊은 여자의 뒷모습〉에서처럼) 인물의 부동성에 집중하여 옷장식, 머리 모양, 살짝 기울인 머리와 목

32

3

3

도판 32. 가브리엘 드 생토뱅(1724~1780), 〈습작〉, 1776, 파리 비예피카르 컬렉션.

도판 33. 장오노레 프라고나르, 〈잠자리에 드는 여성 노동자들〉(세피아화), 매사추세츠 케임브리지, 하버드대학 포그미술관.

도판 34. 프라고나르, 〈젊은 여자의 뒷모습〉, 오를레앙 보자르미술관.

도판 35. 토머스 게인즈버러(1727~1788), 〈여자의 뒷모습〉, 옥스퍼드대학 애슈몰린미술관.

36

37

38

도판 36. 장바티스트 그뢰즈(1725~1805), 〈소파에 누운 그뢰즈 부인〉, 암스테르담 국립미술관 판화실.
도판 37. 자크앙드레 포르타유(1695~1759), 〈책 읽는 여자〉 로드아일랜드 뉴포트, 포사이드 윅스 컬렉션.
도판 38. 프라고나르, 〈독서〉, 파리 루브르박물관 데생실.

을 그려낼 줄도 알았다. 이런 모습만으로도 미묘한 욕망과 예민한 존재의 상태를 나타내며, 이는 몸 전체로 경험되고 표현된다. 게인즈버러의 시선에 포착된 것(도판 35)은 치마를 살짝 들어 발뒤꿈치와 발목을 드러내며 한 발자국을 막 내딛는 모습에 깃든 신비였다. 그저 단순한 거동이라고 할 수도 있겠지만 인물의 전체 모습을 뚜렷이 직감함에 따라 인물은 벌써 우리로부터 멀어지고 있다. 레이놀즈는 게인즈버러 회화의 특징이 바로 그 점에 있다고 했다. 그것은 아무것도 놓치지 않고자 하는 눈眼이 쟁취하는 전리품이다. "게인즈버러는 함께 있었던 사람들이 외모의 세부 하나하나를, 인물의 형상이 우발적으로 결합되어 이루는 모습을, 빛과 그림자가 만들어내는 멋진 효과를 늘 주목하게 하곤 했다. ……모델들은 그의 주변 어디에나 있어서 들판에서도 길거리에서도 만날 수 있었고, 그렇게 우연히 구한 모델 중에 자기 의도와 딱 맞아떨어지는 사람들을 놀랄 만큼 분별력 있게 골라냈다. ……산책길에 마음에 드는 캐릭터를 만나 그 사람을 모델로 써볼 수 있겠다 싶으면 자기 집으로 오라고 했다."[『회화론』] 아마 앞의 그림 속 여성도 그렇게 만났으리라.

철학자 알랭[알랭은 필명이고 본명은 에밀오귀스트 샤르티에]은 자신의 생각을 다음과 같이 멋진 문구로 담아냈다. "데생은 고정된 형식에서 이렇듯 자유롭다는 점을 딱히 뚜렷한 주제도 없는 과감한 방식으로, 그 자유로운 운동을 되찾아내며 보여주었다."[『예술의 체계』(1926)] 휴식이나 독서 장면을 그린 그림을 보면 18세기의 데생과 담채화에는 정말 그런 느낌이 담겨 있다. 꼼짝없이 고정된 느낌이 아니라 오히려 움직임이 유예되어 있어 더욱 생생히 살아 움직이는 것 같은 느낌 말이다. 내부에서 일어나는 움직임과 차분한 호흡, 책을 한 줄 한 줄 응시하는, 좀더 멀리는 책에서 솟아나온 허구의 지평을 응시하는 시선뿐이라서 그 움직임이 더 분명히 느껴진다.(도판 36, 37, 38) 폴 클로델은 프라고

나르의 〈독서〉에서 책 읽는 소리를 듣고 있는 여인에 대해 다음과 같이 썼다. “사색에 잠긴 여자는 흐릿한 옆모습밖에 보이지 않는다. 그녀는 골똘히 저기 뒤쪽 상상의 세계에 밀착해 있는데, 그 세계로 가야 할지 말아야 할지 주저하고 있다. 팔을 괴고 있는 모습이 보이지 않는 수반水盤을 둘러싼 난간에 기대기라도 한 모습이다. ……입 밖으로 내지 않은 어떤 문장 소리가 화면을 가득 채우고 있다.”[『눈은 듣는다』]

플랑드르와 네덜란드 이류화가들의 작품은 수많은 수집가의 노력으로 연구되었지만, 장르화는 앞에서 살펴보았듯 부차적인 작업으로 여겨졌다. 성공과 숭배를 보장하는 것은 클로드 앙리 바틀레의 표현처럼 “자연의 모든 형식, 자연의 효과, 인간이 경험할 수 있는 모든 감정을 아우르는” 역사화였다. 이에 비해 장르화가는 능력이 고만고만한 화가로 치부되었다. [18세기 화가이자 문인이었던 바틀레는 『회화, 조각, 판화 예술사전』의 ‘장르화’ 항목에서] 장르화가는 “예술의 전 영역을 아우를” 능력이 부족하여 “개별 대상”에 만족한다고 했다. 장르화에는 극적인 것이 없고, 웅변적인 몸짓이 없고, 충격을 주는 사건도 없다. 장르화가들은 지금에 와서야 우리에게 심오한 감동을 주지만, 예전에는 감동을 표현하는 법을 전혀 모르는 자들이었다. 그저 단순한 장인이요, 저급한 현실의 모방자요, 영감은 없고 기교만 뛰어난 명인에 불과했다.

그러나 그런 한계가 오히려 다행스럽지 않은가! 한계가 있기에 화가는 사물과 육체가 빛을 받아 눈앞에 드러나는 것을 보고 경탄해 마지않는다. 그들의 그림은 일화적인 의미의 문턱을 넘을까 말까 하지만 그 속에는 얼마나 많은 비밀스러운 사건이 담겨 있는가. 편지라면 분명히 연애편지인데, 그 순간을 사로잡는 것은 바로 시선, 오직 시선뿐이다.(도판 39) 신화나 전쟁, 축제와 비교했을 때 침묵은 얼마나 대단한 특징을 가지는가! 베네치아 뚜쟁이 여자의 잔꾀를 마주할 때조차 실재를 그리는 이 회화는 사물의 외관을 더 잘 포착하기 위해 아주 작은 속삭임도 들리지 않게 하고 시선에 완전한 자유를 부여하는 것이다.(도판 40)

샤르댕이 승리를 거두는 곳이 바로 그 침묵에서다. 카드로 쌓아올린 허술하기 짝이 없는 성에 시선이 고정된 것(도판 41)이나, 거울로 시선을 돌리는 소녀(도판 42)를 보자. 그렇지만 샤르댕은 시선의 왕국을 세우는 데 인물을 필요로 하지 않는다. 그의 세계에서는 사물이 바라보며, 사물의 시선이 우리의 시선에 응답한다. 나는 지금 변화무쌍하게, 날카롭거나 유순한 광채로 빛나는 과일, 털, 유리, 구리 등의 저 모든 표면을 생각하고 있다.(도판 43) "그것은 더이상 바랄 게 없겠다고 생각하게 되는 조화와 같다. 조화는 화폭 전체를 이루는 한 부분 한 부분에서 눈에 띄지는 않으나 전체 구성을 휘돌아 굽이굽이 흘러가고 있다. 신학자들이 정신이 그렇다고 말하듯, 조화는 전체에서 감지되고 점 하나마다 은밀히 숨어 있다."(디드로) [「1769년의 살롱」에서 샤르댕의 '예술의 속성'을 평한 글]

얼굴의 비밀

자연의 항상적인 경향은 다양성을 촉발하는 것이기에, 자연의 무한한 힘은 자연이 빚은 무한히 다양한 자연의 산물로 드러나기에, 인간의 수만 가지 다양한 얼굴 모습에서 자연을 포착하도록 하자! 얼마나 많은 모습이, 얼마나 많은 성격이, 얼마나 많은 미묘한 차이가 있는가! 라이프니츠는 같은 나무에서 난 잎이라도 똑같은 잎은 하나도 없음을 지적했다. 똑같은 용모를 지닌 두 얼굴은 없는 법이다. 이 무궁무진한 자연에 대한 직관이 18세기를 위대한 초

39

0

41

도판 39. 장 라우(1677~1734),
〈편지를 읽는 처녀〉,
파리 루브르박물관.
도판 40. 피에트로 롱기, 〈편지〉,
뉴욕 메트로폴리탄미술관.
도판 41. 장시메옹 샤르댕(1699~1779),
〈카드로 성을 쌓는 사람〉, 1741년경,
빈터투어 오스카 라인하르트 컬렉션.
도판 42. 샤르댕, 〈아침 단장〉,
1740년경, 스톡홀름 국립미술관.

42

도판 43. 샤르댕, 〈자두〉, 1764~1765년경, 파리, 개인 소장.

상화의 세기로 만들었다. 자연은 반복을 모르며, 차이를 만들어내면서 비로소 만족하기 때문이다. 이와 동시에 18세기가 초상화의 세기가 된 것은, 확실성이란 예외적인 의식의 노력을 통해 얻어지며, 하나의 중심에서 출발하기라도 하듯 세계를 조직할 특권을 가진 생생한 현전에, 한 개인의 행위에 그 기원을 두고 있음을 (마찬가지로 다른 모든 의식도 똑같이 우월하다는 점을 인정하는 조건으로) 확신했기 때문이다. 세상에는 수만 가지 얼굴이 있지만 또 서로 다른 수만 가지 상황도 있는 법이며, 얼굴 하나하나에 서로 다른 수많은 순간이 연속되어 있다. 우리의 삶은 감각작용, 불안, 정념, 의지의 산물이며, 이것들은 세상이 다양해지는 만큼 미묘한 차이를 보인다. 한 명 한 명의 자아가 곧 군중이고, 서로 다른 존재들의 연속인 것이다. 켕탱 드 라 투르가 그린 초상화를 보면 표현력 넘치는 순간들을, 얼굴에 그려지기 시작하는 미소를, 즉각적으로 응수하는 말들을 만나게 된다. 단단히 골격을 잡아놓은 밑그림 위에 촘촘한 구조들이 서 있고, 바로 여기에 흐릿한 조명 상태와 지나친 분장효과가 나타나지만 파스텔로 그린 희끄무레한 실체가 결국 충격적으로 모습을 드러낸다. 덧없는 존재가 그렇게 변해가는 모습에서 포착되었다.(도판 44) 말이 입에서 나오기도 전에, 고백이든 재치 있는 말이든 농담이든 말을 내뱉기도 전에 얼굴은 이미 말을, 그것도 지나치게 많은 말을 하는 것이다. 얼굴에는 벌써 생각해놓고 말할 차례만 기다리고 있는 기지 넘치는 말이 드러나 있다.(이와 달리 페로노가 그린 만족스럽게 평온에 잠긴 얼굴(도판 45)이 눈길을 끈다면 그것은 그 얼굴이 "음악을 듣기"라도 하는 것 같기 때문이다.)

라 투르나 다른 수많은 초상화가의 그림에서 표현의 다양성은 정말 자연의 다양성과 같은 것일까? 그보다는 사회적 표현법의 목록이라고 봐야 하지 않을까? 수백 가지 다양한 행동이 이루어지는 희극이라든지, 가면과 피부를 구분할 수 없는 가면 행렬은

도판 44. 모리스 켕탱 드 라 투르(1704~1788), 〈마넬리의 초상화〉, 1752~1753, 생켕탱 앙투안르퀴예미술관.

도판 45. 장바티스트 페로노(1715~1783), 〈장바티스트 우드리〉, 1753년경, 파리 루브르박물관.

아닐까? 얼굴 모습의 유희는 마음의 다양성이나 오랜 습관으로 만들어진 우아한 유연성을 보여주는가? 취향, 예절에 맞는 어조, 빈정거리는 정신, 어디에나 이런 것들이 단조롭게 지배하는 세계가 있음을 드러내는 건 아닐까? 이 인물들은 모두 프랑스어를 구사하고 즐겁게 대화하면서 같은 세계에 살고 있는 사람들이다.

사교계 사람을 그린 초상화에는 진실과 반대되는 것이 있음을 항상 생각해야 한다. 꼿꼿하고 화려한 모습은 항구한 위엄을 보여주고, 애교, 점잔 빼는 모습, 아양, 유행을 따르는 모습, 면치레 등은 솔직한 몸짓을 패러디한 것이다. 눈에 보이는 얼굴, 모방의 대상이 된 얼굴은 기교로 얼룩져 있다. 얼굴을 지나치게 충실하게 모방하는 것은 거짓의 함정에 빠져버리는 일이다. 초상화가는 예술의 이름을 걸고 하는 일인 만큼 모델의 정확한 모습과는 다른 것을 모방해야 하는 것이 아닐까? 디드로는 그렇게 생각했고, 샤르댕에게 했던 것과 유사한 비판을 라 투르에게 한다. 화가가 재현한 인물은 "라 투르의 작품에서는 자연 자체이며, 자연에서 늘 보이는 부정확한 것들의 체계다. 시가 아니라 그저 그림일 뿐이다. ……이 화가의 그림은 기교는 뛰어나나 시적 영감이란 것이 없다. 빼어난 무대장치가일 뿐이다."[「1767년의 살롱」]

그런데 개인의 본성을 모방해야 한다는 입장을 가장 열렬하게 옹호한 디드로가 '자연 그 자체'를 만나게 되는 그림에는 반대 입장에 선다는 것이 이상하지 않은가? 디드로는 지나치게 똑같이 그린 그림이 마음에 들지 않았던 것일까? 불필요한 세부묘사를 너무 많이 가져다 붙였다고 생각했을까? 많은 동시대인처럼 '3개인적 진실'이 드러나는 것을 경계했을까? [디드로와 달랑베르의 『백과사전』을 샤를조제프 팡쿠크가 주제별로 편집하여 출간한] 『주제별 백과사전*Encyclopédie méthodique*』에 실린 '진실' 항목(필자는 로뱅)에 나오는 다음 주장은 놀랍다. "[조각가] 장바티스트 피갈이 작센 원수의 둔하고 부어오른 체격을 고스란히 모방했다는 비난은 옳았다. 저 전사戰士에게 균형 잡힌 몸매와 강건함이 두드러져 보이는 형태를 갖춰주었다면 그의 영혼과 민첩하고 건강한 외모를 후세에 전할 수 있었을 것이고, 역사는 그러한 모습으로 원수를 묘사하게 되었을 것이다.” 선의의 거짓말에도 도덕적 진실은 필요하다. 위대한 전사를 있는 그대로 비만한 모습으로 그리는 것은 그 진실을 왜곡하는 것이다. 그러므로 예술은 나이와 추한 모습 때문에 왜곡된 핵심을 정당하게 복원해야 한다. 앙리4세의 키를 조금 더 키우고, 볼테르를 젊게 그리는 식이다. 『주제별 백과사전』의 ‘초상화’ 항목을 쓴 저자는 화가가 머리를 표현할 때 “개인차를 두드러지게 해주는” 세부묘사를 잊지 말라고 요청한 뒤, 얼굴에 대한 관념이며 ‘일반 효과’를 나타내는 것에 만족하기를 바란다. “그래서 예술에는 이상적이지 않은 것이 없고, 마법적이지 않은 것이 없다. 예술은 진실이 가장 정확하게 드러나는 표현에까지 거짓을 깃들여 관객의 시선을 매혹하고, 관람자가 어떤 대상의 재현물을 볼 수 있도록 충실하게 모방한 것 이상의 마력을 동원하기도 한다.” 라 투르보다 더 잘 그리려면, 미화하고 삭제하고 짐짓 과장하고, 너무도 세밀한 ‘거푸집’을 표현이 풍부한 관념으로 바꾸는 그러한 거짓을 받아들여야 할까? 디드로가 바란 것은, 그리고 디드로와 입장을 같이하는 일부 관람객이 바란 것은 세부묘사의 배제가 아니라 얼굴이 ‘눈에 보이는 대상’으로서, 시선에 노출된 ‘사물’로서 갖는 명백함에 머물러서는 안 되고 이를 즉시 웅변적인 의미의 체계로 옮기는 것이다. 디드로는 라 투르 그림의 도덕적 의미가 약하거나 변질되었다고 생각한다. 바로 이 점 때문에 디드로는 샤르댕과 라 투르를 전적으로 좋아하기만 할 수 없었다. 디드로는 백과사전 편찬자로서 열정적으로 물질을 목록화하고자 했지만, 눈앞에 현전하는 물질을 통해 의미를 가지는 담화를 알아볼 필요가 있었고, 그저 말없이 아름답기만 한 현전으로는 만족할 수 없었다. 현전의 신비를 그리는 화가이자, 대상의 실체와 빛 속에 그저 나타나기만 했을 뿐인 존재를 우리 앞에 불러내는 강령술사였던 샤르댕마저도 도덕 감정을 불러일으키는 힘을 가졌을지 모르는 이 담화만큼은 들려주지 못한다. 극적인 상황이 전개될 때 비로소 위대한 시를 느꼈던 이 시대에 샤르댕은 다른 종류의 시(18세기는 그것의 문학적 목소리를 듣지 못했다)의 가능성을 보존한다. 이 시대의 관람객들은 다양한 성격, 다양한 정념, 가능하다면 위대한 성격, 위대한 정념 앞에서 몽상에 빠져들고 싶어했다. 심지어 한 폭의 초상화를 보면서도 그 속에 무슨 사건이 보여야 한다고들 생각한 것이다. 이런 취향을 보면 확실히 18세기 내내 가장 뛰어난 장르로 이름을 떨친 역사화가 어떻게 지배적인 관심을 끌 수 있었는지 설명된다. 역사화(신화 및 고대나 현대사에서 빌려온 역사적 장면)야말로 위대한 행동에 참가한 영웅들을 제시해주기 때문이다. 관람객은 사건이 불러일으키는 정념의 숭고한 표정을 배우의 얼굴에서 찾듯이 영웅의 얼굴에서 찾곤 했다. 사람들은 회화의 모든 역량이 결집되었다는 점에서 이 최고의 장르를 찬양했다. "역사화에는 자연이 가질 수 있는 모든 형태, 모든 효과, 인간이 경험할 수 있는 모든 마음의 변화가 포괄되어 있다."[바틀레, 『회화, 조각, 판화 예술사전』 중 '역사' 항목] 장면을 능숙하게 배치(화가들은 이를 '구성의 기술'이라 부른다)하면 관람객의 마음에 시적 감정이 전율처럼 흐르게 된다. 당대인들 모두의 감수성을 대변하는 디드로는 장르화가가 "순수하고 단순한 모방자, 흔하디흔한 자연의 필경사"인 반면, 역사화가는 "이상적이고 시적인 자연의 창조자"라고 본다.[「회화론」] 역사화는 불변의 스펙터클, 웅장한 무언극을 연출한다. 역사화가가 마음의 위대한 굴곡을 진실되게 드러낼 때 이를 환상이라고 할 수 있을까? 『주제별 백과사전』의 저자가 레이놀즈의 규범을 충실히 따르면서 초상화가도 '역사화 장르'를 익혀야 한다고 생각한 이유가 여기에 있다. "초상화가 그 자체로 거짓이라면, 초상화는 역사화 장르를 연습하면서 회화예술의 위대한 허위를 익숙하게 표현할 줄 아는 화가가 더 잘 그릴 수 있을 것이다.”

연극에서 목소리와 몸짓에 변화를 주며 효과를 만들어내듯, 역사화에서도 정념의 수사학의 효과가 압도적이다. 간혹 몇몇 규범을 수정해보자는 경향은 있겠지만 수사학 자체의 정당성을 문제시하는 사람은 없다. 격노, 즐거움, 혼란, 감사의 감정을 표현하는 가장 훌륭한 방법이 무엇인지 논의할 수는 있지만 그러한 감정을 정확히 표현하는 법을 알아야 한다. 이 조건을 지키지 않는다면 그림은 아무런 가치도 갖지 못한다. 샤를 르 브룅은 정념이 유형별로 어떤 모습인지를 그림으로 보여주었으나, 이를 존중할지 말지는 자유이다. 하지만 정념의 유형학을 눈으로 볼 수 있게 번역할 필요까지 사라진 건 아니다. 디드로는 형식이든 존재든 의식의 상태든 그것들을 구분해주는 무한히 다양하고 미묘한 차이를 잘 이해했지만, (그의 시대 전체와 마찬가지로) 정념과 능력을 기존 분류법에 따라 결정적으로 한정된 표제어로써 제시하는 심리학에 여전히 묶여 있었다. 디드로가 자연의 산물을 마주했을 때는 형식들을 유형화할 마음이 전혀 없었지만, 그와 달리 감정생활의 문제에 맞닥뜨렸을 때는 마음에 새겨지는 굴곡들의 유형화를 벗어나기가 쉽지 않았다.

사실 디드로의 의견은 회화의 관상학이 개성의 최고치와 전형적 표현성의 최고치를 동시에 담아내야 한다는 것이었다. “그림에서 제 모습을 알아보지 못하는 희극배우는 가련한 희극배우이며, 관상학자가 못 되는 화가는 가련한 화가다. 세상 각지에 나라가 있고, 나라마다 각기 지방이 있고, 지방마다 각기 도시가 있고, 도시마다 각기 가정이 있고, 가정마다 각기 개인이 있고, 개인마다 각기 순간이 있는데, 순간마다 제 나름의 관상과 표현이 있다.”[「회화론」] 개체화 원리를 이보다 더 잘 표현할 수 있을까? 그러나 감정을 확실히 읽어내고 표현적 기호들을 해독해야 한다. 디드로는 마음 상태를 남김없이 이해하게 해줄 통찰력이 회화에 필요하다고 주장한다. 화가는 무엇인지 즉각 알 수 있는 분명한 감정 외에는 제시해서는 안 된다. "사람은 화가 나고, 주의를 기울이고, 호기심을 품고, 사랑하고, 증오하고, 경멸하고, 무시하고, 존경한다. 그때 마음의 굴곡 하나하나가 절대로 오해할 수 없는 분명하고 명백한 모습으로 얼굴에 그려지게 된다. ……화가가 무슨 감정을 표현했는지가 불확실하다면 그 표현이 모자라거나 잘못된 것이다."

성격의 관상학과 정념의 진단학 프로그램이 나타나는 곳이 바로 여기다. 기호, 표정, 몸짓으로 표현되는 종래의 언어는 음성언어보다 오래된 것인데, 이 언어에도 고유한 어휘가 있다. [인상학人相學을 제시한] 요한 카스파르 라바터와 [골상학骨相學을 연구한] 프란츠 요제프 갈이 주장하는 원칙은 완전히 다르지만, 두 사람 모두 두상, 이마, 코, '곱슬머리나 빳빳한 머리카락' 형태에 주목하고, 헤겔의 말에 따르면 '정신으로 뼈를 만들려는' 위험천만한 길로 접어든다. [동물자기설動物磁氣說을 주장한] 프란츠 안톤 메스머가 르네상스 철학에서 말하는 행성의 유체流體를 되살려낸 것처럼, 라바터는 '낙인烙印'의 교리로 돌아간다. 라바터는 르네상스의 이론보다 더 멀리 나아가지도 않았고 "아무리 습관이 들었어도 바꿀 수 없는 얼굴의 세부적인 부분 하나하나에 전혀 주의를 기울이지 않"았지만, 자신이 사유, 정념, 늘 생각하는 관심사가 얼굴에 각인되어 나타난 흔적을 연구할 자격이 충분히 된다고 생각했다. 그는 인간의 얼굴을 일종의 상형문자 텍스트로 보고 이를 남김없이 해독하고자 했다. 가장 강렬한 에너지로 표출되는 정념이 가장 '자연적인' 정념이라고 가정하면, 원시적인 동시에 여전히 현재적인 보편언어의 목록을 작성할 수 있을 것이다. 그 보편언어를 가지고 마음이 겪는 변화를 그대로 수치로 표현하듯 육체의 정역학과 동역학의 변화 양상들을 읽어낼 수 있을 것이다.

화가 앙투안 쿠아펠은 1721년에 펴낸 연설문[왕립 미술아카데미에서 발표]에서 이 같은 생각을 벌써 오래전부터 내려오던 전통에 따라 공식화했다. “화가는 인물의 자세와 몸짓을 전부 이용하여 말을 보충해야 할 뿐 아니라, 말의 힘을 모방해야 하고 또 세상 어디에 있든지 자신의 말을 납득시킬 수 있도록 수사학이 가르치는 마음의 굴곡과 감정을 표현해야 한다.” 그러므로 전문가처럼 화가도 혼란에 빠진 정념을 분명한 관용어구로 변화시켜야 할 것이다. 이와 같은 마음의 ‘신호 체계’에 관한 연구는 18세기의 위대한 야심 가운데 하나와 통한다. 분석적 지성은 모든 문제를 관습이 세워지기 전의 세계에서 출발하여 해결해보고자 한다. 관습을 자연의 기원에서 분리하여, 경계 없는 언어를, 진정한 ‘행동언어’로서 보편적인 무언극을 재구성하고자 하는 것이다.

그러므로 자연의 다양성을 내세워 이상적인 형상을 유형화하는 것을 비난하는 사람들조차 다양성이 결여된 도덕이나 정념의 유형을 확립하고자 하는 감정의 수사학을 여전히 버리지 않고 있음을 알 수 있다. 그 결과 역사화의 전유물이었던 연극의 파토스를 농민사회에 이식하는 기이한 예술이 등장한다. 가장 놀라운 사례가 그뢰즈의 작품이다. 사실적인 세계 한가운데에 비장미가 나타나게 된다. 그 세계는 형상의 모든 개별적인 변이들을 받아들이며, 화가들은 그 세계의 ‘비천하고 평범한’ 자연을 모방하는 데 더는 개의치 않는다. 전통적 역사화가 이상적 자연에 나타난 이상적 정념을 제시했다면, 이제 중요한 것은 그 정념을 원칙적으로 어떤 특이성(및 무엇보다 사회적 조건의 특이성)도 배제되지 않는 일상적 경험의 세계에서 경험하게 하는 것이다. 서출庶出의 예술이라고나 할까. 전통적 심리학의 거푸집에 감정을 부어넣어 그것의 이상理想을 더욱 두드러지게 만들기 위해 이상적인 형상과 대상을 거부하고 있으니 말이다. 아들은 배은망덕하고, 아비는 인자하고 위엄에 넘치고, 결혼할 여자는 수줍고 하는 식이다.

그런 예술은 실제로 드러난 사물의 현전과 정념의 수사학을 결합하고자 했기에 양쪽 모두 놓치는 경우가 많았다. 개인차를 묘사하기 위해서는 말 없는 휴지休止가 필요하고, 호소력 있는 감정을 표현하기 위해서는 눈에 보이는 것을 되도록 아껴야 하기 때문이다. 그런데 우리는 과잉된 동시에 포화된 세계에 존재한다. 부르주아 세계는 스스로 극작법을 찾는데, 결국 소설이나 호가스식 풍자만이 성공을 거두게 된다.

18세기 철학의 낙관주의는 인간이면 누구나 자연에서 받은 능력을 올바로 사용한다면 오류와 기만과 편견을 거부할 수 있게 했다. 설령 오류며 기만이며 편견이며 하는 것들이 너무나 오래된 복종과 권위의 전통에 따라 인정된 것일지라도 말이다. 벤저민 프랭클린은 벼락을 정복함으로써 폭풍우가 몰아칠 때마다 기적을 외치던 권한을 미신에서 제거해버렸다. 하지만 미신의 속박에서 해방되어 자연의 마법이 풀리면, 개인은 서로 도와야 할 의무, 즉 함께 공유하는 이성의 빛을 똑같이 받으며 서로 만나고 알아보아야 하는 의무를 지게 된다. 개인은 자신을 자유롭게 드러낸다면 자신이 가진 특이성에 갇힐 이유가 없다. 오직 진실한 방식으로 마음을 터놓을 때에야 자유를 맛볼 수 있다. 18세기에 편지, 대화, 자서전 등 타인에게 향하면서 상호소통될 수 있는 개인의 존재가 규정되고, 설명되고, 뚜렷해지는 온갖 예술이 발전했던 것이 바로 그 때문이다. 거짓을 일삼는다고 그토록 자주 비난받던 예술에 이제 진실성을 갖춰야 한다는 요청이 나타났음을 확인하는 것이 기이하긴 하다.

파스텔화가, 특히 라 투르에게는 사회적 약속을 나타내는 기호가 외적 속성(의복, 장식)보다는 자연스럽게 포착된 표현에, 일시적인 기분에 남아 있다. 그 표현과 기분을 보면 [그림 속 인물이] 함께 이야기하는 상대를 마주보고 있으며, 곧 기지 넘치는 말이 나오리라는 것을 알 수 있다. 알랭은 "파스텔화의 여린 표면과 사실적인 데생의 윤곽에는 연관성이 있다"고 말했다.[『예술의 체계』] 그런데 그는 이로부터 다음의 결론이 나온다는 점을 알게 된다. "색채는 항상 치장과 분장이 되고, 표현은 항상 한 순간에 속하고, 치장도 마찬가지다. 이것이 파스텔화의 미소가 마음으로 맺는 약속이 아니라, 사람들의 환심을 살 수 있으리라는 뻔뻔스러운 자신감인 까닭이다. 그래서 모든 파스텔 초상화는 서로 비슷하다. 사회의 모든 우스꽝스러운 모습이 서로 닮아 있듯 말이다."

그러나 이와 달리 천재가 자신의 법을 받아쓰게 할 때는 얼마나 근엄하고 단순해지는가! 모차르트는 죽음이 임박했을 때 불멸을 응시한다.(도판 46) 청각장애로 세상과 단절하게 될 고야는 불안하기만 한 자신의 이미지에 사로잡힌다.(도판 47) 마음을 나누는 일이 더는 자명하지 않게 되고 정신을 고통이라고 정의할 시대가 다가온다.

에너지와 천재

그뢰즈의 비장미 넘치는 사실주의가 자연의 모방에 대한 마지막 단계의 성찰이었던 것은 아니다. 고전적 이상주의의 위대한 교훈 하나가 재고되고, 수정되고, 애초의 지적인 의미를 상실하면서 새로운 방향을 취하게 된다.

이상을 추구하는 모방은 구체적인 세계에서 얻은 특별한 형식들을 다듬고 아름다움에 이르기에는 부족한 수많은 대상에서 조화의 표지들(조화에 이르지 못하는 것은 물질 때문이며, 이 표지들은 여기저기 흩어져 있다)을 찾으면서, 어떤 부재하는 모델을 목표로 삼게 된다.(레이놀즈는 이 부재하는 모델을 저 너머 세상이 아니라 이 세상 자체에 놓았다.) 이 종합의 활동, 사유의 안

도판 46. 요제프 랑게(1751~1831), 〈모차르트〉, 1782~1783, 잘츠부르크 모차르트박물관.

도판 47. 프란시스코 고야(1746~1828), 〈자화상〉, 1783, 아쟁 보자르미술관.

내를 받는 이 예술은 눈에 보이지 않는 완전성을 눈에 보이는 이미지로 만드는 것을 목적으로 한다. 그러므로 예술작품은 그때까지 우리가 지각할 수 없었던 실재를 감각으로 포착할 수 있는 특권을 갖고 있었다. 사물의 세계에 절대적인 새로움, 즉 그때까지 본질 세계가 포착할 수 없었던 그림자, 베일에 싸여 있던 '자연 일반'의 양상을 도입해왔던 것이다. 아름다운 작품이 그렇게 이해되었을 때 그 작품은 감각적인 것을 정확히 모사한 것도 아니고, 임의로 고안된 것도 아니다. 영감을 받아 이루어지는 창조 행위는 절대적 형식의 영원성, '우발적 사건들'로 왜곡되었던 자연의 항구적 의도에 기여하고자 열망했다. 레이놀즈의 표현에 따르면 천재는 "자연을 자연 그 자체로 교정하면서" 머릿속에 그려진 완전성을 가시적인 것을 통해 옮겨 쓰려고 노력했다. 고대인이야말로 유일하게 이상을 지각했음을 확신했던 사람들은 고대인을 중재자이자 중개자로 삼았다.

그런데 18세기가 되면 자연의 이미지는 변모를 겪는다. 자연은 더는 이상적 유형들이 쌓여 있는 거대한 저장소가 아니라, 물질적 역동성, 생성중인 에너지, 끊임없이 만들어지고 또 만들어지는 원천이 된다. 더는 신의 섭리를 따라야만 하는 힘이 아니라 그 자체로 그 무엇도 막을 수 없는 의지가 되었으므로, 어떤 절대적인 힘으로도 자연을 능가할 수 없게 되었다. 이 생각은 이미 르네상스 시대에 시작된 것으로, 아리스토텔레스주의, 에피쿠로스주의, 스토아주의가 뒤섞인 전통 전체를 두루 거쳤다.

섀프츠베리나 라이프니츠가 제안했던 생성하는 자연과 창조 활동의 이미지들을 유물론적 의미로 이용하는 것이 불가능하지만은 않았다. 섀프츠베리는 다음과 같이 소리 높였다. "오! 전능한 천재여! 너만이 힘과 숨을 불어넣는 힘이어라! ……네 힘이 미치지 않는 곳 없고, 네가 뚫고 들어갈 수 없는 것이 없다. 생명의 원리가 사방에 퍼져 무한히 다양해진다. 그 원리는 우주 전체로 확장되며 소멸되는 곳 없도다. 모든 것이 살아 있고, 존재들이 이어지고 또 이어져 모든 것이 다시 산다."[『모럴리스트, 철학적 랩소디』]

라이프니츠 쪽에서는 미적 행위를 어렴풋한 의지로 정의했다. 그 의지가 있기에 정신은 "규모는 아주 작아도 신의 작품과 유사한 무언가를 만들" 수 있다. 정신, 특히 예술가의 정신은 "피조물 세상의 생생한 거울 혹은 이미지일 뿐만 아니라, 신 자체 혹은 조물주 자체의 이미지이기도 하다. 그 이미지는 세계의 체계를 이해하고 건축술의 표본을 통해 체계의 무언가를 모방할 수 있다. 정신은 각자 자신의 관할 분야에서 신과 같기 때문이다." 자연이 전능하므로 굳이 창조주가 존재한다는 가설이 필요하지 않다고 가정해보자. 라이프니츠가 확신한 유추는 그대로 유지되는 것이 아닌가? 우리는 자연에 포함되어 있지 않은가? 자연은 우리 내부에서 작동되는 것이 아닌가? 자연을 모방한다는 것은 자연의 산물을 외부에서 관찰하는 것뿐 아니라 자연의 자극을 수용하고 자연의 운동에 기여하고, 이를 연장하고, 완수하여, 자연으로부터 받은 능력을 도구로 자연의 이미지에 따라 창조하는 것이리라. 이상주의가 전개한 이론이 권고했던 것처럼 우리는 외양 모사보다는 내적 모방을, '기계적' 재생산보다는 참여를 선호하게 되리라. 이제 천재는 그저 "정신의 빛"(펠리비앵)이나 지성을 자유자재로 전개하는 자가 아니라, 자연이 예술가를 매개로 자신의 작품을 추구하게 되는 창조적인 힘이 된다. 나중에 칸트는 천재에 대해 "기질적으로 타고난 재능으로, 자연은 이 재능을 통해 예술에 규칙을 부여한다"라고 말했다.[『판단력비판』 46절] 천재성이란 애초에 우리가 떨어져나왔던 이상적 진리를 강력하게 상상하는 능력이 아니라 우리 내부에 모습을 드러내는 그 무엇도 넘어설 수 없는 힘이 되며, 그 힘이 바로 에너지다. 윌리엄 블레이크는 악마에게 이렇게 말한다. "에너지가 유일한 삶이다. 에너지는 육체에서 비롯된다. 이성은 에너지를 한정하는 구속이거나 에너지를 에워싼 둘레이다. 에너지는 영원한 희열이다." 그러나 독일인들에게 천재와 '악마 들린 자'는 종이 한 장 차이임을 기억하자. 이 생명력이 우리의 모든 능력을 동원하는데, 이성도 과학도 취향도 지적 직관도 예외가 되지 않는다. 우리 내부의 무언가가 우리를 움직였지만 이러한 내적 필연에는 우리의 자발성, 더없이 자유로운 도약이 동시에 나타난다. 본유관념이니 신에게서 온 열광이니 하는 말을 했던 유심론 철학의 언어가 여기 고스란히 들어 있다. 관념이 힘으로, 신이 자연으로 대체되어 있기는 하지만 말이다. 열광은 더는 순수 형상들의 세계가 황홀하게 나타나는 것이 아니고, 더 뜨겁고 더 혼란스러운 취기가 된다.

그러므로 화가의 자연은 모방을 위해 선택한 외적 대상의 본성보다 무한히 더 큰 것을 고려하게 된다. 화가가 생산하는 대상은 이미 존재하는 실재의 모사품일 뿐 아니라, 실재의 보충, 소산적 자연natura naturata*의 새로운 일면이다. 디드로는 다음과 같이 선언한다. "자연의 태양이 아니라 당신의 태양으로 당신이 그리는 대상을 비추시라. 무지개의 충실한 제자가 되어야 하겠지만 노예는 되지 마시라."[「1767년의 살롱」] 그러므로 예술은 새로운 빛의 근원이고, 천재의 열기는 우리가 익숙하게 받아들이는 세계에 다른 세계를 추가하는 것이다. 특히 초상화 같은 모방의 장르에서조차 우리는 화가가 근원적인 힘을 마음껏 발휘하기를 바란다. 그 힘이 발휘될 때 본의는 아닐지라도, 똑같이 닮게 그리기 위

* 스피노자는 『에티카』 1부 정리 29의 주석에서 '능산적 자연natura naturans'과 '소산적 자연natura naturata'을 구분한다. 스피노자에 따르면 능산적 자연은 "그 자체 안에 존재하며 그 자신에 의하여 파악되는 것, 아니면 영원하고 무한한 본질을 표현하는 실체의 속성"인 반면, 소산적 자연은 "신의 본성이나 신의 각 속성의 필연성에서 생기는 모든 것, 즉 신 안에 존재하며 신 없이는 존재할 수도 없고 파악할 수도 없는 그러한 것으로 고찰되는 신의 속성의 모든 양태"(『에티카』, 강영계 옮김, 서광사, 2007, 48쪽)이다.

해 제시된 규칙들을 불가피하게 위반하게 된다. 디드로는 같은 곳에서 열광에 넘쳐 쓰기를, 능숙한 자가 모델의 특징을 "엄격히 모사하려고 노력하지만 이는 헛된 일"이다. 화가의 자유와 화가의 학문은, 더는 아무도 기억하지 않아 무의식으로만 남은("자신도 모르게 붓을 이끄는") 규칙으로 이루어졌기에 화가는 자기가 실제로 본 것을 왜곡하게 마련이다. "화가마다 자기만의 기법과 버릇, 색채가 따로 있어서 끊임없이 그리로 돌아간다. 화가는 캐리커처 하나도 아름답게 그려내고, 서툰 칠장이는 똑같은 것을 추하게 그린다. 서툰 칠장이가 비슷하게 그린 초상화는 초상화 속 인물이 죽으면 사라지지만, 능숙한 화가가 그린 초상화는 영원히 남는다." 미적 성취는 일탈에 있다.

화가는 전례 없는 현실의 창조자이며, 그 현실은 자율적 존재를 요구한다. 천재는 제 손이 닿는 모든 것에 생명을 불어넣는다. 18세기 말이 되면 프로메테우스 신화와 이 영웅의 분투, 신의 특권에 저항하는 반항의 의미가 되살아난다. 사실 18세기에 무생물에 생기를 불어넣는 천재의 힘이 즐겨 표현되었다면, 그것은 [그리스신화에 나오는 거인 신족神族] 티탄의 이야기보다는 조각가 피그말리온의 이야기를 통해서였다. 피그말리온 신화는 창조적 열정의 도약과 애욕의 도약을 하나로 합치려는 생각으로 이야기하거나 재현할 수 있는 우화적인 연애 이야기이며, 사랑이 모델과 모방, 모방자와 모방된 대상의 이원성을 극복하는 상징적 수단이 되는 우화라 할 것이다. 에로틱한 관계가 예술가와 작품을 뜨겁게 하나로 결합한다. 이 이야기에는 신성모독적인 도전이 전혀 없다. 신들 스스로도 동의하기 때문이다. 그렇지만 작가들은 이 이야기를 유물론적인 우화로 바꿀 수 있었다. 물질이 사랑으로 생명을 얻고, 돌에 영혼이 깃들어 온기를 띤 육신이 되니, 이는 절대적으로 부동不動하는 실체란 없고, 대리석조차 에너지와 감수성을 갖췄다고 말하는 것이 아닌가? 부로델랑드와 라 메트리, 디드로는 그런 상상을 하면서 흥미를 느꼈다. 그들이 재현해본 자연에서 모든 존재는 더 큰 생명력을 목표로 한다. 광물은 식물처럼 살아가고, 식물은 동물처럼 움직이고, 상위 동물은 인간이 된다. 자기가 가공한 모든 대상에 생명을 불어넣지 않고서 어떻게 인간이 자신을 넘어설 수 있겠는가? 물질 입자들은 은밀히 서로 결합하여 조직을 이루려 하고, 움직임과 생명을 자기 것으로 삼으려 한다. 예술은 이런 결정적인 도약을 전달할 수 있어야 한다. 창조적 천재가 맹렬히 끓어오를 때 이를 작품에 집어넣어 열기와 맥동으로 만들어야 한다. 화가와 조각가는 최초로 마음이 뛰고 최초로 시선 교환이 이루어지고 기어이 사랑이 보상받는 저 경이로운 순간을 (때로는 무미건조하게라도) 환기하게 되리라. 이를 오페라로 옮긴다면 극의 첫 부분부터 조각상은 얇은 베일을 쓴 여배우일 테고, 오페라에는 자연스럽게 사랑에 넘치는 다정한 이중창이 등장하게 되리라……. 이 우화만큼 18세기의 낙관주의를 완벽하게 표현하는 것이 없다. 그저 예술가가 다행히 자신의 목적을 달성해서가 아니다. 스스로 만들어낼 수 있었던 완전성에 푹 빠져버린 예술가가 자신의 작품이 그 작품을 만든 자신을 정답게 만나러 오는 것을 보기 때문이다. 이는 창조 욕망의 우화인 동시에 채워진 욕망의 우화이기도 하다. 괴테는 이 주제에 매혹되었지만 루소의 [음악극] 『피그말리온』은 혹평했다. 예술가가 자신의 작품과 살림을 차리려 드는 건 좋은 일이 아니라면서 말이다. 예술에는 거리두기, 떨어지고 분리될 필요가 있다. 저 미적지근한 애정의 공모 따위는 필요 없다. 자기 작품 속에서 자신을 사랑한다는 것, 그 작품에게 사랑받기를 기대하는 것은 나르시스의 불운한 정념과 거의 다를 바 없지 않은가?

그렇지만 괴테는 예술가란 자연이 자신의 걸작을 만들어내고자 할 때 매개로 삼는 대리인이라는 주장까지 폐기하지는 않았다.

자연은 스스로를 뛰어넘고 자신을 응시하기 위해 인간에게 지고한 창조력을 주었다. 그 덕분에 인간은 자신이 없다면 한순간 만개했다 사라질 수밖에 없었을 아름다움을 영원한 것으로 만들어주게 된다. 예술은 덧없이 사라지는 자연의 아름다움에 항구적인 형식을 부여해주는 방법이다. 인간이 세계를 바라보는 충실한 시선과 그런 바라봄을 변환한 양식이 인간과 자연이 함께 서로를 구원하는 작업을 실현해낸다.

예술작품은 순간을 현전으로, 미래와 과거를 서로 화해하여 함께 공존하는 현전으로 바꾸는 질서를 세운다. 형식은 엄청난 힘으로, 알 수 없는 힘으로 영원히 사라질 위험이 있던 것을 이어준다. 또 그렇게 정의했을 때 형식은 더는 외부 모델을 모방한 모사물이 아니다. 재현된 대상, 그 대상의 특이성이나 이상성에 너무 오랫동안 신경써왔지만, 이제는 결국 모방된 사물보다는 창조 행위와 아름다운 형식을 구성하는 능력이 더 중요하다는 점을 깨닫게 되었다. 진실로 특이한 것은 예술가의 의식에 있다. 그와 동시에 창조적 주관성이 자연에서 뽑아낸 에너지로 북돋워질 때 자신과 비개성적인 힘이 굳게 결속되어 있음을 알게 된다. 괴테는 특이하면서도 모든 것과 연결된 상상의 의식이 구체적인 세계를 끊임없이 비추는 거울이 되어야 한다고 역설한다. 자연의 심오한 에너지는 예술가의 개성을 매개로 삼아 눈에 보이는 아름다운 자연 세계의 표현과 만나기 위해 나아간다. 창조자의 자유, 그의 오만한 변덕을 고양하기 위해서는 보편적 필연성을 수미일관하게 따르고 있다고 생각해야 한다. 예술은 사람의 손에서 풍요로운 우주를 연장하는 것이다.

예술가의 특권

아펠레스는 알렉산드로스 대왕의 배우자의 초상화를 제작하다가 모델과 사랑에 빠져버렸다. 화가를 지극히 아꼈던 대왕은 젊은 아내를 그에게 넘긴다. 18세기 화가들이 아펠레스와 캄파스페의 주제를 그저 화가의 작업실이라는 전통적인 이미지에 생명을 불어넣는 경우로만 본 것은 아니다.(도판 48) 이 일화에는 상징적인 의미도 있다. 화가가 그때까지 군주만이 가질 수 있었던 아름다움을 소유하게 된 것이다. 이 증여를 통해 권력자는 예술에 귀속하는 어떤 권리가 있음을 인정한다. 이 장면을 다루는 예술가들은 철학자처럼 소유권이 노동에 근거한 권리임을 자기만의 방식으로 기억하지 않을까? 그러니 아름다움, 세상의 모든 아름다움은 누구의 소유란 말인가? 불멸의 걸작을 창조하면서 아름다운 세상의 이미지를 두드러지게 할 줄 알았던 자의 소유가 아닌가 말이다. 하지만 캄파스페 이야기와 특히 피그말리온 신화(도판 49)를 보면 예술에 고유한 법칙, 형식의 본래적 제약이 압도적으로 중요한 어떤 다른 질서를 세우는 것보다, 삶(또는 삶의 환상)과 대상(또는 대상의 시뮬라크르)을 실제로 마주하는 것이 더 값진 일임을 깨닫게 된다. 여기서 미적 표현은 이렇게 형상화되어 육체, 감정, 몸짓을 가까운 곳에서 마주보고 있다는 생각이 들게끔 한다. 치환과 변용보다는 모방적 사실주의를 더 중시하는 미학인 것이다. 물질이 꼼짝없이 부동 상태에 머물러 있을 때 경험세계에서처럼 그 물질을 향유할 수는 없다. "조각상이 사람의 모습으로 변하는 것을 도대체 어떻게 표현할 수 있을까? 어떻게 머리에 생명력과 사유를 담고, 몸 전체에 살의 느낌을 부여할 것인가? 그럴 수 있을까? 하지만 아름다운 조각상은 설령 대리석으로 되어 있더라도 그런 것을 모두 갖췄다. 피그말리온의 조각상에 사유와 생명의 신성한 성격이 새겨지지 않았더라면 이 조각가가 자신의 작품을

49

도판 48. 에티엔 모리스 팔코네(1716~1791), 〈알렉산드로스 대왕과 캄파스페〉, 부조, 개인 소장.
도판 49. 팔코네, 〈자신의 조각상 발밑에 꿇어앉은 피그말리온〉, 볼티모어 월터미술관.

어찌 미칠 듯이 사랑할 수 있었겠는가. 그러므로 예술가를 환희와 경이로 채웠던 기적은 저 아름다운 돌 근육을 진짜 살로 된 근육으로 변신하게 만드는 데 있었다."(디드로) [「1765년의 살롱」에서 팔코네의 조각에 대한 평] 그러니 작품이 자율적 구조를 갖는 것이 예술가의 최종 목적은 아니다. 예술가가 구현하고자 하는 것은 실제와 다름없는 생명, 작품의 마법적 성취를 통해 얻은 생생히 살아 있는 현전이다. 모델(캄파스페)이 됐든 살로 이루어진 완전성(피그말리온의 조각상)이 됐든, 예술가의 천재는 작품 자체가 아니라 행복을 경험하는 가운데서 보상받는다. 그래서 삶을 더 높은 완전성까지 끌어올리는 대신, 예술은 아름다운 여성에게 사랑받는 행복한 특권을 얻어주는 수단이 되어 삶에 개입하게 된다. 쾌락주의적 사실주의에 기운 이러한 성향, 독립적으로 존재하는 형태들의 세계를 향한 목표의 부재로 볼 때 18세기의 작품 대부분이 갖는 특징이 창조적 긴장의 매력과 동시에 그것의 결여에 있음을 알게 된다.

이 시기의 대중은 이러한 품위 있는 개연성, 실제 외관에 대한 충실성을 요청한다. 대중은 역사화 하나를 볼 때도 데생 기술, 조화로운 색채, 구성의 과학이 함께 어우러지는 스펙터클을 바랐다. 이 스펙터클에서 과거의 인물들과 신화의 인물들은 재현된 장면에 부합하는 관계와 의복, 표현으로 등장한다. 루브르에서 정기적으로 [미술전람회] 살롱전이 열리면서 작품을 판단하고 비교하고 논의할 기회가 많아졌다. 여기서 미술비평이 탄생하게 된다. 작품의 장점을 자유로이 평가하고, 이를 식견을 갖춘 미술 애호가들이 공식화하는 자리가 생긴 것이다. 그때까지 작품을 판단하고 가치를 결정하는 권리는 아카데미(즉 화가들)의 전유물이었다. 앙드레 퐁텐은 "1737년부터 아카데미의 도록 자체가 '식견 있는 대중의 의견'을 묻고 살롱전에 초대받은 '신사들'이 신중하게 의견을 내놓았대도 전혀 놀랄 일이 아니게 되었다"고 썼다.

라 퐁 드 생티엔, 바예 드 생쥘리앵, 바쇼몽, 레날이 미술비평이라는 새로운 장르에서 두각을 나타냈고, 디드로를 통해 문예 장르로서의 위엄이 생겼다.

확실히 디드로는 생의 놀라운 활력을 직감했고 이 생각 때문에 18세기의 일반적인 관념에서 크게 멀어졌다. 하지만 예술작품을 평가할 때는 모든 동시대인처럼 희극배우들이 갖추어야 하는 것과 대단히 비슷한 것을 요청했다. 사건의 진실한 재현을 위한 표정과 자세, 연출을 비판했던 것이다. 그는 팔코네의 부조를 보았을 때는 조각가가 캄파스페의 얼굴을 온화하게 만든 것에 동의하지 않았다. 그녀는 쾌락을 경험한 여자였으니 말이다. 팔코네는 그녀를 "교육을 잘 받고 자란 젊은 처녀로 조각했다. ……머리를 그런 성격으로 표현한 것은 잘못됐다."[「1765년의 살롱」]

넘치는 표현력으로 진실을 나타내야 한다는 이러한 생각은 새롭게 등장한 것일까? 분명 그렇지 않다. 레오나르도 다빈치에서 르 브룅에 이르는 화가들은 정념의 관상학의 대원칙을 규정하고자 노력했고, 그 원칙들을 예술 바깥에서 인간 본성의 베일을 벗기는 데 적용할 수 있었다. 그런데 그것이 학문이었던가? 18세기 프랑스에서 이성적으로 사고할 수 있었던 수많은 사람은 그저 정념(금세 사라지기 마련인 마음의 움직임)에나 적용될 수 있을 지식이 성격(개성이 항구적으로 드러나는 구조)에까지 실로 확장될 수 있는 것인지 반신반의했다.

[독일 조각가] 프란츠 자버 메서슈미트가 생애 말년에 기이한 '성격의 인물상'을 조각할 때 확실히 중요하게 여긴 것은, 인간 유형을 고정화하는 것이라기보다 주술적인 마법으로 불안을 일으키는 유령을 쫓아버리려는 것이었다. 극단적인 캐리커처로까지 밀어붙여 표현된 표정은 불안한 의식에 사로잡힌 자가 자기 소유의 개인 극장 무대에 올리게 되는 기호인 셈이다.(도판 50)

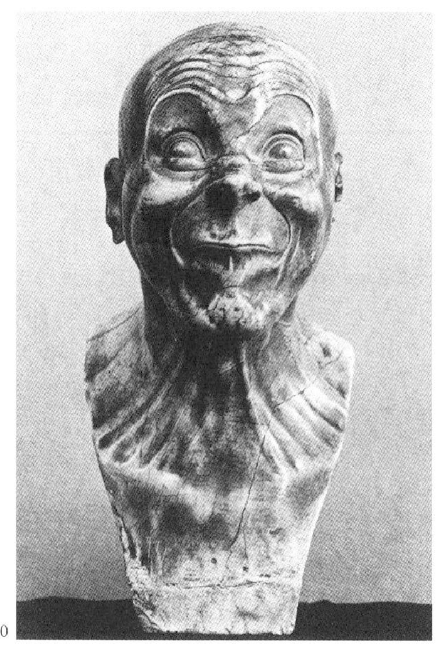

50

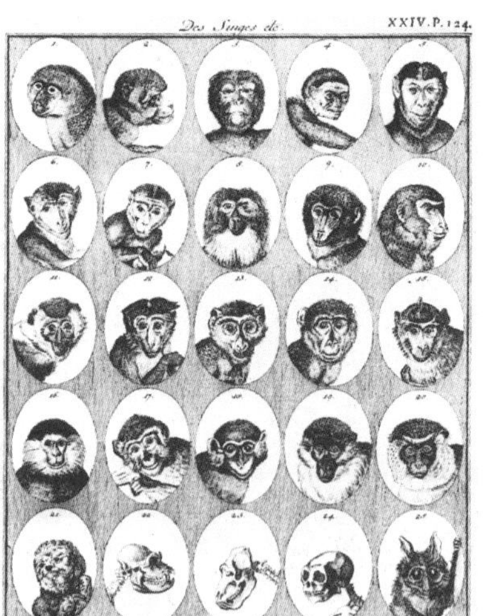

52

도판 50. 프란츠 자버 메서슈미트(1736~1783), 〈관능에 힘을 소진하여 초췌해진 멋쟁이〉(대리석), 빈 오스트리아갤러리.
도판 51. 요한 카스파르 라바터, 〈괴테와 꼬마 폰 슈타인의 실루엣〉, 『관상학 단편들』(1775~1778)에서 발췌한 그림.
도판 52. 라바터, 〈원숭이〉, 『관상학 단편들』에 실린 R. 셸렌베르크의 판화.

취리히의 목사였던 라바터가 생각하기에 관상학은 기호를 통해 인간 마음의 숨겨진 비밀에 접근하는 확실한 수단이었다. 신은 수많은 기호를 만들어 진정한 '전문가'만이 그것을 이해할 수 있게 해놓았다. 『관상학 단편들*Physiognomische Fragmente*』(1775~1778)은 괴테와 판화가 호도비에츠키의 도움 없이는 나올 수 없었다.(도판 51) [현대의 미술사가] 유르기스 발트루샤이티스가 강조하듯이 동물 관상학 연구는 "세련된 방법과 기준을 갖추고 있는데 이는 인간을 분석하기 위한 것이다. 인간의 이미지가 동물상動物相에 포개져 그 특징을 드러낸다. ……원숭이들을 재치 넘치게 그려낸 스물다섯 개의 모습(도판 52)은 우화에 들어갈 삽화처럼 인간적인 면모를 강조한다. 정확히 말해서 더 우월한 존재[인간]를 불러내는 일에 비견된다." 별이 가득 빛나는 하늘이 신의 영광을 노래하는 것과 똑같이 동물의 관상은 인간의 영광과 우위를 노래한다.

V

노스탤지어와 유토피아

불가능한 목가

행복한 축제는 사람들의 마음이 하나되었음을 선포한다. 심오한 영감을 얻었다는 것은 천재와 자연이 하나되었다는 증거다. 축제와 천재가 뒤섞이고, 하나로 통일된 사회와 아무런 매개 없이 직접 마주한 자연이 한데 뒤섞이는 더 높은 종합을 꿈꿀 수는 없을까? 지고의 단일성에 이르고자 하는 욕망에 사로잡힌 몇몇 위대한 문학작품(가령 루소와 횔덜린의 작품들)이 있다. 그러나 그 욕망은 결국 단일성에 이르기가 불가능함을 확인할 뿐이다. 목표로 삼은 단일성의 이미지가 자극적일수록 그 이미지를 가슴에 품은 사람들에 타격을 가하는 운명은 더욱 비극적이다. 허위를 받아들일 수 없는 사람들은 이 시대에 일대 전투를 치러야 한다.

사실 실러의 말대로, 목가牧歌라는 전통적인 장르는 우선 위대한 단일성의 꿈이 깃들고자 했던 형식을 제공했다. 사람들은 높은 곳에 위치한 아름다운 풍경을 배경으로, 어머니 같은 자연의 배려를 받으며, 때로는 축제를 닮은 노동으로, 때로는 시와 음악을 함께 나누는 놀이로 인간과 대지의 언약을 기린다. 이 순간 돌연 솟아나는 노래는 인간 찬가인 동시에 세계 찬가다. 인간과 세계가 이루는 조화를 읊는 것이다. 18세기 화가들은 [17세기 화가] 푸생이 그린 신화 속 영웅들이 등장하는 풍경화도, 플랑드르의 수호성인 축제도 잊지 않았다. 그들은 시간을 초월한 영웅적 풍경화의 차분함과 그 시대 시골 풍속화의 충만한 활기를 화해시켜보려고도 했다. 화가들은 전원화의 전유물인 청명한 하늘은 그대로 보존하면서 생생한 색채로 빛나는 현실을 수용할 수 있는 균형점을 찾고, 모든 사물이 신뢰를 바탕으로 지배될 수 있는 세계의 이미지를 추구했다. 18세기 문학에서 가장 명성 높은 시인은 소박한 삶, 계절, 노동을 노래한 제임스 톰슨과 살로몬 게스너였음을 기억하자. 그들은 시골에 관심을 보이면서 눈에 보이는 그대로의 시골을 응시하고자 했고, 소박한 삶을 영위하고 선행을 베풀면서 자연이 불러일으키는 힘찬 영감을 맞아들이고자 했다. 그리고 틈만 나면 새롭게 시작한다는 환상에 빠져보고자 했다. 황금시대나 전설의 아르카디아는 아니어도, 최소한 기초적인 몸짓, 거친 대결, 검소한 생활과 연결된 진리를 되찾고자 했다. 그들은 이러한 방식으로 사회 전체를 새로이 태어나게 하는 꿈을 꿀 수 있었다. 어쨌든 개인은 타락한 인류와 결별하고 악과 궁핍으로 가득찬 부패한 도시 주변에 덕과 공감, 정의가 지배하는 작은 사회를 세우면서 제 영혼을 구하고자 한다. 그래서 루소의 소설『누벨 엘로이즈 *Julie ou la Nouvelle Héloïse*』의 아름다운 영혼들은 클라랑스 영지를, 그곳에서 나는 자원만으로 삶을 영위하고 특별한 법을 통해 통치하는 [창세기의] 족장 시대의 상태로 만든다.

이 목가적 충일함에 이르려면 분리라는 대가를 치러야 한다. 목가문학 장르의 창시자인 [고대 그리스의 시인] 테오크리토스는 도시와 도시 주민들을 멀리했지만, 그 역시 타락한 군중을 피하고자 한 도시인이었다. 그는 상실한 행복을 되찾고자 즐겨 전원의 순박한 모습을 간직한 척했다. 허위의식의 씁쓸한 뒷맛을 느끼지 않으면서 그런 소박함을 맛보는 게 가능할까? '세상이 다시 태어나고 미덕이 승리를 구가하는 곳은 바로 숲속'이라는 확신은 상상력을 발휘하지 않고서는 불가능한 것 아닌가? 주의 깊은 정신의 소유자라면 전원의 피리 소리를 오래도록 들으며 마음을 달랠 수가 없을 것이다. 그는 자기가 도망자임을, 자연에의 순응은 그저 사람들을 만나고 싶지 않은 자신의 마음을 이상화한 표현에 불과함을, 자기 혼자 목가시에 등장하는 모든 인물의 배역을 연기하고 있음을 깨달을 것이다. 시인은 대도시의 더러운 진창에 돌아가야 영광을 얻을 수 있건만, 그곳에는 여전히 악이 얼굴을 찌푸리고 서 있다. 목가 예술과는 정확히 반대편에서 18세기 예술의 한 가지 양상, 즉 풍자가 이러한 찌푸림과 마주하고 그 표정을 과장한다. 전원시에서는 마법의 공간이 펼쳐지며 타락이 부정된다면, 풍자와 캐리커처는 비열한 현실을 고발하며 부정否定을 실행한다. 이것이야말로 목가를 완전히 반대 방향으로 뒤집는 작업이라고 하겠다. 가장 놀라운 예는 존 게이가 알렉산더 포프의 제안을 받아들여 지은 『거지 오페라 *The Beggar's Opera*』에서 찾을 수 있다. 이 작품은 런던 뉴게이트 감옥을 배경으로, 도둑과 창녀를 주인공 삼아 목가를 패러디해보자는 재미난 발상에서 탄생했다. 목가적 허구는 일종의 반反목가, 목가시의 '돈키호테'를 피할 수 없었다. 이런 반목가는 더이상 양을 치지 않는 인류의 실제 감정을 보여주었다. 그래서 『거지 오페라』는 구체적인 세계를 보여줌으로써 엘리트들이 자기만족적으로 도피했던 환상적인 아르카디아를 고발하는 것이었다. 그 비현실성을 공격하고, 어떤 이들이 여전히 존재한다고 믿고 싶어했던 행복의 이미지가 사실은 전혀 무가치하고 결코 일어난 적도 없는 일이라고 선언한다.

더욱이 농촌 자체를 제대로 경험해본 사람은 그곳에 흔히 투사해보고자 했던 [농경생활을 이상화한] 베르길리우스의 꿈에 희망이 없음을 단호히 깨닫게 되었다. 18세기의 농촌 현실을 들여다보면 비참한 현실에 대한 한도 끝도 없는 목록을 발견하게 된다. 그 이루 말할 수 없는 고통은 목동들이 등장하는 시와는 너무나 달랐다. 조반니 도메니코 티에폴로가 그린 농민들을 보라. 또 그뢰즈나 프라고나르가 이상화된 모습으로 그리지 않은 투박한 남자들을 보라. 농민이 살아가는 여건은 오랫동안 목가적인 모습으로 다뤄지지 않았다. 어디에서나 가난한 사람들의 빈약한 삶의 방편들은 제 알 바 아니고 소출 늘릴 생각만 하는 '농업광狂' 지주들이 울타리를 높이 쌓아올리던 곳에 무슨 풍경화가 그려질 수 있겠는가. 이제 '피토레스크한 장면'을 찾으려면 너무나 잘 경작된 농촌에서, 산업시설이 들어선 고장에서 멀리 벗어나야 한다. 야심만만한 회사와 그 제철설비, 기계가 농촌 풍경을 뒤흔들어 변형시켰기 때문이다. 전통적으로 목가의 배경이 되었던 장소가 조화의 극장이 아니라 갈등의 극장으로 변한다. 제조소(제조공장)의 연기는 인간이 자연과 전쟁을 치르고 있음을 보여준다. 사람의 모습을 만나지 못할 야생의 자연, 고독한 자연을 찾으려면 먼 곳으로 떠나야 한다. 사회에 관한 모든 꿈을 버리고 여행자, 유배자, 원시세계의 관조자가 되어야 하는 것이다. 진실한 감각을 추구한다면 자연의 비밀을 찾고자 하는 시선은 문명화된 인간들에게 등을 돌리게 마련이다. 문명인은 대지의 선물을 공평하게 나눌 수 없고, 고대의 언약을 지키지 않으니 말이다.

18세기 중반이면 산을 더는 '무시무시하게' 보지 않게 되었다고 믿어야 할까? 그러나 높은 산에서 바라보는 풍경의 매력은 무시무시한 것에서 느껴지는 매력과 비슷하다는 점을 지적해야겠다. 과거에 깎아지른 벼랑은 끔찍스러운 것이었고 따라서 흥미를 끌지 못했다. 그러나 이제 벼랑은 끔찍스럽기는 해도 격렬한 공포가 주는 미적 감동을 찾는 불안한 영혼들의 마음을 끌어당기게 된다. 한편으로는 살바토르 로사와 같은 '피토레스크' 양식의 회화가 산을 발견하는 데 결정적인 역할을 했던 것 같다. 그림이 보는 눈을 길러주었던 것이다.

위험과 끝없이 펼쳐진 광경을 마주할 때 경험하게 되는 떨림은 열광과는 아주 다른 것일까? 우리는 특별히 숭고를 마주하고 있는 것 아닐까? 조지프 애디슨과 버크에 따르면 숭고에는 무언가 균형이 맞지 않고 파괴적인 위협을 가하는 요소가 항상 있다. 섀프츠베리는 1709년에 출간한 한 저작[『모럴리스트. 철학적 랩소디』]에서 다음과 같이 썼다. "보라! 제 초라한 삶이 위태롭도록 저 아래 까마득한 벼랑이 아득히 보이는, 한 발 내디딜 곳도 없는 가장자리에 선 사람들의 떨리는 걸음을! 그들은 공포에 사로잡혀 두 발이 땅속으로 꺼져버리지나 않을까 하며 심연을 바라본다. 아래쪽에서는 맹렬한 기세로 흘러가는 급류가 깊은 동굴에 부딪히면서 내는 무시무시한 소리가 들려온다. 나무들이 뿌리가 들린 채 뽑혀나가고 금세라도 무너져버릴 것 같은 바위를 바라볼 때는 그들 뒤편에 더 엄청난 붕괴가 일어나기를 바라기라도 하는 것 같다. 그곳에서 너무나 새로운 사물들을 보고 흥분에 사로잡혀 상식을 벗어난 인간은 성찰할 수 있는 능력을 얻는다. 그들은 지표면에서 일어나는 끊임없는 변화를 생각해보고자 한다. 그들은 과거 모든 시대의 급변과 사물들의 가변적 형상, 지구의 쇠락을 단 한 순간인 것처럼 경험한다. 지구가 최초로 형성되어 젊음을 누리던 시대를 응시하면서도, 산이 무너져 돌이킬 수 없이 갈라져버린 틈들을 보면서 이 세계 자체가 끝에 다다른 고상한 폐허임을 알아차린다."

이 멜랑콜리를 띤 열광을 보면 우리가 덧없이 사라져버리는 존재이고, 우리가 태어나기 전에 여러 세대가 사라졌듯이 우리도 그렇게 사라질 운명이며, 거대한 전체가 생명을 갖게 되려면 교체되고 부침을 겪지 않을 수 없음을 인정하는 법을 배우게 된다. 다른 이들이 제 차례가 되어 저 숭고한 장면을 바라보게 하려면 그들에게 자리를 내주어야 한다. 산 정상에 올라 마주하는 것은 자연의 이 위험한 얼굴이다. 천재란 그 자연에서 힘을 길어내는 존재다.

자연의 그런 모습을 마주할 때 우리는 변전을 겪는 물질의 수동적인 순환과 폐허를 황홀히 생각하게 된다. 죽음에 빠져들 때, 우리가 그만 사라지고 말 고난의 밤이 도래할 것을 예견할 때 느끼는 흥분이 바로 우리의 열락悅樂이다. 사실 우리 역시 에드워드 영이 그러했듯 묘지 위, 별이 가득한 창공을 바라보며 그런 전율을 경험할 수 있으리라. 알레산드로 마냐스코가 표현한 폭풍우는 이후 조제프 베르네가 그려내는 폭풍우처럼 목가가 찬미하는 평온한 행복을 받아들이지 않는 자연에 대해 말한다. 마냐스코는 엄청난 힘으로 길길이 날뛰는 파도를 타고 폭풍과 맞서는 자신에게 찬탄이 쏟아지기를 바란다. 열광적으로 색채를 입히고 붓 터치를 하면서 화가는 자기가 선택한 주제와 하나가 되어, 분노에 찬 벼락을 전하는 전도체가 되고자 했다. 그는 저주받은 자나 예언자의 태도를 취하고 그를 매혹했던 끔찍한 분노를 우리가 눈앞에서 마주보게 한다. [베르나르댕 드 생피에르의 소설]『폴과 비르지니*Paul et Virginie*』의 후반부에서 폭풍우는 18세기에 마지막까지 남은 목가의 종언을 선언한다. 저 야만적이고 원시적이고 길들지 않은 자연은 설령 덜 위험한 날에 바라보더라도 우리가 그 안으로 들어갈 수 없게 한다. 자연이 우리를 폭력적이고 거칠게 대해서가 아니라, 우리의 정념이 약화되었고 우리 자신이 '탈자연화'되었기 때문이다. 시적 영감의 출발점을 끊어진 접촉과 생명력 넘치는 에너지의 상실에 대한 노스탤지어에서 찾는 이들도 있다.(막 모험에 나선 괴테의 파우스트가 그런 예다.) 퇴폐라는 개념은 물론 19세기에 수많은 사람을 사로잡게 되지만 이미 18세기에 움트고 있었다. 불균형을 특징으로 하는 숭고 앞에서의 전율에, 지식의 과잉과 분리될 수 없는 과오의 의식이 더해지게 된다. 지식의 과잉이야말로 인간에게서 생명의 원천을 끊어버리기 때문이다.

그래서 인간이 벌인 사업 때문에 피 흘리는 자연의 친밀한 공간과, 무한한 공포와 현기증이 펼쳐지는 숭고한 자연 사이에, 마음이 하나되는 목가적 신화를 위한 자리가 더는 존재하지 않는다. 하지만 목가적 세계의 이미지와 단일성의 취향이 계속 매혹을 불러일으킨 것은 사실이다. 그래서 그 이미지와 취향은 문학적 허구와 죽음의 의식과 떼려야 뗄 수 없는 관계가 되는 상상의 공간으로 들어선다. 실제로 18세기에 나온 다수의 음산한 전원풍 작품이 이를 증명한다. 올리버 골드스미스의 『버려진 마을*The Deserted Village*』, 토머스 그레이의 『시골 묘지에서 쓴 비가*Elegy Written in a Country Churchyard*』, 게스너의 『아벨의 죽음*Der Tod Abels*』은 물론, 무엇보다 『누벨 엘로이즈』와 『젊은 베르터의 슬픔』을 꼽을 수 있다. 시기심에 사로잡힌 운명 때문에 그저 짧은 계절 동안 행복하게 만개하다 져버린 주인공을 다루는 많은 작품이 있다. 그런 다음에야 진리의 내적 필요성을 내세워 목가의 죽음이(필요하다면 목가적 인물의 죽음을 통해) 선언된다. 죽음과 과거의 공간으로 밀려난 목가는 비가悲歌가 되고, 회한과 노스탤지어의 '감상적인' 시가 되며, 미래의 지평에 투사된 목가는 영역을 넓혀 유토피아가 되고 상상을 통해 화해가 이루어진 세상을 구성하게 된다. 방향이야 어떻든 정신은 자신에게 결여된 선善, 즉 더는 존재하지 않는 것이나 아직 존재하지 않는 것을 응시하는 데 열중한다. 부재에 대한 정념에, 자기 기준으로 더는 찾을 수 없는 대상을 욕망하는 데 대한 끝없는 성찰에 열중하는 것이다.

영국 풍경

조슈아 레이놀즈는 [그리스 철학자] 프로클로스의 신플라톤주의를 충실히 따랐다. "자연이 산출한 형식을 모델로 삼아, 그것을 정확히 모방하는 데 그치는 자는 결코 완전한 아름다움에 이르지 못할 것이다. 자연이 만들어낸 것에는 균형이 맞지 않는 것이 많아 아름다움의 진정한 전형에 비해 훨씬 열등하기 때문이다."[『회화론』] 이 규범은 대규모 구성의 작품만이 아니라 18세기 영국 회화가 선호한 장르인 풍경화와 초상화에 대해서도 가치를 지닌다.

영국 화가들 역시 귀족에게 실물보다 훌륭한 초상화를 그려주기는 마찬가지다. 나티에 같은 화가의 그림에 보이는 지나치게 번드르르한 외면치레와 달리, 영국 화가들의 사치는 장신구나 화장, 살롱의 배경장식에 나타나지 않는다. 그들의 사치에는 아름다움을 강조하는 빛의 기품이 담겨 있어서 그 빛이 닿는 곳마다 이상理想의 표면이 매끄럽게 드러난다. 모델은 호사스러운 살롱에서 포즈를 취하는 대신, 열린 공간에서 평온한 자연과 오점 없이 창조된 세상을 배경으로 자리한다. 모든 부분이 고상한 방식으로 변형된다. 이 세상엔 충직한 동물에 둘러싸여 명상에 잠긴 세심한 사람들뿐인 것만 같다. 이렇게 되찾은 에덴동산에서는 전원 한복판에서 문명화된 안락한 삶을 맛볼 수 있다. 행복은 대대로 물려받은 영지를 개발하는 일이다. 그 영지에 아침에 말을 타고 신속히 달릴 수 있는 신비로운 대로가 뚫려 그곳이 작은 숲으로, 또 큰 숲으로 확장된다.(도판 53, 54, 55)

게인즈버러만큼 대지의 아름다움을 훌륭하게 표현할 수 있는 화가가 있을까? 그의 작품에서는 구걸하는 아이들까지도 시적 행복의 분위기를 풍긴다. 이상적인 세상에는 필연적으로 거지의 평온한 전형이 들어 있기라도 하듯 말이다. 역사가들은 이 시기에 세워진 울타리가 대토지를 체계적으로 경작할 수 있게 해주었고 그 때문에 소규모 경작자들이 비참한 상태에 몰렸음을 확언한다. 그들의 비참한 처지는 정확히 말해 '불완전한 자연'이었으며, 화가들은 그런 자연을 넘어서야 한다는 요청을 받게 되었다. 또한 화가들은 불순한 것을 모두 걸러낸 아름다움을 성실하게 찾으면서 자본가가 보기에 전혀 불쾌하지 않은 조용한 정원의 이미지를 발전시킨다.(이 매혹에 어떤 허구가 있는지 알려면 캐리커처 화가의 그림을 잠시 살펴보는 것으로 충분할 것이다.)

도판 53. 조슈아 레이놀즈(1723~1792), 〈버클루 공작부인 엘리자베스와 딸 메리 스코트〉, 셀커크(스코틀랜드) 보힐, 버클루와 퀸스베리 공작, K.T.

54

55

도판 54. 토머스 게인즈버러, 〈로버트 앤드루스 부부〉, 1748~1750년경, 런던 내셔널갤러리.
도판 55. 조지 스터브스(1724~1806), 〈멜번과 밀뱅크 가족〉, 1770, J. J. 샐먼드 컬렉션.

[18세기 영국 시인 마크 에이큰사이드의 저작]『상상력의 즐거움 *The Pleasures of the Imagination*』에 대해 조지프 애디슨이 쓴 기사들 중에 18세기 감수성이 가장 잘 드러난 글 하나를 읽어보는 것이 좋겠다. “나는 그저 단순한 대상의 더미를 규모라고 부르지 않겠다. 나는 거의 동시에 눈에 들어오고 하나의 전체나 다름없는 모든 것이 점하는 너비를 규모라고 부른다. 탁 트인 들판, 사람의 손길이 닿지 않은 드넓은 사막, 겹겹이 혼란스럽게 쌓여 있는 산들, 바위나 까마득한 절벽, 경이롭게 뻗어가는 물길을 볼 때가 그렇다. 우리가 그런 대상을 보고 아연해진다면, 그것은 새로워서도 아니고 아름다워서도 아니다. 저 놀라운 자연의 작품들 속에서 보이는 그 거칠고 조잡한 웅장함 때문이다. 우리의 상상력은 기꺼이 어떤 대상에 압도되거나, 상상력의 한계로 가둘 수 없는 것에 집착한다. 우리는 무한한 대상을 바라볼 때 기분 좋은 놀라움을 느끼게 마련이며 그때 영혼은 평온함이나 열락과 같은 것에 잠기게 된다. ……하지만 파도치는 바다, 별과 성운이 아름다움을 더하는 하늘, 강이 흐르고 나무들이 서 있고 바위가 놓여 있고 들판이 펼쳐진 끝없는 풍경을 바라볼 때처럼, 아름다운 것이나 기이한 것이 그러한 규모를 동반할 때의 즐거움은 즐거움의 원인에 비례하여 증가한다.”

규모가 만들어내는 즐거움은 ‘기분 좋은 공포’나 ‘끔찍한 기쁨’과 관련된다. [현대 미국의 문화사가] 마저리 니컬슨이 ‘무한의 미학’이라고 정확하게 명명한 것은 바로 야생의 자연을 마주할 때 태어난다. 세계의 무한성을 생각하면 신의 무한성이 느껴진다. 철학자는 무릇 저 경이로운 광경들에 관심을 옮기면서 예술과 지나치게 인간적인 수사학에 등을 돌리게 된다고 생각한다. 하지만 낡은 상투적 표현을 피하고 미지의 감동을 자극하고자 하는 새로운 화가들이 나타나, 저 거친 숭고와 겨뤄보려 하고 엄청난 원시의 공간을 그 공간의 장엄함을 복원해주는 이미지로 표현하여 영원히 유지하려고 했다.(도판 56, 57, 58, 59) 미적인 언어,

도판 56. 프랜시스 타운(1740~1816), 〈아르베롱 계곡의 수원〉, 1781, 런던 빅토리아&앨버트미술관.

57

58

도판 57. 조지프 라이트 오브 더비(1734~1797), 〈달빛 비치는 풍경〉, 1780~1789, 개인 소장.
도판 58. 윌리엄 호지스(1744~1797), 〈베트피하만灣〉, 런던 국립해양박물관.

도판 59. 조제프 베르네, 〈폭풍우, 난파〉, 1777, 아비뇽 칼베미술관.

새로운 취향이 창조되어 모든 말을 넘어서고 기존의 모든 형식에 도전하는 것처럼 보이는 것이 모습을 드러낸다.

벌써 역사가 오래된 풍경의 예술이 새로운 위엄을 갖추게 된다. “풍경이란 자연을 따라 만들어진 공간의 초상화로 불린다. ……풍경화 장르는 무한한 개별 대상으로 뻗어나간다. 바닷가, 소박한 시골집, 기이한 지형, 바위 등을 (있는 그대로 고찰한다면) 그 모두가 풍경이다. ……위대한 화가에겐 이런 그림이 휴식이나 다름없다. 이들 대상을 수월히 그려내니 화가로서도 기분 좋은 일이고, 화가의 재능으로 그 대상들이 그려지는 것을 바라보는 것도 즐겁다. 또 화가들은 그런 연습을 통해 무한히 많은 대상과 세부묘사, 진실한 표현에 눈길을 멈추고 이를 느껴볼 기회를 얻는다. 그런 것들이 눈에 띈다면 그들에게 흥미로운 감정이 생기지 않을 리 없기 때문이다.”(바틀레) [『회화, 조각, 판화 예술 사전』의 ‘풍경화’ 항목]

그러니 풍경은 여행하는 화가들의 연습이지 않겠는가? 물론 여행중에 느낀 놀라움의 기억을 오래 간직하고자 하는 여행자에게 그 지역에 사는 화가가 그려준 데생이나 채색화는 여기에 해당하지 않는다. 그래서 이 장르는 먼 나라로의 여행, 새로운 발견, 난생처음 본 사물 앞에서 느낀 놀람, 자연의 기이함이나 변덕을 마주했을 때의 감동과 떼려야 뗄 수 없다. 자연은 그때 자연을 응시하는 자에게 예술의 성취를 예감하게 하는 것 같다. 피토레스크, 즉 보면 그림으로 그리고 싶어지는 대상에 가득 퍼진 매혹 같은 것이 시선을 사로잡는다. 니콜라 코생은 이렇게 권고한다. “여행하는 화가라면 제가 살던 곳에서는 볼 수 없는, 그려볼 만한 신기한 수종樹種에 특히 주목해야 한다. 가령 프랑스 화가는 프랑스에서 흔히 볼 수 없는 소나무나 실편백나무를 관찰하고, 바라보는 거리에 따라 색이 어떻게 다양하게 변하는지 바라볼 것이다. 이 모든 것을 크로키로 그려서 항상 기억에 남게 기록해야 하

60 

61 

도판 60. 장오노레 프라고나르, 〈티볼리의 넵튠 동굴〉(황적색 연필화), 브장송 보자르미술관, 파리스 컬렉션.
도판 61. 프라고나르, 〈제노바 주변 연안의 풍경〉, 브장송 보자르미술관, 파리스 컬렉션.
도판 62. 위베르 로베르(1733~1808), 〈오랑주 투우장의 뒤뜰〉, 1783년경, 개인 소장.

고, 기억력이 좋다고 결코 과신해서는 안 된다. 생각은 고정해두지 않으면 너무도 쉽게 사라지기 마련이다." 다른 수많은 화가도 그랬지만, 특히 피토레스크의 조국이라고 할 수 있는 이탈리아를 여행하면서 프라고나르(도판 60, 61)와 위베르 로베르(도판 62)가 이 권고를 따랐다. 이 두 화가가 나무, 바위, 물, '시정 넘치는' 정원에만 흥미를 가졌던 것은 아니다. 18세기 취향은 건축, 즉 '풍경과 어우러진 건축물'을 빠트리지 않으려 했다. 하지만 이런 '건축물'이 피토레스크 효과를 만들어내려면 고상하거나(폐허의 경우) 투박하거나(시골집의 경우) 해야 한다. "폐허나 고딕식 건축물을 보면 낡았다는 생각이 들기에, 멜랑콜리에 젖은 영혼들은 틀림없이 매혹을 느끼게 된다. 그들은 인간의 손으로 지은 더없이 견고한 작품들을 즐겨 자연과 비교하곤 한다. 자연이 항상 젊고 항상 다시 태어난다면, 인간은 늙어가고 결국 부서져 잔해밖에 남기지 못하기 때문이다. 고상한 건축물은 풍경을 대단히 장엄하게 만들어준다. 투박한 건축물을 볼 때는 그곳에 사는 사람들이 온화하고 순수한 삶을 영위하리라는 즐거운 생각에 잠기게 된다. 여기에 시골 사람들이 흔히 집밖에 두는 사다리, 나무통, 양조통, 오래된 술통, 여물통, 수레, 쟁기 같은 도구들에 대한 취향을 더해볼 수 있겠다. 시골집에 낡은 느낌이 강조될수록 그만큼 더 피토레스크한 것이 된다."[『회화, 조각, 판화 예술사전』의 '풍경화' 항목] 도시 풍경에 진력이 난 도시 사람들은 시골집과 폐허를 그린 이미지에서 감미로운 휴식을 찾았다. 유용성과 사회적 지위만을 찾는 세태에서 자유로워지기 때문이었다. 시골집과 폐허는 시간이 흘러 고색창연해진 세계이고, 그 세계의 사물들은 그저 관조의 대상으로 남는다.

그러나 자연적인 피토레스크(이는 곧 소설적인 것le romanesque으로, 그후에는 낭만적인 것le romantique으로 불린다)를 모사하고자 노력하다보면 결국 그런 표현이 손에 밴다. 화가는 이내 자기가 그리고 싶은 대로 그런 표현을 고안해낼 수 있게 된다. 그때 화가의 능숙한 손은 예전에 자연이 예술에서 가져갔던 특권을 되찾아오는 것이다. 자연이 아름다운 것은 회화가 만들어내는 효과를 자연 스스로가 모방할 때뿐이라면 화가는 상상의 풍경을 창조해볼 수도 있지 않겠는가? 베네치아 연안을 그린 과르디와 섬세함으로는 따라갈 사람이 없는 카날레토에 이르기까지 [눈에 보이는] 풍경, 카프리치오capriccio(caprice), 상상의 풍경*을 구분하는 일이 늘 쉽지만은 않다.(도판 63, 64, 65) 그들의 작품을 구매하는 미술 애호가들은 정확히 묘사해달라고 할 때도 있고, 실재를 왜곡해도 좋으니 매혹적인 이미지를 그려달라고 할 때도 있었다. 필리포 유바라가 데생으로 남긴 배경장식 초안(도판 66)을 보면 상상의 풍경에서 무대장식에 이르는 길이 멀지 않았음을 알 수 있다. 피토레스크 장식은 그저 풍경화가의 카프리치오를 연극적으로 바꾼 것이나 다름없었다.

피토레스크 양식으로 그려진 시골집은 검소한 삶에 대한 노스텔지어를 표현한다. 베네치아식 카프리치오는 사람들이 일과를 시작하면서 평온이 깨진 직후의 변두리에 은근한 활기를 불어넣는다. 그러나 18세기 말이 되면 사람들은 피토레스크한 것을 더욱 야생에 가까운 공간에서 만나고 싶어하게 된다. 폭발 후 용암이 굳어버린 화산이나 폭풍우를 마주하면서 말이다.

이런 피토레스크한 광포함을 보자마자 화가는 붓을 들지 않을 수 없다. 있는 그대로의 자연을 모사하던 자가 이제 상상의 장소를 고안한다. [18세기 영국 풍경화가] 알렉산더 카즌스 같은 화가가 실제로 중요시했던 것은 환상적인 풍경을 창조하면서 자연을 넘어서는 일이었다. 그는 외부 세계가 아니라 화가의 정신

* 실제 모습이 아니라 작업실에서 작가가 주제와 의도에 맞춰 그려낸 풍경이다. 이런 점에서 여러 기법을 동원해 인물들을 과장되게 표현하면서 신랄한 풍자의 성격을 가진 카프리치오와 구분된다.

에서 풍경의 모델을 찾았다. 카즌스가 그림의 구성을 위해 사용했던 방법은 우연찮은 얼룩에서 도움을 얻는 것이었다. 얼룩은 작품을 유기적으로 구성하는 상상력을 뒷받침하고 길잡이가 되어주었다. 이는 자동기법automatisme*을 이용하는 방법으로, 이를 통해 꿈의 모호한 힘이 작동된다. 이 방법론은 『풍경화의 독창적 구성을 고안하기 위한 새로운 방법*A New Method of Assisting the Invention in Drawing Original Composition of Landscape*』[1785]이라는 저서에 잘 정리돼 있다. 이 해석된 타시슴tachisme interprété†은 분명 오늘날 미묘한 얼룩들의 의미를 읽어내어 [개인의 자발적인 응답을 통해 심리상태를 파악하는] 투사검사법에 비견된다. "풍경화의 구성과 고안은 개별 자연을 모방하는 것이 아니라 그 이상의 무엇이라 하겠다. 이는 예술을 통해 자연의 일반 원리에 형태를 부여해 재현하는 것

* 여기서는 카즌스가 20세기 초반 초현실주의의 창작방법 중 하나였던 '자동기법'을 예고하고 있음을 강조하고 있다. 18세기 후반에 자연의 대상을 모사하고 모방하는 경향을 벗어나 작가의 주관을 표현하고자 했음을 지적하는 것이다. 훗날 초현실주의자들은 이런 자동기법을 통해 이성과 관습의 통제를 벗어나 자율적인 심리 표현을 실현하고자 했다. 앙드레 브르통은 1924년 초현실주의 1차 선언문에서 초현실주의라는 말을 다음과 같이 정의한다. "순수 상태의 심리적 자동운동automatisme psychique pur으로, 사고의 실제 작용을 때로는 구두로, 때로는 필기로, 때로는 여타의 모든 수단으로, 표현하기를 꾀하는 방법이 된다. 이성이 행사하는 모든 통제가 부재하는 가운데, 미학적이거나 도덕적인 모든 배려에서 벗어난, 사고의 받아쓰기."(『초현실주의 선언』, 황현산 옮김, 미메시스, 2012, 89~90쪽)

† 18세기 후반의 미술 이론과 창작에서 다음 세기의 후기인상주의가 이미 예고되었다는 지적이다. 여기서 '해석된 타시슴'이란 표현은 '자동적'이고 물질적인 기법에 객관적 묘사에 대한 강박에서 벗어난 화가의 주관이 표현되어 있음을 강조하기 위한 것이다. 현대적인 의미에서 타시슴은 말 그대로 여러 가지 방식으로 화폭에 얼룩tache을 가하는 회화 기법이다. 1880년경의 점묘파에 기원을 두며, 20세기 초반 초현실주의자들에게 큰 영향을 주었다. 20세기의 타시슴은 큐비즘과 추상회화에 대한 반작용으로 나타났다. 화가는 화폭에 붓이나 물감을 자신의 의도를 배제하고 여러 가지 방식으로 던져, 여기서 만들어지는 얼룩의 효과를 노렸다.

63

도판 63. 프란체스코 과르디(1712~1793), 〈베네치아식 카프리치오〉, 뉴욕 메트로폴리탄미술관.
도판 64. 안토니오 카날레토(1697~1768), 〈상상으로 그린 파도바 풍경〉, 윈저성도서관.

64

65

66

도판 65. 카날레토, 〈멀리서 본 종탑과 도시 주변의 전원주택〉, 윈저성도서관.
도판 66. 필리포 유바라(1676~1736), 〈로마 오토보니 극장 상연작 '키루스'를 위한 무대배경〉(1712), 토리노 국립도서관.

이다. ……얼룩을 만드는 것은 외곽선을 전혀 사용하지 않고 종이 위에 잉크로 작업해 우발적인 형태들을 만드는 것으로, 이런 형태들은 머릿속에 수많은 생각이 떠오르게 한다. 바로 이것이 자연에 응답하는 일이다. 자연에서 형태들은 선이 아니라 빛과 그림자의 유희에 의해 구분되기 때문이다. ……똑같은 얼룩 하나로도 사람들마다 상이한 생각을 떠올리게 할 수 있다. 이를 고려한다면 이 방법의 주요한 특징은 새로운 창안의 능력을 발전시키는 데 있으므로, 이 점에 있어서 그저 자연을 연구하는 것보다 훨씬 효과적이다." 카즌스에게는 놀라운 결과였다. 그는 자신의 방법을 발전시키면서 자기가 본 적 있는 중국 풍경화가들의 비밀을 발견하기에 이른다. 그의 단색 수채화에서 화가의 꿈은 신화적인 창세기의 차원에 다다라 있다.(도판 67, 68)

폐허에 깃든 멜랑콜리

시각예술(즉 현전을 다루는 예술)은 시를 벗어나서 부재를 표현할 방법이 있을까? 비가悲歌적인 회화가 가능할까? 전원화田園畵를 시간 영역을 벗어난 고전적 아름다움의 빛이 아니라 잃어버린 사물이 가지는 비통한 특징으로 표현할 수 있을까? 회화에서 이미 지나가 사라져버린 것의 차원을 느끼게 하는 것은 위험한 시도가 아닐까? 마주했을 때 사라진 시대에 대해 말해주는 사물들, 그것들에 주목할 수 있게 해주는 방법이 하나 있다. 폐허다. 18세기 감수성이 마치 유행처럼 특히 애호했던 이 주제는 사실 다시 등장한 것에 불과하다. '르네상스(새로운 탄생)'를 꿈꾼 선구자 중 한 명인 [이탈리아 시인] 페트라르카는 자신이 위대했던 로마의 폐허를 산책한 이야기를 한다. [현대 독일의 미술사가] 베촐트가 지적했듯이, 화가들은 일찌감치 폐허를 인위적인 구조와 자연 세

67

68

도판 67. 알렉산더 카즌스(1716~1786), 〈산악 풍경〉, 런던 대영박물관.
도판 68. 카즌스, 〈구름〉, 아르미드와 오페 컬렉션.

계, 궁정과 바위를 매개하는 배경장식으로 생각했다. [15세기 이탈리아의 도미니크회 수사 프란체스코 콜로나의 작품] 『폴리필로의 꿈*Hypnerotomachia Poliphili*』[1499]은 폐허를 헤치고 사랑을 찾아 나서는 이야기다. 또하나의 예는 훗날 프로이트가 주목한 빌헬름 옌젠의 『그라디바*Gradiva*』[1902]이다. 잘 알려져 있듯 콰트로첸토Quattrocento[이탈리아 15세기] 화가들은 세바스티아누스 성인의 순교 하면 당연히 폐허의 배경을 떠올렸다. 폐허는 동방 전통에 흔히 등장하는 출생의 상징이기도 하다. 신비에 싸인 나라의 상징이며, 동시에 새로운 신앙이 도래했을 때 무너져내리는 [신과 맺은] 옛 언약의 상징인 것이다. 곧 유명한 고대 유적(오벨리스크, 콜로세움, 티볼리에 있는 무녀의 신전)을 화가들은 부속 조형물로 삼아 마음대로 그림 속에 배치하곤 했다. 클로드 로랭은 거리낌 없이 [로마의] 콘스탄티누스 개선문을 강기슭 위에 옮겨놓았다. 로마에 가본 적 없는 사람들마저 판화집에서 폐허가 된 신전 이미지를 빌려와 풍경을 흥미롭게 구성했다. 과거의 잔해 하나만 넣어도 자연은 고상해지고 진부한 풍경도 영웅적이거나 목가적인 풍경으로 만들어준다. '식자들'은 살바토르 로사의 벼랑을 떠올리며 알프스로 갔듯 로랭이 그린 신전을 기억하면서 [로마의] 캄포 바치노로 갔다. 영국 젊은이들에게 '그랜드 투어Grand Tour'* 는 빠뜨릴 수 없는 여흥이었다. 섬 생활의 우울을 피하려는 이들은 이 여행에서 다시 멜랑콜리에 빠지게 되지만, 이탈리아의 태양 아래서라면 멜랑콜리조차 고상하고 담담해진다.

화가와 판화가는 이 여행자들을 위해 작업한다. 이런 예술가

* 18세기 초가 되면 유럽의 젊은이들이 다른 문화에 대한 강렬한 호기심으로 유행처럼 여행을 떠나기 시작했는데 이를 '그랜드 투어'라고 불렀다. 주로 영국과 독일의 귀족 출신 젊은이들이 그랜드 투어의 주인공이었는데 유럽은 물론 근동까지 갔지만, 가장 선호된 여행지는 르네상스의 조국이자 가톨릭의 본거지인 이탈리아였다.

들이 없다면 명소 앞에서 몇 시간을 보낸들 무엇이 남겠는가? 여행에서 돌아온 부자들은 방에 포룸 로마눔[포로 로마노]이나 판테온을 그린 베두타veduta*를 걸어놓을 것이다. 재산이 적은 여행자들은 판화를 들고 오는 것으로 만족해야 했다.(우편엽서가 이 산업을 계승했다.) 이 장르에서 두각을 나타낸 화가가 조반니 파올로 판니니다. 젊은 시절 건축 장식의 데생을 했었기에 판니니는 손쉽게 '원근법'과 '베두타'로 나아갈 수 있었다. 이 '풍경-초상화'는 확고한 전통에 따라 크게 세 가지 유형으로 구분할 수 있다. 1) 파노라마, 2) 큰 모티프, 3) 사적인 풍경. 판니니는 눈 하나 깜짝하지 않고 현실과 완전히 동떨어진 진기한 것들을 화폭 하나에 전부 담아냈다. 가족 초상화를 그릴 때 멀리 사는 친척들을 함께 그리는 식이다. 미술 애호가라면 그의 화폭이 고대 로마 유적이 다 들어간 축소판임을 꿰뚫어볼 수 있었다.

베두타 예술의 정점에는 피라네시가 있다. 건축가 자질을 뽐내곤 했던 이 베네치아 화가는 돌로 된 주인공들이 등장하는 음산한 꿈에 시달렸다. 그는 로마를 정말 사랑한 사람이기에, 죽음에 저항하는 유령 같은 장엄한 힘의 의지가 나타난 모습으로 로마를 변형하여 세워놓았다. 그는 한 치의 오차도 허용하지 않는 판화가이자 환각에 사로잡힌 예술가였다. 그는 흑백의 유희를 잘 이용해 돌이라는 재료에 그전까지 거의 발전하지 못했던 표현력을 불어넣을 줄 알았다. 여전히 고전적 균형이라는 이상에 매여 있던 괴테는 "렘브란트가 성취한 고대 폐허의 풍부한 효과" 앞에서 불안감을 숨길 수 없었다. 괴테는 피라네시의 혈기 넘치는 격정

* veduta는 풍경(영어의 view, 프랑스어의 vue, 독일어의 Ansicht)을 이르는 이탈리아 말이다. 18세기 이탈리아, 특히 베네치아에서 유행했고 원근법을 이용하여 시각적 효과를 한껏 살려내는 그림들을 가리킨다. 카메라 옵스쿠라를 이용하여 구도를 잡은 뒤, 풍경을 이루는 세부묘사에 신경을 많이 썼다. 일반적으로 그림의 규모가 컸다.

보다 헤르만 판 스바네벨트 같은 화가의 더 지적이고 온건한 작업을 선호했다. 피라네시가 원근법의 몇몇 효과를 과장하면서 균형이 무너진 세계를 펼쳐놓는다는 점은 사실이다. 그 세계에서 운명의 징표인 기념물은 인간의 모습을 무한히 넘어선다. 고대 건축 주위를 배회하는 거대한 그림자 앞에서 인간의 몸짓은 무의미해져 사라지고 만다. 인간의 능력이 한껏 개화되기를 그토록 갈망하는 괴테로서는 과거가 현재에 가하는 이 엄숙한 비난을 받아들일 수 없었다.

사실 폐허의 미학은 차분한 형식을 띠고 또 피라네시 같은 화가처럼 불안까지 나아가지 않는다면 단조로 연주되는 목가를 표현할 수 있다. 인간은 죽음을 받아들이면서 그것을 매개로 다시 자연과 합치된다. 게오르크 짐멜은 이렇게 썼다. "폐허의 매혹은 인간의 작품이면서도 자연의 작품이라는 인상을 주면서 현전한다는 데 있다. ……인간의 의지는 저 높은 곳으로 뛰어올라 건물을 세웠다. 그런데 자연의 역학적 힘이 작용해 그 건물을 지금의 모습으로 만들었다. 그 쇠락의 힘은 아래로 흐른다. 하지만 우리가 말하는 것이 그저 돌무더기가 아니라 폐허인 만큼, 자연은 원재료의 무정형한 상태로 작품을 되돌리진 않는다. 여기서 새로운 형태가 나타난다. 자연의 관점에서 볼 때 그 형태는 절대적으로 의미심장하고, 이해 가능하며, 차이를 만들어낸다. 자연은 예술작품을 창조의 재료로 바꾸었다. 이는 그 이전에 예술이 자연을 창조의 재료로 썼던 것과 마찬가지다. 그래서 폐허를 보면 평화가 생각난다. 폐허에서 서로 대립하는 우주의 두 힘은 순수하게 자연적인 실재가 휴식을 취하고 있는 이미지처럼 작동하기 때문이다. 바로 이 점이 폐허가 주변 환경을 닮게 되고 나무나 돌처럼 그곳에 뿌리내리는 이유를 설명해준다. 반대로 궁정이며 전원의 별장(빌라)이며, 심지어 농가조차 아무리 풍경의 성격과 맞추려고 해도 결국 다른 질서를 드러내고, 시간이 흘러서야 자연의 질서와 비로소 합치되는 것처럼 보인다.”[「폐허에 대한 성찰」] 그래서 이렇게 인간의 의지가 개입되지 않은 작품[폐허]에서는, 수직으로 쌓아올리려 하는 과거 예술의 노력과 자연이 지닌 추락과 관성의 힘이 서로 균형을 이루게 된다. 자연과 문화의 서로 상반되는 힘들은 인간의 발길이 거쳐간 뒤에야 화해하면서 균형을 이루는 것이다. 그때가 인간이 기울인 노력의 모든 흔적이 해체되고, 야만성이 잃어버린 영토를 되찾게 되는 때이다. 한 시대가 위대했음을 보여주는 물질적 형식이 시간성을 벗어난 무질서에 완전히 굴복해버린 것은 아니다. 위대한 의도가 깃든 흔적은 살아남았다. 하지만 가장 확실히 살아남은 것은 그 위에 자라난 이끼와 마구 헝클어진 가시덤불이 알려주는 흔적이다. 그렇게 살아남은 것에는 인간이 의도한 바가 사라지고 없다. 살아남은 것은 망각인 셈이다. 폐허의 시학은 언제나 엄습하는 망각과 마주한 몽상이다……. 많은 이들의 지적처럼, 폐허가 아름다워 보이려면 파괴가 이루어진 시점에서 시간이 충분히 흘러, 파괴의 상황이 정확히 어떠했는지를 잊어야 한다. 그후로는 파괴를 익명의 힘, 정체불명의 초월적 존재(대문자의 역사, 운명의 신) 탓으로 돌릴 수 있다. 살육의 공포가 채 가시지 않은 최근의 폐허를 마주하고 차분히 몽상에 잠길 수 있는 사람은 없다. 그런 폐허는 신속히 치워져 재건되곤 한다. 그리고 구체적인 이름을 지닌 파괴자 앞에서는 분노가 폭발한다. 폐허의 시는 모든 것이 부재 속으로 빠져들어가는 파괴에서 일부 생존한 자의 시다. 그러니 파괴 이전 건물의 이미지를 간직한 사람은 단 한 명도 없다. 폐허는 특히 버려진 예배당, 아무도 찾는 이 없는 신을 가리킨다. 방기와 포기의 표현이라 하겠다. 고대의 기념물은 기억의 공간, ‘경고’의 표현이었을 수도 있다. 기념물을 통해 기억이 영원해졌다. 그러나 처음의 기억은 이미 지워졌고 거기에 또다른 의미가 들어섰을 때 기념물을 지은 사람이 돌 속에 영원히 남기고자 했던 기억은 완전히 사라져버린 것이다. 멜랑콜리는 기념물이 의미를 상실하고 지워져버렸다는 사실에서 기인한다. 폐허에서 꿈꾼다는 것은 우리 존재가 더는 우리 것이 아니고 벌써 무한한 망각에 합류했음을 느끼는 일이다.

유럽의 감수성에 폐허라는 주제가 나타난 시기에는 시골 묘지라는 주제도 등장했다. 시골 묘지의 주제는 추억을 불가능하게 만들어버린 변화, 망각을 극복할 수는 없지만 계속 다그쳐 묻는 무장해제된 기억의 노력을 가리킨다. 그레이의 『시골 묘지에서 쓴 비가』에 나타난 음산한 운명은 의식이 이를 수 없는 신비를 상징하는데, 바로 이것이 잃어버린 보물인 셈이다.

하지만 이렇게 망각을 의식한다는 것은 기억의 소임을 깨닫는 일이다. 긴 잠에 빠진 돌들을 마주했을 때, 염소들이 배회하는 신전을 마주했을 때, 몽상이 수면 위로 떠올라 의문을 품게 된다. 이 의문에서 체계적인 조사가 시작된다. 폐허에 시간과 공간의 좌표를 부여하고자 한다. 잘 알려져 있듯이 역사가들은 폐허를 응시하면서 굳은 소명의식을 품었다. [18세기 영국 역사가] 에드워드 기번은 이렇게 고백했다. "나는 생각에 잠겨 로마 카피톨리노 언덕의 폐허에 앉아, 주피터 신전에서 프란체스코회 수사들이 부르는 저녁기도 노래를 듣고 있을 때, 『로마제국 쇠망사』를 쓰자는 생각이 처음 떠올랐다." 기번을 전후로 18세기의 '골동품상', 박학을 과시하던 사람, 고고학자 등이 유적 연구에 열을 올렸고 과거를 그랬음직한 이미지로 재구성했지만, 체계적인 일람표를 제시했다고 자부하던 피라네시의 기념비적 몽상에까지 이른 것은 아니었다. 꿈이 학문의 방식을 취하고자 했다. 마침내 잊힌 신들의 이름이 해독되고 깊게 묻혀 있던 술잔이 발굴되었을 때, 그것은 폐허라는 모호한 시의 종말이다. 예전에는 지식이 부족했기에 감격할 수 있었고, 그래서 그런 시적 표현이 가능했었다. 그 감동을 깊이 느꼈던 사람들이 보기에 아득한 태고의 일처럼 느껴져야 했던 것에 '연대年代'를 정하고자 했던 일이야말로 신성모독이었다. 18세기에 폐허에 대한 감정은 급격히 대두된 근대의 역사적 사유와 경쟁했다. 옛 자료의 시정詩情은 보다 체계적인 연구와 함께 사라져갔다. 근동학자 콩스탕탱 볼네의 저작[『폐허: 제국의 변전에 대한 성찰』]은 이러한 변화를 보여주는 놀라운 증거다. 그러나 괴테의 한 친구가 썼듯이, 박학한 지식에서 얻은 것은 상상력에서 상실되기 마련이다. "우리에게 고대는 흔하디흔한 모든 것과 분리되어 먼 곳에서 나타나야 한다. 고대는 그저 지나가버렸다는 특징에서만 나타나야 하는 것이다. ……로마에는 신의 부재가 지속되고, 로마 주위로는 경이로울 정도로 텅 빈 들판이 펼쳐져야 한다. 그러한 대가를 치르고 난 뒤에야 어둠이 깃들 자리가 마련된다. 한 점의 어둠이 현세대 전체보다 더 큰 가치를 지닌다." 예술 애호가는 과거를 시적으로 향유하기 위해 현재에서 쇠락의 이미지를 보고 싶어한다. [폐허에서] 삶을 소거할 수 있기를 바라는 것이다.

그러므로 폐허의 장르는 건축물을 그린 그림과 자연풍경을 그린 그림 사이에서 올바로 정의된다. 카날레토가 궁전과 도시를 그릴 때, 판니니와 위베르 로베르는 장중한 로마의 시적인 유적에 몰두했다. 그때까지—마냐스코의 그림이 그 증거인데(도판 69)—폐허는 배경을 이루는 한 요소에 불과했다. 폐허는 그림의 공간적 깊이에 시간적 깊이를 더해주었다. 기복을 겪으며 지속하는 과거가 현재의 순간을 뒷받침한다. 그러나 이제는 폐허가 전경前景에 나서고 초점이 여기에 맞춰진다. 폐허 그 자체를 일종의 저항이나 고집처럼 바라보다보니, 이것이 폐허를 영웅적인 인물, 영혼을 지닌 존재로 만들어준다.

확실히 판니니 같은 화가의 작품에는 기록적인 성격이 우세하다. 이런 화가에겐 경이로운 건축 양식의 놀라운 성취를 다소 거들먹거리며 기억하는 것만이 중요했다. 예술 애호가를 만족시

69

도판 69. 알레산드로 마냐스코 (1667~1749), 〈폐허 속의 병사들과 보헤미안들〉, 1710~1720, 브레시아 파우스토 레키 공작 컬렉션.
도판 70. 조반니 파올로 판니니 (1691/92?~1765), 〈폐허〉, 로마 코르시니갤러리.
도판 71. 위베르 로베르(1733~1808), 〈고대 회랑 밑 황소들이 목을 축이는 곳〉, 1780, 아비뇽 칼베미술관.

70

71

키는 데는 화폭 여기저기에 진기한 것들을 모아두기만 하면 된다. 여기에는 박물관의 효과가 있다.(도판 70) 그러나 어쩔 수 없이 몽상에 마음이 기우는 사람들도 있다. 아득한 옛 시대의 궁륭 아래를 배회하는 현재의 형상들은 꿈속에서 살아가는 듯하다.(도판 71) 디드로의 말을 들어보자. "폐허를 보면 내 안에서 위대한 생각이 일어난다. 모든 것은 무로 변하고 소멸하고 사라진다. 남는 건 오직 세계뿐이다. 지속하는 것은 오직 시간뿐이다. 이 세계는 참으로 오래되었도다! 나는 두 영원 사이를 걷는다. 내가 어느 쪽으로 시선을 향하더라도 나를 둘러싼 대상은 내게 종말을 고하고 나를 기다리는 종말을 그저 받아들이라 한다. 주저앉는 저 바위, 깊어지는 저 작은 골짜기, 뒤흔들리는 저 숲, 내 머리 위에 매달려 흔들리는 저 육중한 더미와 비교했을 때 내 덧없는 존재는 무엇일까? 나는 대리석 무덤이 무너져 가루가 되는 것을 본다. 그리고 나는 죽고 싶지 않다! ……엄청난 물줄기가 흘러내려 이 국가 저 국가가 한데 섞이면서 어떤 심연 저 깊은 곳으로 쓸려간다. 내가, 나 혼자, 물가에 멈춰 내 곁에 흘러가는 물줄기를 헤쳐나가볼 작정이다!"[「1767년의 살롱」]

고딕의 역사들

죽음의 몫은 자연에서나 지식에서나 부활을 가져오기는커녕 전혀 축소되지 않기에 그때 폐허에서 어둠을 만나면 불안에 사로잡힐 수 있다. 명상에 잠긴 멜랑콜리가 격렬한 공포로 바뀐다. 명확히 드러나지 않는 위협이 우리를 공격한다. 폐허는 묘지의 모습을 띠고 나타난다. 우리가 어차피 죽을 운명임을 침울하게 기억하게 하고 그리로 이끄는 암흑의 제국처럼 말이다. 아베 프레보의 [『어느 귀인의 회상』의] 주인공은 지하 유적지를 발굴하면서 흩어진 유골 옆에 '신성한 분노Furori sacrum'라고 쓰인 궤를 발견한다. 이 궤에는 무기가 들어 있다. 폐허 한복판에 분노가 깨어 있는 것이다. 속죄받지 못한 과거의 범죄가 우리 자신의 운명에 다시 들이닥칠 수 있다. 18세기의 민감한 영혼은 밤이 된 폐허의 음산한 효과에 저항하지 않았다. 자기 자신의 과거, 자기 자신의 역사와 모호한 관계를 맺게 되는 사람들의 의식은 스스로 상상의 무대배경이 되어 그곳에서 갑작스레 징벌적 공격이 나타난다. '무덤의 시'의 서정적 표현 아래에서 불안하기만 한 오래된 미신이 끊임없이 이어진다.

역사가들과 예술 애호가들이 재발견하기 전까지 고딕식 궁륭은 꿈속에서 불안에 사로잡혀 대규모 종교예식을 거행하고자 선택한 장엄한 장식틀과 같았으니 그곳에서는 신성모독과 징벌이 갈마드는 것이었다. 호레이스 월폴의 『오트란토 성*The Castle of Otranto*』의 첫 부분을 보면 하늘에서 거대한 투구가 떨어져 왕위 찬탈자의 먼 후손을 짓이겨버린다. 아버지와 조상이 저지른 범죄의 대가를 아들이 치르는 것이다. 이 작품에서는 모든 것이 편견 없는 정신의 소유자이자 신중한 귀족 신사였던 월폴이 아무 일도 일어나지 않는 무기력한 생활을 벗어나려고 애도와 죄의식이 넘쳐나는 세계를 상상하며 즐거워하는 것처럼 진행된다. 월폴은 자신의 고딕적인 꿈을 실현하고자 스트로베리 힐 소재의 대저택에 그 꿈에 딱 들어맞는 실내장식을 갖추었다. [현대 영국의 미술사가] 케네스 클라크의 말대로 이러한 실내장식이 자아의 감상적 영웅화에 조응한다고 믿고들 싶어한다. 고딕식으로 장식한 공간에서 살아간다는 것은 자신을 전설 속으로 옮기는 일이고, 폭력과 근친상간, 재난에 대한 환상이 어떤 구애도 받지 않고 마음껏 펼쳐지는 강렬한 몽상에 의해 삶의 권태를 달무리나 후광 같은 것으로 둘러싸려고 애쓰는 일이다. 부유한 귀족인 어느 독신자가 그런 식으로 죄 많은 폭군의 고통을 짊어진다. 케네스 클라크는 "에

드워드 영의 『밤의 상념』을 찬미했던 월폴은 첨두아치를 무너뜨리고 폐허로 만들어 제 자신을 예술작품처럼 응시할 수 있었다"라고 썼다. 그런 것이 상상력의 힘으로, 그 덕분에 일견 단조롭기 짝이 없이 평온한 생활에 짜릿함이 감돈다. 인위적으로 꾸며낸 정념이다. 이 정념은 실제 삶으로 난 출구를 찾지 않고 정신 속 상상의 무대에서, 꿈에 잠긴 내면에서 일어나는 것이니, 절정에 이르기가 그만큼 더 쉽다. 여기서 재발견하게 되는 '사악한 즐거움'은 고색창연한 틀을 두르고 있어서, 실망스러운 현재와 비교했을 때 상상적인 것의 차이가 더욱 두드러지고 엄청난 광기에 사로잡혀 살아갔던 최초의 세계에 훨씬 가까워진다. 우리가 지금 다룰 주제는 다음과 같다. 생생한 감각을 추구하는 데도 진력이 나고, 연속성을 잃고 점점이 흩어진 순간들이 순식간에 흘러가버리는 가운데 자신의 삶을 향유할 힘이 부족해질 때, 18세기의 인간은 결국 지나가버린 위대함을 나타내는 이미지에 관심을 돌리게 되었다. (이국적인 세계든, 고대 그리스 세계든, 고딕 세계든, [고대 켈트 시인] 오시안의 세계든) 이 최초의 세계들은 에너지와 강렬함이 넘치는 실낙원이었다. 상상력을 동원해 자신을 영웅적인 과거로 옮겨놓는 것은 열정에 넘치는 회춘回春의 시뮬라크르를 경험하는 일이다. 그동안 야만성으로 치부되던 것이 이렇게 다시 권리를 회복하게 된다. 디드로는 "시에는 무언가 거대하고, 야만적이고, 야생적인 것이 필요하다"고 썼다.[『극시劇詩에 대하여』] 그러므로 오랫동안 야만적인 것으로 생각되었던 고딕적인 것이 이제는 시적인 것으로 간주된다. 공포 자체가 (공포의 감정을 불러일으킬 만한 것이 부족했으니) 노스탤지어적 회한의 대상이 되었음은 말할 것도 없다. 죄의식의 신화들이 고색창연한 배경에 자리잡으면서 그 신화들의 마력에 대양, 숲, 산, 폭풍우가 불러일으키는 마력이 더해질 것이다. 사유는 위험천만한 숭고함에서, 자연적인 동시에 종교적인 전율tremendum에서 피난처를 찾으며, 그곳이 우리 감각기계를 재충전해줄 저항할 수 없는 에너지의 중심이다.

실제로 17세기 말부터의 한결같은 해석은 고딕 양식이 자연에 기원을 두고 있다는 것이다. 숲이나 바위에서 비롯된 형식이라고들 봤다. 장프랑수아 펠리비앵이 보기에 "예전에 북방 민족이 살던 동굴이나 공동空洞의 투박함을 지닌 고딕식 건축물이 있는가 하면, 나머지 건축물들은 온화한 기후의 주민들이 허허벌판에 그늘을 드리우고자 만들었거나 숲에서 우연히 마주칠 수 있는 나무 그늘의 가벼움을 특징으로 갖는다." 이 건축물들에는 "나뭇가지와 줄기만큼 많은 대단히 가느다란 기둥들"이 있다. 고딕식 성당에 들어갈 때는 숲속에 들어간다는 느낌이 든다. 로지에 신부는 기둥에서 건축술의 원시적 성격을 보았지만, 이와 달리 1772년 젊은 시절의 괴테는 처음 고안된 첨두아치를 찬미해 마지않는다. "기다란 장대 둘을 꼭대기에 교차시켜 두고, 다른 장대 둘은 뒤편에 두고, 다른 장대 하나를 세로로 앞에 두어 용마루를 만드는 것이었다." 스트라스부르 성당을 지은 건축가로 하여금 거대한 외벽에 다양성을 부여하는 방법을 깨닫게 한 것은 바로 자연이고 천재였다. 하늘을 향해 높이 뻗어오르는 그 외벽은 "마치 장엄한 신의 나무처럼 먼 바다로 펼쳐지고, 바닷가 모래에 견줄 만한 수많은 가지와 잔가지와 나뭇잎들을 갖추어 신의 휘황한 광채가 주변 어디에서나 빛날 것임을 알린다." 젊은 시절의 괴테가 가졌던 '고딕식' 감수성은 어둠의 매혹을 앞세우기는커녕, 성공적으로 높이 솟아오를 뿌리깊은 생의 약동과 공명한다. 고딕 양식으로 돌아간다는 것은 골족이든 '북유럽'이든 민족의 기원으로 거슬러올라간다는 것이고, 곧 어떤 사람들은 회랑과 주랑이 늘어선 그리스보다 자신의 민족에 더 자연스럽게 결합되어 있고 더 깊이 연결되어 있다고 느끼게 되었다.

거의 유럽 전역에서 목가가 중세화되어 기사도나 '트루바두르troubadour' 장르*로 치장되는 것이 바로 이때다. 다른 여러 원인도 이러한 움직임을 촉진했다. 프랑스에서는 '귀족의 반동'이 일어나, 귀족들이 중세 초기에 가졌던 지위를 귀족 자문회의에 되돌리면서 절대주의의 전횡을 해소하고자 했다. 불랭빌리에나 몽테스키외에 따르면 전제군주는 애초에 중세의 대귀족들이 '선거로 뽑은 수장'일 뿐이었다. 낭만주의 시대까지 많은 작가를 배출한 소귀족 계층의 중세 예찬은 절대군주의 '폭정'에 항거하는 이데올로기적 무기일 뿐 아니라, 백과사전 편찬자들의 프로파간다에 맞서는 전투의 주제이기도 했다. 난폭한 현대성의 충격에 대한 반동으로 가공되는 중세의 목가적이고 '신비로운' 이미지는(이 이미지는 샤토브리앙의 『기독교의 정수*Génie du christianisme*』[1802]에서 활짝 꽃을 피운다) 전통적인 문학이 이교도의 틀을 빌려 표현했던 가치들을 국가의 과거와 기독교 신앙 속으로 옮겨놓는 경향이 있다.

사람들은 천천히, 머뭇거리며 [르네상스기 이탈리아 시인] 아리오스토가 카프리치오 형식으로 다루거나 타소가 바로크적으로 만들었던 중세에서 멀어지면서, 18세기의 감상적인 요구에 맞춰 신앙의 황금시대를 상상하기 시작했다. 그곳에서는 사람들의 마음이 하나되고, 모두들 자연과 하나가 될 테니 결국 신과 합일을 이룰 수 있을지도 모른다. 낭만주의는 18세기로부터 중세 기독교의 '유기적' 충일의 신화를 완성하는 법을 배웠을 것이다. 하지만 여기저기서 꿈, 지식, 불만이 뒤섞이는 18세기에 이처럼 미학

* '트루바두르'는 11세기 말부터 프랑스 남부 랑그독 지방을 순회하며 노래했던 음유시인을 가리킨다. 반면 '트루바두르 장르'는 19세기 초 프랑스 왕정복고기에 부상한 예술의 경향으로, 여기서 중세가 이상화되는데, 이는 18세기 후반 신고전주의 운동에 대한 반발로 볼 수 있다. 이 시기 영국 신고딕 양식의 영향이 두드러진다.

을 통한 개종이 벌써 준비되고 있었다. 아름다운 제식이나 장엄한 전통과 마주할 때 느끼는 비이성적인 감동이 신앙의 동기들 이상으로 중요해진다. 신을 믿지 않고 환멸에 사로잡힌 사람들은 신앙의 세기에서 가져온 감동적인 회화에 힘입어 회한의 형식을 띤 종교에 열중한다. 계시를 받았다고 믿는 자들과 환상에 사로잡힌 자들에게는 이만큼 좋은 환경이 없다. 칼리오스트로, 스베덴보리, 메스머, 생마르탱* 주위에 추종자가 모여들었다. 라플라스가 천체역학을 간결하게 정리하여 식자들에게 강한 인상을 주었던 바로 그 시대에 말이다. 어떤 사람에게는 세상이 초자연적으로 살아 움직인다는 생각을 거부하기가 그토록 어려운 것이다. 지상세계가 목가적인 세계가 되지 못한다면 천사들과 이야기를 나눠보자!

오시안†과 셰익스피어가 역사화의 부흥 계기가 된다. 화가들은 그 둘로부터 예외적인 위대함이 구현된 극적 상황을 찾아냈고 그 상황들이 상상력을 자극해서 더는 고대의 전통적인 형상이 아니라 켈트나 중세 전설의 장면을 고안하게 되었다. 아카데미가 공식화한 이상에 붙들려 있으면서 귀도 레니와 미켈란젤로에 한결같은 불멸의 숭배를 바치는 절충주의 화가들이 이런 변화를 받아들이기란 어렵지 않았다. 조지프 라이트가 그려낸 미라반 이야기의 무대는 신고전주의적으로 표현된 지하 묘실이다. 즉 연극 무대

* 칼리오스트로 백작은 이탈리아 출신의 의사이자 연금술사였고, 스베덴보리는 스웨덴의 신학자이자 철학자로 과학과 영성을 결합한 이론을 폈다. 메스머는 독일 출신의 의사로 '동물자기설'을 주장하여 유럽 전역에서 큰 인기를 끌었다. 생마르탱 역시 프랑스의 철학자로 18세기 후반의 신비주의운동을 주도했다. 여기 등장하는 네 인물은 이성주의와 실증적 방법에 대항하여 과학과 신앙을 각자의 방식으로 결합하고자 했던 '신지학神智學'의 대표인물들이다.

† 고대 켈트족의 전설적인 영웅이자 시인. 오시안의 시를 영국 시인 제임스 맥퍼슨이 영어로 번역(1760~1763)하여 출판한 뒤 전 유럽에 알려지게 되었지만, 맥퍼슨이 정말 오시안의 시를 발견했는지는 아직까지도 의견이 분분하다. 호메로스를 중심으로 한 고대 그리스 문명과는 구별되는 환상적이고 몽환적인 시풍이 유럽의 낭만주의에 큰 영향을 주었다.

에서처럼 주인공의 복식은 주름무늬가 잡힌 로마의 의상과 근동의 머리장식이 혼합되어 있다. 신성모독과 저주라는 음산한 주제가 남는다. 금기에 대한 위반이자, 대문자의 아버지에 대한 불경죄가 드러나는 것이다. 그런 점에서 이 그림에는 시대정신이 뚜렷이 드러난다. 그림 양식과 주제의 불일치는 라이트가 선호하는 명암법을 통해 의도치 않은 효과를 발휘한다.(도판 72)

존 보이델은 런던의 부유한 출판업자였는데 셰익스피어를 새로 출판하면서 18세기의 가장 훌륭한 화가들에게 삽화를 맡겼다. 셰익스피어 갤러리Shakespeare Gallery*가 감수성의 역사에 한 획을 긋게 된다.

18세기 후반기 영국 화가들이 셰익스피어 작품에서 가장 많이 끌어낸 것은 인간이 자신을 뛰어넘는 힘들(폭풍우, 마녀, 유령)과 맞서는 상황이었다. 위협적인 세계에 맞서, 길길이 날뛰는 적의에 맞서, 인간의 조건은 열정에 넘치는 강력한 도전의 힘을 갖기에 이른다. 존재는 극단적인 위험 앞에 몸을 던져 엄청난 역경을 겪으면서 자신이 용기 있는 자임을 보증받는 것이다.

고전주의 취향으로 보았을 때 이는 야만성과 과도함이 분출된 것에 불과하다. 하지만 몇 년 지나지 않아 이 야만성은 호메로스와 그리스 비극작가들이 간직하고 있는 숭고의 조건이 된다. 이들 작가에게서 절도와 균형을 보아서가 아니라, 이들의 작품이 최초의 시가 간직한 난폭함을 재현하기 때문이다.

* 보이델은 1786년 영국 화가들에게 셰익스피어 극들의 삽화를 그리게 했고 이를 통해 영국 역사화의 기초를 놓고자 했다. 이렇게 수집된 작품을 바탕으로 보이델은 1789년 런던 팰맬 거리에 '셰익스피어 갤러리'를 개장했다.

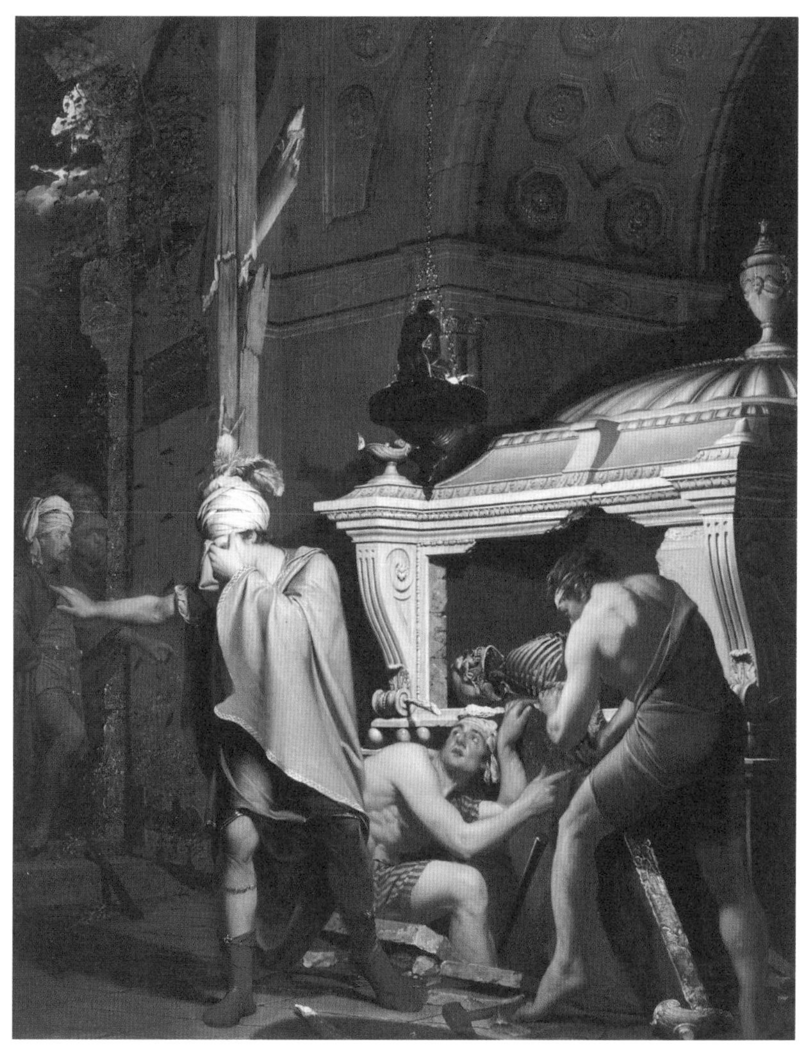

도판 72. 조지프 라이트 오브 더비, 〈선조의 무덤을 함부로 연 미라반〉, 1772, 더비 뮤지엄앤아트갤러리.

18세기 초에 뒤 보스는 이렇게 확신했다. "우리 시대의 화가들은 나무와 동물의 본성을 제대로 안다. 그 본성은 라파엘로의 선구자들이 알았던 것보다 더 아름답고 완벽하다." 목가는 불가능하지만 자연은 항상 현재적인 것으로 남아 있다. 특이한 예술 하나가 자연의 현전과 불가능성을 동시에 느끼게 해주었다. 바로 정원예술이다. 어떤 사람들의 관점으로는 정원예술의 우월한 기능은 자연과 문화의 완벽한 화해를 실현한다는 것이었다. 이는 인간의 노동이 온당치 않게 자연적으로 주어진 것과 맞서는 대신 오히려 자연이 활짝 꽃피울 수 있는 조건을 마련하는 일이다. 또한 기교와 성찰을 통해 느릿느릿하게 얻은 특권을 거부하지 않고도 최초의 야생적 천국을 되찾는 일이다. 그렇게 해서 이성의 힘은 우리를 자연과 갈라놓는 대신 우리로 하여금 자연과 더 훌륭히 결합하도록 작용하게 된다. [루소의 소설] 『누벨 엘로이즈』의 여주인공[쥘리]이 가꾼 정원 '엘리제'의 역할이 바로 그러하다. 이곳에서 벌어지는 식물의 축제는 『사회계약론』의 상징적 반복이다. 즉 완벽을 기한 예술을 통해 최초의 행복이 완전한 권리를 회복한다는…….

인간의 손길이 느껴지지 않도록 솜씨 좋게 만들어진 자연은 인간의 기원 시점에 순박한 목가의 범주를 구성했던 자연, 인간이 자연발생적이고 무의식적으로 경험했던 그런 자연과 똑같지 않다. 성공한 복귀는 정신이 기원을 되찾았음을 자각하면서 자신의 발전을 완수하는 것이다. 그것은 분리와 노스탤지어 이전의 통일성이 아니라 이미 분리를 겪은 것, 흩어지고 추방당했던 것의 재결합이다. 그때 고대하는 바는 '아름다운 영혼들'의 조화, 사회악이 침투해서 생긴 분열에 대한 승리다. 그것이 되찾은 충일감이리라. 선악을 모르는 순수가 아니라 고통의 경험으로 풍부해지고 악에 대해 승리를 거둔 미덕의 지배가 이제 시작될 것이다. 마찬가지로 『사회계약론』에 등장하는 최초의 무정부적 자치는 개화된 의식들의 합의로 얻은 자유로 대체된다.

이런 '낭만적인' 꿈에 고무되어 수많은 '풍경식 정원'이 만들어지겠지만, 그 자체로는 정원술에서 일어난 한 가지 혁신의 표현(일자一者로의 회귀라는 신플라톤주의적 형이상학의 영역에까지 확장되는 표현)에 불과하다. 18세기의 교양 있는 대중은 이전 세기 르 노트르의 작품에서 가장 완벽한 예를 찾아볼 수 있는 기하학적 정원 취향을 버리고, (먼저 영국에서, 이어 프랑스에서 나타난) 구불구불한 오솔길들이 펴져 있는 변화무쌍한 공원에 열광했다. 그곳에서 나무들의 배치는 불규칙하고 무성한 나뭇잎은 다듬어지지 않은 채 어떠한 구속도 받지 않는 자연의 광경이 펼쳐진다. 이러한 다양성, 불규칙성, 굴곡의 탐색은 로코코 양식의 몇 가지 특징과 비교될 수 있었다. [현대 미국의 철학자] 아서 러브조이는 영국식 정원의 유행이 자연에 대한 생각에 심대한 변화가 일어난 것과 관련이 있음을 보다 심오하게 보여주었다. 처음에 자연에 관한 생각이 중시했던 것은 기하학자로서의 신(또는 자연)이었다. 자연은 항상 가장 단순한 길을 벗어나지 않고, 자연에서 일어나는 최초의 작용은 직선 아니면 완벽한 원을 따르기 때문이다. 그 결과 명확히 이해할 수 있는 기하학적 아름다움이야말로 자연의 아름다움이라고 생각할 수 있었다. 그런데 실제 사물의 불규칙성과 비대칭성을 설명하려면 우발적인 장애물의 개입, 물질의 관성을 내세워야 했다. 덤불숲을 기하학적인 모양으로 다듬고 오솔길을 직선으로 낸다는 것은 자연을 정제된 이미지로 표현하고, 본질적인 형상들을 정당하게 복원하려는 것이었다. 그런데 철학적 성찰과 일련의 미적 경험(한 예가 중국식 정원의 발견)을 거치면서 자연 자체가 다양성, 야만성, 외견상의 무질서를 필요로 하며, 그 결과 [직선을 긋는] 먹줄과 가위의 개입은 자연적인 형태들에 폭력을 가해 그것이 마음껏 도약하지 못하게 하는 것임을 확신하게 된다. 다시 한번 장애물 개념을 내세우는 셈이지만, 이번에는 우리가 자연 세계에서 보듯 복잡하고 불규칙하고 기이한 자연의 산물을 비난하기 위해서가 아니라 인간에게는 그것을 멋대로 교정할 자격이 없음을 선언하기 위해 동원된다. 그때 우세하게 나타나는 자연의 이미지는 더 모호하고 더 비이성적인 요인으로 가득차 있다고들 보았다. 그 이미지는 기하학적 형상에서가 아니라, 유기적인 고안의 착상에서 승리를 거두는 에너지다. 이것이 알렉산더 포프, 윌리엄 켄트, 윌리엄 체임버스*가 조성한 정원에서 발견할 수 있는 교훈이다. 산업화로 인해 영국의 도시 공간과 농촌이 변모를 겪기 시작하는 시대에 산업의 이익(또는 흑인 노예를 시켜 경작한 플랜테이션의 수입)은 그대로 향유하면서도 때묻지 않은 자연을 관조하고 싶은 사람들을 위해 천국이 그대로 보존된 공간이 만들어진다.

이런 비밀스러운 의미에서 [『누벨 엘로이즈』에 나오는] 클라랑스 영지의 되찾은 목가가 낭만주의의 꿈으로 남고, 18세기 말에 자연 경관을 살린 멋진 정원들이 묘지 같은 분위기를 갖추게 된 것이 분명하다. 이렇게 특권이 부여된 공간에는 보존된 장소라는 생각이 어렴풋하게 남아 있는 것 같다. 18세기에 자주 쓰인 용어를 빌리자면 그곳은 그저 도피처일 뿐이다. 바틀레의 글을 읽어보자. "창의적이고 민감한데다 한가하기까지 한 사람은 풍부하고 아름다운 자연을 우선 제 이득을 위해 쓴 다음에는 이 새로운 보물에 특별한 감정을 부여하기 마련이다. 차분한 삶을 누리고 싶은 사람은 구덩이를 파고 벽을 높이고 울타리를 세운다. 자신의 힘이 커지게 하기 위해 온 힘을 다해 그 힘을 억제하지 않을 수 없는 존

* 18세기 영국 시인 포프는 자신의 저택에 직접 정원을 조성하고 인공 동굴을 만들었다. 건축가 켄트는 '영국식 정원'의 창시자로 알려진 인물이며, 왕실 건축가이던 체임버스는 중국풍 정원 양식을 도입했다.

재의 작은 왕국, 그것이 개성의 상징이다." 밖에는 역사의 폭풍우가 몰아칠 준비를 하고 있을지라도 스스로는 영원한 순간을 살아가고 있다는 환상을 품는 것이다. 사람들은 지금 이 정원에서 마주하는 것이 자연일 뿐 아니라 우주 전체이기를, 멀리 떨어진 공간과 과거의 기념물이 우리 눈앞에서 시간과 공간을 동시에 압축하여 우리와 함께하기를 바랄 수 있었다. 『정원과 환상의 나라 *Jardins et pays d'illusion*』에서 발트루샤이티스는 "세계는 정원처럼 발견되고 정원은 세계를 포함한다"라고 썼다. 그러므로 정원은 전 지구가 압축되어 있고, 엄격히 말해서 태평스럽게 산책하면서 모든 장소, 모든 시대, 모든 건축 양식을 만날 수 있는 소우주나 다름없다. 이국주의가 정원에 도입되어 순화되었다. 루소가 말한 커범 자작의 정원이 그러했다. "이 멋진 고독의 주인이자 창조자는 그곳에 폐허와 신전과 고대 건축물을 짓게 했습니다. 그곳에는 모든 시대와 장소가 인간의 능력을 초월하여 화려하게 집약되어 있습니다."[『누벨 엘로이즈』 4부 편지 11] 그래서 인공 폭포, 인공 섬, 인공 바위 옆에 탑과 힌두교 사원, 그리스식 폐허, 고딕 성당이 서게 되었다. 콘웨이 장군은 정원에 팔미라 유적 등의 복제품을 만들게 한다. 이런 '장식물'로 꾸며진 정원은 진기한 것을 모아놓은 연구실을 열린 공간에 옮겨놓은 것이나 다름없다. 그곳에서 수집 취향을 마음껏 발산할 수 있는 것이다.

진기한 것들을 모아둔 연구실에서는 몽상이 들어설 여지가 없다. 반면에 정원에는 모든 것이 몽상을 자극하도록 배치되어 있다. 산책중 물가에 멈춰 잠시 가져보는 휴식이나 무덤이 보이는 풍경, '피토레스크한' 공포의 이미지, 관능을 불러일으키는 작은 숲이 그렇다. 조경사가 능숙하게 예측한 대로 오솔길 굽이를 돌 때마다 다양한 감각을 느낄 수 있다. 정원은 그저 세상을 작은 모형으로 만들어놓으려 한 것이 아니라, 물질로 구체화된 심리학이고자 했기 때문이다. 인생의 모든 세대, 마음의 모든 상태('사랑의

지도carte de Tendre'*에 이미 그려졌던 마음의 여러 상태도 여전히 포함되어 있다)가 공간 속에 흩어져 있으며, 그 모든 것의 상징적인 표현을 바위, 물, 녹지, 돌(쌓아올리거나 조각을 새긴)이 벌이는 유희를 통해 발견하게 된다. 여기서 모방의 건축 전체를 허위라고 비난하거나 조롱하는 일은 잘못일 것이다. 정원은 애초에 이색적으로 표현되는 예술작품이며, 꿈꾸는 자가 눈 뜬 채 거니는 꿈이다. 다시 발트루샤이티스를 인용하면, "정원에서 재발견된 자연은 가옥 뒤로 펼쳐지는 농촌의 '초원'이 아니라, 상기想起이자 꿈, 기교와 같다." 꿈이 지속되려면 산책자가 고르지 않은 리듬으로, 간혹 휴식도 취하면서 음악이 이끄는 것처럼 움직여야 한다는 점을 덧붙이자. [모차르트의 오페라] 〈피가로의 결혼〉 마지막 장이 커다란 마로니에나무 밑, 밤의 정원에서 이루어진다는 점이 관객에게는 얼마나 만족스러운 일인가!

그러나 모든 것을 한곳에 모으고자 하는 이 공간에서 모든 것이 현전한다기보다는 재현되어 있음을, 더욱이 재현되기보다는 다시 기억된 것임을 확인해보자. 정원은 기억의 나라다. 정원의 '조형물' 대부분은 이런저런 방식으로 세워진 기념비와 같다. 사랑의 기념비, 미덕의 기념비, 철학의 기념비인 것이다. 이 기능을 수행하기 위해 기념비에는 비문과 시구가 적힌다. 그 건축 양식은 말을 하는 듯하고 수다스럽기까지 하다. 그럼으로써 지극히 사랑하는 사람의 모습이나 영광스러운 이름을 영원하도록 만드는 것이다. 열정적인 기억, 회한, 달콤한 멜랑콜리를 더 잘 자극할 목적으로 새로이 부재를 만들어낸다고 말하는 것이 더 진실하지 않을

* 17세기 랑부예 부인의 살롱에서 유행했던 상상의 나라를 그린 지도를 말한다. 이 나라의 지명은 애정의 발전과 상실에 관련된 단어를 사용하고 있다. 예를 들어 '위험한 바다'가 사랑의 정념에 빠졌을 때 처하게 될 위험의 알레고리라면, '무관심의 호수'는 애정이 받아들여지지 않는 냉정한 상대의 태도에 대한 알레고리다.

까? 부재가 아니라면 인위적으로 만든 무덤 뒤 부재의 시뮬라크르이며, 그러므로 이중의 부재라 하겠다. 정원은 되찾은 현전의 열정에 찬 장소이기는커녕 달랠 길 없는 노스탤지어들의 만남이다. 정원의 '조형물'이 무덤은 아닐지라도 그것은 멀리 있는 현실의 유령 같은 분신이다. 이 조형물들은 그 현실의 복제품을 제시하는데 여간해서는 그것이 이미지임을 잊기가 어렵다. 자크 들릴은 자신의 시 「정원들」의 마지막 부분에서 이미 지나가버린 과거의 잔해로 시선을 돌려 "더는 그의 것이 아닌 행복의 이미지를 여전히 사랑하는" 주인공을 환기하면서, 주제에 결부된 감정적 가치를 충실히 해석하고 있다. 정원의 상상적 기능은 흔히 보듯 역사적 현재에서 현재의 긴급성을 지워버리는 것으로 귀결한다. 가짜 폐허의 미로에서 영원한 순간은 덧없이 흘러가버리는 위대함, 영원한 죽음, 모든 것의 덧없음을 선언한다. 그 사실을 인정하면서 막연히 고조되는 감정을 예외로 한다면 말이다.

나뭇잎이 무성한 나무 밑에서, 공주처럼 어여쁜 여인들이 놀고 있는 작은 마을과 우유보관소 사이에서, 소박한 삶의 목가적인 방울소리를 듣고 싶어하는 후미진 정원에서 목가를 추구하다보면 결국 죽음을 마주하게 된다. 그리고 다시 한번 트리아농에서, 벨뢰이에서, 에름농빌에서, 자연의 품에서 현전하기를 바랐던 '민감한 영혼들' 주변에 환상의 장면이 재구성된다. 이 아름다운 영혼들은 상상적인 것에 사로잡히고 세상의 진실과의 관계를 모두 잃었다. 그들은 감정의 변화를 겪는 가운데 그저 개인의 몽환만을 발견할 뿐이다.

고대 유적과 폐허의 대가大家에게 그 완성은 정원이 아니라 감옥이었다. 피라네시의 '감옥의 발명Carceri d'invenzione'[16개의 그림으로 이루어진 '상상의 감옥' 연작]에서 건축상의 기이한 착상은 걸작과 신비의 차원에 도달한다. 유년 시절부터 화가에게는 죽음에 대한 강박과 전에 없던 경이로운 건축물을 구현해보겠다는 오기가 뒤섞여 있었다.

그의 놀라운 '감옥' 연작(초기작은 1750년 이전에 그려졌다)을 본 낭만주의 시인들(고티에, 위고, 드 퀸시)은 오랫동안 몽상에 사로잡혔으며, 그다음은 역사가들 차례였다. [프랑스의 예술사가] 앙리 포시용은 다음과 같이 썼다. "피라네시는 상상력을 발휘해 주랑과 신전, 무덤과 공공건물을 무심하게 지어본 뒤 호사스럽고 활력이 넘치는 작품을 만들어보고자 했고 결국 감옥에 마음이 꽂혔다. 화가의 본성에서 비롯한 가장 은밀한 동기, 화가의 개인적인 삶에서 일어난 사건들을 가로질러 그의 작품 중 하나 이상에 그 흔적을 남긴 어두운 열정 속에서 그 이유가 무엇인지 찾아봐야 한다. '감옥' 연작에서 폐허와 무덤에 이르기까지 그곳을 비추러 오는 태양의 빛이 어떤 것이든, 그곳을 둘러싸고 침범해 들어오는 자연의 아름다움이 어떤 것이든, 저 환영을 바라보는 자의 마음은 슬픔을 간직하고 있다. 미래를 예감하기라도 하듯 과거로부터 남은 잔해를 가로질러, 티베르강의 죄수 시체 공시장과 에트루리아의 시궁창 위에 세운 저 철의 시대의 건축물에서 슬픔이 그를 호위하는 것이다." '감옥' 연작에 등장하는 기념비적인 기구들에는 건축가의 천재성이 두드러지지만, 그 최종 목적은 인간을 짓이기고 죽음에 몰아넣는 것이다. 우리가 동일시해야 하는 사람은 누구인가? 열광에 사로잡힌 사형 집행인인가, 불안에 사로잡힌 채 형벌을 기다리는 수인인가? 피라네시의 감옥 이미지는 그가 폐허를 마주하며 느꼈던 감정과 정확히 상반되는 상황에 인간의 모습을 몰아넣는 것이 아닌가? 과거를 잊지 않았던 것이 아니라 그만 잊힌 것이다. 폐허가 '잘 잊는 기억력'을 가진 돌들 앞에서 쓸데없이 깨어 있는 응시자를 전제하는 반면, '감옥' 연작은 궁륭과 나선계단이 한없이 늘어나는 건축물에 대한 각성 상태의 꿈을 자극한다. 그러한 건물은 수인으로 하여금 자신이 인간 공동체에서 단절되어 영원히 잊히고 말았음을 깨닫게 한다.(도판 73) 18세기는 자유에 대한 생각이 점차 강화되는 시기로, 시작부터 공포스러운 지하 감옥을 강박적일 정도로 의식했음이 분명하다. 감옥은 비밀 '분파'가 도사린, 선혈이 낭자한 사드 후작의 소굴일 수도 있다. 실제 있었던 일이나 허구에 바탕을 둔 이야기, 절대주의와 종교재판의 전횡을 고발하는 연극작품들과 관련된 곳일 수도 있다. 그래서 감옥의 테마는 때로는 무대장치로, 때로는 실제 겪은 불행으로 끊임없이 다시 등장했다. 바스티유 함락으로 시작된 프랑스혁명의 제1막이 감옥의 파괴였다고 하면, 이 사건은 분명 집단의식에 깊이 뿌리박은 어떤 이미지와 통한다.

피라네시는 한없이 다양하게 변주를 거듭하면서, 애써 자유에 대한 거부를 형상화함으로써 창조적인 자유가 무엇인지 보여준다. 고딕식으로 장식한 배경에서도 상상력은 어떤 한계를 즐겁게 마주한다. 꿈꾸듯 가볍기만한 고딕식 다양성도 맛볼 수 있었음이 분명하다. 그중 갈리아리의 무대배경 그림은 여기에 매력적인 예를 제공한다.(도판 74) 하지만 불안과 유한성의 경험과 첨두아치 형식이 곧바로 결합되어버린다. 고딕 양식은 많은 예에서 볼 수 있듯 '영웅적 건축물'의 '북유럽' 버전에 불과하다. 그래서 그레이의 아름다운 비가에 삽화를 그린 벤틀리는 푸생의 〈아르카디아의 목동들〉을 보았던 기억을 떠올리지만 그것을 첨두아치의 틀에 집어넣는다.(도판 75) 유럽인들의 의식에 묘지(특히 시골 묘지)라는 주제는 피라네시식 '감옥' 및 대규모 '폐허'의 고안과 같

도판 73. 피라네시, '감옥' 연작 중 그림 7(에칭, 2판 1쇄, 1761년경), 뉴욕 메트로폴리탄미술관.

74

76

도판 74. 파브리초 갈리아리(1709~1790), 〈고딕 아트리움〉(1765~1767년 이전), 밀라노, 아카데미아 디 브레라의 도록에 실린 데생.

도판 75. 토머스 그레이의 『시골 묘지에서 쓴 비가』(1751)를 위해 리처드 벤틀리가 그린 권두 삽화.

도판 76. 윌트셔에 있는 폰트힐수도원의 팔각형 건물(1795~1807), 제임스 와이어트 설계, J. 브리튼의 책에 수록된 이미지, 1823.

은 시대에 나타났다. 이 주제는 [피라네시의 경우처럼] 더는 떠오르지 않는 회상의 움직임, 망각을 극복하지 못한 채 망각을 고문하는 무력한 기억을 위한 노력이다. 보들레르는 그레이의 이미지를 다음과 같이 전유했다.[시집 『악의 꽃』 중 「불운」]

> 여러 보석 묻혀 잠잔다
> 어둠과 망각 속에
> 곡괭이도 측연測鉛도 닿지 않는 곳에서

하지만 윌리엄 벡퍼드가 [건축가] 제임스 와이어트를 시켜 폰트힐수도원Fonthill Abbey[벡퍼드가 영국 남부 윌트셔의 폰트빌에 지은 대저택]의 높고 불안정한 탑을 짓게 할 때, 이는 전설로 남을 거대한 [건축적] 틀을 마련하여 고양감을 영원히 고취하기 위한 것이었다. 또 우리는 [벡퍼드가 쓴 고딕 소설] 『바텍*Vathek*』에 등장하는 낯선 동양풍 이야기를 통해 유사고딕식 구성에서 수직적 도약의 의미는 돈독한 신앙심에 있는 것이 아니고, 오히려 여기서 신성모독의 가치를 찾을 수 있음을 알고 있다. 벡퍼드는 신에게 도전장을 낼 목적으로 종교적 건축을 이용했다.(도판 76)

지금 우리는 태도와 감정의 전복이 이루어지고 압박감으로 불안했던 감정이 위압적으로 도약하며 방향을 바꾸는 지점에 와 있다. 불레, 르두와 같이 의미를 담고 있는 말하는 형식을 세워보고자 했던 18세기 말의 모든 건축가는 형이상학적인 장애물(죽음, 죄의식)에 부딪히기는커녕 자유롭게 상상력을 발휘한다. 불레의 묘지는 승리의 기념물이었다. 죽음이 힘으로 변하는 것이다.(도판 77) 르두는 자신을 조물주와 비교하는 데 전혀 개의치 않는다. 그에게 건축가는 "지구의 티탄족"이다. 건축가는 "둥근 더미를 창조했던 신의 경쟁자"다. 그는 괴테의 파우스트처럼 다음과 같이 거만하게 선언한다. "나는 산을 옮기고 늪을 말려버릴 것이다." 르두는 루이16세 시대에 여배우들과 벼락부자들의 대저택을 지은 사람이었지만, 이제 유토피아적인 기획을 제안하며 단순한 기하학적 형상을 사용하는 일종의 조물주가 된다. 그는 원과 구의 형태를 이용하지만 그것은 이제 더는 물리적 세계의 완전성의 표현이 아니다. 코페르니쿠스와 갈릴레이가 승리를 거두었다. 지구는 세계의 중심이 아니고, 우주는 무한하다.(도판 78, 79) 하지만 이와는 반대로 인간 스스로가 천구의 중심이고, 인간이 천구의 주인이 되었다. 브장송의 원형극장에 배치된 계단식 좌석을 비추는 눈이 대단히 잘 표현하듯, 르두는 건축가이자 배우이자 관객이었다.(도판 80)

의지의 스타일

노스탤지어에 잠긴 의식은 정원을 거닐며 꿈을 꾼다. 그곳에서 목가는 모습을 드러내지 않지만 우리는 결국 화해에 실패하고 말았다는 회한에 잠기게 된다. 그렇게 맛보게 되는 행복의 주제는 행복의 부재다.

하지만 자연의 효과를 내도록 꾸며진 정원에서는 자연이 변덕스럽고 일견 무질서해 보이게 펼쳐지도록 두지만, 이러한 정원에 대응하는 신고전주의 건축의 파사드에는 단순성과 기하학적 문양만을 허용하는 무장식, 장식의 거부가 두드러진다. 18세기 말이 되면 어느 면으로 보나 거주지와 정원의 형식적 관계가 바뀌거나 뒤집히기라도 한 듯하다. 화려한 장식이 더해지고, 통일적이고, 살아 있는 듯했던 바로크식 파사드가 기하학적으로 꾸며진 정원을 마주했다면, 이제 신고전주의 건축은 자연의 유기적인 힘이 꽃을 피우는 공원을 마주하게 된다. (에밀 카우프만이 잘 지적했듯이) 신고전주의 건축 양식은 결합과 점진적 상승을 기하학적

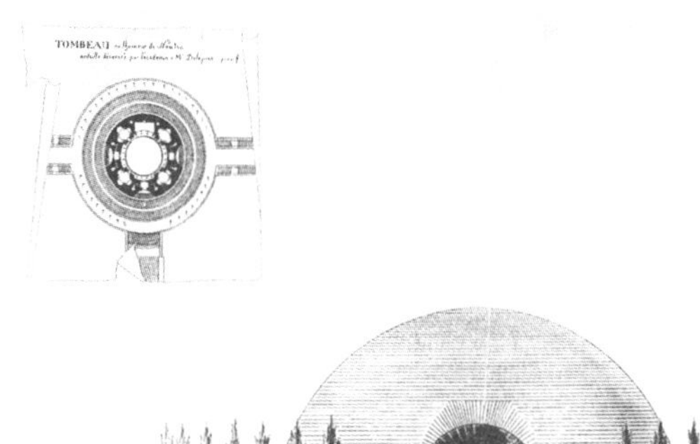

77

78

도판 77. 에티엔루이 불레(1728~1799), 〈구형球形 묘의 기획안〉(판화). 파리 프랑스국립도서관.
도판 78. 클로드니콜라 르두(1736~1806), 〈모페르튀 농업보호관〉(판화), 파리 프랑스국립도서관.
도판 79. 르두, 〈쇼시市 전경〉, 두번째 기획(판화), 파리 프랑스국립도서관.
도판 80. 르두, 〈눈의 동공을 통해 본 공연장의 상징적 모습(브장송 극장)〉(판화), 파리 프랑스국립도서관.

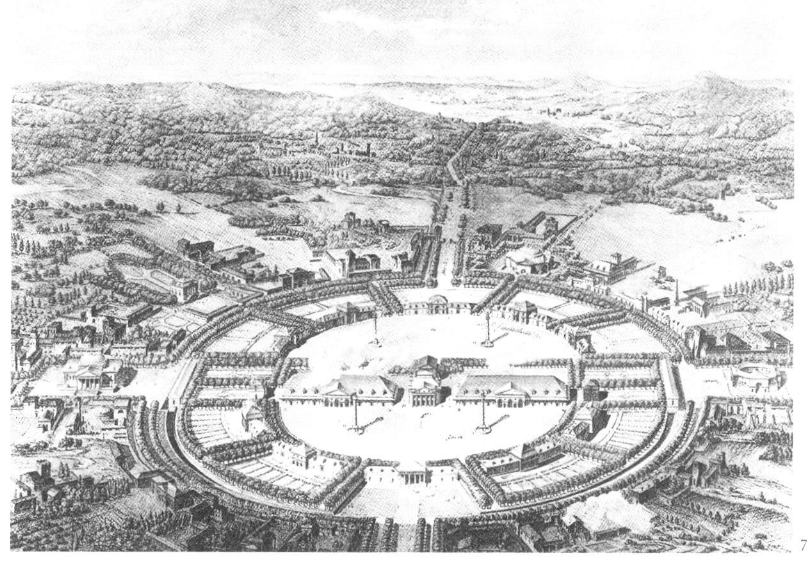
79

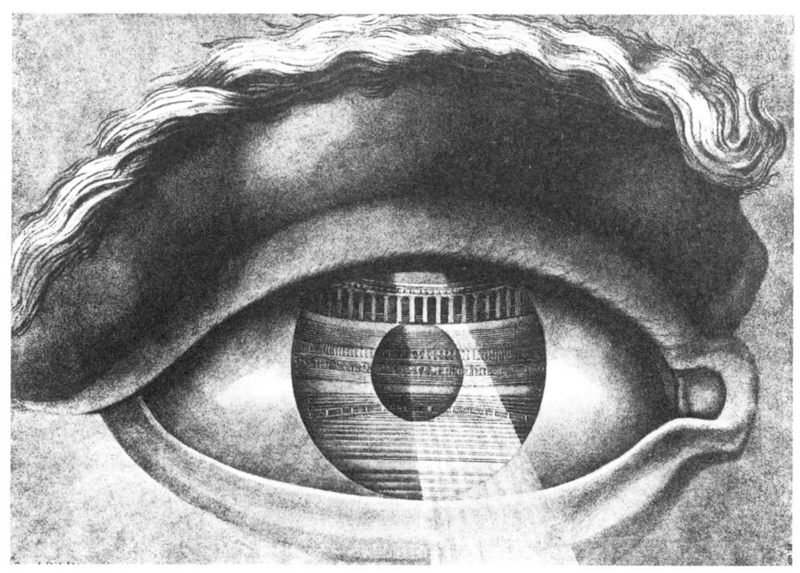
80

분할로 대체해냈다. 질서와 다양성을 기해야 한다는 전통이 이제는 질서와 다양성의 대립적 균형으로 표현되는 것 같다. 아마도 질서와 다양성의 융합을 모든 곳에서 실현하기는 힘들었기 때문일 것이다. 이 두 가치의 대립이 유지만 된다면, 이 긴장이 상쇄만 된다면 언어의 규범을 충족하는 구조적 체계와 만나게 된다. 체계의 에너지 전체는 설령 다양한 방식으로 나뉘어 배치되더라도 여전히 동일한 것이다.

하지만 이러한 변화가 일어났다는 점은 중요하다. 바로크의 체계에서는 이중의 교차가 실행되었다. 이성적으로 꾸며진 정원과 곧잘 식물로 덮인 건물 파사드가 대립했다. 인간이 지배하는 세상과 자연이 지배하는 세상은 확실히 구분되었지만 장식과 마법적 효과를 내기 위해 두 세상이 서로 침투하면서 그 형상이 서로 교환되었다. 반대로 인간의 개입을 눈에 띄지 않게 하려는 '영국식' 정원에서는 자연의 직접성이 장엄한 정경으로 나타났다. 로버트 모리스나 로버트 애덤이 지은 집들은 정원 공간을 마주보면서 인간의 의지를 뚜렷이 드러내고, 아무렇게나 자라면서 비이성적인 지배를 보여주는 식생의 한가운데에서 이성이 머무는 곳의 경계를 그려낸다. 바로크에서는 인간 세계와 자연 세계가 서로 교차했다면 여기서는 두 세계의 분리가 발견된다. 이 분리는 정확히 말해 거리를 두고 뒤로 물러남을 나타내며, 여기서부터 자연의 관조는 노스탤지어로 덮이게 된다. 그런데 앞에서 보았듯이, 자연에 대한 실용적인 태도가 공격적인 착취로 규정되는 순간 자연에 대한 이런 관조적 몽상은 정확히 보상과 속죄의 의미로 나타난다. 거주지와 정원의 대비는 결국 이 전쟁 상황의 결과이다. 그러나 이 대비는 사람의 손이 닿지 않은 이미지를 보존하기 위해 정원의 형식으로 만들어진 자연을 마주하면서, 국지적인 휴전 상태로 옮겨지고 이제 불가능한 평화의 꿈을 꾸기 시작한다.

불레나 르두, 푸아예 같은 건축가의 작품과 나아가 그들의 기획안을 살펴볼 때 놀라움을 주는 것은 기념비성, 생명력, 인상적으로 사용된 단순한 입체감이다. 새로운 표현력이 군림하고자 하는데, 그 표현력에는 로마식의 위풍당당함, 그리고 산탄젤로 탑처럼 세네카에게서 가져온 무언가가 분명히 있다. 바로크식 표현력의 반대편에 있는 세련된 효과는 더는 굴곡과 과잉의 효과가 아니라 외견상 정적으로 보이는 곳에 에너지가 축적되어 생기는 기초적인 힘의 효과다. 우리는 스스로를 더미로 만들다가 껍데기를 벗으며 비로소 모습을 드러내는 방법을 선택한 어떤 의지와 마주하고 있는 것이다. 화려한 장식의 미학이 소박한 숭고의 미학으로 대체된다. 그렇게 프로메테우스적인 인간의 의지는 '티탄'처럼 거대한 빛이 비출 때 모습을 드러내는 자연과 평형을 맞출 수 있다. 자연에서 끊임없이 "자연의 모방의 전형"(카트르메르 드 캥시)을 찾는 인간은 자연의 힘과 대립하게 될 힘의 스타일을 고안한다. 자연은 무한하다. 하지만 버크에 따르면 "큰 단위들이 균일한 연속을 이루는" 인공적인 무한도 있는 법이다. 더욱이 의지는 놀랍도록 단순한 형식 속에 응축될 뿐 아니라 건축물에 그 용도를 새겨넣으면서, 그 목적을 힘차게 상징화하면서 스스로 뚜렷해지는 경향도 있다. 우리는 지금 [이집트 출신의 프랑스 작가] 조르주 카토이가 말한 "건축적 상징"의 비상을 보고 있다. 그 완벽한 사례는 불레의 뉴턴 기념묘 계획안이다. 이 기념묘 계획안이 표현적인 목적을 가졌다고 한다면 도서관, 자선병원, 감옥, 집회소를 위한 작품들은 (현대적인 의미 그대로의) 기능적인 목적을 가졌다고 할 수 있다. 이 기능적 장소들은 한편으로 기능을 알리고, 다른 한편으로 그 기능을 엄격하게 충족하는 이중의 힘을 가진 구조로 고안되었다.

힘과 목적이라는 건축적 의지주의volontarisme의 두 양상은 18세기 말에 확대일로에 있던 지적, 도덕적 흐름과 만난다. 이 '의지주의' 흐름이 폐허와 죽음의 몽상과 정확히 같은 시대에 나왔다는 점이 놀라울 수 있겠다. 몽상에 잠긴 사람들과 의지에 차오른 사람들이 사회적으로 서로 다른 계층에 속한 걸까? 성급하게 '사회학주의'에 경도된 사람이라면 그렇게 믿게 하려고 할 것이다. 그래서 노스탤지어는 기울어가는 계급, 즉 귀족계급의 것이고, 정복의 에너지를 대변하는 사람들은 욕망에 따라 세상을 손에 넣기를 갈망하는 젊은 부르주아들일 것이다. 더 자세히 검토해본다면, 멜랑콜리나 우울에 관한 기나긴 일화들은 명예롭게 의지에 차올랐던 이력의 첫 장에 나타났음을 알게 된다. '베르터주의'* 라는 것이 꾸며낸 감정, 유행에 따른 포즈였다니 믿겨지는가? 이 시대의 탐욕스러운 젊은 부르주아는 자신을 더 잘 알게 되자마자 그런 감정과 포즈를 벗어던져버렸다. 나는 괴테, 샤토브리앙, 알피에리, 멘 드 비랑에게 중요했던 것은 몽상적인 거부와 대상 없는 욕망처럼 나타났던 최초의 근본적인 자유의 경험이었다고 믿고 싶다. 젊은 힘을 사용할 활동영역을 세상이 마련해주지 않았으니, 불행한 의식은 결여의 감정에 사로잡히고 말았다. 불행한 의식은 자기 자신밖에 알지 못하니 어디를 가나 자신의 모습을 발견하기 마련이다. 그런데 그런 의식이 단번에 자기에게 감정의 세계를 창조할 힘이 있음을 발견한다. 스스로 이해할 수 없는 과거나 먼 곳을 꿈꾸면서 의식은 자기가 상상하는 힘임을 깨닫는다. 루소를 필두로 18세기는 감상적인 고독이 등장한 세기다. 존재가 분리를 받아들임과 동시에 어디에 쓸 줄도 모르는 자유를, 말하자면 자기 내부에서 소진되어버리는 자유를 향유하는 고독 말이다. 욕망과 회한의 에너지는 자아 영역의 내부에서 탕진되어버린다. 이렇게 고조된 에너지는 외부에 역점力點을 둘 수 없으므로 개인에게 해가 될 수 있다.(베르터의 자살, 괴테와 샤토브리앙의 자살 욕

* 괴테의 초기 소설 『젊은 베르터의 슬픔』에서 예민한 감수성을 가진 주인공 베르터는 이루어질 수 없는 사랑의 슬픔에 번민하다 결국 자살을 선택하는데, 이런 베르터의 성격과 행동을 가리키는 말.

구) 하지만 우리가 잘 알고 있듯 이런 사례는 수많은 작품에 드러나 있다. 이 에너지는 구체적인 '현실'과 거리를 두면서, 시나 예술작품 같은 상상의 대상을 공들여 창작하는 것으로 출구를 찾을 수 있다. 이 욕망과 노스탤지어는 서로 이야기를 나누며, 자살이나 죽음의 슬픔은 이야기의 소재가 되면서 그런 식으로 규정되고 이런 경험 속에서 창조적 의지는, 예술이 구현하는 또다른 삶의 방식에 따라, 과거에 강도 높게 겪었던 그 파괴적인 힘들을 변모시킨다. 그러므로 18세기 말의 수많은 청춘은 '죽음을 위한 자유'를 자극하는 멜랑콜리의 경험이 이 자유를 창조나 '폭군'에 맞선 반항의 자유(질풍노도)로 사용하고 동원하는 것으로 받아들이는 것 같다. 그때 주관적인 거부의 힘은 의지적인 자기파괴와 거리를 두도록 사용된다. 그래도 자기파괴의 가능성에는 항상 멜랑콜리의 정념이 떠나지 않는다. 이제 존재는 자신이 의지이며 자신은 의지로 살아가는 것임을 모를 수 없다. 의사 장루이 알리베르는 "의지가 살게 하리라"는 금언을 남겼음을 기억하자.

이 의지 넘치는 자유가 그저 예술작품의 창작에만 적용된 것은 아니다. 오노레 드 발자크는 나폴레옹의 비범한 이력을 의지의 모험으로 생각했는데, 발자크가 틀렸다고 누가 생각할 수 있겠는가? 어떤 신비주의자들이 의지의 행위를 유체流體 전기에서 생기는 섬광처럼 생각했대도 놀랄 것이 없다. 메스머와 그의 추종자들은 최면술사의 의지로 커진 '동물자기動物磁氣'에 자석의 힘을 넘어서는 효력이 있다고 믿었다. [이 시기 프랑스의 자연사가] 장필리프 프랑수아 들뢰즈는 "인간은 자신과 같은 사람들에게 유익한 영향력을 행사할 수 있는 능력이 있다. 인간의 의지로, 우리에게 활력을 주고 우리를 살아가게 하는 원리를 사람들에게 전달할 때 말이다. ……그러므로 최면술을 위한 첫째 조건은 의지를 갖는 것이다"라고 썼다. 영지주의자와 신지학자는 상상력이 물질에 효과를 미친다는 낡은 이론을 능수능란하게 되살려낸다.

그래서 18세기는 애초에 주관성을 감각작용을 통해 규정했던 철학이 우세한 것처럼 보였지만, 결국에는 주관성을 무엇보다 의지를 통해, 자유의 해방을 통해(칸트), 노력을 통해(멘 드 비랑) 규정하는 철학을 받아들이면서 완결된다. 감각에 몰두하는 존재가 얻는 감각적 향유는 불연속적으로 이어진 것이었는데, 순간들이 다양하게 연속되는 것임을 알게 된다. 그 순간들은 가능한 한 서로 닮은 데가 없어야 놀라움을 되살릴 수 있고 권태롭기만 한 반복을 피할 수 있었다. 삶은 멀고 먼 목적이 없어도, 임박한 순간의 경계를 넘어서는 궁극적 지향이 없어도 존속했다. 조르주 풀레가 [『원圓의 변형들』에서] 정확히 보여주었듯, 존재는 수동적으로 굽이치는 굴곡선의 형태를 띠었고, "우연의 명령대로 유연하게 변하는 모습"을 보여주었으며, "그 어떤 목적도 없었으므로" 좌초하기에 이르렀다. 그러나 우연, 미망의 순간, 에피소드들로 이루어진 이러한 삶의 스타일이 지나가고 의지의 스타일이 뒤를 잇게 된다. 존재가 체계를 갖추고, 목적을 갖게 되고, 스스로 '궁극적 지향을 얻게 되는' 것이다. 그러므로 18세기에 감각의 주관성에서 의지의 주관성으로의 변화가 이루어졌다. 불레와 르두의 건축 양식이 그 증거이며, 라클로의 소설[『위험한 관계』], [모차르트 오페라] 〈마술피리〉, 베토벤의 교향곡들도 그 점을 여실히 보여준다. 프랑스혁명과 제정帝政 시기를 거치면서 가능해지는 이러한 야심의 성취를 잊지 말자. 틈이 벌어지고, 그 틈을 통해 결국 에너지가 정치적 세계, '구체적' 현실, 정복하고 지배해야 할 공간에서 거점을 찾게 되었다.

이 시기에는 의지에 대해 언급한 옛 이론들이 분명 중대한 역할을 담당했다. 스토아주의, 플루타르코스, 데카르트, 예수회원들이 그렇다. 18세기 말의 발전은 그저 프로메테우스적 의지주의가 정복해야 할 자연과 생성중인 역사의 지평으로 들어온 것일 뿐이다. 의지는 시공간적으로 새로운 세계를 창조하여 그 안에서 확장되고 형태를 갖춘다. 자연과 시간은 앞으로 정신의 활동이 기입될 좌표들이다. 이에 비해 르네상스와 바로크 시대에 나타났던 의지주의는 영원한 가치에 바탕을 두면서 이성적 존재가 영광스러운 안정을 추구하는 데 그쳤음을 고려해야 한다. 의지는 스스로를 생성으로 규정하지 않고 정지의 힘, 보편적인 '변화'와 유동적인 외관에 저항하는 힘으로 이해되었다. 결국 보란 듯이 의지를 현시하는 것 그 자체가 목적이 되었다. 과거의 의지주의와 18세기 말에 나타난 의지주의 사이의 이러한 스타일 차이를 어떻게 설명할 수 있을까? 나는 의지가 맞서고자 하는 세계의 이미지가 변했다는 점에서 그 이유를 찾을 수 있다고 본다. 17세기까지 운명이니, 모든 원인과 결과를 하나로 잇는 연쇄니, 자연적 필연성이니 하는 생각은 감각경험에서 나왔고 점성학 같은 유형의 사변 체계를 통해 이어졌다. 인간의 의지를 '운명'에 대한 반격으로 이해한대도 그것은 자연 세계에 아무런 영향도 미치지 않는 것이나 다름없었다. 그때 의지가 기댈 방책이란 단호히 결정을 내리고 의지의 외부에서 오는 그 어떤 위협도 무시하는 것뿐이었다. 베이컨, 갈릴레이, 데카르트, 뉴턴 이후 18세기는 물질세계의 필연성이 자연법칙으로 명시될 수 있고, 자연법칙은 수학언어로 표현될 수 있으며, 이 법칙을 매개로 사유가 외부 세계의 모든 현상에 영향을 미치게 된다는 사실을 발견했다.

분명 18세기 철학자들이 애초에 자연을 지배하는 역학 법칙이 존재함을 확인하면서 끌어낼 수 있다고 생각했던 근본적인 결론 중 하나는 그런 법칙이 없다면 인간 자신과 사유 작용, 그리고 의지라고 불리는 것이 주도권을 잡는 일도 없다는 점이었다. 하지만 인간이 자연에 의해 결정된 존재라면, 과학을 통해 원인들과 결과들의 자연적 흐름에 개입할 수 있게 해주는 수단을 획득하기에 그러한 것이다. 인간은 스스로를 변화시킬 수 있다. 단련될 수도 있고 타락할 수도 있다. 인간은 세상의 모습을 바꿀 수 있다.

인간은 제 욕망을 채우는 도구로 삼을 목적에서 자연법칙을 존중할 것이므로 자신의 기획을 그만큼 더 효율적으로 운영할 것이다.

이 관점으로 본다면 인간 의지를 기술적으로 확장할 수 있는 장이 마련된다. 고대 철학자들이 말한 '자기규제'에 그치지 않고, 세계를 통제하고자 하는 목표를 세울 가능성이 생긴다. 그렇게 되면 인간은 자연법칙의 지식을 얻고, 앎의 실행을 통해 천부적으로 자유를 갖고 태어났다는 준거점을 포착하면서 창조하고 변형하는 작업에 몰두할 수 있을 것이다. 미래는 새로운 예술작품, 새로운 실용적 사업, 인간의 질서에 대한 원대한 개혁에 열려 있다. 직조기, 증기기관, 이상도시나 새로운 극작법이 그것이다.

고야가 이 점을 확인해준다. 이성이 꿈꿀 때 그 꿈은 괴물을 낳는다. 위대한 꿈은 대략적인 윤곽이 잡힌 자연의 법칙을 알기 시작하면서 고양되어 생의 기원을 재구성해보고 시간의 끝을 예측해보게 한다. 최초의 생명을 인공적으로 만들거나 행복한 미래를 위한 기획안을 세워보는 것이다. 인류기원학과 유토피아가 이렇게 만난다.

자동기계automate는 예술사에서 다뤄야 할까, 기술사에서 다뤄야 할까? 자동기계를 만든 사람들은 역학의 도구적 목적성과 장난감의 '목적 없는 목적성'을 기이한 방식으로 뒤섞으면서 생명의 유기체적 목적성을 모방하고자 했다. 자연이 우리가 만든 기계들의 모델에도 작용한다고 가정한다면 자연이 할 수 있는 거의 모든 것을 실행할 완벽한 기계를 만들 꿈을 못 꿀 것도 없지 않는가? 계산을 실행하는 이성이 물질에 생명의 운동을 부여하지 못할 것도 없지 않은가? 1738년에 자크 드 보캉송은 기계오리를 선보였다. "산 오리처럼 마시고 먹고 꽥꽥 울고 물속을 뒤지고 소화도 시키는 금도색한 구리로 만든 인공오리"였다. 피에르 자케드로는 '안드로이드들'과 매혹적인 '여성음악가'(1773)를 만들었다. 이 여성음악가는 아리아 다섯 곡을 불렀고, 숨을 쉬고 절까지 했다. 이들 작품이야말로 확실히 기계장치 고안물이 가질 수 있는 능력에 관해 가장 깊은 생각을 전한다. 신을 위대한 시계 제조공의 이름으로 찬양하던 시대에 인간 시계 제조공이 작은 신이 되지 못하리라는 법도 없지 않은가? 그렇지만 기계장치의 실연實演도 모든 의문을 해결해주지는 못했다. 처음 기계가 움직이는 것을 보았을 때는 놀랍지만 몸짓은 판에 박힌 것이고, 연주 목록은 하나도 새로운 데가 없고, 미소도 늘 짓던 그대로라는 것을 누가 보지 못하겠는가? 시인들은 사람들이 다른 누구보다 좋아할 한 여인, 품에 안고 싶어할 한 여인의 변덕스러운 악몽을 고안하고자 할 것이다. 하지만 그 존재는 [운동 변환 장치인] 캠, 실린더, 송풍장치로 움직이는 커다란 인형에 불과했다. 화학자 라부아지에와 프리스틀리 이후, 예전에 연금술이 만들어내고자 몰두했던 '호문쿨루스homunculus'*의 위대한 성과를 되살리고자 하는 꿈은 이제 역학이 아니라 화학의 몫이었다. 괴테를 읽어보면 이 신화의 서로 다른 두 버전이 나타난다. 괴테는 열정적인 사랑의 대상이 된 자동인형 같은 여인의 이야기를 한 뒤에, 『파우스트』에서는 인공적으로 만들어진 작은 인간이 '시험관 안에서' 자라나는 장면을 보여준다. 화학자가 물질의 기원에 대한 비밀을 자연과 나누어 갖게 된다면 자연과 동등한 존재가 되지 못할 것이 무엇인가?

철학자들은 『창세기』를 즐겨 재검토했다. 남은 일은 신의 자리를 대신해서 질서와 생명을 창조하는 것뿐이었다. 특히 '파우스트적' 야망은 세계를 물질로 변형하고, 자연세계는 물론 사회에서도 이성의 질서를 세우는 것이다.

18세기에는 상상의 여행이나 신탁의 형태를 빌려 '참된 체계', '자연의 법전', 권리의 옹호, 계획안, 환상이 급증했다. 오늘날의 역사에서는 추상적 이성의 계산, 육체적 욕망을 어설프게

* '작은 인간'이란 뜻으로, 연금술을 통해 만들 수 있다고 여겼던 인공 생명체. 르네상스기 연금술사 파라켈수스의 저작에 처음 등장한다.

숨긴 프로그램, 순진한 단순화, 그리고 원시적 목가나 황금시대가 아닌 미래로 방향을 튼 노스탤지어가 거기에 얽혀 있음을 볼 수 있다. 이 모든 것이 끓어올랐고, 중요성을 부여받았고, 이로써 "사유는 행동을 향한다"라는 라이프니츠의 단언이 확고해졌다. 이상 도시를 상상하는 일은 그저 정신의 유희만은 아니다. 그것은 욕망의 목표이고, 요구를 관철하고자 할 때의 긴장이고, 현실화하는 데 필요한 조건을 평가하는 사유다. 건축사가들은 르두가 구상한 도시들을 단순히 유토피아적인 생각이라고 평가하는 것이 잘못된 일임을 깨달았다. 그것은 기념비적인 계획안으로 봐야 한다. 그 실현 가능성은 계획안을 고안한 이가 이미 명백히 고려했다. 르두는 쇼시市 계획안에서 건축 공간의 다양한 기능은 물론 건축물과 주변 자연의 관계를 검토했으며, 이로부터 제안한 해결책은 필경 유토피아적으로 보일 수 있겠으나 오늘날의 전문가들은 그 해결책의 '현대성'에 새삼 놀란다. 루이세바스티앵 메르시에는 소설 『2440년*L'An 2440*』에서 원활한 교통, 거리마다 한쪽에 배치된 식수대, 가로등이 비추는 계단, 깔끔한 병원들, 건물의 지붕이 낮고 높이가 일정해서 공원으로 변할 수 있는 도시를 상상했다. 메르시에의 예견은 많은 점에서 과감하지 않지만(그는 현재 우리가 어떤 과학을 확보하게 될지 전혀 예측하지 못했다), 그가 이 작품에서 따르는 것은 기술적 발명에 대한 환상이라기보다는 바람직한 것의 요청이었다. 그는 유토피아주의자라기보다 완벽주의자인 것이다. 영국, 프랑스, 이탈리아의 18세기 건축가들도 마찬가지였고, 간혹(권력자들이 납득한 경우) 이를 실현한 경우도 있었다.

이런 식으로 의지는 자신의 효력을 발견한다. 의지는 진보의 과정으로 해석된 과거와 변경이 가능하다고 간주된 현재를 증거로 내세워 미래를 자기 고유의 공간으로 만든다. 의지는 목적을 세우고 거기에 투신하는 것이다. 도약하는 의지는 희망을 품고,

앞으로 태어나게 될 이를 향한다. 건축하기, 발견하기, 완전하게 하기가 중요한 주제가 된다.

앞서 보았듯이 애초에 개별 존재의 삶은 굴곡이 심한 선을 따라 흘러갔다. 하나도 닮은 데가 없는 감각작용, 교대로 반복하는 즐거움과 사유, 그리고 욕망, 향유, 우연의 불연속적인 계열이 그런 삶을 만들어냈다. 그뒤 18세기의 후반기에 이르러 한 가지 변화가 나타났다. 존재가 열정적으로 추구한 목적에 따라 구축된 것이다. 동일한 변화가 인류 역사의 이미지에서도 나타났다. 섭리가 작동하는 역사는 신이 우리가 모르는 사이에 자신의 목적을 실현하는 역사다. 18세기의 첫 세대 사상가들은 이 섭리의 역사에 영고성쇠榮枯盛衰의 역사를 맞세웠다. 영광의 시대와 퇴폐의 시대가, 문명의 양상과 야만으로의 복귀 양상이 교대로 나타나는 "순환corsi e ricorsi"(비코)의 역사가 전개되는 것이다. 이제 새롭게 목적성을 갖는 역사의 이미지가 등장한다. 그리고 그 역사의 목적은 더는 신의 의지가 아니라 인류의 공동 의지에 의해 제시된다. 19세기 철학자들이 "정신의 생성"으로 정의하고, 1789년을 전후로 진보 이론가들이 "완전성의 원리"라고 명명하는 내재적인 긴장이 이 새로운 역사에 존재했다. 콩도르세가 죽기 직전에 쓴 『인간 정신 진보의 역사적 장면 개요*Esquisse d'un tableau historique des progrès de l'esprit humain*』는 "인간 정신의 다가올 진보"의 장면으로 마무리된다. 프랑스혁명기의 불화로 너무 일찍 죽음으로 내몰린 콩도르세는 미래의 지식은 인간의 예측(이나 전망)을 필요로 한다고 주장했다. 전통 신학에서는 미래 예측을 오직 신의 섭리의 관할로 남겨두지 않았던가. 인간이 알고 있는 것에서 출발한다면 예측이 가능하고, 예측한 것에서 시작한다면 실행이 가능하다. "인간이 어떤 법칙에서 비롯한 현상인지 확신에 가깝게 예측할 수 있다면, 설령 어떤 법칙인지 모를 때라도 과거의 경험에 비추어본다면 미래에 일어날 사건들을 상당히 높은 개연성으로 예측할 수 있다.

인류 역사의 결과에 비추어 앞으로 인간이 겪게 될 운명의 장면을 사실임직하게 그려내고자 하는 기획을 어찌 공상적이라 할 것인가? ……인류가 앞으로 맞이하게 될 상태에 대한 희망은 크게 다음 세 가지로 요약할 수 있다. 국가 간 불평등의 폐지, 같은 민족 안에서 평등의 진보, 인간의 실질적 완전성."

여기 이 글을 여전히 과학적 가설로 볼 수 있을까? 일종의 비약이며, 마법이나 다름없이 의지의 힘으로 공중에 붕 떠오르기라도 한 느낌이 든다. 비록 쫓기다 잡혀 투옥되긴 했지만, 콩도르세는 말 그대로 미래의 공간으로 몸을 피했다.

비약이라! 정확히 18세기 말에 저 케케묵은 비행飛行의 꿈이 마침내 실현된 것을 그저 우연의 일치로 봐야 할까? 오래전부터, 때로는 상상의 항해 끝에, 때로는 기상천외한 비행 끝에 유토피아인 나라들에 이르곤 했다. 이 전통은 18세기에도 계속되었다. 루소는 '새로운 다이달로스*'를 꿈꾸었고, 레티프 드 라 브르톤은 사람이 하늘을 날아 남극을 발견하게 했고,† [노르웨이 출신 덴마크 작가 루드비 홀베르의 주인공] 니콜라스 클림은 날아서 지구 중심까지 내려갔다. 그런데 최초의 기구氣球가 그때까지 인간의 접근을 막았던 수직의 차원을 실제로 정복하는 장면을 제공한다. 기구 조종사들은 위험천만한 수소의 가벼운 중량 덕분에, 불을 지펴서 하늘로 오르는 힘을 얻자 한껏 달아올랐다. 그들의 야심은 종이로 만든 거대한 구체, 이 변덕스럽고 통제 불가능해 보이는 기구를 더 잘 운전하는 것이었다. 이 종잡을 수 없는 여행이 불러일으킨 최초의 열광이 사라지고 나자, 두 가지 중요한 소망

* 크레타섬에 미궁을 만든 그리스신화의 인물. 아들 이카로스와 함께 자신이 만든 미궁에 갇혔다가 직접 날개를 만들어 달고 날아서 탈출했다.

† 레티프는 1781년 유토피아 소설 『하늘을 나는 인간의 남극 발견, 또는 프랑스인 다이달로스*La Découverte australe par un homme volant, ou Le Dédale français*』를 출간했고, 이 작품은 선구적인 과학소설의 하나로 꼽힌다.

이 생겼다. 멀리 떨어진 장소를 연결하고 높은 고도에 올라 관찰을 수행하는 것, 즉 교환과 지식이다. 어떤 방해도 받지 않고 자유로워진 의지를 상징하는 상승은, 과학의 발전과 국가 간 긴밀한 관계를 목표로 삼는다.

과르디의 경이로운 그림을 보면 기구의 상징을 통해 의지의 스타일이 출현했음을 알게 된다. 이는 점점이 흩어진 순간들을 추구했던 로코코 시대의 인류가 가면을 쓰고 망토를 두른 채 해변에서 들떠 있는 모습에서 포착되었다.(도판 81) 이 장면은 멜랑콜리적인 신중함을 기하며 18세기 전체를 요약하고 있다. 저 우아하게 차려입은 사람들은 가볍게 날아가는 곤충 모양의 물체를 보면서 바로 지금 느낀 감각이 그들 세계의 종말을 나타내고, 하늘에 떠 있는 저 신호가 고대에 출현했던 혜성들 이상으로 돌이킬 수 없는 전복을 예언하는 것임을 알기나 했을까? 멀리 푸른 하늘에 위태롭게 떠 있는 작은 구체가 바로 미래의 대담한 형식이다. 저 위에서는 무엇이 보일까? 이 문제는 말 그대로 유보된 상태에 있다. 하지만 과르디의 그림은 그가 재현한 관객들처럼 과거에 사로잡힌 듯 보인다. 인간 삶의 덧없는 순간을 순진하게 바라보고 고정하면서 느끼는 행복은 아마 더는 주어지지 않으리라. 다음에 올 것은 의지와 무한의 끝없는 충돌이고, 지양止揚의 명령이며, 우리의 운명이 움직여나가는 미래이다.

보는 즐거움

“우리가 가진 감각 중 시각보다 완전하고 쾌적한 감각이 없다. 시각은 무한히 더 많은 관념을 제공하고, 더 멀리 떨어진 대상과 이야기를 나누고, 다른 감각보다 더 오래 작동한다. 그렇게 오래 보고 있어도 감각이 물리거나 피곤한 일이 없다. ……시각은 더 섬

도판 81. 프란체스코 과르디, 〈베네치아 주데카 수로 위로 상승하는 기구〉, 베를린 게멜데갤러리.

세하고 더 확장된 촉각 같은 것으로 볼 수 있다. 무한히 많은 물체로 뻗어가고, 가장 광대한 형상들을 한눈에 보고, 우주 가장 먼 곳에 있는 어떤 부분까지 가닿기 때문이다." 보는 즐거움에 푹 빠져 있는 사람들을 모은 과르디의 그림 앞에 서면 애디슨이 [『스펙테이터』 지에 기고한] 앞의 구절이 저절로 떠오른다. 풍경을 그려내는 화가 과르디는 빛이며, 공간이며, 산마르코 성당의 붉은 대리석이며, 석호潟湖 위에 비치는 반사광을 지칠 줄 모르고 황홀히 바라보는 화가만은 아니었다. 그는 저 들뜬 군중을 반짝반짝 빛나는 망토와 가면과 삼각모로 바꿔 표현하고자 했다. 그는 바다에 나선 베네치아 총독, 대사들의 연회, 무도회, 오페라, 화재, 카니발처럼 어떤 특별한 스펙터클을 보러 혼잡하게 모여든 군중을 보고 싶어한다. 이렇게 사람들이 모여서 하는 일이란 그저 바라보는 일, 휙 하니 지나가면서 번쩍이는 것, 순간순간 생겨나는 형상들에 매혹되는 것뿐인 듯하다.

이렇게 18세기는 빛, 명료성, 명확성, 그리고 시선의 작용과 밀접하게 연결된 듯한 이성에 사로잡혔던 세기다. 그런데 시각은 감각 중에서도 가장 팽창적이다. 시각은 정복 운동을 통해 우리를 먼 곳으로 옮겨놓는다. 그리고 이성의 성공 자체는 이내 감각세계로 더는 충분하지 않게 만든다. 이성은 외관 너머에서 명확성을 찾으며, 감각의 순간 저 멀리에 목표를 둔다. 원한다는 것은 예측한다는 것이고, 존재하는 것을 통해 아직 존재하지 않는 것을 본다는 것이다. 의지의 스타일이 승리를 구가할 때, 사물은 수단이 되고 더는 그 자체로 사랑받지 못한다. 과르디는 아직도 행복했던 이전 세대에서 살아간다. 하지만 화가가 고집스럽게, 정답게 사물의 외관에 집착하면서 유년기의 사리분별 없는 즐거움에 머무는 것처럼 보이게 될 시간이 다가오고 있다.

1789 **이성의 상징**

1789

1789년은 유럽 정치사에서 하나의 분수령이다. 그런데 예술의 양식에서도 분기점일까? 일견 그해에는 미술사에 획을 긋는 커다란 사건이나 의미심장하게 나타난 작품이 없는 것 같다. 프랑스혁명에 앞서 '고대로의 회귀'가 있었으며, 신고전주의 취향이 확립되어 광범위하게 확산된 것은 1750년 이후의 일이다. 프랑스혁명기에 이용될 형식은 1789년 이전에 벌써 전부 발명되었다. 그렇다면 이 해[1789년]의 공적功績은 무엇일까? 신고전주의의 흐름에 따라 지나치게 기교를 부린 요소들을 모두 배제하면서 로마와 공화주의 경향을 열렬히 강조했고, 프로파간다 및 반反프로파간다 판화가 엄청나게 확산되었으며, 공공 축제의 의식이 등장했다는 점? 우선 이렇게 결산해보면 손해본 장사로 보인다. 부채를 따져본다면 훨씬 더 실망스럽다. 귀족과 부유한 계급의 주문에 의존했던 예술가들은 혁명기에 이르러 거의 아무 일도 하지 못하게 되었다. 건축가, 초상화가, 고급가구 세공인, 보석 세공인은 힘겨운 시대를 살아야 했다. 자크루이 다비드 등 몇몇 예술가는 혁명에 가담하여 공식 혁명 예술가가 되었지만, 대다수는 비주류 예술(당초무늬 장식, 판각 등)에 종사하며 살아가야만 했다. 귀족과 긴밀한 관계에 있던 몇몇 예술가는 1789년 이후 프랑스를 떠났다. 이들의 빈자리는 금세 다른 예술가로 메워지지 않았다. 예술은 격렬한 단절의 순간보다는 분명 문명의 상태를 표현하는 데 더 적합하기 마련이다. 우리는 보다 최근의 여러 사례를 통해서 이 점을 알고 있다. 혁명이 일어났어도 새로운 정치질서에 부합하는 예술의 언어가 곧장 생기는 것은 아니다. 옛 세상은 끝났다고 공언하고자 할 때조차, 사람들은 여전히 오랫동안 과거에서 물려받은 형식을 사용하고 있지 않던가.

1789년을 언급한다는 것은 프랑스혁명의 발발을 관찰하는 것이지, 오랜 기간에 걸친 혁명의 결과를 살피는 일은 아니다. 그것은 프랑스혁명의 직접적 원인, 혁명의 조짐, 혁명을 예고했던 징후들을 나란히 놓고 그 발생 시점에서 혁명을 이해해보고자 하는 일이다. 그래서 1789년에 빛을 본 예술작품 대부분은 혁명의 결과라고 볼 수 없다. 파리가 폭동으로 뒤흔들리고 프랑스 군주정이 휘청일 때, 여러 건축물과 그림, 오페라 작품이 프랑스 안팎에서 완성되었다. 이 작품들은 혁명이라는 사건 이전에 구상되었고, 긴 호흡의 의도로 준비되었기에 저 뜨거웠던 나날의 열기와는 아무 상관이 없었다. 그래서 우리는 이 작품들을 역사적 문맥과 무관하게 해석할 수 있을 것 같다. 우연히 시대가 같았을 뿐이니, 여기에 단순하게 인과관계를 적용할 수는 없다.

하지만 순전히 우연이었대도 의미가 전혀 없는 것은 아니다. 프랑스혁명 역시 이전의 사유와 정신적 환경의 소산으로 세상에 출현한 것이다. 1789년의 역사는 이미 준비되었고, 오래전부터 부분적으로 성취된 사회 변화[1]의 맹렬한 귀결이었으며, 이 시기에 괄목할 만한 사건들이 연이어 펼쳐졌다. 비극의 장면들처럼 긴밀히 이어진 이 사건들에는 전례 없이 강렬한 빛이 비추어졌다. 다른 어떤 역사적 순간 이상으로 해석이 필요한 텍스트 하나를 마주하고 있다는 생각이 든다. 사전 준비가 잘된 작품의 스타일과 참으로 유사하다. 혁명 당시부터 1789년이 신의 손, 혹은 인민의 손으로 쓰인 [역사의] 한 페이지임을 지적한 해석은 많았다.[2] 그러니 혁명적 사건의 스타일과 같은 시대에 등장한 예술작품의 스타일을 비교하는 일은 정당할 뿐 아니라 반드시 필요한 일이 되었다. 직접적 인과관계는 찾을 수 없으니, 해당 국면에서 떠오른 의미를 살펴보도록 하자. 예술과 사건은 서로를 비추고, 서로가 서로를 드러낸다는 점에서 중요성을 가진다. 심지어 예술과 사건이 서로를 확증해주기는커녕 모순이 되는 경우에도 그렇다.

이렇게 예술작품과 사건을 가까이 놓게 되면 사건이 차지하는 몫이 우세해진다. 프랑스혁명에서 나타난 빛은 너무도 강렬했기에 동시대의 현상 중 그 빛이 미치지 않는 것이 없다. 1789년의 예술가들은 혁명에 주목했든 무시로 일관했든, 혁명을 승인했든 단죄했든, 결국 프랑스혁명의 시대를 함께 살았던 이들이다. 프랑스혁명과 어떤 식으로든 관계를 맺지 않을 수 없는 것이다. 어느 면에서 프랑스혁명은 예술가들을 심판한다. 이 혁명은 현대적인 것과 낡은 것을 가르는 보편적인 기준을 부과한다. 사회적 관계의 새로운 형식을 촉진하고 시험하는 것이다. 그래서 이 새로운 형식을 마주했을 때, 예술작품은 응답하지 않을 수가 없다.

주석과 보충

1. 오래전부터 준비된 변화

헌법제정국민의회의 일원이었던 앙투안 바르나브는 『프랑스혁명 입문*Introduction à la Révolution française*』이라는 빼어난 책을 썼다. 이 책에서 그는 르네상스 이후 유럽 경제사를 조망하면서 혁명의 사건을 분석했다.

“유럽 각국의 국정國政에서 귀족정치의 토대는 토지 소유에 있고, 군주정치의 토대는 공권력에 있고, 민주정치의 토대는 동산動産의 성격을 갖는 부富에 있다.

위 세 가지 정치적 요인이 급변하자 국정도 이를 따랐다.

봉건체제가 절정에 이르렀을 때 소유권이라고는 토지 소유권밖에 없었다. 기사와 성직자로 구성된 귀족정치의 힘이 미치지 않는 데가 없었기에 인민은 노예 상태에 빠졌고 군주는 아무런 권력이 없었다.

기술 부흥과 더불어 산업과 동산의 소유권이 생겼는데, 이는 노동의 산물이다. 토지 소유권이 원래 정복이나 점유에서 기인하는 것과 같다.

그 시기에는 민주주의 원리가 억눌려 있었지만 이후 계속 힘을 얻어 성장해나갔다. 근면히 일하는 인민계급이 기술, 산업, 상업을 통해 부를 얻게 되면서 대토지 소유자들은 가난해졌고, 재산은 계급 차이를 지웠다. 교육의 기회가 확장되면서 풍속의 차이가 없어졌고, 오랫동안 잊혔던 기초적인 평등사상이 되살아났다.

이 자연적인 원인들에 왕권의 영향력이 결합하지 않은 곳이 없었다. 오랫동안 귀족정치에 눌려 있던 왕권이 인민의 도움을 요청했던 것이다. 그래서 인민은 오랫동안 국왕의 보좌역을 맡아 공동의 적에 맞섰다. 그러나 인민이 충분한 힘을 얻어 더는 보조적 역할에 만족할 수 없을 때, 결국 폭발하듯 봉기하여 국정에 참여하게 된다."(바르나브, 『프랑스혁명 입문』, F. 뤼드 편, 파리, 1960, 5장 및 12장)

2. 종말로서의 프랑스혁명

바르나브는 프랑스혁명에서 한 가지 원칙이 폭발했음을 보았다. 이 원칙은 몇 세기에 걸쳐 경제적 원인들이 뒷받침되어 승리를 거두었다. 반면 신지학자였던 루이클로드 드 생마르탱은 프랑스혁명에서 신의 섭리라는 신비로운 의지를 해독하고자 했다. 교회와 사제에 맞섰던 그는 진정한 신정정치가 승리를 거두기를 기대했다.

"프랑스혁명을 그 기원에서부터, 혁명의 폭발 시점에서 고찰한다면 나는 그보다 더 최후의 심판 이미지와 비견할 만한 무엇이 있을지 모르겠다. 그것은 어떤 우월한 목소리가 트럼펫에 숨을 불어넣어 웅장한 소리를 내게 하고, 지상과 하늘의 권능이 충격을 받아 뒤흔들리고, 정의로운 자들과 악한 자들이 단숨에 응보를 받는 이미지가 아니던가. 물리적 자연은 이런 폭발적인 위기의 전조를 보여주면서 프랑스혁명을 예언하는 것 같지만, 그와는 별개로 우리는 프랑스혁명이 발발했을 때, 그저 공포에 쫓겨 국가의 모든 위대함과 모든 질서가 순식간에 사라져버리는 것을 보지 않았던가? 어떤 보이지 않는 손이 아니고서는 그런 위대함과 질서를 끈질기게 뒤쫓을 수 있는 힘이 무엇이겠는가. 또한 우리는 어떤 초자연적 힘이 작용하여 압제에 짓눌린 자들이 부당하게 빼앗겼던 모든 권리를 되찾는 것을 보지 않았던가?

프랑스혁명을 총체적으로, 급속한 진행상황에 따라 지켜본다면…… 요정이 부리는 요술이나 마법이 작용한 것은 아닐까 생각하고 싶다. 그런 것이 있기에 누군가는, 혁명을 지휘하고 혁명의 역사를 쓸 수 있는 감춰진 손이 있었으리라 말할 수 있었다."(루이클로드 드 생마르탱, 『친구에게 보내는 편지, 혹은 프랑스혁명에 관한 정치적, 철학적, 종교적 고찰*Lettre à un ami, ou considérations politiques, philosophiques et religieuses sur la Révolution française*』, 파리, 혁명력 3년, 12~13쪽)

I

결빙

1788년에서 1789년으로 이어지는 겨울에는 혹한이 닥쳤다. 베네치아에서는 석호潟湖가 다 얼어서 그 위를 걸어서 지나다녔다. 이 장면을 그린 그림도 몇 점 남아 있다. 유럽 어디에서나 저 잊지 못할 변덕스러운 기후를 담은 장면이 판화로 남아 있다. 파리의 센강에 얼음이 얼어 강물이 막혀버렸다. 바뀐 파리의 풍경을 즐겨 그린 위베르 로베르는 얼어붙은 강에서 그림의 소재를 찾았다. 그가 1789년 살롱에 출품한 그림이다.[1] 프랑스의 전년도 여름 수확은 형편없었다. 인민은 고통스러웠고 불안했고 동요했다. 지방에서 폭동이 일어났고, 약탈도 흔했다.

빈곤한 겨울이란 어떤 것인지 가장 잘 이해시켜줄 사람은 고야다. 해당 그림은 타피스리 밑그림으로 그린 것인데, 1788년 이전에 그려진 듯하다.(도판 1) 한겨울 칼바람이 부는 어두운 공간에 인정사정없는 힘이 작동하고 있다. 살아남는 것이 이루기 어려운 과업이 된다. 그래도 농민들은 길을 간다. 한파에 맞서 걸어간다. 목적은 하나다. 여행자는 누더기로 몸을 꽉 감싸고 움츠려 몸을 데워보려고 한다. 서로 바싹 붙어 있다. 감동적인 마음의 일치가 일어나 끝내 살고자 하는 모든 자를 끌어당긴다.

봄은 늦게 찾아왔다. 베르나르댕 드 생피에르의 말을 들어보자. "올해 1789년 5월 1일, 해가 뜰 때 나는 정원으로 내려가서 지난 12월 31일에 수은주가 영하 19도 밑으로 떨어졌던 저 가혹한 겨울이 지나간 뒤 그곳 상태가 어떤지 보았다. 나는 걸음을 옮기면서 지난해 7월 13일에 우박이 쏟아져 왕국 전역을 처참하게 휩쓸었던 일을 생각했다. 정원에 들어가서 보니 배추 한 포기, 아티초크 하나, 흰 재스민 하나, 수선화 하나 남아 있지 않았다. 내가 가꾼 금잔화와 히아신스는 죄다 죽어버렸다. 무화과나무도, 정월에 꽃을 피우곤 했던 월계수 백리향도 다 죽었다. 어린 덩굴광대수염의 가지는 거의 다 말라비틀어졌고 잎도 녹이 슨 듯한 적갈색을 띠고 있었다.

그러나 다른 식물은 3주 이상 발육이 늦어지긴 했지만 끄떡없었다. 딸기며 제비꽃, 백리향, 앵초를 심어놓은 가장자리는 초록색, 흰색, 푸른색, 진홍색으로 알록달록했다. 인동덩굴, 산딸기, 까치밥나무, 장미나무, 라일락이 어우러진 울타리에는 푸른빛 잎과 꽃봉오리로 가득했다. 포도나무, 사과나무, 배나무, 복숭아나무, 자두나무, 벚나무, 살구나무가 어우러진 오솔길에는 꽃이 만발했다. 아니, 포도나무는 싹이 반쯤 벌어지기 시작했을 뿐인데 살구나무에는 벌써 열매가 맺혀 있었다."(『고독한 자의 소원*Les Vœux d'un solitaire*』)

이 주의 깊은 관찰자는 식물 세계에서 일어나는 죽음과 삶의 이중적 광경을 마주하고 있다. 그는 섬세하게 식물의 색깔을 묘사한다. 이례적으로 과장된 표현을 통해 죽음에서 부활하는 정원의 덧없는 아름다움을 볼 수 있다. 이 글을 읽으면 우리는 역사에는 이르지 못하는, 인간 만사의 주변에 놓인 옹색한 왕국에 와 있는 것은 아닌가 하는 생각을 잠시 하게 된다. 그 왕국에서 죽음과 삶은 서로 맞서는 적대적인 의지들이 투쟁하는 세상의 죽음과 삶과는 전혀 다른 것으로서, 자연의 영원한 질서에 순응하는 자연현상일 뿐이다. 그러니 그곳은 폭력적인 역사를 보고 질겁한 사람이 은거하는 도피처는 아닐까? 식물의 세계는 아득히 먼 지평인 것일까?[2]

도판1. 프란시스코 데 고야(1746~1828), 『겨울』, 마드리드 프라도미술관.

그렇지 않다. 베르나르댕 드 생피에르는 사실 역사의 그림자가 자연에서 일어나는 격변에 뚜렷이 투사되어 있다고 본다. 방금 인용한 글에 이어지는 부분을 읽어보면 우박, 폭우, 결빙의 의미가 자연의 재앙 훨씬 이상임을 확인하게 된다. 이 감각적 이미지들을 통해 임박한 파산, 쇠퇴 일로의 제도, 비참한 상태에 놓인 인민이 물리적 세계의 차원에서 표현된다. 이를 상징적으로 읽을 때 천재지변은 국가에 닥친 불행의 상징적 기호가 되지, 장식적으로 덧붙여진 배경이 결코 아니다. 불행이 우리 눈앞에 뚜렷이 드러난다. 반대로 봄과 약동하는 생명은 희망을 가져도 좋다는 설득력 있는 구실이 된다. 만물이 소생한다는 예언이 그것이다.

이렇게 기후와 관련된 기호를 상징적으로 읽어내는 일은 순박한 사람(또는 틀림없이 거짓으로 순박한 척하는 사람)이나 할 일이라고들 할 것이다. 그런 사람은 자연법칙의 질서에는 뚜렷한 신의 의도가 개입되어 있다고 생각하고, 기계적 원인들의 연쇄만이 지배하는 영역에서 섭리의 숨은 뜻을 해독한다고 주장한다.[3] 성서와 종교문학에서 비롯한 이러한 태도보다 더 시대착오적인 것도 없다. 식견을 갖춘 정신이라면 이러한 태도에 더는 신앙을 결부시키지 않게 된 시대에 말이다. [계몽사상가들인] 피에르 벨, 퐁트넬, 볼테르는 전조와 신탁을 믿는 잘못을 가려내지 않았던가?

그러나 우박과 결빙을 공공 재정의 파국적 운영과 하나로 묶는 베르나르댕 드 생피에르의 해석은 1789년 봄에 지배적이었던 감정의 본질적인 양상 한 가지를 이해하게 해준다. 재정 파탄과 기후 격변은 동일한 역경에 대한 두 가지 모습이었다. 국가 재정이 파산에 이를지 모른다는 위협은 1788년 7월 13일에 쏟아진 우박에서 우주적인 방식으로 표현되었다. 피할 길 없는 재정 적자의 모습에 인간미라고는 전혀 없는 맹목적인 요인들이 배가되어 나타났다. 어둡고 비이성적이고 적대적인 힘이 모습을 드러낸 것이다. 하늘에, 제도에, 정부에 똑같이 어두운 적의가 드리웠다. 봉건주의 체제는 몰인정한 폭정을 일삼았다. 아무리 경고해도 요지부동이던 군주와 귀족들의 낭비벽은 자연재해의 고집불통을 닮았다.

결빙. 적자. 라보 생테티엔은 "적자 규모가 엄청나다는 사실을 깨달았을 때 국민이 얼마나 놀랐는지…… 얼마나 분노했는지 일일이 적을 수가 없다. 프랑스가 얼마나 병들었는지를 느낄 수는 있었어도 가늠해볼 수는 없었다"고 썼다.[『프랑스혁명의 역사적 개요』(1793)] 제3계급 사람들은 재정 적자가 궁정과 귀족이 벌인 축제의 횟수에 비례한다고 냉정하게 생각했다. 적자, 그것은 얼어붙은 축제였고, 춤추고 노래하면서 여름을 다 보낸 매미 귀족이 맞은 겨울이었다. 보마르셰의 피가로는 체제의 모순을 다음과 같이 고발했다. "정산을 맡을 사람이 필요했는데 그 자리를 무용수가 채간 거야."[『피가로의 결혼』(1784)] 무용수들이 미뉴에트를 다 추어버린 지금, 노름꾼들이 무작정 돈을 다 걸어버린 지금이 정산을 하고, 정산서가 나오고, 정산을 맡은 사람들이 나서는 때이다.

호사스럽게 흥청망청 돈을 써서 국고가 탕진된 건 분명 아니었다. [영국에 대항해 독립전쟁을 벌인] 미국 '식민지군'을 지원하는 데 엄청난 지출이 있었다. 그러나 마리 앙투아네트 왕비에게 선물하기 위해 구입하거나 건축한 성이며 장신구, 불꽃놀이, 상상할 수도 없는 낭비벽만 눈에 보였다. 정산을 맡은 사람들이 재무제표를 작성한다는 것 자체가 로코코 시대에 절정을 이루었던 삶의 양식은 물론 그보다는 간소했던 루이16세 양식의 장식에서 세련미를 더한 삶의 양식을 규탄하는 일이었다. 물질적인 삶의 측면에서 보나, 감각적인 삶의 측면에서 보나, 지적인 삶의 측면에서 보나 루이16세 양식은 낭비의 양식이었다. 장식품들이 무수히 늘어나 뒤얽히고, 크리스털과 금속과 반들반들한 광택 위에서 터져나온 광채가 흩뿌려지면서 눈부신 빛이 거듭 생겨나고 또 생겨났다. 로코코 예술은 부자와 권력자 주변을 영원히 계속되는 축제로 장식했다. 축제의 쾌락, 눈부심, 놀라움은 아주 짧은 사이를 두고 사라졌다 나타나기를 반복했다. 로코코 감수성은 특별한 순간을 환히 밝히는 날카로운 빛들 사이에, 일시적으로 어둠이, 무와 고갈의 상태가 나타날 수 있음을 모르지 않았다. 그러나 그 감수성에 새로운 감각, 새로운 생생한 관념, 새로운 자극적인 이미지로써 영혼에 활기를 불어넣는 쇄신의 능력이 있음을 확신했다. 마찬가지로 왕족은 큰돈을 걸었다 파산한 뒤에도 국왕이 선심을 쓰겠지, 돈을 빌릴 수 있겠지, 영지를 팔면 되겠지 하고 생각했다. 특히 영지는 그곳에서 나오는 직접 소득도 있고, 조세를 걷을 수도 있고, 저당을 잡힐 수도 있으니, 이런 세 가지 방법으로 새로운 재원을 마련해줄 수 있었다.

작황이 나빴던 그해 봄, 삼부회의 행렬에서 귀족과 성직자는 호화스러운 의복을 과시해서 인민의 빈축을 샀다. 개인의 광채란 찾아볼 수 없는 이 특권층들, 이 "어두운 명사名士들"(스탈 부인이 [『프랑스혁명에 대한 고찰』에서] 쓴 표현)은 그들이 뽐내는 과시적인 기품을 부당하게 차지한 것으로 보였다. 제3계급 대표이자 신교도인 라보 생테티엔의 말을 들어보자. "고위 성직자는 금으로 치장하여 눈부셨고, 왕국의 귀족들은 어가御駕 주위에 빽빽이 늘어서 있었다. 이들이 화려함의 극치를 보여주었던 반면, 제3계급은 상복을 걸치기라도 한 듯했다. 그러나 저 길게 늘어선 무리가 국가를 대표하고, 인민은 그 점을 아주 잘 알기에 제3계급 대표들에게 박수갈채를 보냈다. 인민은 '제3계급 만세!'부터 외치고, 이어서 '국가 만세!'를 외쳤다. 의복에 따른 차이는 비정치적인 것이었으나 궁정이 의도했던 것과는 완전히 반대되는 효과를 가져왔다. 제3계급은 큼지막한 넥타이를 매고 검은 외투를 둘렀던 대표자들을 그들의 지지자이자 아버지라고 생각했으며, 그런 옷차림이 아닌 이들을 적으로 간주했다. ……지방에서 태어나 한번도 고향을 떠나본 적이 없다가 이번에 지방 도시와 농촌의 비참한 광경을 뒤로하고 떠나온 저들은 루이14세와 루이15세가 호사를 위해 엄청난 지출을 했고 새로운 궁정에서는 관능을 좇았음을 보여주는 증거를 두 눈으로 확인했다. 그들은 저 성을 짓는 데 2억 리브르livres를 쏟아부었고, 생클루의 매혹적인 성을 짓는 데 1,200리브르를 쏟아부었고, 프티 트리아농을 짓는 데는 얼마를 쏟아부었는지 모른다는 말을 들었다. 그들의 대답은 이랬다. 저 화려함은 인민의 땀이 만든 것이오."[『프랑스혁명의 역사적 개요』]

정산하는 방법을 배운 목격자들에게 호사의 마법이 작동을 멈추게 되는 이 순간은 매우 중요하다. 지출이 더는 찬탄어린 놀라움을 불러일으키지 않게 된 것이다. 저 궁전을 만들어낸 노동만이 중요했다. 저 어두운 명사들이 없었다면 사교계가 착시를 일으키는 장식을 갖춰 화려하게 빛났겠는가. 이제 그들이 볼멘소리를 하는 것이다.

사교계를 단죄하고 없애버리고자 하는 이들에게, 종말로 다가가는 사교계는 악의 모습을 띠게 된다. 이는 보편 선을 적극 거부하고, 분리된 향유 속에 분별없이 틀어박히고, 자연의 우발적인 사건, 이성적인 인간이라면 맞서 싸워 극복해야 할 대재앙이나 다름없는 의지의 표현이었다.

잠시 1789년의 귀족 세계로 들어가보자. 이 귀족 세계를 그 내부에서, 이해되었던 그대로 이해해보자. 거기서 우리는 바깥에서 이 세계에 가해진 비난과 은밀한 공모가 있었음을 알게 된다. 이 세계는 가장 과도한 쾌락을 누리면서도 죽음의 자각과 종말의 매혹에 사로잡힌 세계였다. 귀족 세계는 적과 맞서보지도 못하고 속절없이 무너져내렸다. 양심의 가책을 느끼며 귀족을 비판했던 사람들(루소, 피가로 등)의 말에 귀를 기울이기도 했다. 이 귀족 세계는 개혁을, 인류애를, 쇄신을 꿈꾸었다. 하지만 그렇다고 귀족들이 막대한 경비가 드는 축제를 그만 열었던 것은 아니어서, 그들은 무모한 파멸의 길로 뛰어들었다. 상당수의 예술작품과 문학작품을 황혼, 예민, 환멸, 지성의 감정이 지배했다. 종말을 기다리는 계급과 관련된 이런 예술에서 우리는 결국 쇠약을 가리키는 기호들과 종종 경탄스럽기까지 한 자유를 모두 찾게 될 것이다. 그 자유의 감정은 모든 관계로부터 단절되어 더는 아무것도 잃을 것이 없다는 죽음과 가까운 감정에서 비롯한다.[4] 역설적인 것은 이들 작품이 대담하고 경이로울 정도로 거침없었기에, 헛된 지출과 순전한 기상奇想의 산물이었고, 빈사 상태인 사회에서 나온 것이었을지라도, 창조적인 과감함과 착상이 있었음을 보여준다는 데 있다. 반면 예술가가 새로 태어나는 질서에, 새로운 도시에 유용하게 또 도덕적으로 봉사하고자 하는 작품들에서는 그런 것을 찾으려 해봤자 소용없었다.

주석과 보충

1. 위베르 로베르

〈바스티유 파괴의 시작〉(도판 2)은 엄청난 규모의 망루가 보이고, 그림자가 성채 측보를 따라 오르며, 솟아오르는 연기가 배경에 어둠을 드리우고 있는 놀라운 작품이다. 상징이 일화적인 사건을 넉넉히 압도한다.

위베르 로베르는 세속적이고 진지하지 못한 성격의 소유자로 평가받았다. [동시대 화가] 비제르브룅 부인은 『회상록*Souvenirs*』에 다음과 같이 썼다.

"친교가 있던 예술가 중 사교계에서 로베르만큼 발이 넓은 사람도 없었다. 더욱이 그는 사교계를 무척 사랑했다. 모든 종류의 즐거움에 일가견이 있던 그에게는 식탁의 즐거움도 예외가 아니었다. 로베르는 인기 만점이었다. 그는 제 집에서 식사를 일 년에 세 번이나 할까 싶다. 공연, 무도회, 식사, 음악회, 시골 여행, 무엇 하나 거절하는 것을 본 적이 없다. 일하지 않을 때는 인생을 즐기며 시간을 보냈기 때문이다.

자연스러운 정신의 소유자로, 공부도 많이 했지만 전혀 현학적이지 않았다. 단 한 순간도 쾌활한 성격을 잃은 적이 없었으므로 사교계에서 그처럼 사랑스러운 사람이 없었다. 로베르는 항상 신체 단련에 일가견이 있는 것으로 유명했고, 나이가 아주 들었을 때에도 취향이 젊었을 때 그대로였다. 예순이 되었을 때 살이 너무 쪄버리기는 했으나 민첩함은 그대로였기에 사람 잡기 놀이, 테니스, 공놀이에서 최고였다. 우리는 하도 웃다 울 지경에 이르기까지 어린아이들의 놀이를 즐겼다. 한 예로, 어느 날 콜롱브에서 로베르가 살롱 나무 바닥에 백묵으로 금을 하나 길게 긋더니, 곡예사 옷차림을 하고 와서는 손에 평행봉을 들고 근엄하게 걷다 그 위를 달리기 시작했다. 그가 외줄에서 춤추는 사람의 태도와 몸짓을 썩 잘 흉내냈기에 딱 곡예사의 모습 그대로였다. 그렇게 웃긴 모습은 본 적이 없었다."(비제르브룅, 『회상록』, 파리, 샤르팡티에, 연대 미상, 2vol. t. II, 329쪽) (도판 3)

위베르 로베르는 1793년 10월 29일에 '반혁명 용의자' 혐의로 체포되어 생트펠라지 감옥에 구금되었다가, 나중에 생라자르 감옥으로 이송된 뒤, 테르미도르 9일 이후에야 석방되었다. 감옥에 갇혀 있는 동안에도 계속 그림을 그렸다. (도판 4, 5, 6) 비제르브룅은 다비드가 로베르를 고발했다고 주장하는데 이 점은 믿기 어렵다.

베르나르 드 몽골피에의 최근 연구 「카르나발레 박물관에 있는 파리의 화가 위베르 로베르」(『카르나발레 박물관 회보 *Bulletin du Musée Carnavalet*』, 17호, 1964, n° 1, 2)나 더 오래전 저작이지만 C. 가비요(1895)와 P. 드 놀락(1910)의 연구를 참조할 것.

[혁명 이후 아카데미가 폐지된 뒤 이를 대체했던] '예술의 코뮌Commune'은 이내 '공화주의적이고 민중적인 예술 협회'가 되었는데, 이곳에서는 장르화가 및 혁명의 이상을 표현하는 데 재능을 이용하지 않았던 다른 화가들에 대해 시민적이고 도덕적인 이유로 적대감을 드러냈다. 이 점에 대해서는 H. 라포즈, 『민중적이고 혁명적인 예술 협회의 변론*Procès-verbaux de la Société populaire et révolutionnaire des arts*』(파리, 1903) 참조. 다비드의 역할을 공정하게 판단하려면 루이 오트쾨르의 『루이 다비드*Louis David*』(파리, 1954)와 D. L. 다우드의 저작을 참고할 것.

2. 아득히 먼 지평

베르나르댕 드 생피에르가 『인도의 누옥』에서 그리는 고독한 천민은 진정한 행복이 무엇인지 아는 완벽히 지혜로운 자다. 어둠 속의 행복, 원시적인 야생의 자연으로의 침잠이라는 생각은 1789년 무렵에도 여전히 매력을 발산했다. 세낭쿠르가 젊어서 프랑스혁명이 정점에 올랐을 때 스위스 알프스산맥 지역에 몽상에 잠기러 떠나는 것으로 이 부름에 화답했음은 잘 알려져 있다. 그는 오세아니아 열도를 향해 좀더 먼 곳으로 떠나려는 막연한 희망을 갖고 있었다. 하지만 자연 한가운데로 도피처를 찾아나서는 것과 사회적 유토피아의 추구가 어울릴 수 없는 것은 아니다. 세낭쿠르는 (1797년과 1798년 사이) [5인의 총재가 행정부를 이끄는] 총재정부에 여러 차례 청원하여 총재들의 지원으로 태평양의 한 섬에서 "사회적 세계의 첫번째 사례로서 탁월한 제도"를 세우는 기획을 실현하고자 했다. 마르셀 레몽의 서문이 실린

2

6

3

4

5

도판 2. 위베르 로베르(1733~1808), 〈바스티유 파괴의 시작〉, 1789, 파리 카르나발레박물관.
도판 3. 엘리자베트 비제르브룅(1755~1842), 〈위베르 로베르의 초상화〉, 1789, 파리 루브르박물관.
도판 4. 로베르, 〈생라자르 감옥의 아월芽月의 복도〉, 파리 카르나발레박물관.
도판 5. 로베르, 〈생라자르 감옥에서 휴식을 취하는 죄수들〉, 파리 카르나발레박물관.
도판 6. 로베르, 〈생라자르 감옥에서 식량을 배급받는 죄수들〉, 파리 카르나발레박물관.

『현세대에 관해서: 인간의 부조리들*Sur les générations actuelles. Absurdités humaines*』(1793), 주네브, 1963, xx쪽 참조. 또한 마르셀 레몽의 통찰력이 빛나는 저작(『세낭쿠르*Senancour*』, 파리, 1965)과 베아트리스 디디에와 르 갈의 두 권짜리 저작 『세낭쿠르의 상상적인 것*L'imaginaire chez Senancour*』, 파리, 1966 참조.

3. 베르나르댕 드 생피에르와 상징의 언어

베르나르댕 드 생피에르는 (후에 프랑스혁명의 언어가 될) 상징으로 이루어진 언어가 있음을 입증하기 위해 빛의 예를 든다. 빛을 차단하는 대상과 접촉해야 빛이 뚜렷이 지각된다.

"햇빛이 물체, 혹은 적어도 구름에 머물지 않았다면 우리 눈으로 그 빛을 어떻게 볼 수 있을까. 빛은 대기를 벗어나면 더는 보이지 않고 광원을 직접 바라보면 눈이 부시다. 진리도 이와 같다. 진리가 감각으로 지각될 수 있는 사건들, 또는 적어도 진리를 반사하는 은유와 비유에 고정되지 않았다면 진리를 알기란 요원한 일이리라. 진리는 그것을 반사해서 되돌려보낼 물체를 필요로 한다. 인간의 지성은 순수하게 형이상학적인 진리를 감당할 수 없다. 신으로부터 나오는 진리는 지성의 눈을 부시게 하고, 신의 피조물에 깃들지 않은 진리는 지성으로 이해할 수 없다.

……수만 가지 환상적인 형태로 산재한 구름들이 자연의 균형 잡힌 피조물을 채색하는 빛보다 더 풍부하고 더 다양한 색조로 빛을 분해하는 일이 잦듯이, 우화는 실제로 일어난 사건보다 더 폭넓게 진리를 반사한다. 우화는 진리를 모든 영역으로 옮겨 동물, 나무, 원소와 어울리게 하고, 그로부터 수많은 반사광이 솟아오르게 한다. 햇빛은 그런 방식으로 깊은 물속에서도 꺼지는 일 없이 자유자재로 움직이고, 지상의 사물과 하늘의 사물에 반사되고, 협화음을 이루면서 빛의 아름다움을 배가하는 것이다.

그러므로 진리에 무지가 필요한 것처럼 빛에는 어둠이 필요하다. 어둠과 빛이 우리의 시선과 조화를 이루듯, 무지와 진리는 우리의 지성과 조화를 이루기 때문이다."(『인도의 누옥』(1791) 서문)

여기서 색채 구성의 관점에서 어둠이 갖는 기능을 생각할 때 괴테의 색채론이 떠오르지 않을 수 없다.

4. 종말의 전조

세낙 드 멜랑은 『정신과 풍속에 관한 고찰*Considérations sur l'esprit et les mœurs*』(1787)에서 포만과 혐오와 권태의 시대가 임박했다고 생각한다. 지식과 예술은 한계에 다다를 정도로 완벽해졌고, 인간은 모든 일을 미리 예측하게 된 세계에서 무감각에 빠지게 되었다. "인간은 무기력 상태에 빠져 사태의 추이에 따라 이리저리 끌려갈 수밖에 없게 되었으니, 아마 열 세대나 열두 세대가 지나면 대홍수가 일어나 깡그리 무지에 잠겨버리게 하는 것 외에는 다른 방책이 없을 것이다. 그때가 되면 새로운

종족은 벌써 훨씬 더 앞서 있었던 지식의 고리를 밟아나가는 데 전념할 것이다."(44쪽)

"수월하게 수많은 향유를 누리면서 무감각해진 인간은 더는 아무런 흥미도 느낄 수 없다. 야심이란 덧없다는 사실을 깨닫고, 사랑의 즐거움에 물려버리고, 분별력과 세심함을 갖추어 예술, 정신, 기법, 작품에 대해 까다로워진 인간은 기이한 것, 특이한 것을 필요로 한다. 인간의 마음에 무언가 충동이 남아 있다면, 무기력한 상태에서 벗어날 수 있는 유일한 방법은 불행이라는 새로움이리라. 권태에 빠진 이들은 결국 무엇이든 경멸하기에 이른다. 영광을 경멸하고, 아마 경멸조차 경멸하리라. 어떻게 보면 그들은 자기가 살아가고 있는 행성을 빠른 속도로 돌아본 사람들이다. 그들은 정확히 묘사할 수 있고 사물 하나하나에 정확히 값을 매길 수 있다."(196~197쪽)

[독일 철학자] 프리드리히 하인리히 야코비는 『볼데마르*Woldemar*』(1779, 반델부르크의 프랑스어 번역본, 전 2권, 파리, 혁명력 4년)에서 유사한 감정을 표현했다. "나는 현재 사회의 상태를 보면 죽어서 고여 있는 바다밖에 보이지 않는다. 그래서 나는 무엇이 되든 홍수가 일어나기를 간절히 바란다. 야만인들이 밀려온대도 좋다. 그래야 저 오염된 늪을 쓸어내고 미개간지를 발견할 수 있다."(1권, 154~155쪽)

뱅자맹 콩스탕과 샤리에르 부인이 나눈 서신을 읽어보면 허망함과 보편적 불합리에 대한 보다 날카로운 감정이 드러난다. "저는 지금처럼 세상만사가 허망하다고 느낀 적이 없습니다. 성공을 보장해준다는 약속이 얼마나 많습니까. 하지만 지켜지는 경우는 진혀 없습니다. 우리의 능력은 목적하는 곳에 이르기에 얼마나 부족합니까. 이런 불균형이 얼마나 우리를 불행하게 만듭니까. 저는 물론 이 생각이 정당하다고 봅니다만, 제가 내놓은 생각은 아닙니다. 재기 넘치는 피에몬테 사람으로 사르데냐에서 특사로 보낸 르벨 기사라는 이의 생각입니다. 저는 헤이그에 있을 때 그 사람을 알게 되었습니다. 기사가 주장하기를, 우리 인간과 우리 주변의 모든 것의 창조주인 신은 일을 끝내기도 전에 죽어버렸답니다. 신은 세상을 만들 때 그보다 더 방대할 수 없는 기획을 했고 그보다 더 위대할 수 없는 수단을 갖고 있었습니다. 신은 여러 수단을 벌써 실행에 옮겼습니다. 건축물을 지을 때 비계를 쌓아올리듯 말이죠. 그렇게 작업을 하던 도중 신이 죽음을 맞이했고, 현재 모든 것은 한 가지 목적으로 이루어졌으나, 그 목적은 더는 존재하지 않는 것입니다. 특히 우리 인간은 결국 무엇인가에 이르리라고 느낍니다만, 그것이 무엇인가에 대해서는 전혀 이해하지 못합니다. 우리 인간은 문자반이 없는 시계와 같습니다. 지성을 가진 시계 톱니바퀴가 닳을 때까지 회전합니다만, 왜 도는 줄은 모릅니다. 내가 돌고 있으니까 목적이란 것이 있는 셈이지, 라는 말만 끝없이 되풀이하면서 말이죠."(1790년 6월 4일) 귀스타브 뤼들레, 『뱅자맹 콩스탕의 청년 시절*La jeunesse de Benjamin Constant*』, 파리, 1909, 376~377쪽 및 조르주 풀레, 『뱅자맹 콩스탕*Benjamin Constant*』, 파리, 1968 참조.

II

베네치아의 마지막 불꽃

베네치아 공화국 귀족들에게는 지금 말하는 해年들이 중요했다. 과르디(1793년 1월 1일에 여든의 나이로 임종)의 예술은 마지막 불꽃을 태웠다. 그렇다. 로코코 양식의 한 양상 전부가 과르디와 함께 종말을 맞는다. 과르디의 아들 자코모는 아버지의 '부정확한 표현'이 용서받기를 바라는 마음으로 성실하게 아버지를 통속화했을 뿐이다. 그렇다 해도 그 죽음은 얼마나 영광스러운가! 미래의 회화를 예고했던 것은 얼마나 대단한 선견지명이었나! 〈회색의 석호〉와 〈산마르쿠올라의 화재〉(1789)(도판 7)는 신고전주의 예술보다 정작 우리에게 더 가깝게 느껴진다. 이 그림들에는 인상주의 정신이 훌륭하게 예견되어 있다. 더욱이 인상주의마저 넘어서서, 공간과 빛을 찬양하는 회화의 한 가지 본질적인 소명이 나타난다. 이 화폭들에서, 이 데생들에서 군림하는 유일한 것은 빛이다. 빛은 덧없이 지나가지만 더욱 덧없이 지나가버리는 인간의 동요보다 우월하다. 그런데 이렇게 지나가버리는 빛이, 하루의 순간이 절대의 양상을 띤다. 〈산마르쿠올라의 화재〉를 보면 군중이 타오르는 불의 일부인 것처럼 보인다. 인간의 얼굴은 어두운 섬광 같다. 화염의 일부였던 얼굴이 뚜렷이 부각된다. 재앙의 빛이 통합의 원리가 된다.

과르디는 아마 마지막으로 펜과 붓을 들고 신고전주의 양식으로 지은 라페니체극장(잔안토니오 셀바가 1792년에 완공)의 파사드를 바라보면서 눈 깜짝할 사이에 나타났다가 곧 사라져버리는 사람들의 모습을 그렸으리라.(도판 8) 하늘은 광대하고, 구름은 흘러가고, 대지에는 군데군데 그림자가 드리우고, 공기는 신비롭게 순환하고, 건축물은 엄정하되 부드럽게 떨며 생동한다. 과르디는 이러한 모습들을 포착했다. 덧없이 흘러가는 모습(이를 가리키는 이탈리아어의 전문 용어 '마키에타machietta'는 문자 그대로 이해하면 '작은 얼룩'으로 옮길 수 있다)은 그저 빛이 만들어내는 일회적인 사건을 말한다. 인간은 자신이 창조한 작품인 도시 앞에서 지워지고, 도시는 자신이 호흡하는 공간에서 지워진다.

과르디가 화폭에 옮긴 마지막 축제들, 가령 폴리냑 공작 아들의 결혼식을 기록한 연작(1790)은 섬세한 거미줄로 수를 놓은 요정극을 보는 것 같다. 연회의 의자는 청결하고 냉소적이고 매력적인 삶을 보여준다. 의자들은 아주 일정한 간격을 두고 여유롭게 배치되어 있다. 이를 보면 화가의 의도는 아닐지라도 귀족의 에티켓이라는 것이 말할 수 없을 정도로 유치함을 상징적으로 표현하고 있음이 보인다. 결혼을 축복하는 모습은 군중의 이미지로 표현되었는데 그들은 로코코 양식 교회의 구불구불한 장식이 계속 이어지듯 움직여나간다. 사람들은 그 자체로 장식에 불과해서, 어디에서나 온갖 형식의 아라베스크 장식이 나타나게 하는 숨은 연출가의 뜻을 고스란히 따르고 있다. 아라베스크 장식 내부에는 보다 진폭이 적은 부차적인 파동과 진동이 무수히 나타나는데, 이는 잔결꾸밈음이나 앞꾸밈음, 돈꾸밈음이 선율을 장식하는 것과 같다. 그러나 과르디의 예술에는 빈정거리는 태도가 전혀 없다. 터치가 지극히 가볍고 공간 배치가 시원시원하다보니 이 이미지들에는 초연한 미소와 명상적인 지혜의 빛이 어린다. 점진적인 데생의 변화와 시간의 변화가 일치할 수 있었던 이유가 거기에 있다.(도판 9, 10, 11)

도판 7. 프란체스코 과르디(1712~1793), 『산마르쿠올라의 화재』, 1789, 베네치아 코레르미술관.

도판 8. 과르디, 〈라페니체극장〉, 1792, 베네치아 코레르미술관.
도판 9. 과르디, 〈카르페네도에서 열린 폴리냑 공작의 결혼식〉, 1790, 베네치아 코레르미술관.
도판 10. 과르디, 〈카르페네도에서 열린 폴리냑 공작의 결혼식〉.
도판 11. 과르디, 〈카르페네도에서 열린 폴리냑 공작의 결혼식〉.

10

11

베네치아의 종말은 조반니 도메니코 티에폴로에게서 발견된다. 우화적인 역사가, 신화학자라고 불러도 좋을 화가였던 티에폴로의 데생과 프레스코화에는 제 자신의 종말을 마주한 예술의 무한에 가까운 자유가 펼쳐진다. 그의 작품에는 빈약해지면서 헝클어지는 두 움직임의 낯선 만남이 있다.

티에폴로는 대규모 알레고리 벽장식에서 놀랄 만큼 뛰어난 솜씨를 과시했다. 아버지[조반니 바티스타 티에폴로]와 함께 작업했기 때문이겠다. 살롱 내벽에 펼쳐진 공상적인 지평을 보자면 그럴듯하다고 수긍할 수밖에 없는데 이 점에서 티에폴로를 따라갈 자는 없다. 하늘이 영원한 열락 위로 트이곤 했던 바로크의 위대한 전통과 [색채나 음영의 변화를 이용하는] 공기 원근법은 더는 같지 않았다. 티에폴로의 경우 입체감이 두드러지는 천정점에는 더는 신의 영광이 깃들어 있지 않았다. 영원성이 사라지고 없는 것이다. 남은 것이라고는 갈가리 흩어진 구름, 지상의 바람이 쓸어버린 하늘, 변덕스러운 자연이 거칠게 만들어버린 숲의 풍경, 구불구불 뒤틀린 나무, 시시한 폭력, 동물들이 등장하는 희극의 끝도 없는 기이함뿐이다. 티에폴로는 미화하거나 맥 빠진 우아함을 갖추려 하지 않는다. 그는 신랄한 목가를 그리면서 초라한 풍경과 방탕한 사람들, 굶주린 개들을 잔뜩 모아놓았다. 그가 그린 자연은 민감한 영혼이 피신하는 자리가 아니다. 그와 반대로 자연에는 난폭하거나 그로테스크하거나 음산한 피조물이 넘쳐난다. 티에폴로는 열성적으로 해골을 그리고 밤나방(도판 12)을 그렸다. 신화에 등장하는 난폭한 형상들을 소생시켜 이 불안한 세계를 채우고 그곳에서 군림하려는 것이다. 인간은 천지창조를 주재하는 왕이 아니라, 텁수룩하게 털이 나고 신경질적이며 민첩하게 움직이는 켄타우로스나 사티로스다. 하지만 이렇게 거친 모습은 유쾌한 우아함이나 쓸쓸한 웃음과 항상 잘 어울린다. 모두가 웃을 준비가 되었기 때문이다. 베네치아의 삶에 친숙한 정경

12

13

도판 12. 조반니 도메니코 티에폴로
(1727~1804), 〈나방〉,
우디네 시립미술관.
도판 13. 티에폴로, 〈캐리커처〉,
베네치아 코레르미술관.

들을 그릴 때 티에폴로는 언제나 빈정거리거나 희화화하는 데까지 나아간다.(도판 13) 어디를 보나 뭔지 모를 비현실성, 뭔지 모를 민첩하면서도 병약한 환상이 들어와 있다. 티에폴로에 비한다면 피에트로 롱기는 과감성이 부족한 것 같다. 여기서는 보통 사람이 상상할 수도 없을 정도로 관절을 자유자재로 움직이는 곡예사들이 기형의 관객 앞에 나타나고, 저기서는 배가 불뚝 나오거나 등이 굽은 지주들이 바보처럼 점잔을 빼며 탁월한 존재의 의례를 우스꽝스럽게 흉내내고 있다. 하지만 이 세계에는 편재하는 강박적 형상 하나가 떠돌고 있다. 간이무대의 형상 하나가 극장을 벗어나 보통의 삶과 뒤섞이고, 비현실적이고 보잘것없는 모습으로 그 삶을 오염시킨다. 풀치넬라Pulcinella* 말이다. 풀치넬라는 어디에서나 보인다. 자신을 두 팔로 번쩍 들어올리는 켄타우로스의 품에 있기도 하고, 동굴에서 사티로스와 함께 식사를 하기도 하고, 떠버리들의 상점 앞에선 관객이기도 하고, 귀족의 산책을 무사태평하게 호위하기도 한다. 가면을 쓴 그 모든 얼굴 중에서도 풀치넬라는 갈고리 모양으로 굽은 긴 코를 단 검은 가면을 부러 썼다. 등은 굽고 배는 뚱뚱하게 부풀어올랐는데 진짜 그런지 아닌지는 알 수 없다. 항상 엄청나게 길쭉한 흰색 삼각 모자를 썼으니 그 모자가 그의 일부를 이루는 것 같다.(도판 14) 풀치넬라는 태어나고 또 태어나 우글거린다. 번식력이 무척 강한 종족인 것이다. 그저 독특한 캐릭터라고 하기보다는 떼지어 살아가는 식객들이라고나 할까. 티에폴로는 별난 악몽 같은 꿈을 꾸면서, 그저 경박하게 이리저리 뛰어다니면서 살아가는 것으로 소일할 뿐인 풀치넬라라는 확산성 종족이 베네치아에서 나머지 인류를 축출하려 했

* 원래 이탈리아의 즉흥극 코메디아델라르테에 등장하는 유형화된 캐릭터 중 하나로 주로 농민 출신 하인의 배역이다. 몸집이 뚱뚱하고 못생겼지만 꾀 많고 식탐이 있는 인물이다. 주로 흰 옷을 입고 배불뚝이에 끝이 뾰족하게 굽은 코가 강조된 가면을 쓰고 등장한다.

도판 14. 티에폴로, 〈그네〉, 1791, 베네치아 카레초니코.

다고 상상한 것 같다. [이탈리아 극작가] 카를로 고치는 사망선고를 받기 직전 상태의 코메디아델라르테를 소생시키려고 노력했는데, 티에폴로는 고치보다 더 잔인하게도 노쇠한 세상에 아이의 얼굴을 뒤섞었다. 풀치넬라의 어린아이와도 같은 무위도식을 통해 이 사회가 이제 역사적 역할을 완전히 상실해버렸다는 심오한 진실을 확인시켜주기라도 하듯 말이다. 어떤 급격한 돌연변이가 생겨서 가정마다 꼬마 풀치넬라가 태어태어나기라도 한 것 같다. 꼬마 풀치넬라는 남은 생애 내내 노동과 생산 활동이 아니라 터무니없게도 영원한 축제의 몸짓을 반복할 운명이다. 풀치넬라는 어디에나 존재하는데다 여기에 신화적 형상과 쓰러져버린 귀족 가문의 잔해가 더해져 전통적인 모든 위계질서와 구분을 파산에 이르게 하는 혼란의 상징처럼 나타날 수 있다. 풀치넬라는 기쁘게 카오스로 회귀하는 능동적인 주동자다. 티에폴로의 〈신세계Il Mondo nuovo〉는 그림의 군중에게는 착시를 일으키는 스펙터클이다. 새로운 세계는 오지 않을 것이다. 사람들은 허위의 이미지 앞에 모여들고, 민중의 삶은 초라한 간이무대의 마력에 현혹된다. 하지만 풀치넬라도 결국은 죽을 운명이다. 한 세계의 종말을 고하는 풀치넬라의 장난에도 끝은 있는 법이다. 티에폴로는 풀치넬라가 술을 너무 많이 마신 나머지 수종水腫에 걸려 임종을 맞는 모습을 그렸다. 그는 디오니소스의 보살핌도 물리쳤던 실레노스처럼 침대에 누워 있는데 얼굴에는 가면을, 머리에는 삼각 모자를 그대로 쓰고 있다. 당나귀 귀를 가진 의사(도판 15)가 와서 맥박이 멈췄음을 확인한다. 루이 장 데프레는 그 의사의 사촌인 '위대한 박사'를 조롱하는 그림을 그렸다.[1]

도판 15. 루이 장 데프레(1743~1803), 〈위대한 박사 판탈로네가 의학을 설명하다〉, 1790, 스톡홀름 왕립도서관.

주석과 보충

1. 캐리커처의 비전

캐리커처는 1789년을 전후로 특별히 뛰어난 기교를 갖추고 꽃피웠다. 이는 아름다움의 평온한 지대로 복귀하고자 하는 '하이퍼이상주의'의 유혹에 맞선 '하이퍼리얼리즘'의 반격이다.

18세기에 윌리엄 호가스를 첫 위대한 대표자로 삼은 캐리커처의 비판적 기능은 문학에서 부르주아 소설이 보여준 모범과 정확히 같다. 부르주아 소설은 하층민 언어로 된 장르나 패러디가 두드러진 것으로 간혹 저속하기까지 했다. 서사시, 목가, 비극 같은 '고상한' 장르는 호된 비판을 받았다. 헨리 필딩의 『엄지동자 톰*Tom Thumb*』(1730)이 가장 악의적으로 비극을 패러디했음을 생각해보자.

하이퍼리얼리즘의 캐리커처는 필연적으로 하이퍼표현주의적일 수밖에 없다. 관상학과 정념의 표현을 주제로 한 저작들(르브룅, 라바터)은 캐리커처 화가들이 참조한 사전이나 다름없었다.

그러므로 신고전주의 시대가 일종의 필연적인 반대급부로 캐리커처의 황금시대이기도 했다는 점에 놀랄 필요가 없다. 이를테면 상쇄가 이루어진 것이다. 시간을 지나치게 초월한 아름다움과 현재의 극단적인 추함이 대립한다. [고전주의를 대표하는 조각가이자 삽화가] 존 플랙스먼의 영국은 누구도 예외로 두지 않는 가차 없는 풍자화를 그린 제임스 길레이의 영국이기도 하다. 신고딕 양식, 낭만적인 피토레스크 양식, 이국적인 가면무도회 같은 상류사회의 미적 유행은 토머스 롤런드슨 같은 화가가 부르주아적인 둔중한 생명력을 표현한 그림을 본다면 즉각 미망에서 벗어나게 된다. 호레이스 월폴이 고딕 양식을 빌려 시적으로 만들고자 했던 저택인 스트로베리힐 주변을 산책하는 상스러운 인물들에 잠시 눈을 돌려보는 것으로 충분하다.

캐리커처는 파괴적이기에 정치적인 무기가 된다. 자크루이 다비드 역시 이를 잘 알았다. 장폴 마라의 권유로 그는 자코뱅주의 이상의 승리를 위한 투쟁이 난관에 부딪혔던 시절에 스스로 캐리커처 작가가 되었다.

III

밤의 모차르트

모차르트 오페라의 대본작가 로렌초 다 폰테는 티에폴로가 살았던 베네치아 사교계 출신이다. 모험을 좋아한 이 작시가作詩家는 섬세한 귀를 가졌고, 그의 대본에서 모차르트의 걸작 세 편이 나왔다. 다 폰테의 직관은 대단한 것이었다. 〈코지 판 투테(여자는 다 그래)〉(1790)의 대본을 가볍다고 경멸하지 말자. 그 작품에서 우리는 인물을 돋보이게 해주는 가면과 틀에 박힌 맹세가 영원하리라 믿었던 사랑을 무너뜨리는 것을 본다. 번쩍거리는 옷차림의 알바니아 사람들이 나타나서 그저 사랑을 흉내만 내고, 현재의 순간은 아무리 기만적일지라도 눈물에 젖은 맹세와 고별인사의 기억보다 우세하다. 피오르딜리지와 도라벨라의 순진하기 짝이 없이 이리저리 흔들리는 마음속에서 사랑은 덧없이 사라지는 순간의 마법과 떼려야 뗄 수 없는 혼란이며, 로코코 시대가 끊임없이 경험했던 미래도 없고 과거도 없는 현기증이다. 특별한 사랑을 차지하는 연인이란 언제나 재주도 좋게 그 자리에 있는 연인이 아닌가. 이 잔인한 진리가 모차르트의 통찰력 넘치는 천재를 만나, 장난기 넘치는 이 작품에 멜랑콜리의 베일을 씌운다. 다시 처음 장면으로 돌아왔음을 알리는 군대행진곡이 울려퍼진 뒤, 혼례의 축연에서 약혼자들은 부정不貞의 피날레를 축하하기 위해 한껏 멋을 부려 마련한 배경장식에 둘러싸여 다시 만나 서로 용서를 구한다. 용서하면 다 좋은 것이다. 사랑은 처음부터 이기고 있었다. 그러나 그 승리는 사랑이 무너진 폐허에서 이루어진다. 두 약혼자가 다른 남자에게 잘 보이려고 한껏 치장한 애인들을 되찾는 밤의 순간에 말이다. 내가 이 장면에서 좋아하는 부분은 18세기의 과장된 유행으로 장식한 화장방에 두 아가씨가 등장할 때다. 그녀들은 캐미솔을 입거나 몸매가 드러나도록 꼭 조이면서 허리의 굴곡을 한껏 강조하는 영국식 옷차림을 하고 있다. 가슴이 드러나도록 깊게 파인 목 주변에는 거품처럼 얇은 모슬린 천이 비치며, 높이 올려 우뚝 세운 머리채에서 돌돌 만 곱슬머리 몇 가닥이 목덜미 위로 슬며시 내려앉고, 그때 보석의 반짝이는 빛이 샹들리에와 유리잔의 번들거리는 빛과 만난다.

모차르트는 〈피가로의 결혼〉(1786)에서 어쩔 줄 모르는 흥분에 사로잡혔다가 미망에서 깨어나 결국 감동에 젖게 되는 경이로운 밤을 오페라로 만들었다. 모차르트의 음악은 원작자 보마르셰가 짐작하지도 못했을 차원을 줄거리에 부여하면서, 사회의 신분질서가 무너지고 쓰라린 감정과 즐거움, [옷을 바꿔 입은 백작부인과 하녀 수산나의] 변장에 따른 착시, 과오와 용서가 서로 뒤섞이는 혼란과 무질서를 훌륭히 그려낸다. 넓은 정원의 소나무 아래에서 열에 들떠 사랑을 쫓고 쫓았던 이날 하루, 다시금 신분과 감정의 질서를 되찾으려면 한층 더 강렬한 무질서와 기만이 필요하다. 한순간의 카오스와 착란에 빠져보았던 것이다.[1]

〈돈 조반니〉(1787)에는 밤에 일어나는 일이 대단히 많다. 살인, 무도회, 무덤가의 장면이 그렇다. 최후의 밤은 리베르탱[돈 조반니]이 저녁식사에 초대했던 석상이 그 초대를 받아들여 운명적으로 돈 조반니의 집에 도착하는 그날 밤이다. 한 시대가 끝났음을 보여주게 될 사건들이 일어나기 직전에 유혹자 돈 조반니와 '돌石 인간'이 대결을 벌인다는 것은 이 전설의 전통적인 의미에 보충적인 의미가 추가되었음을 뜻한다. 동 쥐앙['돈 조반니'의 프랑스어식 표기]은 낭비와 과잉의 인물, 순간순간을 헛되이 흘려보내고 내일을 생각하지 않고 욕망의 대상을 정복해나가는 인물이다. 살아가면서 그는 계산을 하는 법이 없다. 유혹한 여자가 '1003명'임을 적은 장부는 계산에 능숙한 그의 하인이 들고 있다. 동 쥐앙에게 범위는 결코 끝을 가리키지 않으며, 한계는 위반하기 위해서만 존재한다. 그의 유일한 종교는 자유인 것이다. "에로틱한 식인귀"(피에르 장 주브)가 제 인생을 쉼없는 향연으로 채우게 하는 자유다. 동 쥐앙이 요구하는 자유는 한편으로는 향유란 무한하다는 점을 확인해줄 뿐이다. 사드가 보여주는 광란도 마찬가지다. 그가 『소돔의 120일*Les 120 Journées de Sodome ou l'école du libertinage*』을 썼을 때, 120이라는 숫자는 물론 제한된 숫자이기는 해도 무제한의 상징처럼 나타난다. 그런데 다른 한편으로 이 자유가 프랑스혁명을 주도한 사람들이 느꼈던 감정과 친연성이 없다고 말할 수는 없다. 이 리베르탱이 "자유 만세Viva la libertà"를 외칠 때, 그가 '절대자유주의자libertaire'의 초상이었다는 점이 지적되기도 했는데, 이는 정당한 지적이다. 종교의 구속을 인정하기를 거부하는 무제한의 정념이 준엄한 사회질서가 쳐놓은 장벽과 방벽에 더는 적합할 수 없는 것이다. 그 장벽과 방벽을 무너뜨리기 위해 리베르탱은 이성에 호소하고 도덕의 논고로 무장한다. 무제한의 정념은 자신의 논리를 이용하여 특권을 가진 개인의 존재를 자극하는 데 그치지 않고 이를 보편화하여 인류 전체로 확장한다. 사드의 저작에서 끊임없이 드러나는 운동이 이것이다. 보들레르는 [라클로의 『위험한 관계』를 다룬 평론에서] 프랑스혁명을 일으킨 자들이 바로 향락주의자들이었다고 썼을 때 정곡을 찌른 셈이었다. 보들레르가 가리키는 이자들은 모든 취향을 종말로 나아가는 세계와 결합시켰다. 이제 종말의 세계와 등을 돌리고 불구대천의 원수가 된 그들은 그 세계의 무질서를, 자유로운 공론을, 모순된 욕구를 한결같은 방식으로 증언하고 있었다. 이 사회에 치유 불가능한 상처를 입히는 순간에도 역시 그들은 사회에 대한 끔찍한 강박관념의 지배를 받고 있었다. 구체제의 사람들은 사회에 그런 상처를 입히는데 그치지 않고 사회를 완전히 끝내버리는 은총을 내렸다고 하겠다.(도판 16, 17) 그래서 그들은 혁명진영의 최초의 투사들처럼 나타나지만, 프랑스혁명은 그들을 넘어서버릴 것이고 다른 너울이 그들을 덮치게 되리라. 영웅적이면서 파렴치한 양면의 모습을 가진 미라보가 정확히 이 정의에 부합한다.

돈 조반니는 전설적이라 할 자신의 운명에 복종한다. 그는 석상에 손을 내밀고, 고집을 부려 도전하다가 벼락을 맞고 땅속으로 삼켜진다. 승리는 구질서, 모욕당한 대문자의 아버지, 뒤늦은 복수의 것이다. 바로크의 오랜 전통과 관련된 이 도덕을 전前혁명기의 정신은 모르지 않았다. 여기서 우리는 한편으로는 불안정한 욕망, 불연속성, 여기저기 흩어져 있는 방종한 삶의 순간들이 대립하는 것을, 다른 한편으로는 석상의 냉혹한 영원성을 보고 있다. 그 석상은 지켜진 약속, 불굴의 정의, 어떤 위반으로도 결코 뒤엎을 수 없는 신적 질서의 항구성을 나타내기 때문이다. 특권계급들의 부도덕성과 지출이 현기증이 날 정도로 심화되어갈 때, 그런 혼란에 휘말렸던 사람들의 의식에 그들이 그토록 고집스럽게 부정하고자 했던 영속성, 불변성, 초월성이 두드러져 나타나는 것을 피할 수 없었다. 동 쥐앙 신화에서 바로크적 삶의 양식은 더 과도해진 모습으로 나타나고 동시에 극단적인 처벌을 피할 수 없다. 바로크 세계(및 그 대체제인 로코코)를 종말에 몰아넣을 위기가 닥치기 직전에 필연이나 다름없이 이러한 처벌이 되살아났음이 틀림없다. 그래서 양심의 가책이 일어나 대표적인 두 리베르탱이던 발몽[라클로의 소설 『위험한 관계』의 주인공]과 동 쥐앙을 죽음에 몰아넣으면서 상상을 통해서나마 속죄를 하고자 했다. 확실히 1787년 [모차르트 오페라의] 관객은 돈 조반니가 벼락을 맞는 그 최후의 순간에, 덧없이 흘러가는 순간들로 이루어진 삶

16

17

도판 16. 피아트 조제프 소바주(1747~1818), 〈귀족의 악몽〉, 자크루이 코피아가 판화로 제작, 파리 프랑스국립도서관.

도판 17. 장루이 라뇌빌(1748~1826), 〈국민공회에 루이16세의 처형을 요구하는 바레르〉, 브레멘 쿤스트할레.

이 이르는 궁극의 순간을 더 잘 이해할 수 있었다. 그들은 경험상 즐거움을 끝없이 추구하다보면 결국 욕망이 멈추고, 휴식을 발견하고, 죽음을 통해 시간의 피로를 잠재우기를 음울하게 갈망하게 된다는 것을 알았다. 방종한 자유가 이 정도까지 진척되면 즐거움과 이를 위해 열린 축제의 화려한 광채 아래로 어두운 배경이 모습을 드러내게 된다. 그런데 이제 리베르탱이 징벌을 받을 때 승리는 도대체 누구의 것인가? 전통신학의 신인가? 다시 태어난 사회의 미덕인가? 아니면 즐거움의 어두운 배경 속에서 모습을 드러내는 죽음의 힘인가?

모차르트의 마지막 오페라와 관련해서 이 점은 의심의 여지가 없다. 〈마술피리〉(1791)에서 승리를 거둔 힘은 바로 신이다. 그러나 18세기의 이신론理神論으로 인해 뿌리까지 변화된 신이다. 결국 새벽이 밝는다. 선善의 태양이 비추면서 밤의 여왕과 그의 심복 모노스타토스는 물러가는 것이다.*

Die Strahlen der Sonne vertreiben die Nacht.
(태양의 빛이 밤을 몰아낸다.)

해가 떠올라 아름다움과 미덕의 하나됨을 축성한다. 밤의 여왕의 딸 파미나는 침묵과 고독 속에서도 사랑의 힘으로 기나긴 시련들을 완벽하게 견뎌낸 타미노 왕자와 결혼할 것이다. 에마누엘 쉬카네더가 쓴 오페라 대본이 부실하고 순진하기 짝이 없다는 점이나 그가 카를로 고치, 크리스토프 빌란트, 테라송 신부에게 많은 도

* 밤의 여왕은 자라스트로에게 빼앗긴 딸 파미나를 찾아달라고 타미노 왕자에게 부탁하지만, 왕자는 밤의 여왕이 악을 주재하고 철학자 자라스트로가 선을 주재하는 존재임을 깨닫게 된다. 오페라의 마지막 부분에 밤의 여왕이 그녀의 심복 모노스타토스와 세 시녀를 동반하여 자라스트로를 찾지만, 결국 지옥에 떨어지는 것으로 끝난다.

움을 받았다는 점은 너무 많이 이야기되어 더이상 나올 이야기가 없을 정도다. 남은 것은 이 대본가가 입문의식을 다루는 장르의 단순하면서도 장중한 이미지를 따랐다는 점이다. 또 자비심을 우주의 원리로 삼는 프리메이슨단의 열정이 남았다.(모차르트는 많은 동시대인처럼 프리메이슨단의 한 지부에 소속되어 있었고 그들의 의례를 위한 음악을 작곡했다. 1791년에 그의 손으로 지휘한 마지막 작품이 '우정 칸타타'였다.)[2] 『마술피리』에 나타난 것 자체를 놓고 보면 모든 것은 결국 세상의 새로운 시대, 찬란한 시작, 단일성을 회복한 화해에 이른다. 정화된 주인공은 낮의 세계와 밤의 광란을 함께 물려받아 하나로 만드는 여자를 배우자로 맞이한다. 파미나야말로 태양과 밤의 여왕의 딸이니 말이다. 모차르트는 이렇게 알레고리적 종합을 통해 신비롭고 즐거운 거대한 의식을 음악으로 만들 줄 알았다.[3]

주석과 보충

1. 광기와 오페라부파

1770~1780년대 문학에는 광기와 '매력적인 광녀들'이 유행처럼 펴졌다. 과도함을 추구하는 취향이 수많은 작품에 드러나는 것은 사실이다. 그러나 감수성과 미덕을 과시적으로 드러내면서 그 취향을 즉각 폐기하고자 한다. 그때 음악을 광기의 강화까지는 아니더라도 광기를 보존할 수 있는 요소로 생각했다는 점은 주목할 만하다. 음악이 이제 경이로운 비사실주의의 공간에 들어선 것이다. 대단히 이성적인 사람이었던 카트르메르 드 캥시는 1789년에 나온 것으로 되어 있는 「이탈리아 오페라부파에 관한 논문Dissertation sur les opéras bouffons italiens」에서 이 점에 동의했다. 그는 누구를 염두에 두었을까? 우선은 페르골레시의 〈마님이 된 하녀Serva Padrona〉이지만, 보다 가까운 사례로는 파이지엘로, 파에르, 치마로사를 염두에 두었다. "음악은 순수하게 이상적인 예술로, 상상적인 모델을 취하여 정신적으로 모방한다. 음을 결합하고 모방적인 화성을 동력으로 삼아 바람, 폭풍, 파도 소리 등과 같은 자연의 요란한 효과를 표현해낼 수도 있고, 기가 막힌 조옮김을 통해 [음을 발생시키는] 진동체와 목소리로써 정념과 마음의 움직임을 표현하기도 한다. 몇 가지 악센트로 고통이나 환희를 드러내고, 침묵을 말하게 하고, 전혀 말로 할 수 없는

마음의 표현도 음으로 나타낸다. 음악예술은 불가사의라고나 해야 할 것이다. 음악이 모델로 삼는 것은 환영이며, 음악이 모방하는 것은 마법이다. 음악에는 그려내야 할 이미지와 표현해야 할 정념만 있으면 된다. 음악예술이 희극과 만나면 배역에 조금씩 차이를 두는 은근한 변화들, 섬세함, 있음직한 사실, 섬세한 추론, 다양한 이해관계의 엮임, 그리고 드라마를 있음직한 사실처럼 보이도록 하는 이성의 기교 전체를 저버리게 된다. 음악에는 풍속이 뚜렷이 드러나고 대비가 두드러져야 한다. 조금이라도 마음에 변화가 일 때 그것은 정념이 작용한 것이며, 그 정념은 강력한 흥분으로 변할 것이다. 항상 환희는 광기로, 고통은 절망으로, 놀라움은 경악으로, 분노는 격분으로, 순박함은 어리석음으로, 사랑은 도취로, 질투는 격노로 표현될 것이다. 음악이라는 리라의 현들은 너무 높은 음을 내기에 그 무엇과도 조율될 수 없다. 음악이라는 붓은 너무 강렬한 물감에 적셔지기에 희극에서 표현되는 은근한 뉘앙스와 어울리지 못한다. 희극의 모델은 실제 그대로의 인간이고, 음악의 모델은 가능성의 인간이다. 희극은 있음직하지 않은 사실 너머로 나아갈 수 없지만, 음악이 더는 나아갈 수 없도록 막아서는 것이 있다면 그것은 불가능밖에 없다."(19~21쪽)

2. 프리메이슨단

프리메이슨단이 음모를 꾸몄다는 가정은 오를레앙공公과 그의 당파를 따르는 사람들이 꾸며낸 것인데, 이것으로 1789년에 일어난 사건들을 설명하는 의견도 흔하다. "아직도 꺼질 줄 모르는 문학의 한 입장은 오를레앙공이 프랑스혁명, 특히 1789년의 나날에 책임이 있다는 것이다. [1789년 4월 26~28일에 일어난 민중봉기] 레베용 폭동, 프랑스혁명이 일어난 7월 14일, 봉건제가 폐지된 8월 4일 밤, 폭동이 일어난 10월의 나날들에 오를레앙공이 연루되었다는 것이다. 오를레앙공이 이런 사건들로 이득을 취하고자 했음은 확실하지만, 모든 사건이 그에게서 비롯되었다는 점은 정말 의심스러워 보인다. 어쨌든 그가 나름의 역할을 했다 해도 파리와 프랑스, 서양 전체를 혁명으로 몰아갔던 엄청난 힘과 비교하자면 그가 기울인 노력은 그저 작은 첨가물에 불과하다."(자크 고드쇼, 『바스티유 함락*La Prise de la Bastille*』, 파리, 1965, 183쪽)

1789년경 일부 부르주아계급과 귀족이 열광적으로 새로운 '체계'에 기울었고, 신비와 입문의식의 요소가 가미된 체계를 선호했다는 점에는 변함이 없다. 수많은 사례가 있겠으나 칼리오스트로와 메스머가 거둔 성공은 의미심장한 징후라 하겠다. '신비주의 교파에 속한 사람들'과 '입문의식을 거친 사람들'이 모두 혁명적이었던 것은 아니다. 의지의 이론가이자 군주정의 열렬한 옹호자인 자크 카조트를 생각해보라.

나는 파리의 '지적' 유행 양상을 잘 설명해준 의사 장자크 폴레의 『반자력설 *L'Antimagnétisme*』(1784)에 나오는 다음 설명을 인용해보고자 한다. "상당한 천재성을 타고났지만 파당에 이끌리고 광신에 경도된 사람이 궁정 한구석에서 말없이 당파를 창시해 깊이 뿌리내리게 했다. 케네와 중농주의 경제학자들을 말하는 것이다. 그들은 비밀스럽게 모였고, 계시적인 어조를 취했고, 그들만의 언어를 썼고,

알레고리의 정신을 가졌고, 18세기에 이루어진 몇몇 고대 연구를 이용했고, 원칙이나 진실한 지식이 부족했으므로 결국 그들의 학문 취향은 신비적이고 연금술적일 수밖에 없었고, 보통 모호하거나 감추어진 것이면 무엇이든 좋아했다. 이러한 과학에 전념하느라 엄청난 돈을 쓰는 사교계가 파리에 여럿 있었다. 자연에 인간이 사용할 수 있는 힘이, 보이지 않는 정신이, 요정이 존재하며, 대부분의 자연현상과 우리의 모든 행동을 조종하는 감추어진 원동력이, 미지의 존재들의 질서가 있으며, 대개 부적, 점성술, 마술학을 충분히 신뢰하지 않았고, 우리는 우리를 인형처럼 조종할 수 있는 줄이 있다는 것을 보지도 못하지만, 우리가 알지 못하는 사이에 우리를 조종하는 특별한 정령들이 있어서 그들이 운명이니 숙명이니 하는 것을 결정하는 것이며, 우리 모두는 아래 세계에서 정말 꼭두각시나, 무지하고 완전히 맹목적인 노예를 닮았음을 확신했다. 그들은 모든 사람의 머릿속에 이제 개화할 때가 되었고, 인간은 자신의 권리를 즐겨야 하고, 보이지 않는 힘의 족쇄를 끊거나 최소한 족쇄를 쥐고 흔드는 손을 알아보아야 한다는 생각을 명확히 각인했다.

베일에 싸인 것을 선호하는 이 취향은 신비적이고 알레고리적인 의미로 파리에서 보편화되었고, 오늘날 유복한 사람들의 정신을 사로잡고 있다. 오직 극비리에 모인 조직만이 문제가 된다. 학교, 결사체, 박물관, 조화의 협회* 등은 추상적인 과학에만 몰두하는 성소다. 온갖 비서秘書들, 연금鍊金과 신비학, 강신술을 다룬 책들이 가장 많이 연구되었다. 하지만 대단하게 여겨지던 동물자기설이 이 시기 가장 유행하고 가장 많은 사람을 뒤흔든 장난감이었다."(3~5쪽)

'이집트의 신비'와 특히 혁명 의식에서 이시스 신화가 무슨 역할을 했는가 하는 문제에 대해서는 유르기스 발트루샤이티스의 멋진 책 『이시스를 찾아서*La Quête d'Isis*』(파리, 1967) 참조.

3. 1789년의 음악

1789년은 고전 교향곡과 소나타 형식이 절정에 이른 시기다. 모차르트의 마지막 세 교향곡인 내림 마장조(KV 543), 사단조(KV 550), '주피터 교향곡'으로 불리는 다장조(KV 551) 교향곡이 완성되거나 공연된 것은 1788년의 일이고, 저 대단한 클라리넷 오중주 가장조(KV 581)는 1789년에 쓰였다. 하이든은 '옥스퍼드'라는 별칭이 붙은 교향곡을 1788년에 작곡해서 1790년에 영국 무대에 올렸고, 그의 열두 편으로 된 '런던 교향곡'은 엄청난 성공을 거두었다. 삼부회가 소집된 다음날인 1789년 5월 6일에 [문예지] 『메르퀴르 드 프랑스*Mercure de France*』는 "전하께서 기침하시는 동안 궁정악단이 총감 지루스트 씨의 지휘로 하이든의 교향곡 한 곡을 연주했"음을 알려준다. 교향곡은 이 시기에 비약적으로 발전했으며, 프랑스를 대표하는 교향곡 작곡가는 1734년생인 프랑수아 고세크다.

유럽 전역에 새로운 오페라가 등장하지 않은 곳이 없다. 파리에서 니콜라

* 동물자기설을 주장한 프란츠 안톤 메스머가 1784년에 자신의 이론 보급과 치료의 목적으로 세운 협회. 큰 성공을 거두어 유럽 내에 많은 지부가 생겼다.

달레락은 〈두 명의 사부아 소년Les deux petits savoyards〉과 〈드 크레키 경, 라울Raoul, sire de Créqui〉을 작곡했다. 앙드레 그레트리는 아리에타가 들어간 산문 희극 〈푸른 수염 라울Raoul Barbe-Bleue〉을 올렸다. 조반니 파이시엘로의 새로운 두 작품 〈사랑에 미친 니나Nina o sia la Pazza per Amore〉와 〈축제를 즐기는 집시들I Zingari in Fiera〉이 카세르타와 나폴리에서 상연되었다. 상트페테르부르크에 있던 도메니코 치마로사는 〈태양의 처녀La Vergine del Sole〉를 올려 대성공을 거두었다.(그의 가장 큰 성공작 〈비밀 결혼Il matrimonio segreto〉은 1792년 빈에서 상연된다.) 빌란트의 시 「오베론Oberon」을 각색한 오페라 대본이 두 개가 나왔는데, 여기에 각각 파울 브라니츠키와 프리드리히 쿤젠(코펜하겐)이 음악을 붙였다. 이와 함께 카를 디터스도르프, 요한 크리스토프 포겔, 장바티스트 르무안, 파스콸레 안포시 등의 작품들도 빼놓을 수 없다. 1790년에 제작된 오페라 중에 앙리 베르통의 「가혹한 수도원Rigueurs du cloître」을 언급해보자. 이 작품은 극적인 해방을 주제로 삼은 최초의 작품으로 간주되며, 이 주제는 1820년까지 유행했다. 이 장르, 구조救助 오페라의 걸작이 바로 베토벤의 〈피델리오Fidelio〉(1805~1814)다.

1789년에는 아직 국가 차원의 대규모 축제가 벌어지는 일은 없었다. 쥘리앵 티에르소(『프랑스혁명의 축제와 노래*Les Fêtes et les chants de la Révolution française*』, 1908)는 8월 6일에 왕립음악아카데미 예술가들이 생마르탱데샹 지구에서 "공동전선을 방어하다가 사망한 시민들의 안면을 위해" 고세크의 〈레퀴엠〉을 노래했다고 언급한다. 같은 해 9월에는 국가방위대 연주자들이 역시 고세크의 군대교향곡을 연주했다. 고세크는 국가 차원에서 조직된 최초의 축제에서 음악 감독을 맡았던 사람이다. 그는 마리조제프 셰니에의 시사성 짙은 시에 자주 곡을 붙였다. 고세크가 대규모 음향 효과를 만들어내는 감각이 있었다면(미라보의 장례에 부친 그의 〈장송행진곡〉 연주에는 탐탐 북이 들어간다), 에티엔 니콜라 메윌(1763년생)은 오케스트레이션과 대규모 편성이란 점에서 적지 않은 야심이 드러나지만 생생한 선율을 만드는 힘 또한 갖추고 있었다. 메윌의 훌륭한 〈출정가〉(1794년작으로 역시 셰니에의 가사에 곡을 붙였다)는 솔리스트들과 합창대, 오케스트라가 연주하는 원곡 버전으로 들어보면 여전히 감동적인 작품이다.

피에르 장 주브는 단 몇 문장으로(「자유의 노래Chants de la liberté」, 『옹호와 현양*Défense et Illustration*』 뇌샤텔, 1943에 수록) 프랑스혁명의 음악작품이 오늘날 어떤 인상을 불러일으키는지 전한다. "(미라보의 장례에 부친 음악인) 〈장송행진곡〉은 목관과 금관에 엄청나게 두드려대는 북이 더해져 표현은 거칠지만 장엄함을 갖추고 있다. 이 곡은 베이스 편성 악기들이 소리의 심연을 파놓기라도 하는 방식으로 작곡되었다. 베이스 악기들이 이런 스타일의 작품을 만들어내는 것이다. 이 곡은 다비드의 그림 〈암살당한 마라〉와 비교해볼 수 있다. 피로 물든 물이 가득한 욕조, 푸른 양탄자, 을씨년스러운 나무 상자, 미소를 잃지 않으며 정신적인 존재가 된 '신격화된 마라'의 주검이 주는 잔혹성은 물론 그림자의 부재, 당당한 단호함, 어둠의 방향 역시 찾을 수 있다. 이 모순된 힘들이 고대 '운명'의 형이상학을 통해 하나로 결집한다. 이 형이상학은 검은 휘장을 치고, 고통스러운 화성을 과도하게 사용함으로써 그 고통을 표현했다. 때로 저 유명한 베토벤 〈장송행진곡〉의 강력한 힘을 능가하는 고세크의 〈장송행진곡〉이야말로 국상國喪에 안성마춤인 표현이었음에 틀림없다."

다른 한편으로 프랑스혁명의 의식에 애국적인 의도가 전혀 없이 작곡된 작품들이 사용되었음을 상기해야 할까? 1788년 파리에서 사망한 독일 작곡가 포겔은 [이탈리아 극시인] 피에트로 메타스타시오로부터 착상을 얻은 대본으로 오페라 〈데모퐁Démophon〉을 작곡했다. 이 오페라는 1789년에 상연되었다. 대단히 길고 진지한 이 오페라의 서곡이 애국의례에서 자주 연주되었는데, 특히 1790년 9월 "낭시에서 죽은 장교들의 장례 음악으로" 연주되었다.(티에르소, 같은 책, 48~49쪽) 고세크는 음악극 〈자유에의 헌정Offrande à la liberté〉(1792)에서 루제 드 릴의 〈라 마르세예즈〉(〈라인 군대의 전쟁곡〉과 같이 1792년에 작곡됨)의 기가 막힌 오케스트라 편곡에, 달레락이 프랑스혁명 이전에 작곡(첫 공연은 1787년)한 오페라 코미크opéra comique* 〈르노 다스트Renaud d'Ast〉에서 뽑은 아리아를 편곡해 함께 연주했다. "어쩜 당신은 사랑의 모험을 떠나 / 쾌락과 위험도 마다하지 않나요" 같은 세레나데가 "왕국의 안녕을 철통같이 지키자 / 우리의 권리를 철통같이 지키자"로 바뀐다.

* 비극적인 주제를 다루는 오페라 세리아opera seria와는 달리 오페라 코미크의 내용은 희극적이고 풍자적이다. 원래 파리에서 큰 장場이 서던 생로랑과 생제르맹에서 공연되었고, 기존에 잘 알려진 곡을 개사해서 부르는 보드빌 형식을 흔히 사용했다.

IV

혁명의 태양 신화

암흑을 눌러 이기는 빛, 죽음 한복판에서 다시 태어나는 삶, 다시 처음으로 돌아간 세상 등의 은유는 1789년 무렵에 보편적으로 부각되던 이미지다. 오래전부터 종교적 가치로 해석되던 단순한 은유이고, 어느 시대에나 쓰인 대구對句라고 할 수도 있겠지만, 18세기만큼 이 은유를 강력히 선호한 시대가 없는 것 같다.[1] 과거의 질서는 어두운 구름, 우주의 재앙 등으로 상징적으로 나타나고, 이에 맞선 투쟁은 동일한 상징언어에 따라 빛의 분출을 목적으로 삼을 수 있었다. 명증한 이성과 감정이 눈부신 빛을 발하는 법의 힘을 갖출 때, 이를 기초로 하지 않은 권위와 복종의 모든 관계는 한낱 암흑에 불과한 것이 된다. 1789년에 나온 글들을 다시 읽어보면 대단히 다양한 정황에서 무한히 반복되는 아폴로의 이미지를 쉽게 모을 수 있을 것이다. "'길고 끔찍했던 폭풍우가 지난 뒤 햇빛이 비치기를 기다리듯' 국가의 모든 희망이 네케르 씨를 향했다."[라보 생테티엔] 시인들은 너나없이 이 이미지를 다시 취해 변형하여 바스티유 함락을 기렸다. 비토리오 알피에리, 프리드리히 클롭슈토크, 윌리엄 블레이크는 찬란한 여명의 증인이 되고자 할 것이다.(도판 18) "그러나 지하 감옥이 소스라치고 몸을 떤다. 수인들은 눈을 들어 소리치고자 한다. 저들이 갇힌 음산한 동굴에서 귀기울여 듣고 웃다가 이내 입을 다문다. 한 줄기 빛이 어두운 감옥 탑 주위를 지나간다. 제3신분의 대표들이 국가 회의실에 모였다. 태양이 화려하게 비치는 주랑에 불꽃의 정신을 닮은 그들, 황량하고 허기진 심연에 아름다운 씨를 뿌릴 준비가 된 그들이 불안에 떨고 있는 도시 위로 그들의 빛을 퍼뜨리고 있다. 새로 태어난 모든 아이가 처음으로 그들을 보자, 그만 울음을 그치고, 땅 냄새 가득한 가슴 위에 웅크린다."(블레이크, 『프랑스혁명 *The French Revolution*』, 1791)

사건의 엄밀한 진실과는 아주 동떨어진 이 신화적 투사投射는 상상력을 온통 뒤흔들었고, 이는 파리와 프랑스를 넘어 멀리까지 퍼져나갔다. 프랑스 사람들은 악습과 특권을 무너뜨리고, 파리 위에 어둠을 드리웠던 거대한 독단의 성채를 폐허로 만들고,[2] 너나없이 투명한 온정을 베풀며 서로 화해하면서 스스로 세상에 빛의 근거지를, 태양의 중심을 부여했다고 확신했다. 토크빌은 "인류의 운명이 지금까지 준비해왔던 길을 따라왔던 것임을 누구도 의심치 않았다"[『1789년 이전과 이후 프랑스의 사회와 정치 상태』(1835)]라고 말할 텐데, 피히테와 같은 외국인도 토크빌의 확신과 같았다. 1793년에 피히테는 "내 생각에 프랑스혁명은 전 인류가 따라갈 길이다"라고 말했다.[『프랑스혁명에 대한 논고』]

프랑스혁명의 태양 신화는 일반적이고 부정확한 성격 때문에 오히려 더 넓게 확산될 수 있는 힘을 가진 집단적인 표현 중 하나다. 그 신화가 사회체 조직이 겪고 있는 구체적인 문제를 일시적인 도취 상태에서 피하게 해주었으니 1789년에 그만큼 더 강렬하게 경험되었던 것이리라. 이 신화는 현실을 해석하는 동시에 새로운 현실을 만들어내는 의식의 층위에 자리잡는다. 역사적 순간을 상상적으로 읽어내는 한 방식이며, 사건들의 추이를 변경하는 데 기여하기에 창조적 행위이기도 하다. 확신하건대 이 신화적 이미지에서 우리는 한 가지 중심적인 사실, 모든 것의 기원이 되는 소재를 만나게 된다. 여기서 출발한다면 어쩌면 수많은 관념, 사건,

도판 18. 윌리엄 블레이크(1757~1827), 〈기꺼운 날〉, 1780, 런던 대영박물관.

예술작품을 동등하게 다룰 수 있을지 모른다. 이 모두를 결합하는 우화적 관계를 통해 이들의 친연성이 밝혀지기 때문이다. 이제 기원起源과 승리의 빛이라는 단순한 이미지를 열쇠로 삼아보자.[3]

신화의 본성과 그 변화과정을 더 명확히 구분해보자. 상징적 인물들(동 쥐앙, 발몽)을 자기파괴로 몰아가는 죽음의 정념에서 구체제가 해체 일로에 놓였음을 알 수 있다는 것이 사실이라면, 우리는 방향은 서로 다르지만 상보적인 기호의 정념으로서 시작하고자 하는 정념, 혹은 다시 시작하고자 하는 정념을 즉시 고려해야 한다. 두 정념을 동시에 또는 차례로 경험할 수 있었던 사람들은 똑같이 격정적인 그 성향에, 모순되어 보이는 두 의미, 즉 최종적 철폐와 창설적 도약이라는 의미를 부여할 수도 있었다. 사실 이렇게 보면 죽음과 부활을 위해 동일한 에너지가, 동일한 급진주의가 사용될 수 있었다고 충분히 가정할 수 있게 된다. 영원히 사라져버리는 것이 있어야 무언가가 완전히 자유롭게 시작될 여지가 생기는 법이다. 찬란하게 시작하는 것은 제 뒤편에 시작하기에 앞서 존재했던 무와 이미 지나가버린 과거를 남겨두면서 그것에 기대고 있다. 프랑스혁명의 적이었던 조제프 드 메스트르는 "신의 섭리는 쓰기 위해 지우는 것이 틀림없다"라고 썼다.[『프랑스에 대한 성찰』] 프랑스혁명을 지지한 피히테는 『헬리오폴리스론論: 암흑기의 마지막 해』(1793)를 쓴 시기에 어둠과 빛이 상관성을 갖는다고 표현했다. 무엇 하나 끝내고자 하는 욕망이 (새로운) 시작의 가능성을 은밀한 목적으로 삼기라도 하는 것처럼 진행되지 않는 것이 없다.

혼동은 금물이다. 즐거움과 방탕에 빠져 제 자신을 무화無化하고자 하는 귀족적 리베르티나주의 거스르기 힘든 성향과, 외부의 적에 단호히 맞서 달려가는 인민의 폭력을 구분해야 한다. 파괴적인 에너지가 완전히 상반된 의미로 전개된다. 사드의 인물들이 보여주는 패륜아의 극심한 현기증과, 공포와 결핍의 왕국에서 봉건주의의 상징들을 쓰러뜨리는 군중의 분노를 비교할 수 있는 공통의 척도는 전혀 없어 보인다. 그러나 이 문제를 더 가까이 바라보면 서로 호응하고 보완하는 지점이 있음을 알게 된다. 여기서 보완한다는 것은 독창적으로 뒤집어보고 바꾸어본다는 의미다. 패륜아의 삶은 눈부신 순간들로 이어지는 듯하지만, 그 순간들 가운데 어두운 간극들이 끼어들고 있으므로 불연속적이다. 그의 삶은 결국 죽음에 휩쓸려 들어간다. 반항적인 의식은 시작부터 빠르고 단호하게 파괴를 행동에 옮기고자 하는데, 그렇게 파괴의 행동이 시작될 때 연속된 빛이 환히 비치게 된다. 리베르탱은 즐거움을 계속 누리기 위해 부富를 필요로 하는데 인민이 가난해야 그의 부도 있는 것이다. 곤궁, 기근, 빈곤의 어두운 힘은 특권을 누리는 자들이 독점한 향유의 그림자다. 가난한 사람이 귀족의 화려한 삶을 폭풍우 몰고 오는 검은 구름과 동일시하는 것은 역설적이게도 그가 곤궁이라는 모호한 충동에 사로잡히기 때문이다. 그러니 이상하게도 이 둘이 한곳으로 수렴한다는 것을 누가 알아보지 못하겠는가. 즐거움을 추구하는 인간이 파멸로 달려가는 움직임과, 몸을 던져 혐오스러운 성채를 습격하는 굶주린 인민의 도약이 만나는 것이다. 이 두 힘이 서로 부딪치며 합류하는 곳에서 프랑스 혁명의 검은 심장이 박동하고, 새로운 것을 만들어낼 혁명의 혼돈이 들끓기 시작한다. 여기가 국왕 시해가 벌어지는 상징적 장소다. 새로운 시대를 환히 비추는 태양이 떠올랐대도, 그것은 예전 그대로의 태양으로서 방향만 바꾸었을 뿐이다.

일단 파괴가 끝나고 나자 모습을 드러내는 것은 텅 빈 공터, 자유로운 지평이다. 봉건 세계는 차이를 받아들이므로 인간관계에 분할, 계층, 장애물의 체계를 세웠다. 이것은 질적인 차이의 상징이자, 봉건군주가 가신에게 하사한 후원의 기호들이었다. 하지만 후원은 벌써 사라져버렸는데 불평등한 조건은 그대로 지속되었다. 그 조건에 내재된 하층계급에 대한 모욕과 굴욕도 그대로였다. 그러므로 부당한 분리가, 터무니없는 금지가, 다수를 몰아냈던 방벽이 남았다. 그 방벽이 세워져 인간의 삶에 허락된 '자연'권의 전적인 향유를 누릴 수 없도록 막았다. 이 공간에는 헛된 장애물이 높이 솟았고 많은 것이 벌써 쓰러져 폐허가 되어버렸으니, 평탄해지고 동질적이고 '등방성等方性'을 가진 공간이, 새로운 천체역학에 따라 어디에서나 작용하는 중력의 힘을 쉽게 받아들이는 공간이 생기리라 여겨졌다.[4] 혁명에서 일어난 폭력은 결국 이 무한한 공간의 열림을, 빛과 권리가 모든 방향으로 퍼져나갈 수 있을 하나된 장場을 창조했다.

삼부회에 소집된 세 신분이 각자 직분을 수행하고 심의를 따로 하도록 명령했을 때, 루이16세는 사회를 영구히 구분된 영역으로 분할하려고 고심하는 봉건적 정신에 끝까지 충실했다. 반대로 제3신분은 스스로가 국가 전체의 입장을 구현하고 있음을 즉각 이해했기에, [최소 행정단위로서의] 코뮌을 규합하고자 했던 귀족과 성직자 의원들을 받아들여 국민의회를 구성했고, 만사를 제쳐두고 미국 모델을 따라 인류 전체에 관련된 선언문을 기안하는 데 몰두했다. 이 모든 행동을 보았을 때 동질적인 전체성의 이상이 제3신분을 이끌었음을 알 수 있다. 제3신분의 임무는 모든 인간에 똑같이 적용되는 법과 법 앞에 만인이 평등함을 폭넓게 규정하는 데 있었다.

혁명적 반교권주의의 입장 역시 똑같이 설명할 수 있다. 비난받았던 것은 종교적 관념이라기보다 일시적인 권력으로서의 교회와 교회가 소유한 부, 교회가 누렸던 특권이었다. 교회는 시민과 신을 직접 이어주기는커녕 둘 사이에 끼어 방해하는 매개자였던 것이다. 세속화와 국유화는 종교적 감정을 없애는 것이 아니라, 오히려 정치혁명이 모든 의식들 사이에 세우고자 한 직접성과 유사한 것을 인간과 신 사이에 재건하고자 하는 경향이었다. 토크빌은 바로 여기서 종교적 보편주의의 정신을 재발견할 수 있음을 강하게 피력하면서도 그로부터 다음과 같은 결과가 도출되는 것을 우려했다. "프랑스혁명과 이 세계가 맺는 관계는 종교적 혁명과 다른 세계가 맺는 관계와 정확히 동일한 것이었다. 종교가 인간 일반을 나라와 시대와 무관하게 고려하는 것과 마찬가지로, 프랑스혁명은 시민을 모든 개별적 사회 외부에 놓으면서 추상적으로 고려했다. 프랑스혁명은 프랑스 시민만이 갖는 특수한 권리가 무엇인지만이 아니라, 정치 영역에서 인간의 보편적 권리와 의무가 무엇인지 찾고자 했다. 프랑스혁명이 모두에게 이해되고 동시에 모든 곳에서 모방될 수 있었던 것은 사회 상태와 정부에서 덜 특수한 것, 말하자면 더 자연스러웠던 것으로 항상 거슬러올라갔기 때문이다."[『구체제와 프랑스혁명』]

주석과 보충

1. 프랑스혁명의 태양 신화

말할 것도 없이 이 신화는 군주정의 태양 신화를 계승한 것이다. 계몽주의 철학도 마찬가지여서 빛의 신학에 결부되었던 이미지들을 자신에게 유리한 쪽으로 바꾸었다.

토크빌 이후의 역사가들은 구체제의 중앙집권화된 행정부가 왕국 전역에서 법을 통일하는 방안을 추진하고 국왕 앞에 모든 신민의 평등을 옹호하고자 했음을 잘 안다. 이제 신민을 자유로운 시민으로 바꾸기만 하면 되었다. 그것이 프랑스혁명의 과업이었다.

2. 바스티유 함락

이날 벌어진 일에 대해 자세히 알고 싶다면 자크 고드쇼의 『바스티유 함락』 참조. 감옥으로 사용되던 이 성채가 무너지고 남은 잔해가 상징적으로 어떻게 사용되었는지 기억해보자. 사업가 팔루아는 그 잔해를 불법으로 거래하여 큰돈을 벌었다. 일부 돌은 건축가 페로네의 설계로 건축된 루이16세다리(나중에 '혁명다리'로 이름이 바뀌고, 이후 다시 '콩코르드다리'로 바뀐다)를 완성하는 데 쓰였고, 또 일부는 "성채를 입체적으로 재현한 모형을 새겨" 지방으로 옮겨졌다.(322쪽)

여기서 샤토브리앙의 『무덤 너머의 회상*Mémoires d'outre-tombe*』 5권에 나타난 기억과 성찰을 떠올려보는 것이 적절할 것이다.

"전문가들이 바스티유를 면밀히 조사하러 급히 달려갔다. 천막 아래 임시 카페들이 섰다. 모두들 생제르맹 장터나 [산책로로 유명했던 불로뉴 숲의] 롱샹으로 달려가듯 그리로 몰려들었다. 수많은 마차가 줄을 잇거나 탑 아래에 멈춰 섰다. 탑 위에서 먼지 소용돌이로 돌을 던져댔던 이들도 있었다. 우아하게 차려입은 여자들, 유행을 따르는 젊은이들이 고딕식 잔해 위에 층층이 앉아 웃통을 벗고 벽을 부수고 있던 노동자들과 환호하는 군중과 뒤섞였다. 뛰어난 웅변가들, 이름난 문인들, 저명한 화가들, 유명한 남녀 배우들, 최근 이름을 날리는 여자 무용수들, 외국에서 온 유명 인사들, 궁정의 귀족들과 유럽의 대사들이 여기서 만났다. 늙은 프랑스는 종말을 맞으러, 새로운 프랑스는 시작을 맞으러 그곳에 왔다.

그 자체로는 아무리 형편없고 가증스러운 사건이라도 그 사건이 일어난 정황이 중대하고 시대의 한 획을 그었다면 가볍게 다뤄져서는 안 된다. 바스티유 함락에서 보아야 했던 것(그리고 당시 사람들이 보지 못한 것)은 해방을 위한 인민의 폭력 행위가 아니라, 그 행동의 결과인 해방 자체였다.

단죄해야 했던 것, 즉 우연히 일어난 일이 찬양받았으니 사람들은 한 인민이 성취한 운명을 찾으러, 풍속, 사상, 정치권력의 변화를 찾으러 미래로 가지 않았다. 하지만 바스티유 함락으로 (피로 물든 기념식과 같았던) 인류의 새 시대가 열렸던 것이 아니었는가? 갑작스러운 분노는 폐허를 만들었고, 이 폐허 가운데에 새로운 조직의 기초를 놓은 지성은 그 분노에 휩싸여 보이지 않은 채 남아 있었다."

3. 원칙으로 거슬러올라가기

많은 동시대인이 원칙에의 호소를 새로운 시대의 징후로 보았다. 엄격한 지식과 이 지식을 근거로 한 행동이 이내 지나가버린 상상력의 시대, 창안의 시대, 예술 개화의 시대의 자리를 차지한다.(정치 영역에서 실제로 시작된 것은 지식의 시대라기보다는 이데올로기의 시대다.) 여기서 장폴 라보 생테티엔의 정말 독특한 표현을 살펴보자. "인간 정신의 흐름을 보면 예술의 시대 뒤에 필연적으로 철학의 시대가 이어진다. 자연을 모방하는 것으로 시작해서 자연을 연구하는 것으로 끝난다. 처음에는 대상을 관찰하고, 그다음에는 원리와 원인을 연구한다. 루이15세 시대에 문인들은 새로운 성격을 얻었다. 시, 건축, 회화, 조각 분야에서 수많은 걸작이 나타난 뒤 예술에 큰 가치를 부여한 새로움이 고갈되고 말아 위대한 개념들이 더욱 어려워졌을 때, 정신은 자연스럽게 원칙 자체의 탐구를 목표로 삼았다. 머릿속에 그림을 그려주는 상상력의 시대 뒤에 고찰하는 이성의 시대가 왔다."(『프랑스혁명의 역사적 개요: 헌법제정국민의회*Précis historique de la Révolution française, Assemblée constituante*』, 6판, 파리, 1813, 24~25쪽)

4. 고전 역학의 공간

조제프 루이 라그랑주의 『해석역학*Mécanique analytique*』의 초판이 1788년에 나왔다. 피에르 시몽 라플라스는 1784년에 『행성들의 타원형과 운동의 이론*Théorie du* *mouvement et de la figure elliptique des planètes*』을, 1796년에 『세계의 체계 개요 *Exposition du système du monde*』를, 1799년에 『천체역학*Mécanique céleste*』을 출판한다.

라그랑주 이후에 고전 역학이 통합되어 결국 수학화한다. 『해석역학』의 '일러두기'에서 라그랑주가 밝힌 저술의 의도를 읽어보자.

"역학이론과 이 이론에 관련된 문제를 해결하는 기술을 일반 공식으로 환원해야 한다. 공식을 전개하기만 하면 각각의 문제를 해결하는 데 필요한 방정식이 마련된다. 역학의 문제들을 쉽게 풀고, 그 문제들이 서로 이어져 있음을 보여주고, 정확하고 폭넓게 판단할 수 있도록 지금까지 발견된 서로 다른 원리를 한 가지 동일한 관점으로" 결합하고 제시해야 한다.

"이 책에는 도판이 전혀 들어 있지 않다. 내가 제시한 방법은 기하학이나 역학의 작도作圖도 추론도 필요 없다. 단지 규칙에 들어맞고 단일한 방식을 따르는 대수연산만 하면 된다. 해석을 좋아하는 사람들은 역학이 해석의 새로운 분과가 되었음을 기쁘게 보게 될 것이고 그렇게 영역을 확장한 내게 감사해야 할 것이다."

19세기 말에 물리학자 에른스트 마흐는 고전 역학의 야심을 다음과 같이 요약했다.

"18세기 백과사전 집필자들은 자연 전체를 물리-역학적으로 설명하고자 한 자신들의 목적에 대단히 충실했다고 생각했고, 라플라스가 최초의 순간에 우주를 구성하는 질량과 그 위치 및 속도를 안다면 다가올 미래의 어떤 순간에 우주가 어떤 상태에 놓일지 제시할 수 있는 천재를 상상했음을 감안할 때, 18세기에 얻은 물리와 역학 개념들의 수준을 이토록 열정적으로 높이 평가했던 것을 수긍할 수 있을 뿐 아니라, 지금 우리로서는 정말이지 그러한 평가를 힘이 되는 고귀하고 고결한 것으로 인정하고, 역사에 유례가 없는 이런 지적 환희를 마음 깊이 공감할 수 있다.

그로부터 한 세기가 흘렀고, 우리는 더욱 사려 깊어졌으니, 이제 우리는 백과사전 집필자들이 품었던 세계 개념을 고대 종교들의 정령숭배 신화에 반대되는 역학의 신화로 본다. 이 두 신화는 각각 한쪽의 지식을 상상에 근거해 과도하게 확장한 면이 있다."(『역학의 발전: 역사적, 비판적 개요*La Mécanique, exposé historique et critique de son développement*』, 에밀 베르트랑의 프랑스어 번역본, 파리, 1904, 433쪽)

V

원칙과 의지

자유의 제일 과제는 불필요한 것을 말끔히 치우고 가능성의 무한한 장을 여는 것이다. 그런데 암흑이 물러나고 다가올 미래의 빛은 아직 아무 모습도 띠지 않기에 어떤 모습이라도 가질 수 있는 저 절정의 순간에 머물 수 있는 자는 누구일까? 열리기 시작하는 공간에 사람들을 살게 하고, 그 중심에 놓일 신에 이름을 붙이고, 앞으로 전권을 갖고 행동하게 될 힘이 무엇인지 알거나 그 힘을 창조해야 한다. 암흑의 지배를 모호함 속에서 전복했다는 점은 여전히 시작의 가능성이 있다 뿐이지, 그것이 곧 시작할 것의 본성을 결정하지는 않는다. 처음에 예감되었던 것은 그 [가능성의 무한한] 장이 보편 원칙을 자유롭게 발현하는 공간이라는 점이었다. 원칙은 시작의 말, 자기 안에 기원의 눈부신 권위가 들어 있고 집중되어 있다고 주장하는 최초의 언표이기 때문이다. 방종한 쾌락이 귀결하는 무無에서 단호한 미덕이 태어난다.

18세기는 원칙으로 거슬러올라가고 그 원칙을 명확하게 공식화하는 임무를 목표로 삼았다. 원칙의 언어가 세워진 것은 1789년보다 훨씬 전의 일이었고, 삼부회 소집에 이르러 쏟아져나온 이론적 저작은 모두가 이 점에 있어 단호했다. 1789년 4월 29일에 비토리오 알피에리는 앙드레 셰니에에게 보낸 서한에서 "파리 사람치고 [고대 아테네의 개혁가] 솔론의 역할을 담당하지 않는 자가 없다"라고 익살스럽게 썼다. 전통적인 군주제가 난파하는 순간, 누구라도 펜을 들어 스스로 입법자가 되었다. 혁명이 발발한 최초의 순간에 나타나는 흰빛은 마침내 자유가 승리한 공간에서 원칙들의 스펙트럼에 나타나는 온갖 색깔이 회전할 때 나타나는 색깔과 다르지 않을지 모른다. 이 점은 자주 지적된 바 있다. 어떤 기획의 착상은 영국이나 미국에서 얻었을 수도 있고, 프랑스 왕국 최초의 체제에서 가져온 이미지에서 얻었을 수도 있지만, 그러한 기획 대부분은 추상적인 토대 위에 세워졌다. 사회적 삶의 방식이 갖게 된 최초의 합법적 기초 위에서 완전히 새로이 구축될 수 있는 백지상태에서 출발했던 것이다. 이론적 사유의 차원에서 볼 때 이렇게 다양하고, 더없이 관대하고, 너무나 사실임직한 담화들은 그저 저자들의 개인적 신념을 (확인할 길은 없지만) 반영한 것에 불과했을까? 사유는 어떤 마법을 통해서 저 손에 잡히지 않는 발화 이상의 것, 모순에 빠질 가능성이 다분한 논거들을 투명하고 미세하게 이어놓은 것 이상이 되는가? 사실 단정적으로 밝힌 원칙이 인정받고 전파되고 세상에 뚜렷한 흔적을 새길 수 있으려면, 사유는 효과적인 동인과 보충적인 힘을 갖춰야 했다. 달리 말하자면 사변적 이성은 질서정연하게 배치된 관념 속에 고립되어서는 안 되고, 강렬한 정념의 에너지도 갖춰야 했다. 이성 자체가 팽창하기 위해서는 정념의 에너지가 필요한 것이다. 루소의 교훈이 여기서 결정적인 가치를 갖고 열광적으로 수용되었다.[1] 정말이지 루소의 저작은 (고독에서 출발했지만 확산과 침투의 놀라운 힘을 갖추었기에) 성찰의 힘과 결연히 뛰어오르는 정념의 도약이 풍요롭게 하나로 이어지고 있음을 보여주었다. 여기서 나는 관념과 감정을 떼려야 뗄 수 없이 결합하고 있는 저 강렬한 웅변이 얼마만큼 마음을 사로잡는지 되새겨보고 싶다. 딱딱한 교리가 이내 뜨거운 격정을 띠게 되는 그때, 정념은 모든 것을 수용할 정도로 엄청난 폭을 가진 합리적 담화에 투사되어 명확해지게 된다.

여기에 더해 나는 루소가 자기 원칙을 제시하면서 독자들이 사변적 이성의 권위가 아니라, 집단적 양상을 띤 실천적 이성의 권위, 즉 일반의지의 권위를 따르게 한다는 점을 강조하려 한다. 루소는 종교와 도덕의 입장에서도 마찬가지 방식을 취한다. 이성에 앞서는 능력인 명증한 내적 감정을 기초로 하지 않는 것이 없다는 것이다. 이성을 가장 엄격히 적용한대도 그 감정만은 부정할 수 없을 것이다. 제3신분이 선출한 가장 용감한 대표들이 루소의 언어로 말할 때 그들은 일반의지라는 교의를 증명하고자 하는 사상가들로 나서는 것이 아니라, 주변 정황의 압력에 눌려, [논점을 해결하지 않은 채 논점의 주장을 사실로 가정해버리는] 일종의 논점 선취의 오류에 따라 일반의지를 절대적으로 앞서 존재하는 것, 이론의 여지 없이 먼저 존재하는 것으로 제시했다. 제3신분의 대표들이 베르사유에 출석해서 자신들의 요구사항을 밝히고 시민헌법을 제안했던 것 자체가 주권을 가진 인민의 표현이자 행동일 것이다. 문제가 되는 것은 인민 주권의 지적 정당성이 아니고, 그것을 실천에 옮기는 일이었다. 인민에게 주권이 있다는 주장이 제3신분의 대표들을 자극하고 추동했다. 그들은 인민 주권의 대리자이자 조직체에 불과했다. 그들이 발의한 법령은 더는 일반의지라는 교의의 진실성을 이론적으로 증명하고자 하는 것이 아니다. 이미 주권을 가진 일반의지가 제3신분 대표들을 필요로 했던 것이다. 그러니 일반의지가 제3신분 대표들 가운데 작동하고 있음은 부인할 수 없다. 미라보가 드뢰브레제 후작에게 했다는 다음 답변(전설이든 사실이든 중요하지 않다)은 여기서 대단히 의미심장하다. "우리는 국민의 의지에 따라 여기 모였으니, 우리를 내보내려면 무력을 써야 할 것입니다."

당시 상황에서 미라보가 한 행동과 말은 교의를 전하듯 차분하고 사변적인 어조로 이루어지지 않는다. 원칙과 의지가 한데 어우러져 있으니 둘을 구분하기 어렵다. 미라보라는 개인의 의지가 국민의 의지와 같은 것이고자 한다. 기억 속에 길이 남을 사건이 솟아오르는 지점은 이 의지-원칙이 그것을 무시하며 삼부회를 '신분끼리 따로 토의하도록' 규정하여 일반의지의 보편성에 코웃음을 치는 나쁜 의도(특수한 의도)와 대결하는 곳이다.

이런 식으로 원칙이 역사의 현실로 내려오게 된다. 자발적 정념이 부추긴 이성의 담화는 이 세계 내에서 그 착생점着生點, 집합소를 찾는다. 혁명의 중요한 순간들은 이렇게 구현되어 나타나는 에피소드들이다. 이제 우리가 이성의 담화를 파악하게 되는 곳은 행동하는 인간의 자발적 긴장상태와 과소평가되었던 기존 세계의 저항이 그 이성의 담화와 하나가 되는 결합 지점뿐이다. 사실 바로 여기가 현실을 그저 불완전하게만 통제하는 이성적 사유가 실행되는 곳이다. 하지만 실현되지 않은 이 기획에서 물질적 흔적이 남아 상징이 되었다.

로베스피에르가 죽기까지 프랑스혁명은 상징적 언어를 통해 전개되었고 그 언어가 혁명의 신화를 키웠다. 오늘날 정확한 조사를 통해 '실제적인' 힘들이 그 신화 아래에서 어떻게 작용했는지 연구되고 있다. 술렁대는 군중과 축제, 상징이 역사가 내딛는 결정적인 한 걸음을 감추는 동시에 드러내는 상징적 담화를 구성한다.(도판 19)

큰 그림으로 바라보고, 경솔한 일일지 모르지만 일반화를 해본다면, 이 상징적 역사는 빛의 영광과 시련으로 해석된다. 의지며 혁명의 원리들이 전 세계로 확산되고, 시민의 뜨거운 열정과 투명한 마음들이 분리될 수 없는 하나의 공간에 모든 사람을 결집하려 한다. 이 경향을 가장 완전하게 표현하는 것이 1790년 7월 14일 연맹제[대혁명 1주년 기념 축제]의 대규모 의식일 것이다. 그러나 이성의 관점에서 본다면 현실로 내려간다는 것은 불명료함으로 내려간다는 뜻이다.

도판 19. 피에르폴 프뤼동(1758~1823), 〈자유〉, 자크루이 코피아가 판화로 제작, 파리 프랑스국립도서관.

프랑스혁명의 성공과 속도, 급격히 치달은 파국은 지식의 빛(또는 이렇게 말할 수 있다면 '계몽적 수정주의')과 성난 군중의 어두운 충동이 예상치 않게 연립한 결과다. 한 사상의 역사가 행동으로 옮겨지는 순간, 전혀 뜻밖의 폭력이 일어나 그 역사에 책임을 묻고 그 역사를 대체하고 그 역사를 훌쩍 넘어섰다. 이후 사상의 역사는 폭력의 의미를 해석하고, 선언문과 법령에서 나타나는 권위적인 언어로 그 반작용을 유도하고자 했다. 프랑스혁명의 내적 법칙인 복잡한 변증법이 그렇게 태어난다. 기하학적 건축도면, 즉 사변적 이성이 표명한 원칙은 자유롭게 전개될 수 없다. 이와는 반대로 앞이 보이지 않는 빈곤과 세속적 분노에서 비롯한 폭력은 파괴라는 최소한의 형식으로만 표현될 수 있다. 혁명적인 행동에서는 이런 대립항들이 종합된다. 즉 원칙들이 최초에 말없이 잠자코 있던 폭력을 언어의 차원으로 어렵사리 끌어올리는 움직임을 겪으면서 결국 사실의 차원으로 옮겨지는 것이다. 이론적 언어, 원칙의 언어는 어둠과 정념, 공포와 분노의 일부분과 결합하고 타협한다. 사나운 군중을 자극하는 최소한의 욕구조차 충족되지 못했기에 나오는 폭력 말이다. 합법적 명령으로 공표된 것이 아무런 오점 없이 명증하게 공식화되더라도 법의 효력을 갖추지 못한다면, 지속 가능한 제도로 인정받고 세상에 알려지지 않는다면 아무 소용이 없다. 그것의 필요성이 빈곤과 폭력의 필연성보다 압도적이어야 한다. 어두운 힘을 해석하고 지배하고 관리하고 억제하기 위해 말은 더없이 효율적이어야 할 것이다. 즉 더없이 강렬한 에너지를 가져야 할 것이다. 말 스스로 전조前兆가 되고, 격언조가 되고, 예언적이게 된다. 자코뱅파의 간결하고 강력한 웅변은 사람들의 의식을 마법적으로 장악하려는 시도처럼 나타난다. 그 웅변의 목적은 사건을 밝히기보다는 조물주와 같은 행동으로 사건을 창조해내는 것이다. 원칙에 효력을 더하고자 하는 그들의 말은 폭력을 길들이고자 하면서도 결국 폭력에 지고 만다. 원칙의 투명한 언어야말로 전혀 빛을 잃는 법 없이 행동의 결단력 있는 말이 된다. 더는 수정의 무구한 투명성이 아니라, 예리한 금속선에 비유하는 것이 적절할 것이다. 더는 권리의 원천이 어디에 있는지 공표하는 것으로는 충분하지 않고, 그와 함께 권리 행사를 막는 원천을 모두 징벌해야 한다. 그런 언어는 분명 준엄한 규탄, 격렬한 비난, 결정적 추상화가 심화되면서 고갈되고 말 위험이 있다.

프랑스혁명을 확고히 진행시킨 의지 자체는 그것이 더는 일반의지의 확실한 발현이라고 생각할 수 없게 되자마자(이를 확실하게 밝혀줄 절대적인 증거는 없다) 커져가는 어둠에 휩싸이게 된다. 그 의지는 상이한 욕망, 개인적 탐욕에 혼란스럽게 도취된 채 거기에 집어삼켜지게 될까? 바로 그때 의지는 금세 어두운 의지, '반란을 획책하는' 의지가 되고 만다. 단일성을 위해 노력하는 대신 분리를 겪고 분열을 가져온다. 어둠이 물러서면서 나타난 혁명의 빛은 그 어둠의 회귀와 맞서야 한다. 어둠은 혁명의 빛 내부까지 위협한다. 혁명의 빛이 세상에 스며들 때는 어떤 저항에 직면한다. 이 저항은 무기력하게 남아 있는 사태, 새로운 진리를 받아들이지 않는 사람들의 반항적 의지가 한데 어우러져 빚어진다. 사변적 이성과 이를 널리 퍼뜨리고자 하는 열망은 과감히 '현실의 힘'에 휘달리지 않아야 할 것이며, 이번을 마지막으로 완전히 벗어나고자 했던 음험한 적의 회생을 보게 될 것이다. 계몽주의의 진행이 지연되고 실제로 혁명 상태의 실천적 조직화가 늦어지는 책임은 반혁명 세력, 음모가들, 적대적 연합의 행위 주체들에게 돌려질 것이다.(정당한 이유를 찾을 수 있는 경우가 많기는 하다.) 혁명적 이성은 미덕이 지배하는 세상을 세우고자 했으면서도 점차 의혹을 키웠고 이내 공포정치로 접어들었다. 혁명적 이성은 폭력 행위를, 빛이 어둠에 승리를 거두는 최초의 행위를 무한히 되살려내야만 했다. 마침내 여명이 밝아오기 위해서는 바스티유 함락만으로는 부족했다. 국왕 자체에 존재하는 밤의 과오를 처벌해야 한다. 루이 카페Louis Capet*의 처형을 기리면서 퐁스드니 르브룅은 이렇게 썼다.

> 굴종의 세기들이여, 한 줄기 빛 내려와 너희가 찬
> 족쇄를 부순다!
> 왕위 찬탈자의 왕홀에 정의로운 왕국이 뒤를 잇는다.
> 공화국이여, 너는 세상에 복수하고자 태어나도다.
> [『공화주의 오드집*Odes républicaines*』]

국왕 시해는 거듭된 부정否定과 복수의 시작을 알리는 정점이자 절대적 상징임이 틀림없으리라. 그러나 국왕 시해가 결정적인 운명의 순간은 아니었다. 혁명의 이상에 맞선 저항은 새로운 시대가 도래했음을 알리는 역할을 했던 유혈행위에서 정확히 절호의 기회를 찾았다. 우리가 공포정치로부터 알 수 있는 것은 혁명의 의지가 (실재하는 동시에 상상적이고, 투사投射이자 내사內射†의 산

* 1792년 9월 21일 국민공회는 프랑스의 왕권 폐지와 혁명력 1년을 선포한다. 이에 따라 국왕 루이16세는 즉각 모든 지위를 상실했고, 이때부터 '루이 카페' 라는 이름으로 불리게 되었다. 루이16세의 '밤의 과오'란 '혁명의 빛'에 저항하는 구체제의 근본적인 저항을 뜻한다. 국왕의 존재 자체가 빛에 맞서는 과오, 제거해야 하는 악인 것이다. 결국 프랑스혁명은 왕권의 폐지를 넘어 국왕에 대한 심판과 처형을 필요로 하게 된다. 뒤에 나폴레옹 보나파르트에게서 '어둠의 군주'의 모습을 발견하는 것도 이런 맥락에서다.

† 정신분석에서 투사projection는 자아 내부에 존재하는 것을 외부에서 온 것으로 상상하는 것이고, 반대로 내사introjection는 자아 외부에 존재하는 것을 내부에서 찾고자 하는 개념이다. 투사의 경우, 혁명의 위기를 외부의 위협으로 보고 이렇게 상상한 적에게 강한 증오를 느끼고 폭력을 행사하는 편집증적 성격을 띠게 되며, 내사의 경우, 혁명의 위기를 자신의 오류에서 비롯한 것으로 생각하여 자기비판에 몰두하는 멜랑콜리적 성격을 띠게 된다. 여기서는 투사와 내사가 동시에 작동하면서 혁명의 위기에 대한 일종의 방어기제를 형성한다는 의미로 쓰였다.

물인) 반反의지와 바투 실랑이를 벌이고 있다는 점이다. 혁명의 빛이 최초로 분출된 이후 단번에 세상을 압도할 수 있으리라 믿은 것은 잘못이었다. 조국이 위험에 처하고 공안위원회[국민공회 시기 만들어진 자코뱅파 주도의 핵심 혁명 지도기관]가 설치되는 순간, 전투는 끝나지 않는 영원한 과업처럼 나타나고 승리의 가능성은 끊임없이 의문에 부쳐졌다. 공포정치가 희생 및 탄생 축전의 연장이기는 했지만, 그때 자유는 아찔한 무정부주의에 사로잡혀서, 얻고자 했던 불변의 형식에 이르지 못한 채 남아 있었다. 테르미도르 반동과 로베스피에르의 죽음이 혁명 의지가 결국 실패하고 말았음을 가리킨다고 말하지는 말자. 그러나 이후 의지와 원칙은 더는 밀접하게 이어지지 않고 둘의 연합은 결국 끊어지고 말았다. 원칙의 언어는 장애물을 만나면서 약화되고 변질되고 말았으며, 말들의 의미는 빈곤해지거나 모호해졌다. 1794년 이후 언어가 겪은 피로를 보여주는 사례는 무수히 많다. 알레고리가 가진 힘이 소진된다. 연이어 모두 기만이었다는 폭로가 뒤를 이었다. 1797년 뱅자맹 콩스탕이 쓴 다음 글은 그 취지와는 무관하게 총재정부 시대에 정신의 상태가 어떠했는지에 대해 일반적인 진단을 내렸다는 데 가치가 있다. “모든 폭력 투쟁에서 흥분에 들뜬 여론이 지나간 자리에 이해관계가 달려들었다. 맹금류가 싸울 준비가 된 군대를 따르듯이 말이다. 더없이 드높은 모범을 서투르게 모방할 것을 권장했으니, 그 모범이 증오, 복수, 탐욕, 배덕으로 희화화되어 표현되었다. 신의 없는 친구, 돈을 떼어먹는 채무자, 음흉한 밀고자, 직무를 유기한 판사들은 자기들의 변호가 이미 의례적인 언어 속에 마련되어 있음을 깨달았다. 애국심이 모든 범법행위를 위해 사전에 마련된 진부하기 짝이 없는 변명이 되었다. 위대한 희생, 헌신 행위, 고대의 준엄한 공화주의가 인간의 자연적 성향에 거둔 승리가 이기적 정념들의 광포한 분출에 구실을 제공했다.”(『공포정치의 결과*Des effets de la Terreur*』, 혁명력 5년)

겉으로 보이는 원칙들 이면에 욕구와 이해관계가 있었다. 18세기는 '실증적인' 세기가 되었다. 그때는 오직 의지만이 남는다. 원칙 없는 의지, 혹은 임기응변식 원칙에 기댄 의지 말이다. 1789년의 이론가들이 공들여 세운 모든 추상적 원칙들 가운데 권력의 새로운 주체들에게 적합한 원칙이 남게 된다. 드라마는 끝났고, 토가와 가면*이 사라져버린다.[2] 빛과 미덕의 신화는 이제 낡은 것이 되었다. 한 나라는 설령 코르시카 출신의 장군일지라도 누군가가 통치해야 한다. 프랑스에서, 외국에서 빛의 홍수처럼 프랑스혁명을 찬양했던 사람들은 보나파르트에게서 어둠의 군주를 보았다. 혁명적 이성은 뒤늦게나마 법전과 완벽하게 중앙집권화된 행정체계를 갖추게 되었다. 의지의 과업은 프랑스를 임시적으로나마 제국으로 만들고, 이제 '애국적' 의식에 눈뜬 유럽 국가들의 경쟁적인 의지를 자극하게 된다. 분명 나폴레옹의 의지는 앞선 혁명의 선례로부터 권리를 요구하는 의지를 가져왔다. 하지만 나폴레옹의 사례에서 취해야 할 것은 권리보다는 의지 자체의 과도한 긍정일 것이다. 혁명 사상의 궁극적 결과와 결정적 반역으로서, 19세기 유럽에서 출현할 준비가 된 것은 의지를 요구하는 의지, 힘의 의지, 명증한 이성과 공동전선을 펴기를 거부하는 어두운 의지다. 그때 이성은 '피상적'인 것이라고 (너무나 피상적으로) 간주되었기 때문이다.

* 토가toga는 사치스럽지 않은 로마 공화정의 의복이었고, 가면은 고대 그리스·로마 연극에서 배우들이 썼던 것으로 공화국의 미덕을 고양하는 스펙터클을 상징한다.

주석과 보충

1. 루소와 프랑스혁명
"우리에게 위기 상태와 혁명의 세기가 다가오고 있다. ……유럽의 거대 군주국들이 더 오래 지속되기란 불가능하다고 나는 생각한다." 루소가 1762년에 출판한 『에밀*Émile*』에서 한 이 예언은 과거의 이미지를 미래로 투사한다는 점에서 다른 많은 예언과 닮은 점이 있다. 플루타르코스, 티투스 리비우스, 마키아벨리의 애독자였던 루소는 [미완성으로 남은 산문 비극] 『루크레티아*Lucrèce*』를 썼고, 타르퀴니우스 부자의 추방에 대해 오랫동안 생각했다.* 루소는 여기서 공화주의 혁명의 원형적 이미지를 다시 가져왔다. 폭정을 무너뜨리고, 전제주의와 더불어 광포한 욕망의 타락을 거부하면서 미덕과 순결이 지배하는 세상을 세우는 혁명 말이다. 존 로크, 앨저넌 시드니와 함께 자연권을 주장한 고전 이론가들의 저작을 애독했던 루소는 1688년 혁명[명예혁명] 때 영국에서 어떤 원칙이 승리를 거두었는지 잘 알았다. 루소는 소년 시기를 보낸 주네브에서 내전의 고통스러운 장면도 보았다.

루소는 투쟁할 것을, 희망을 가질 것을 권했을까? 그는 군주정의 몰락에서 정의의 시대가 오리라는 신호를 보았을까? 튀르고 및 진보를 주장한 이론가들과 달리 루소는 기질적으로 역사와 '계몽'을 신뢰하지 않았다. 그는 대중이 행복해지더라도 철학이 기울인 노력을 그들이 찬양하리라고는 생각하지 않았다. 그는 파국의 예언자가 되고자 했다. 문명의 해악, 이해관계들과 격화된 이기심의 게임 때문에 유럽은 피비린내 나는 무정부 상태에 빠져들 것이다. 세상은 '짧지만 자주 반복되는 혁명들'로 뒤흔들릴 것이다. 역사는 시원始原의 야만을 닮은 종말에 다다른 것이나 마찬가지다. 쇠퇴기의 폭력에서는 홉스가 사회가 생기기 이전의 상태로 보았던 '만인에 대한 만인의 투쟁'이 복귀하는 것을 보게 될 것이다. 불평등의 길, 타락의 길로 나아갔던 문명화된 인간은 이제 사형선고를 받았다. 이런 마당에 아직도 사회를 되살릴 생각을 할 수 있을까? 더는 시간이 없다는 점이 분명하다. 루소가 『에밀』을 쓰고 몽상에 잠길 때, 그가 희망한 것이라고는 오직 개인에 대한 선고유예뿐이었던 것 같다. 의식이 역사의 현실을 발견하는 순간, 역사적 순간과 의식이 맺는 본연의 관계를 발견하는 저 결정적인 순간에, 역사 속에서나 역사를 통해서가 아니라, 역사의 외부에서 스스로 구원에 이르는 유혹을 느끼게 된다. 이제 피할 길 없는 역사의 속박 따위는 개의치 않는 듯하다. 루소 저작의 한 부분 전체가 18세기 사람들에게 역사를

* 초기 로마 왕정의 7대 왕 타르퀴니우스의 아들 섹스투스 타르퀴니우스가 사촌의 아내 루크레티아를 겁탈하는 일이 벌어졌는데, 루크레티아는 남편 앞에서 이를 알리고 자결했다. 이 사실을 안 로마 민중이 분노하여 타르퀴니우스 가문을 로마에서 추방하고 공화정을 세우게 되었다. 루소가 루크레티아를 소재로 한 비극을 언제 썼는지는 불확실하지만 1754년 주네브 여행 때 착상했을 것으로 짐작된다.

비관적으로 보고 개인의 고독한 삶의 방식으로 도피하자는 제안이다. 이러한 관점에 앞의 내용이 고스란히 들어 있지는 않지만, 루소는 세상 돌아가는 상황에 불안을 느끼고 내면의 순수성을 확신하면서 행복을 구하는 아름다운 영혼들의 길잡이가 된다. 이 위기의 상태, 이 혁명의 세기는 개인을 자율성으로, 차이로, 죽음이 거주하는 세계에서의 고통스러운 생존으로 돌려보내는 분열을 의미한다.

하지만 루소는 역사가 실패할 것임을 어정쩡하게 체념하고 받아들인다. 적법한 사회생활의 규범이 세상 어디에나 적용되리라는 보장이 없을지라도 그는 이 규범을 표명하긴 한다. 루소가 작가가 되었다면 그것은 허위와 타락의 주술에 너무나 오랫동안 복종했던 인간이 불행을 의식하면서 깨어나도록, 속아온 인민들이 진정한 사회적 관계로 하나되지 못하고 노예의 사슬을 감내해왔음을 마침내 볼 수 있도록 하기 위한 것이다. 주네브 시민 루소는 이들이 마법에서 깨어나 '화환'에 가려 보이지 않던 예속의 굴레를 깨닫도록 도와주기 위해서 인민들을 상대로 말한 것이다. 루소가 예고한 대로 임박한 파국은 어두운 무대 배경에 기적적인 사건 하나가 드러날 수 있게 한다. 파국이 예고되었을 때 마지막으로 남은 한 번의 기회를 나타내는 부서지기 쉬운 이미지가 온통 밝은 광채로 빛나게 된다. 모두 모여 힘을 합치거나 더 낫게는 천우신조로 나타난 입법자의 지도 아래 사회가 자유, 평등, 시민의 덕이라는 진정한 원리로 돌아갈 수 있을지 모른다. 루소의 장중한 웅변을 들어보면 18세기는 아찔하기 짝이 없는 운명적 타락에 굴복하느냐, 새로이 원기를 얻어 거칠고 소박한 단순성을 바탕으로 다시 태어나느냐 하는 양자택일의 공간이 되었다. 과오를 범했다는 생각에 사로잡힌 루소의 말은 죄의식을 느끼게 하는 말이었다. 그 말로 루소는 그의 동시대인들을 규탄하고 마지막으로 독촉했던 것이다. 이것이 마지막 고지라도 되듯 최고장을 보내는 말이었다. 사치, 허영, 전체주의, 노예제도가 더욱 심화되도록 방치한다면 결국 피를 보는 것으로 끝날 것이다. 여전히 구원을 희망할 수 있다면 구원은 과분한 은총의 결과일 뿐일 것이다. 그런데 루소는 너무도 강력히 구원을 바라고, 혼란에 빠지면 어쩌나 하는 공포에 심하게 사로잡혀서, 스스로는 의심을 하면서도, 즉 역사에 대한 자신의 비관주의를 강력히 주장하면서도 "합법적인 제도의 회복"과 사회체의 부활이라는 일시적인 가설을 계속 붙들고 있다. 위기를 겪은 뒤의 부활, '망각수'를 마시는 것으로 만족하는 사람이 겪는 재생과 윤회 말이다. 세상 모든 것이 혼돈 속에 사라지는 오랜 열병의 밤이 지나고, 인간이 각성한다면 어떤 진정한 새로운 시작의 빛을 돌려받을 수 있다. "사람이 어떤 병에 걸리면 머리가 돌아버려서 과거의 기억이 사라져버리는 것처럼, 국가가 유지되는 동안 간혹 폭력의 시대가 찾아올 때가 있다. 그때 개인이 발작에 사로잡혔을 때 겪는 것을 인민은 혁명을 통해 겪게 된다. 그 폭력의 시대는 과거의 공포를 잊고 내전으로 잿더미가 된 국가가, 말하자면 그 잿더미에서 다시 태어나, 죽음의 품에서 벗어나 젊음의 원기를 되찾는 시대다."(『사회계약론』, 2권 8장)

이 부분은 확실히 행동강령도 아니고 개혁안도 아니지만 어떤 의미에서는 그 이상이다. 죽음의 시련을 거쳐 생명을 되찾는다는 신화적인 형상이요, 문턱을 넘어

다른 세상으로 나아가면서 흘러 지나가버린 시간이 폐지되고 영광스러운 부활이 이루어진다는 이미지다. 루소는 신학에서 최후의 심판 날을 그려내는 데 썼던 이미지들을 사용한다. 루소는 구세주가 다스리는 왕국이 아니라 인간의 역사에서 일어날 수 있을 심판의 세속화된 버전을 제시한다.

루소가 모든 작품에서 이런 이미지와 사상을 만들어냈던 것은 아니다. 그는 자기가 살던 세상의 흐트러진 상태를 보면서 이런 이미지와 사상을 발견했다. 하지만 그는 그 이미지와 사상에 강한 형식을 입히고 단호한 어조를 부여해서 그것의 실효성을 갖춰주었다. 루소의 시대는 그를 존경하고 신격화했지만 여전히 그의 내부에 존재했던 것이다. 확실히 루소의 가르침이 프랑스혁명의 '원인'이 되었던 것은 아니지만, 1789년의 사람들은 그의 가르침을 통해 자기들이 혁명의 위기 상황에 처해 있음을 이해하게 되었다. 루소의 말(그리고 철학자들의 말)이 혁명의 사건을 규정했던 적은 없지만, 그 사건을 장엄한 의미로 받아들이는 감정을 자극했다. 정치적 성찰과 행동으로 시험대에 오르게 될 개념을 발전시켰고 더욱이 집단적 상상력으로 가공될 위대한 신화적 형상을 작동시켰다. 루소는 프랑스혁명이 간혹 오해가 없지는 않지만 장엄하게 고양할 수 있을 언어를 마련했다. 선서, 축제, 의례, 집전이 그것이다.

나는 여기서 볼테르도, 백과사전 집필자들도 빼놓고 싶지 않지만, 1789년의 모든 이미지를 보여주고자 하는 이 부분에서는 18세기의 상상적인 삶에 강한 영향력을 행사한 루소에게 합당한 평가를 돌려주어야 했다.

전前혁명기와 혁명기의 루소주의에 관해서 앙드레 몽글롱의 저작, 특히 『프랑스 전前낭만주의의 내적인 역사*Histoire intérieure du préromantisme français*』(전 2권, 그르노블, 1930)를 참조하는 것이 좋다. 아울러 피에르 트라아르, 『혁명의 감수성*La sensibilité révolutionnaire*(1789~1794)』(파리, 1936)도 참조.

다니엘 모르네가 『프랑스혁명의 지적 기원*Origines intellectuelles de la Révolution*』(파리, 1933)에서 폭넓고 세심하게 연구한 내용을 보면 '지성'과 정황들이 서로 어떻게 만나는지 명확히 이해할 수 있다. "구체제를 실제로 위협했던 것이 지성뿐이었다면 분명 구체제는 아무런 위험도 겪지 않았을 수 있다. 이 지성이 작동하려면 인민의 비참한 삶이나 정치적 불안 같은 거점이 하나 필요했다. 하지만 이 정치적 원인들은 적어도 프랑스혁명을 그렇게 신속하게 촉발시키기에는 충분한 것이 아닐 수도 있었다. 결과들을 끌어내어 유기적으로 결합하고 점차 삼부회를 필요로 한 것은 지성이었다. 그리고 한편으로 지성이 확신하지는 못했더라도 프랑스혁명은 바로 이 삼부회에서 시작될 터였다."(477쪽)

루소와 관련한 두 가지 사실을 예시로 들까 한다. 오페라극장은 1789년 7월의 사건들로 인해 잠시 닫혔다가 루소의 〈마을의 점쟁이Devin du village〉로 다시 문을 연다. 바스티유 습격 때 사망한 폭도들의 가족을 위한 공연이었다. 1794년 9월 15일 (혁명력 2년 프뤽티도르[결실의 달] 29일) 조제프 라카날의 담화문에서 국민의회는 에름농빌에 묻혔던 루소의 유해를 팡테옹으로 이장하는 계획을 승인한다. 이 담화문의 의미심장한 구절 하나를 여기 옮긴다. "루소는 『사회계약론』을 인류가 과거에 어떤 모습이었고 잃어버린 것은 무엇이었는지 배우기 위해 모인 사람들 앞에서 낭독하고자 쓴 것 같습니다. ……하지만 『사회계약론』에서 개진된 저 위대한 원칙들이 오늘날 우리에게 대단히 명백하고 단순해 보이지만, 큰 효과를 만들어내지는 못했습니다. 그 원칙을 이해하지 못했으니 그것을 이용할 수도, 경외할 수도 없었던 것입니다. 평범한 정신을 가진 사람들, 자기가 저속한 정신의 소유자보다 우월하거나 그렇다고 믿었던 사람들이 그 원칙을 이해하기란 턱없이 모자랍니다. 어떤 의미로는 프랑스혁명이야말로 우리에게 『사회계약론』을 설명해준 사건이었습니다."(장모이즈 파리스, 『장자크 루소에 바치는 공개적인 경의: 역사적 연구*Hommage publics rendus à la mémoire de J. J. Rousseau. étude historique*』, 주네브, 1878에서 재인용)

2. 기만으로서의 의전

장폴 마라가 자기희생의 수사학과 '첫번째 혁명'의 시민 의전儀典을 한결같은 태도로 경계하라고 주장했던 것을 기억하자. 그래서 특권을 누리던 사람들이 자신들이 사회에서 누렸던 이득을 장엄하게 거부했던 1789년 8월 4일의 밤*이 지난 뒤, 마라는 [자신이 발행한 신문] 『인민의 친구*L'Ami du peuple*』에서 다음과 같이 썼다. "제3계급 대표들의 믿음직한 신의가 애국주의의 가면에 가려진 정치적 기도에 노출되지나 않았을까 걱정하는 마음이 들 것이다." 마라는 8월 4일 밤의 사건을 일으킨 진정한 원인을 특권층의 자발적 의지가 아니라 농민 대중의 격렬한 분노에서 찾아야 한다고 보았다. "인류애와 성급한 애국심으로 부추겨진 정의와 선행에 바탕을 둔 행동이 분명 늘어나면서, 이를 지켜보는 사람들의 감탄하는 마음이 분명 절정에 이르렀고, 자기 능력을 넘어서고자 했던 저 자기희생의 전투에서 열광은 황홀의 경지에 이르렀던 것 같다. 바로 그렇지 않았던가? 미덕을 모독하지는 말자. 하지만 누구에게도 속으면 안 된다. 선행을 해야겠다는 생각으로 자기희생까지 감수했더라도 좀더 나중에 목소리가 더 높아지기를 기다렸음을 인정해야 한다. 자기 성이 화염에 불타오르는 것을 보자 갑자기 관대한 마음이 생겨, 손에 무기를 들고 자유를 되찾은 사람들에게 족쇄가 되었던 자신들의 특권을 그제야 버리겠다는 것이 말이 되는가! 약탈자들과 공금 횡령자들과 전체주의 추종자들이 단죄받는 것을 보자 갑자기 관대한 마음이 생겨, 영주가 부과했던 10분의 1세를 거두지 않고, 간신히 하루 벌어 하루 먹고사는 불행한 자들에게 더는 아무것도 요구하지 않게 되었다는 것이 말이 되느냔 말이다!"(『인민의 친구』, 11/12호. 1789년 9월 21일 월요일과 9월 22일 화요일 간행)

카를 마르크스는 『루이 보나파르트의 브뤼메르 18일*Der achtzehnte Brumaire des Louis Bonaparte*』 첫 부분에서 [프랑스 정치가들이] 로마식 복장을 입고자 했던 점을

* 프랑스혁명 직후 프랑스 전역에서 벌어진 농민반란의 영향으로 헌법제정국민회의에서 봉건적 신분제와 영주제의 폐지를 단행했던 사건.

상기한다.* 사실 부르주아사회의 도래는 로마식 복장을 입으며 준비되었다. 그러나 마라가 말한 [외관에 사로잡힌 전례典禮를 대체하는] 마음의 전례에 유사한 지적이 있었음을 볼 수 있다. 부르주아계급이 아닌 다른 사회계층은 이 지적에 감동했다.

* 마르크스는 프랑스혁명이 발발한 1789년부터 나폴레옹이 실각하고 왕정이 복고되는 1814년 사이에 로마 공화정과 로마 제국의 의상이 번갈아 등장했다는 점을 지적한다. 애국심과 검소를 내세웠던 혁명 초기에 로마 공화정의 이상이 지배적이었다면, 테르미도르 반동 이후 총재정부 시기와 나폴레옹 집권기엔 화려하고 권위적이었던 로마 황제의 문화가 재도입되었다는 것이다.

VI

기하학적 도시

우리는 프랑스혁명이 겪은 운명의 도면을 18세기가 스스로 드러낸 상징의 영역에 기반을 두어 그려보았다. 이미 그 상당 부분은 당대 예술의 정신을 반영해서 설명했다. 그러나 예술의 미래와 혁명의 치열한 노력이 마주하게 되는 운명이 너무도 손쉽게 등가관계에 있다고 생각하지는 말자.[1] 우리가 마주쳤던 암흑에 맞선 빛, 시작의 정념, 원칙과 의지의 결합 등의 큰 개념은 그저 길잡이로, 징조로 간직하는 것이 좋겠다.

1789년 직전에 완벽한 사회의 원칙을 주장했던 작가 가운데 국가를 소재로 한 소설로 정치적 교의를 보충한 이들이 있었다. 이 작가들은 관념을 이미지로 나타내고 어떤 이상도시의 설계안을 그려낼 필요를 느꼈다. 모든 유토피아 도시가 그렇듯 이 도시도 단순하고 엄격한 기하학 법칙의 지배를 받는다. 도시는 사각형이거나 원형의 규칙적 형태를 띠기에 때로는 균일한 부분들이 엄격하게 병치되는 구조일 수도 있고, 때로는 하나의 전능한 중심에 지배받는 주변 요소들이 완벽한 대칭을 이룰 수도 있다. 즉 독립성 속의 평등이거나 종속성 속의 평등이다. 마치 자연 속에서는 모두가 평등하고 법 앞에서 모두가 평등하다는 위대한 개념이 즉각적으로 자와 컴퍼스로 표현되기라도 하듯 모든 일이 이루어진다.(도판 20, 21) 기하학은 기호의 세계에 있는 이성의 언어다.[2]

기하학은 모든 형태를 그 출발점(형태의 원리)으로, 즉 점과 선, 항구적 비례 체계의 차원으로 되돌린다. 그러므로 과잉과 불규칙성은 어떤 것이든 악의 침입처럼 나타난다. 유토피아 도시에 살아가는 인간들은 잉여를 원치 않는다. 유용성의 원리를 고려해야 할 경우에는 자연이 규정한 최소한의 필요를 위한 것이지, 타락한 문명에서 비롯하는 필요와는 무관하다. 그러므로 장식도, 사치도, 값비싼 장신구도 없다. 그래서 피히테의 경우 균형 잡힌 건축물의 이미지와 승리를 구가하는 빛의 세기인 계몽주의의 이미지가 동시에 나타난다. “강도떼의 낡은 성들이 무너지지 않는 곳이 없다. 방해만 없다면 그 성들은 점점더 황량해지고 빛을 싫어하는 새들, 박쥐들과 부엉이들의 보금자리나 될 것이다. 이와는 반대로 새로운 건물은 조금씩 뻗어나가 마침내 전체가 반듯한 모양을 형성할 것이다.”[『프랑스혁명에 대한 논고』]

간략히 요약하면, 이상주의 작가와 의회 개혁자를 만족시킨 도시계획과 건축물이 그러했다. 그런데 정작 건축가들은 어떠했는가? 직인들은 어떠했는가? 결국 이런 상황을 받아들이고 자신의 기획안에서나 간혹 실제로 구현된 건축물에서 기하학으로의 복귀를 실행한 몇몇이 보인다. 그들이 받은 불후의 영감은 우리에겐 꿈처럼 보이는 것이지만 그들은 변덕스러운 꿈을 꾸려 들지 않았다. 그들의 상상력은 앞선 세대를 매혹했던 경박성을 거부했다. 그들을 열광케 한 것은 단순성이요, 위대함과 순수한 취향이었다. 우리가 보듯이 꿈과 상상력은 세부적인 것들을 수없이 만들어내기보다는 그것들을 빼고 지우는 경향이 있다. 로코코 양식의 장식성이 최고도에 이른 후, 그동안 힘으로 눌렀던 검소함이 나타나자 전율 같은 것이 흘렀다. 이렇게 단순화하고자 애썼던 조제프 주베르는 다음과 같이 쓸 수 있었다. “선들, 아름다운 선들. 선들이야말로 모든 아름다움의 기초다. 건축을 예로 들어보자. 건축은 선들을 장식하는 것으로 만족한다.”[『단상들』] 불레, 르두,

20

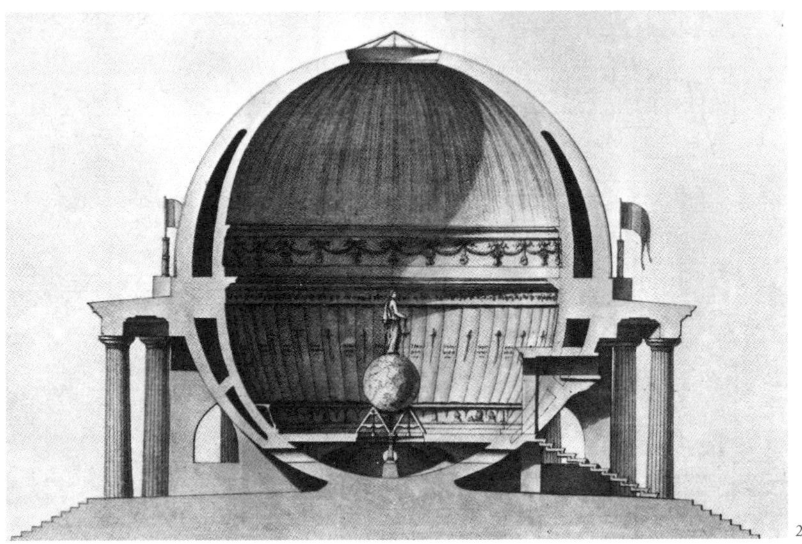

21

도판 20. 장자크 르쾨(1757~1825?), 〈평등의 신전〉, 파리 프랑스국립도서관.
도판 21. 르쾨, 〈평등의 신전〉(부분).

푸아예의 대규모 설계안에서도 이런 장식은 사라졌다. 입방체, 원기둥, 구, 원뿔, 피라미드처럼 경제적이다 못해 인색하게 다뤄진 순수한 형식들이 승리한 것이다. 이들 건축가와 더불어 건축은 기능상의 본래적 진리, 구성적 요소로 되돌아가고자 한다. 르두는 “원과 사각형이야말로 작가들이 가장 훌륭한 작품을 구성하는 데 사용한 알파벳 문자”라고 썼다.[『예술, 풍속, 법제의 관계로 고려된 건축』] 이전 시대에 지어진 건축물에 대한 이런 반작용은 가면과 허위에 맞선 항의처럼 들린다. 장식이 필요한 유일한 까닭은 그 구조를 아름답게 만드는 것인데도, 장식이 우선되어 건축물의 본질적 구조를 너무 오랫동안 무시해왔다. 건축 재료로서의 돌은 생소한 자재처럼 다뤄졌다. 돌을 목재처럼 안을 파내고 곡선 모양으로 도려내고자 했으니 말이다. 어떤 건축 이론가들은 몇십 년 전에 이미 이런 불만을 표명한 바 있었고, [17세기 이탈리아 건축 이론가] 카를로 로돌리가 제시한 핵심 개념 한 가지도 바로 그것이었다. 르두는 다음과 같이 분명하게 밝혔다. “가짜 취향, 사막의 파충류 같은 저 벽의 돌출부 장식의 무게에 으스러질 듯 눌려 있는 저 무기력하게 연장된 선들, 시작되자마자 이미 부서져 있던 저 형태들을 경계해야 한다.” 반대로 “예술의 손길을 받아” 생기를 되찾은 돌은 “새로운 감정을 일깨우고 고유한 능력을 펼쳐보일 것이다.” 건축 자재가 본래 가졌던 본성으로 되돌리는 이와 같은 전향은 미적 질서만이 아니라 도덕적 질서를 선택하는 일이었다. 돌은 다시 돌이 되어야 하고, 벽은 다시 평평하고 거의 아무 장식도 없는 표면이 되어야 하듯이, 인간도 본성으로 가진 충만함과 단순성을 회복해야 한다. 복원된 진리라는 이상은 인간의 마음에도, 건축가의 정신이 구상한 건축물에도 똑같이 적용된다.[3] 불레와 르두의 이론적 저술에서 도덕적 파토스는 그 시대의 ‘감수성’에 오염되어 우발적으로 덧붙은 것이 결코 아니었다. 그들은 건축으로 인간을 타락에서 구원하는 웅변적 교육학을 내세우면서 자신들의 기획이 가진 의미를 드러냈다. 이는 교육학을 넘어서는, 조물주의 일이었다. 신을 위대한 건축가로 간주하던 시대에 이번에는 건축가가 스스로 신이, 온 세상의 입법자가 되고자 했다. 신에게서 물질 공간을 합리적으로 구성하는 능력을 빼앗아, 즉시 도덕 역량을 전부 거기에 쏟아붓는 것이다. 이로써 건축가는 인간 세상을 변화시키는 능력을 얻는다. 천재적인 건축가는 한계를 모른다. 르두는 "멀리까지 볼 수 있는 건축가의 시선에서는 정치, 도덕, 입법, 종교, 정부의 모든 것이 그의 관할이다"라고 썼다. 카트르메르 드 캥시는 '혁명적' 건축가들의 과감한 시각을 전혀 공유하지 않은 작가였지만 1798년에 [『주제별 백과사전』의 '기이함' 항목에서 도덕적 어휘를 사용해] 기이함bizarrerie의 폐해를 고발했다. "기이함은 누구도 바꾸지 못할 타락한 구조[기형畸形]를 전제한다. 기이함은 자연이 규정한 질서와 형태를 파괴하는 체계를 낳고, 예술을 구성하는 형태들을 공격한다. ……기이함의 취향은 보통 가장 훌륭한 것에 진력이 나면서 생기고, 개인처럼 국가에서도 풍요 자체에서 기인한 싫증에서 비롯되고, 그런 혐오감이 모든 종류의 향유 속에서 나타난다는 점은 경험으로 증명되었다. 저 해롭기 짝이 없는 혐오감은 즐거움을 해치고 자연의 단순한 아름다움을 따분하게 만들어버리고 욕망을 만족시키기보다는 자극하거나 속이는 부정不貞한 예술의 가장假裝에 호소한다. ……건축에 기이함이 도입되자 그 영향력은 엄청났다. ……직선 대신 곡선으로 자른 형태가, 뚜렷한 윤곽 대신 물결치는 모양의 선이, 반듯반듯한 평면 대신 직선과 곡선이 결합하면서 요동치는 부분들이, 대칭 대신 피토레스크한 표현이, 질서 대신 혼란스러운 카오스가 들어간다." 보로미니와 그의 제자들이 이 폐해를 가져온 가장 큰 책임자들로 간주되었다.

반면 카트르메르 드 캥시는 [『주제별 백과사전』의 '규모' 항목에서] "전체와 부분들, 각각의 부분과 전체"의 화목한 관계를 규모의 조건으로 정의하는데, 그는 이를 차례로 비례적 규모와 도덕적 규모라고 이름붙인다. 그가 극단적으로 '수학적 단순성'을 지지한 사람은 분명 아니지만, 어떤 점에서는 미덕을 향해 노력해야 한다는 생각과 전체를 이루는 부분들의 관계를 조화롭게 만들어야 한다는 생각을 분리할 수 없었다.[4] "크다는 효과를 내려면 그 크기를 구체화하는 대상은 아주 단순해야 한다. 그래야 우리에게 단번에, 깡그리 충격을 줄 뿐 아니라 부분들의 관계를 보면서도 우리에게 충격을 안겨줄 수 있다. 작은 인상들이 지나치게 많이 반복되면 규모의 관념은 절대 생겨나지 못할 것이다. 우리의 정신이 한눈에 엄청난 너비를 보려면 당연하게도 노력하지 않을 수 없고, 지나치게 작은 부분으로 나뉘게 되면 우리 안에서 이러한 힘이 증가하기는커녕 감소하는 것임이 틀림없다."

카트르메르 드 캥시는 도덕적 규모의 또다른 동의어를 마련하고 있으니 바로 이상적 규모로, 균형만 완벽하게 갖춰진다면 규모가 작은 건물에서도 그 규모를 발견할 수 있다. 이상적 규모와 완벽한 비율은 떼려야 뗄 수 없으므로("상당한 규모의 선과 면") 규모가 반드시 클 필요는 없다. 인간의 의식에 감정의 고양이 일어나는 경우가 그때다. 원리란 기초적인 형태들이 이루는 조화를 가리키는데, 이 원리와 물질적 규모가 결합되면, 혁명적 운명에서 보편법의 원리들과 유효 의지의 힘이 융합되어 나타났던 저 지고한 지점에 이르게 된다. "자연이 빚어낸 엄청난 규모의 작품들을 볼 때 우리는 즐거움을 느낀다. 이는 우리가 그 앞에서 겸허해지고 스스로 보잘것없는 존재라는 감정이 우리의 영혼을 키워 모든 위대함의 원리를 생각하도록 이끌어가기 때문이다. 엄청난 규모의 건축 작품을 볼 때 우리는 즐거움을 느끼는데 이는 우리가 그 앞에서 우쭐해지기 때문이다. 즉 인간은 제 손으로 만든 작품 앞에서 자신의 왜소함을 발견하고는 자랑스러워한다. 자기 힘과 자기 능력에 대한 생각을 향유하기 때문이다." 그 향유는 더는 구체제 사람들이 좇던 향유가 아니다. 경쟁이라도 하듯 기이한 것을 쌓아올려서 일깨우고 느낀다 하더라도 이내 사라지고야 마는 감각의 짧은 새로움이 아니라, 인간 스스로가 엄청난 수량을, 본래의 형태를, 정신의 미덕을, 물질적 재료가 지닌 참다운 성질에 부합하는 동시에 인간의 힘으로 통제되는 물질을 얻을 수 있음을 보여줄 때 찬연히 실현되는 힘을 반성적으로 포착하는 것이다. 감수성이 지배하는 '새로운 체제'가 세워져, 이제 감각의 증가가 아니라 정신의 위대한 직관의 통일성을 믿고 따르는 것이다. 이러한 태도를 그저 16, 17세기의 신플라톤주의 이론이 되살아난 것이라고 볼 수도 있을 것이다. 그러나 차이가 있다면 힘과 에너지의 개념이 이 이상주의를 단호히 현대적인 특징을 띤 의지론 쪽으로 방향을 돌리게 만들었다는 점이다. 이 새로운 교의는 바로크와 로코코 예술을 일관성 없이 변덕스러운 유행을 따라 곧 사라지고 말 인상이나 자극하는 덧없음의 예술이라고 비난한다. 반면 건축은 다시금 항구성의 예술이 되어, 인간이 이 항구성을 바라보면서 단순하고 영원한 기하학적 형태의 권위뿐 아니라 지속되어온 세상 만물에 엄청난 규모의 흔적을 새긴 의식의 명령을 깨닫기를 바란다.

그렇다고는 해도 단순성에 열광한 이 건축 양식을 단순화된 이미지로 보지는 말자. 후세 사람들의 관점에서 본다면 르두 같은 건축가의 작품에서 때로는 전체를 개별화하는 취향을 강조할 수 있고(더불어 이러한 성격에서 현대 개인주의의 특징을 볼 수 있고), 때로는 방사상으로 계획한 도시 쇼의 도면에서 볼 수 있듯 공동체의 삶과 중앙집권적 행정을 촉진하고자 하는 욕망을 강조할 수 있을 것이다.(도판 23) 불레는 뉴턴 기념묘의 건축도면(도판 22)에서 대형 구의 중심에 태양을 재현했다. 이 건축물 전체는 중심을 이루는 빛의 원리를 따르고, 그 중심에서 걷잡을 수 없이 팽창하는 빛을 따라야 한다. 하지만 '불변성'을 표현하고자 했던 그 불레는 이집트의 피라미드와 지하분묘에 필적하는 것을 만들어보려

22

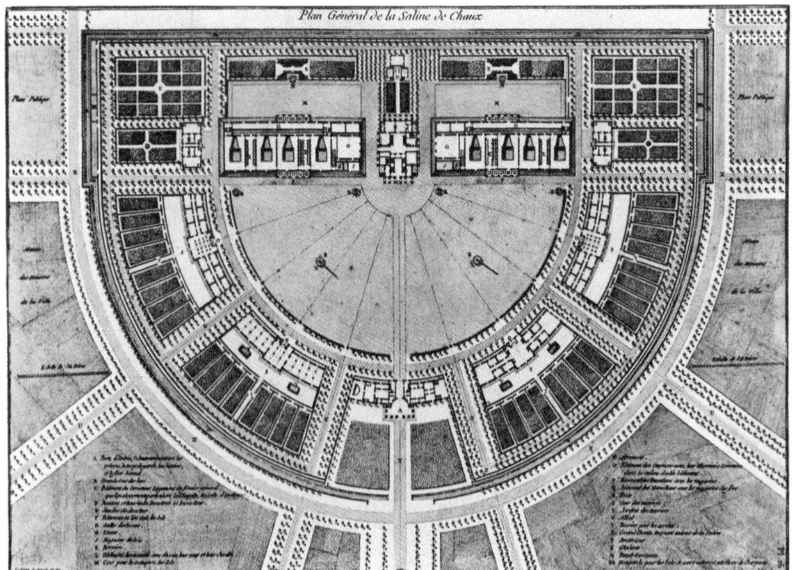

23

도판 22. 에티엔루이 불레, 〈뉴턴 기념묘〉, 파리 프랑스국립도서관.

도판 23. 클로드니콜라 르두, 〈쇼시市 제염공장 전체 설계도면〉, 파리 프랑스국립도서관.

했다. 불레는 건축도면에서 '지하의 건축'과 '어둠의 건축'을 어떤 조건으로 만들지 규정했다. 그는 당대 사람들이 그토록 좋아했던 매력적인 슬픔의 감정을 자극하려고 "자연에 존재하는 더욱 어두운 것"을 모방했다. 불레는 빛의 면과 어둠의 면을 딱 갈라 분리하면서 육중한 건물의 직선 모서리를 통해 빛의 쾌거와 어둠의 근원이 최소한 똑같이 주목받게끔 했다. 그래서 불레가 (태양의 신전으로서) 뉴턴 기념묘를 설계하면서 건축적인 것 이상으로 회화적 서정성에 이끌려 낮의 외부적 조망과 밤의 외부적 조망을 거듭해서 연구했다 해도 놀랄 일이 아니었다. 바로크와 로코코 양식의 건축은 일렁이는 모습을 재현하고, '부자연'스럽거나 '꾸민 듯한' 형태를 제시하면서 빛과 어둠의 상호작용, 빛에서 어둠으로 넘어가고 어둠에서 빛으로 넘어가는 이행과 점진적인 색조 변화를 세심하게 담아냈다. 빈번히 화가와 경쟁하면서 항구적인 건축물의 무대미술가이고자 했던 바로크 건축가는 반대되는 것들이 대립하기보다는 서로 결합하는 하나의 복잡한 유기체를 고안하거나 모방했다. 기하학적 건축이라는 새로운 정신은 대립을 우선시한다. 이성은 절대적으로 엄격한 형태를 그려냈지만 그 뒤로 육중한 그림자가 굴곡 없이 드리워진다. 이 그림자 더미가 밤이 머무는 곳이다. 훌륭한 솜씨로 선으로 표현된 데생이 완전히 뚜렷한 형태로 그 밤을 지배하는 것이다. 그런데 그림자 더미가 그렇게 해방되고 순화되고 농축되면 결국 이탈하여 따로 어둠의 왕국을 세울 수 있지 않을까 하는 예감이 든다. 음산한 '무덤' 장르를 보면 바로크 양식이 좋아했던 '장례 의식'을 유산으로 물려받았음을 알게 되지만, 이제 어둠은 더 위협적이고 육중해진다. 범죄소설에 등장하는 지하도처럼, 사드가 머릿속으로 세운 성들처럼, 데프레가 그린 무덤은 낮의 법이 발산하는 순결한 빛과 대립하면서 새로운 의미를 취하는 흉악한 어둠이 무엇인지 우리에게 말해준다.

원과 구를 다루는 규칙적인 기하학에서 중심에 부여된 기능은 무엇일까? 모두들 거기서 전체를 최종적으로 지배하는 하나의 긍정적 원리를 찾을 수 있으리라고 기대했다.[5] 뉴턴 기념묘 속에서 빛나는 구. 푸아예가 설계한 복도가 방사상으로 뻗은 원형 구빈원 내부의 성당. 르두가 설계한 쇼시의 책임자 건물이 그렇다. 하지만 공포정치 시대에 일대 사고의 전환이 일어나 중심 공간은 처벌의 힘을 통해 인가받게 된다. 그래서 루이16세의 목을 자른 교수대는 승리의 광장 한가운데 놓였다. 여기가 공화국의 새로운 빛이 구질서에 대한 상징적 처형으로부터 태어나게 되는 모호한 장소다. 그리고 암흑의 중심에 관한 생각이 공포정치 시대에 나온 몇몇 기획들에서 강력하게 나타났다. 중심에서 타오르는 화염이 파괴의 힘처럼 작동하는 화장 가마가 그런 것이다.(도판 24) 미슐레를 인용해보자. "한 건축가가…… 주검들을 화장해서 완전히 단순한 원소로 환원시킬 기념물을 상상했다. 그의 계획안을 보면 정말이지 어떤 상상력으로 구상된 것인지 정확히 이해할 수 있다. 채광창이 난 원형의 거대한 회랑 하나를 머릿속에 그려보라. 장식 기둥 사이에 둥근 아치형 통로가 나 있고 그 아래마다 유골을 담은 단지가 놓여 있다. 중앙에 거대한 피라미드가 있어서 네 구석에서 천장을 향해 연기를 뿜는다. 혐오감도 일으키지 않고, 공포에 떨게 하지도 않으면서 자연의 방식을 압축해 보여주는 거대한 화학 실험기구 같은 것으로, 이로써 필요하다면 한 나라 전체를 흔히 삶이라 부르는 병에 시달리고 파란 많고 더럽혀진 상태로부터 순수한 화염을 통해 최종적인 휴식의 평온한 상태로 옮길 수 있을 것이다."(『프랑스혁명사*L'Histoire de la Révolution française*』 21권, 1장)

기하학의 단순한 원리로 환원된 이 대규모 건축 양식은 전체가 하나의 기획처럼 명시되었으나 결국 실현되지 못한 채로 남았다. 사회적 쇄신과 원칙의 언어처럼 이 건축 양식의 언어도 벌써 1789년 이전에 공식화되었다. 조화로운 도시, 역사 초기의 도시

도판 24. 루이장 데프레, 『상상으로 그린 묘』, 파리 프랑스국립도서관.

(서광이 비치고 엄청난 규모를 갖춘 반박 불가의 도시)가 바스티유 함락 훨씬 이전에 이미 몇몇 건축가의 화첩에 그려졌다. 프랑스혁명은 그들이 생각한 거대한 기획을 실현하도록 기다려줄 시간도, 재원도, 아마 그만한 대담함도 없었을 것이다. 그렇지만 혁명은 그 건축가들이 구체제에서 권위와 특권을 누리던 자들을 위해 엄청난 비용이 들어간 작업을 수행했다는 점만은 잊지 않았고 이를 빌미로 그들의 기획을 거부했다.(르두는 [파리로 들어오는 모든 물자에 매기는 세금인] 입시세入市稅를 걷는 성문들을 조성하는 데 재능을 썼는데, 1789년에 인민의 분노가 여기 집중되었다. 결국 그는 감옥에 갇혔다.) 프랑스혁명 기간에 건축은 거의 이루어지지 않았다. 프랑스혁명은 의회 활동을 위한 반원형의 공간을 조성할 텐데, 이후 이곳에서 원의 반을 가르는 기하학에 힘입어 우파와 좌파의 고전적 대립이 만들어졌다. 프랑스혁명은 새로운 종교 의식을 거행하기 위해 구체제 말기에 건축된 종교 건축물에 변형을 가했다. 그래서 자크제르멩 수플로가 설계한 성 주느비에브 성당이 팡테옹으로 바뀌어 이교도 성당처럼 변모하는 한편, 새로 바뀐 이름이 충분히 보여주듯 고대 로마제국의 웅장한 과거로 돌아가게 된다. 이 건축물이 표방하는 이상은 완전히 새롭게 바뀌어 기독교와 프랑스의 성인 주느비에브의 가호를 거부하고 고대의 위대한 모델을 가리키게 된다. 하지만 이 성당의 이름은 중세풍이었고 파리의 대명사나 다름없었는데 이를 버림으로써 프랑스의 위인들을 더욱 고대화하고 국가에 영광을 가져온 사람들을 더욱 영웅화하게 된다. [성 주느비에브 성당을 팡테옹으로 개조하는 작업을 주도한 건축 이론가] 카트르메르 드 캥시는 이 성당을 신중하고 단순하게 만들고 세속화하기 위해 근동풍의 특징들을 제거했다. 건축가들은 르두와 불레의 기획을 따르기는커녕 타협을 했다. 전통을 되살려 순전히 장식적인 성대한 모습의 건축물을 만들면서 자신들의 대담성을 누그러뜨렸던 것이다.

이 시대에 제기된 문제를 연구한 전문가인 에밀 카우프만은 이를 퇴행의 징후로 봤다.[『계몽주의 시대의 건축: 영국, 이탈리아, 프랑스의 바로크와 후기바로크』(1955)] “건축에서 일어난 퇴행을 분별하려면 1779~1789년에 대상을 수상한 작품들과 1791~1806년에 수상한 작품들을 비교해보기만 하면 된다. 앞 시기의 작품들은 활기와 혁명적인 대담함이 넘쳐났다. 뒤 시기의 작품들은 무능한 부활주의의 승리를 보여준다.” 혁신적 창안은 임박한 혁명과 희망의 상태에 놓였을 때 더욱 강건해지고, 프랑스혁명의 이상은 혁명의 개시와 결과 이전에 이미 존재하기라도 한 듯하다. 이와 같은 일이 건축(아마 다른 영역에서도 마찬가지로)에서 일어났던 것 같다. 그 이상이 성취되는 순간 혼란에 빠져버릴 수밖에 없었다. 그 이상은 필연성을 요구했으므로 이상을 실현하려면 우선 망쳐지는 수밖에 없었고, 그렇게 왜곡되고 변형된 것은 혁명의 적들 때문이라기보다 그 이상을 확실히 적용할 수 있기를 바랐던 사람들 자신 때문이었다. 왜곡이었지만 소득이 있었던 것은 원칙이 사실에 기입될 수 있었던 유일한 방법이었기 때문이다. 하지만 그 때문에 혁명적인 천재는 자기가 생각했던 것과는 다르게, 애초에 마음속에 그렸던 의도와는 다르게 자신을 보여줄 수밖에 없었다. 역사는 전쟁터다. 그곳에서 인간은 스스로 과거 세계의 모습을 바꾸도록 자극했던 열광적인 모습을 새로운 세계와 일치시키고자 힘겹게 싸운다. 혁명 투쟁은 봉건적 질서를 폐지함과 동시에, 구체제 내부에서 그려왔던 이상적인 형상과 유토피아적인 설계도면마저 낡아빠진 것으로 치부함으로써 이를 거부하고 말았다. 헤겔이 말하듯 이것이야말로 역사의 아이러니다.

주석과 보충

1. 평온한 지역

모두가 혁명의 드라마에 참여하진 않았다. 주변인들도 많았고 이들을 소홀히 해서는 안 될 것이다.

(다른 이들도 많겠지만) 공쿠르 형제는 이런 데 호기심을 가졌다. 공쿠르 형제가 『혁명기 프랑스 사회의 역사*Histoire de la société française pendant la Révolution*』와 『총재정부기 프랑스 사회의 역사*Histoire de la société française pendant le Directoire*』에서 [화가들인] 루이 레오폴드 부아이나 필리베르루이 드뷔쿠르의 방식으로, 작은 그림들을 알맞게 배치해서 구성한 것을 다시 읽어보자. 일어난 사건과 주된 쟁점을 놓치지 않는다면 프랑스혁명을 연대기 작가의 관심사를 중심으로 살펴보는 것도 유용할 것이다. 카페, 극장, 인기 있는 장소들, 매춘부, 유행하던 노래, 캐리커처 같은 소재들 말이다. 혁명 이전에 유행을 탔던 '감상적인' 최루성 문학이 공포정치 시대에도 대중을 끌어모았다는 사실을 아는 일은 이래도 좋고 저래도 좋은 것이 아니다. 스탈 부인은 『프랑스혁명에 대한 고찰』에서 이 사실을 회상했다. "눈앞에서 고문이 벌어져도 여전히 공연마다 사람들이 꽉꽉 찼다. 『새로운 감상적인 여행*Nouveau voyage sentimental*』 『위험한 우정*L'Amitié dangereuse*』 『위르쉴과 소피*Ursule et Sophie*』* 등의 제목을 단 소설이 출판되었다. 앞이 전혀 보이지 않는 공포의 시절에 싱겁고 경박하기 짝이 없는 삶이 살아남은 것이다." 콜랭 다를빌의 희극, 부아이의 (자주 거리 장면을 재현하는) 장르화, 드뷔쿠르의 외설적인 판화를 통해, 구체제의 사소하기 짝이 없는 일들과 프랑스제국의 여흥이 특별한 문제를 일으키지 않고 연속성을 갖는다는 점을 알게 된다.

여성의 모습이 크게 다양화되었음에 주목해야겠다. 옛것을 좋아하는 경향이 광적으로 퍼져 여성은 몸을 옥죄던 코르셋과 가슴 살대로부터 자유로워졌다. 허리를 꼭 조여 몸매를 과시하는 유행도 사라졌다. 드레스는 가볍고 경쾌해져서 옛 망토의 주름을 따라했다. 머리는 짧아져 더 자유롭게 곱슬머리를 흩날릴 것이다. 하지만 한 가지 중요한 변화가 끼어들 텐데, 18세기의 에로티즘이 경박하기는 했어도 저속한 경우는 드물었지만, 제국이 들어서자 경박성(파리에서나 찾아볼 수 있던 경박성이라 할지라도)에는 저속성의 흔적이 끈질기게 나타나 있다.(저속성vulgarité이라는 단어는 1800년에 스탈 부인이 『문학론*La Littérature*』에서 혁명기 문학 취향에 일어난 느슨해진 취향을 비난하기 위해 쓴 신조어다.)

앙리 아리스의 『화가, 데생화가, 석판화가 루이 레오폴드 부아이(1761~1845)

* 장클로드 고르지의 소설 『새로운 감상적인 여행』(1784), 작가 미상의 소설 『위험한 우정, 혹은 셀리모르와 아멜리』(1786), 장샤를 드 샤르누아의 『위르쉴과 소피』는 모두 당대 리베르티나주 소설의 전통에 속하며, 뒤의 두 소설은 18세기에 유행한 서한체 형식으로 되어 있다.

L. L. Boilly, peintre, dessinateur et lithographe』(파리, 1898)는 생생한 눈과 겉만 번지르르한 재기를 갖춘 이 화가에 관한 가장 완전한 연구로 남아 있다. 드뷔쿠르에 관해서는 M. 프나이의 『드뷔쿠르의 판화 작품*L'Œuvre gravé de Debucourt*』(파리, 1899) 참조.

2. 기하학을 통한 쇄신

"국민의회는 주문이 들어오지 않아 반혁명으로 돌아선 예술가들을 격려하고자 1793년 8월 14일자 포고문을 통해 누구나 건축 공모전에 응모하고 참여할 수 있게 했다. 그러나 건축가 뒤푸르니가 내세운 권고에 따르면 기념물은 미덕과 마찬가지로 단순한 것이어야 했다. 뒤푸르니는 건축이 기하학을 통해 쇄신되어야 한다고 덧붙였다." (스피르 블롱델, 『혁명기 예술*L'Art pendant la Révolution*』, 파리, 연대 불명, 86~87쪽)

3. 건축과 진리

새로운 건축은 진실되고자 한다. '로코코 양식'의 이론가들은 '아름다운 거짓'의 가치를 발견했다. 에밀 카우프만은 알가로티의 "거짓은 더 아름다운 진실이다"라는 의미심장한 경구를 상기시킨다. "알가로티는 로돌리와 근본적으로 대립하는 입장을 취하면서 구조는 그 자체로 아름다울 수 없으며 구조를 아름답게 하는 것은 장식이라고 선언했다."(『계몽주의 세기의 건축*L'Architecture au siècle des Lumières*』, O. 베르니에의 프랑스어 번역본, 파리, 1963, 112쪽) 카우프만의 저작은 건축에 새로운 ('기능주의적') 이론이 정립될 때 로돌리가 담당한 역할을 분명히 밝히고 있다.

1789년, 식견을 갖춘 예술 애호가들은 팔라디오의 작품에서 범접할 수 없는 건축 취향의 모델을 찾았다. 그런데 괴테는 팔라디오의 성공이 장식적 거짓(기둥이나 열주)과 기능적 진리(벽)가 조화롭게 융합된 데 있다고 생각했다. 괴테는 1786년 9월 19일 [이탈리아 북부의 도시] 비첸차에 도착하자마자 한걸음에 팔라디오의 건축물을 보러 갔다. "그는 대단히 내면적인 위대한 인물이며 내면성에 기인한 그의 위대함이 밖으로 표출된다. 오늘날의 모든 건축가가 겪는 것처럼 팔라디오 역시 민간 건축물에 열주를 능숙하게 사용하는 데 엄청난 어려움을 겪었다. 열주와 벽면을 조화시키려 할 때 항상 모순에 빠지기 마련이니 말이다. 아! 어떻게 한 걸까, 어떻게 이 둘을 곡예하듯 조화시킨 걸까! 그의 작품을 마주할 때 우리는 얼마나 강렬한 인상을 받는가! 설득의 기술이 얼마나 뛰어난지 그런 기술이 쓰였는지조차 모를 지경이다! 그의 건축에는 신성한 무엇이 있다. 그것은 진리와 거짓으로 제3의 실재를 만드는 위대한 시인의 형식과 똑같은 것이다. 그렇게 차용하여 만들어진 제3의 실재가 우리에게 마법 같은 힘으로 작용한다."(『이탈리아 여행』)

카트르메르 드 캥시의 경우 팔라디오에게서 나타나는 종합과 매개의 생생한 사례를 여전히 찬양한다. "팔라디오 양식은 널리 보급될 수밖에 없는 속성을 지녔다. ……엄격한 체계와 무정부적인 제멋대로의 교의를 이어주는 매개 같은 것이다. 편협한 정신의 소유자는 고대를 모방한다면서 지나치게 엄격한 체계를 부여하고,

보편적으로 적용할 수 있는 체계란 없다고 여기는 이들은 모든 체계를 거부한다. ……팔라디오의 건축물은 어느 것이나 동기가 명확하고, 단순하게 나아가며, 필요의 법칙과 즐거움의 법칙을 모두 만족시킨다. 조화가 완벽하기에 무엇 하나 더 우월하고 덜 우월한 것이 없다. ……그래서 팔라디오야말로 전 유럽에서 따르지 않는 이가 없는 장인이 되었다고, 또 이렇게 말할 수 있다면, 근대의 법을 만들어낸 입법자라고 해도 좋다."(『주제별 백과사전』, '건축' 편, 1787~1825, '팔라디오' 항목)[인용자 강조]
유럽에 아메리카의 젊은 미국이 가세한다. 1787년부터 [미국의 건국 지도자] 토머스 제퍼슨은 팔라디오와 [프랑스 남부 도시] 님의 메종카레[기원전 10년경 아그리파가 세운 로마의 신전]를 기초로 리치먼드의 국회의사당 설계도를 준비했다.

4. 단순성, 기능

카트르메르 드 캥시는 "수학적으로 최소한의 표현으로 환원되지 않는" 단순성을 옹호하면서 다음 세 가지 양상을 구분했다. "건축물 전체 도면에서의 개념의 단순성, 건축물의 목적을 드러내는 전체 효과의 단순성, 건축 시공 방법의 단순성."

"건축가는 건축물을 고안할 때 그것이 어떤 본성을 갖는지, 어떤 용도로 쓰일지에 따라 전체적인 생각을 떠올리고, 이를 통해 어떤 유형을 취할지 결정하게 된다. 건축물이란 무릇 처음으로 든 단순한 생각에 따라 용도가 정해지고, 건축물을 구성할 때 그 단순한 생각에 따라 일차적인 조절이 이루어지게 마련이다. 한 건물의 건축안이 세부적으로 다양하고 복잡할 수는 있지만, 건축가가 건물의 모든 부분으로 하여금 그 부분이 존재할 이유를 포함하는 전체적인 동기 하나를 따르게 할 줄 안다면 단순성은 항상 가치가 있다."(『주제별 백과사전』, '건축' 편, 1787~1825, '단순성' 항목)

5. 구와 중심

'예언가적' 건축가들은 항상 구형球形을 사용했는데, 이 구형은 르네상스 때와는 달리 더는 닫힌 우주의 상징이 아니다. 라플라스의 『천체역학』에서 공간은 무한하다. 구의 이미지에 적합한 곳은 태양계뿐이게 된다. 곧 새로운 세기에 자신만만한 의지론이 등장하면 구의 이미지는 개인 심리학 분야에 탁월하게 적용될 것이다. 의지의 존재는 중심이 확고한 존재가 된다. 여기서 조르주 풀레가 『원의 변형들*Les Métamorphoses du cercle*』(파리, 1961)에서 낭만주의 시대에 할애한 부분을 읽어보는 것이 좋겠다.

천계론자illuminé였던 루이클로드 드 생마르탱은 피조물들마다 개별적 중심이 있다는 생각과 생명의 근원으로서 우주적이고 영적인 중심이 있다는 생각이 서로 연결된다고 보았다. 『욕망의 인간*Homme de Désir*』(1790)에서 만물이 조응하고 조화를 이룬다는 확신이 뚜렷이 드러난 대목을 다음에 옮길 텐데, 여기에는 두말할 필요 없이 낭만주의의 한 가지 '비의적 원천'이 드러난다.

"나는 이 보편적 근원이 어떻게 모든 존재에 생명을 부여하고 그 하나하나에 결코 꺼지지 않는 불을 나눠주었는지 감탄스럽기만 하다. 각 개체가 중심을 형성하고,

개별 구를 이루는 개별 점들이 모두 그 중심에 비친다.

이들 개체는 그 자체로는 특정한 구를 이루는 점들일 뿐이며, 이 점들로 개체의 강綱, 종種을 이루는데 하나의 중심이 이 점들 모두에 작용한다.

개별 구들은 이번에는 자연의 여러 계界에서 중심을 갖고, 계는 우주라는 거대한 영역에서 중심을 갖는다.

이 거대한 영역들이 꺼지지 않는 생명을 갖춘 활동적인 중심과 이어지고, 또 이 중심들은 존재하는 모든 것의 최초의 유일한 동인動因을 중심으로 갖는다.

그래서 모든 것은 개별적이지만, 모든 것은 오직 하나다. 그러므로 자신의 불가해한 중심에서 모든 존재, 모든 천체, 우주 전체가 오직 광대한 구의 한 점을 이룰 뿐임을 보는 이 무한한 '존재'는 누구인가?

나는 우주를 구성하는 모든 부분에서 울려 나오는 숭고한 선율을 들었다. 높은 음들과 낮은 음들이 균형을 이루고, 욕망의 음들이 향유와 환희의 음과 균형을 이루며 이루어지는 선율이었다. 그 음들은 서로 돕고 그래서 어디에서나 질서가 이루어지고 위대한 통일성이 있음을 알렸다.

……음은 오직 음과, 색은 오직 색과, 실체는 오직 그 유사물과 비교될 수 있는 곳은 우리 암흑의 거처와 같은 곳이 아니다. 그곳에 이질적인 것이라곤 아무것도 없다.

빛은 소리를 낳고, 선율은 빛을 낳고, 색은 운동을 낳는다. 이는 색이 생생하고 사물들은 소리가 잘 울릴 뿐 아니라 반투명하고, 서로 침투하고 섞여 단번에 온 사방을 주파할 수 있도록 운동성을 갖기 때문이다.

이 경이로운 광경 한가운데에서 나는 인간의 영혼이 찬란한 태양처럼 파도 속에서 솟아오르는 것을 보았다."

VII

말하는 건축, 영원한 말

건축의 혁신가들은 기하학의 원초적 형태를 건물의 기능적 필요성에 결합하는 것으로 그치지 않았다. 기하학의 형태는 의미의 차원에서 한층 발전한다. 이때 건축은 그저 근본적 형상으로 돌아가면서 단순해지고자 하는 데 머물지 않고, 외견상 어떤 기능을 하는지 명백히 보이게끔 형상들을 질서 있게 배치함으로써 '말하는' 건축이 되고자 했다. 역사에 길이 남을 기념비에 장식을 모두 제거하면서 단순화하고자 하는 의지가 처음으로 뚜렷하게 드러났고, 건축물이 갖는 실용적 용도의 특징이 부각되도록 요구했다. 형식은 기능에 봉사하지만 기능이 그 형식에 반영되어 그 안에서 뚜렷이 드러난다. 즉 기능의 상징체계가 기능 자체에 추가되는 셈이다. 그래서 우리는 건축가의 의지가 지배의 힘이자 방향 설정의 에너지로 나타난다는 사실을 알게 된다. 건축물은 엄청난 규모를 과시하면서 그 목적과 의미를 동시에 표현한다. 형식의 유희가 유용성을 위해 사용된다면, 실용적 가치는 이제 해독 가능한 언어의 모습을 띠고 누구나 알아볼 수 있게 되고자 한다. 말하는 건축은 누구나 그 유용성을 확인할 수 있고, 공공선의 차원에서도 유용하다고 자처한다. 그 건축가들은 자신들의 건축물이 즉각적으로 이해될 수 있도록 노력하면서, 건물 하나하나의 개별적 유용성이 공공의 유용성을 이루는 상호봉사의 체계에 협력한다는 점을 설득할 수 있다고 생각한다. 건물의 용도나 건물 소유주의 작업이 사사로운 일로 남을 수는 없었다. 이 점이야말로 모든 시민과 관련된 무엇이며, 그러므로 모든 시민이 이를 명확히 이해해야 한다. 이 말하는 건축이 수다스러운 건축이 될 위험이 있다는 점은 르쾨의 작품을 잠시 살펴보기만 해도 이해할 수 있다. (도판 25) 이 작품에서 담화는 교의적이면서 우화적이다. 여기서 상징은 알레고리로 강화되고, 상징적 형상은 혼합적이고 시적이며 자주 상식을 벗어난 세계를 만들어내면서 예상치 못한 방식으로 살아 숨쉬기 시작한다. 무분별하게 증식하는 가운데 기하학은 또다시 사라져버렸다.

자유, 평등, 정의, 조국이라는 영원한 원칙들이 가장 우선시됨을 공언하고, 그 원칙들에 형상을 부여하여 누구나 명백히 이해하게끔 하는 것. 이러한 의도는 기념물의 돌 속에, 육중한 위용 속에 머물러 있을 수 없다. 그런 것들은 형이상학적 항구성을 지시하는 물질적 지표, 마침내 베일을 벗고 드러난 진리의 외적 기호일 뿐이므로. 그 물질이 갖는 지상권은 오직 인간이, 인류 전체가 열광적인 감사의 마음으로 단번에 원칙으로 돌아서는 바로 그 순간 완전한 것이 된다. 대형 상징물이 결집의 중심으로 제시된다. 민감한 영혼을 가진 모든 사람과 선한 의지를 가진 모든 사람을 그곳으로 불러모으는 그것은 기념물 이상으로 의미를 가득 실은 인민의 '화합'이다. 본질적으로 성상파괴적이었던 1789년 정신은 이 이념을 극단적으로 밀어붙여 장식을 파괴하거나 단순화했는데, 이는 인간의 사건을, 시민이 한데 모여 축제의 환한 빛 속에서 서로를 평등하게 인정하게 되는 만남을 중시하기 위함이다. 1790년 7월 14일, 혁명 1주년을 기념하는 자리에서 연맹제가 열려 프랑스 전역의 대표자들(투표권을 가진 '능동적 시민들')이 샹드마르스에 쌓아올린 조국의 제단 주위에 모였다. 모든 신분의 남녀 시민이 토목공사 준비에 참여했다. 이 시대 최고의 건축

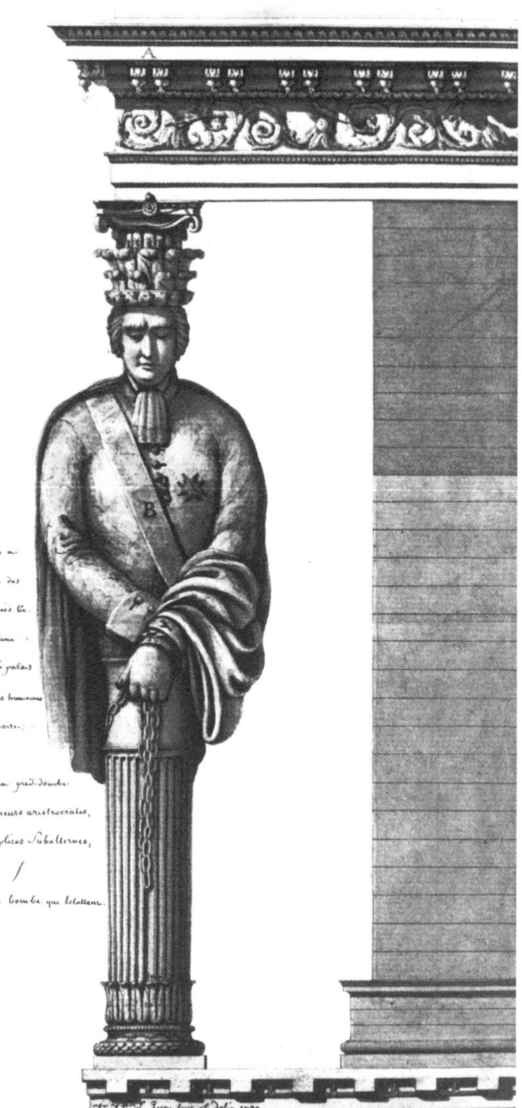

도판 25. 장자크 르쾨, 궁정 삼부회실을 상징하는 기둥 양식, 1789, 파리 프랑스국립도서관.

가 중 한 명이었던 자크 셀르리에는 세 개의 문이 난 개선문을 세웠다. 바스티유가 맹렬한 공격을 받아 쓰러진 암흑의 중심이었다면, 조국의 제단은 밝게 빛나는 중심의 기능을 맡아 바스티유와는 상반된 열렬한 감정이 솟아오르게 했다. 기념식에서 상징은 숭고한 것이 되었다. 성스러운 것은 일단 부정적으로 매혹한 뒤에 긍정적인 모습으로 제시된다. 1790년 9월 20일에 열린 (낭시의 전사자를 위한) 장례 의식의 배치는 한층 더 전형적이었다. 건축가 조제프자크 라메는 중앙 제단을 지면보다 높게 올려 분리하고 계단을 만들어 제단에 이르게 했다. 이렇게 임시로 마련된 곳에 깃발, 오케스트라, 합창단, 대포, 퍼레이드가 지나가면서 하나의 스펙터클, 성스러운 사건(미슐레는 "새로운 종교"라고까지 말한다)을 만들어내고, 그때 산 자들은 영원한 원칙을 따르겠노라 선언한다. 여기가 새로운 복종의 의식이 이루어지는 곳이다. 더는 폭군이나 전제군주 같은 한 사람의 전횡에 복종하는 것이 아니다. 장차 한 사람 한 사람 속에서 인간의 본성을 밝히고 지탱하며, 다른 모든 사람과 하나로 만드는 감정과 이성의 힘이 지배하게 된다. 이 점에서 프랑스혁명기에 사용된 어휘는 계몽주의 철학의 어휘처럼 놀라울 정도로 다양하게 나타났다. 인류, 자유, 조국, 지고한 존재……. 하지만 용어야 어떻든, 새로운 권위를 아무리 높은 자리에 올리더라도 참여적 복종이 항상 관건이었다. 혁명 축제는 인간이 자기 안에서 발견한 신의 능력에 영광을 돌리는 장엄한 행위다. 인간에게 돌리는 의식이 아니라 모든 사람 안에 신의 몫이 존재함을 열렬히 알게 하는 일이다. 그것이 모든 사람을 하나로 이어주는 토대이며, 그것의 규칙은 더는 밖에서 부과되지 않고 의식의 보편적 자발성에서 비롯할 것이다. 인간은 자신과 별개의 것이 아니면서 자신을 넘어서는 힘, 그 무엇도 자기에게서 빼앗을 수 없는 힘, 그 앞에서 굴욕을 느낄 필요가 전혀 없는 힘, 성직자라는 별개의 계급만이 섬길 수 있는 것이 더는 아닌 어떤 힘을 숭배하기 마련이다. 누구나 다른 사람들과 마찬가지로 스스로가 새로운 섭리의 동인이자 새로운 계시가 맡겨진 존재임을 느낀다. 한 사람 한 사람 안에 이미 존재하는 신은 사람들이 만장일치의 마음으로 한데 모일 때 더욱 분명하게 솟아난다. 개인들의 의식 가운데 흩어져 있던 지고의 빛이 합의를 통해 하나의 공유된 투명함 속에 녹아들고, 사방으로 빛을 발하는 중심의 생생한 이미지가 그렇게 재창조된다.

인간의 삶도 신의 일부이므로 살아 있는 인간은 신을 삶의 모습으로 재현하고자 한다. 혁명기의 성상파괴자들은 과거의 권위적인 부동의 이미지들(그리스도, 성모 마리아, 성인들, 역대 프랑스 국왕들의 조각상)의 목을 치고 쓰러뜨렸다. 그런 이미지를 보고도 더는 성스러움을 느끼지 않게 된 것이다. 이 돌쪼가리들은 마치 낡아빠진 압제의 법, 위선자와 폭군이 저 위에서 명문화했던 법의 상징이기라도 되는 양 처벌받았다. 혁명의 신앙은 살을 가진 존재나 살아 있는 대상으로 상징을 대체한다. 어린 나무들, 제단 위에 오른 아이들, 여배우들이 형상화하는 여신들이 그런 예다.[1] 자크루이 다비드는 왕정복고기에 브뤼셀로 추방당했을 때 자신이 주관했던 축제들, 고대를 되살려 화려하고 고상하게 치장했던 젊은 형상들을 떠올렸다. "이성과 자유의 여신이 당당한 모습으로 고대의 수레에 자리잡았소. 선생, 정말 멋진 여인들이었소. 그리스의 선線이 가장 순수한 모습으로 표현되었고, 그리스 망토를 입은 아름다운 젊은 여자들이 꽃을 던지고 있었소. 다음에는 이 모든 것 사이로 르브룅, 메윌, 루제 드 릴이 작곡한 찬가가 울려퍼지는 것이오."

주석과 보충

1. 1789년의 건축가들

그 시대 가장 과감한 건축가들이 보여준 몇 가지 경향(아주 사변적인 경우가 많다)만 검토해보기로 한다. 물론 당시 상황의 전모를 다 밝혀낼 생각은 없다. 오늘날 르두, 불레, 푸아예, 르쾨가 정당한 관심을 불러일으켰으나 이들 때문에 셀르리에, 벨랑제, 공두앵, 지소르, 드 바이, 브로냐르, 샬그랭, 빅토르 루이 등의 이름을 잊어서는 안 되겠다. 이탈리아뿐 아니라 멀리 러시아에서도 건축을 했던 발라디에르와 콰렌기 같은 위대한 이탈리아 건축가들, 존 내시, 존 손, 제임스 와이어트 같은 영국 건축가들도 기억해야 한다. 1789년의 건축을 한 가지 '보편 정신'으로 축소하는 것은 위험한 일이리라. 여기서 편안함이니, 위엄이니, 우아함이니, 규칙을 따른 기념비적 성격이니 하는 이야기를 한다는 건 아무 말도 하지 않는 것이나 다름없으리라. 확실히 천재적이거나 경묘한 해결책을 내놓는 어떤 공통의 언어가 지배적이어서, 머릿속에 그린 도면은 물론 이를 실현하는 공사에도 어떤 순수한 문법이 작용하는 것 같다. 그러나 당대 사람들이 '온건'하다고 생각한 건축가들에게서도 힘의 취향, 단순한 위대함의 효과를 노리는 어떤 성향, 위엄 같은 것이 나타남을 알 수 있다. 물론 위엄이 보인다고는 해도 건축물의 장식적 기능은 그대로 보존하고 있으며, 간혹 지배적인 구조를 대단히 엄격하게 표현하면서도 건물 내부에는 사치스러운 장식을 가져다두는 이상스러운 결합도 보이기는 한다. 어쨌든 어떤 신중한 태도 때문에 장식이 사라지는 경향은 있지만 그 효과는 강화된다. 거친 세로줄 장식과 앞선 시대에서 물려받은 구불구불한 형상이 대비되면서 이 둘의 대화가 이루어진다. 더욱이 장식적인 아라베스크는 여러 갈래로 뻗어나가는 특징을 포기하고 대칭을 지키고자 한다. 당초문에는 보다 상투적이고 보다 강박적인 모티프가 나타나 있어서, 그 경박함은 폼페이, 팔미라, 이집트를 떠올리게 하면서 더 거리감이 느껴지고 더 추상적인 것이 된다. 하지만 영국에는 이국적이거나 회고주의적인 환상(와이어트의 신고딕 건축)이 벌써 출현했다.

1789년에 기획된 몇몇 작품이 어떤 징후적 가치를 가지는지 짧게나마 언급해야 한다면 나는 브란덴부르크문門을 선택하겠다. 이 건축물은 카를 랑한스가 아테네의 아크로폴리스 정문(프로필라이아)에서 착상을 얻어 베를린에 지은 것이다. 나중에 여기에 조각가 고트프리트 샤도가 네 필의 말이 끄는 승리의 이륜전차를 덧붙였다. 또 나는 프랑스 태생으로 미국에 건너간 건축가 피에르 샤를 랑팡이 그린 워싱턴 도시 확장 개발 계획안을 추가하고 싶다.(도판 26) 이 두 경우 모두 수도의 (현실적이면서도 상징적인) 구조와 위엄에 초점이 맞추어졌다.

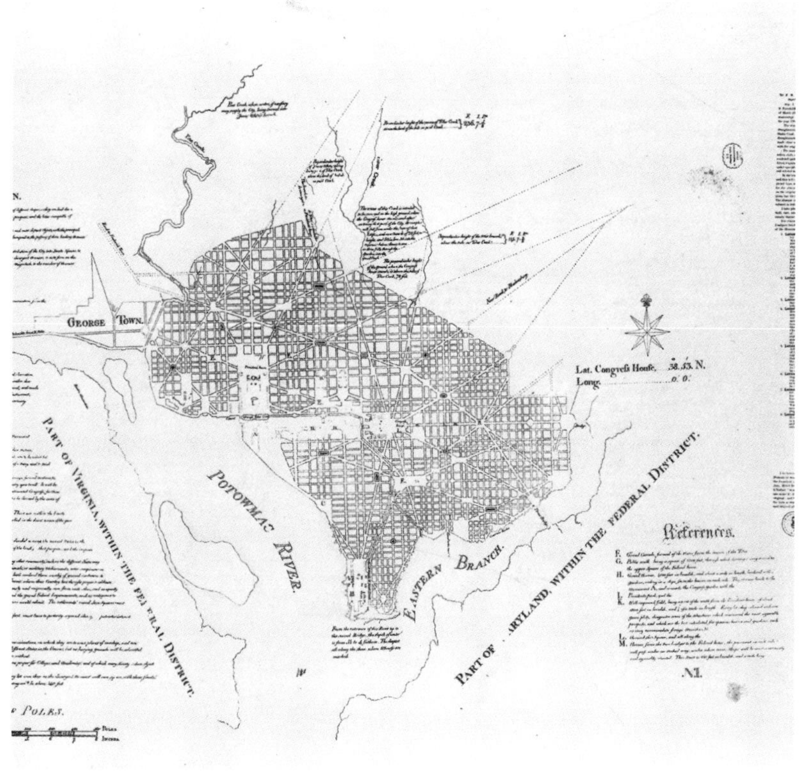

도판 26. 피에르 샤를 랑팡(1754~1825), 〈미합중국 정부의 영원한 중심으로 고안된 도시 계획안〉(세부), 1791, 워싱턴 D.C. 국회도서관.

VIII

선서: 다비드

시의적절한 배경장식과 어우러져 혁명의 축제가 열렸을 때, 이를 그저 하루 동안의 사건이라고 치부할 수 있을지 모르나, 그 목적은 시대에 한 획을 긋는 데 있었다. 이런 점에서 혁명의 축제는 눈부시지만 곧 사라져 흔적도 남기지 않는 귀족의 축제와 구분된다. 혁명 축제는 창설의 행위처럼 전개된다. 즉 창건을 통해 하나가 된다. 불확실한 시대의 파도 위에 반짝이다 이내 사라지고 마는 거품이 아니라, 뒤이어 다가올 시대가 취하게 될 가능성의 중심이다. 시간이 흐르면(그 시간은 이성의 요청에 따라 새로 제작된 혁명력으로 구획되며, 그 날짜를 기원으로 새로운 시대가 시작된다) 변함없는 연속선이 그려지리라. 그런데 어떤 의미심장한 행동이, 어느 날 모인 군중과 영원한 원칙의 만남, 그리고 인간들이 상호 체결하여 새로운 동맹의 출발점으로 삼을 확고한 관계를 드러낸다는 점은 틀림없다. 이 행위가 바로 선서다. 일회적인 행위이고, 금세 흘러가버리는 짧은 시간에 기록된 간결한 사건이다. 그런데 그 사건이 미래를 구속하고, 선서의 행위가 없었다면 이내 사라지고 말았을 에너지를 결합한다. 귀족의 축제는 엄청난 낭비로 사라져버렸고, 여기저기 수많은 불꽃으로 그 축제를 비췄던 즐거움은 그저 아주 짧은 순간 빛나다가 결국 밤과 망각 속에 삼켜졌다. 나는 즐거움과 선서를 완전히 다른 쪽에 존재하는 기호적 순간들로 본다. 하지만 선서가 그저 즐거움과 대립하기만 하는 것은 아니다. 프랑스 국왕들이 축성식을 할 때 치르는 전통적인 예식도 선서다. 창건의 의식인 축성식은 초월적인 신의 이름으로 저 높은 곳에 있는 존재가 개입하여 군주에게 신비로운 표상을 가진 권력을 부여했다. 군주가 하늘로부터 지상권을 받았다면, 혁명의 선서는 지상권을 창조한다. 각 개인이 가진 단독의 의지는 선서를 위해 모인 모든 이들이 선서의 문구를 공언하는 순간 보편화된다. 공동으로 발화된 말은 각 개인의 삶의 심연에서 올라온 것이며, 비개인적인 동시에 인간적인 미래의 법은 그 말言에서 자신의 원천을 발견할 것이다.

1789년은 대선서들의 해이다. 이해 4월 30일 조지 워싱턴이 미국 의회에서 한 선서(도판 27), 같은 해 6월 20일 제3신분 대표들이 국민의회를 구성하고 국가 헌법을 마련하기 전에는 흩어지지 않겠다고 맹세한 죄드폼 선서, 그리고 국민군의 선서가 있었다. “모든 국민의용군은 사령관의 손을 잡고 선서하고…… 모든 군대, 즉 모든 장교와 병사는 더할 나위 없이 엄숙하게 국가와 국가의 수장인 왕에게 선서해야 한다.” 이듬해에는 성직자기본법에 따라 사제들도 국가에 선서하도록 했다. 1790년 7월 14일 오툉 주교 탈레랑이 집전한 미사가 끝난 후, 연맹제는 거대한 선서처럼 전개된다. 배우자의 정절과 시민의 정절을 하나로 결합하기 위해 조국의 제단 앞에서 결혼식을 거행하는 일도 자주 있었다. 그리고 ‘자유가 아니면 죽음을’이라는 표어가 적힌 깃발 하나하나가 선서를 상기해준다.

선서의 몸짓에는 한순간 열정에 휩싸여 미래를 열게 된 육체가 경험하는 긴장이 흐른다. 이 선서는 고대를 모델로 삼아 실현된다. 그 몸짓이 한편으로 미래를 창시하고, 다른 한편으로는 멀리 있는 원형을 반복하고 모방한다. 그 몸짓은 과거 원형을 재현하면서 이를 되살려 실현한다. 선서를 수행하는 자는 피치 못하게

27

도판 27. 장 앙투안 우동
(1741~1828), 〈조지 워싱턴〉, 1785,
파리 루브르박물관.
도판 28. 요한 하인리히 퓌슬리
(1741~1825), 〈선서하는 세 명의
스위스 사람〉, 취리히 쿤스트하우스.

28

배우의 상황에 놓일 수밖에 없다. 그가 맡은 역할은 미래를 고안(발명)하는 것이지만 사실 그 역할은 선서의 행위에 앞서 존재한 것이다. 더욱이 선서의 대상이 되는 가치가 영원한 것으로 여겨지는 것처럼, 창설 행위의 시작은 잊혔던 지상권의 반복일 뿐이다. 1789년 완전히 새로운 설계도에 따라 모든 것을 폐지하고 "총체적으로 재건축"(바르나브)하자고 말한 사람은 없다시피 했다. 오히려 가장 자주 쓰인 말은 재생과 복원이었다. 새로 혁신하는 것이 아니라 잊혔던 기원을 되찾기를 바랐다.(8월 4일 밤이 지나자 "국민의회는 국왕 루이16세가 프랑스에 자유를 복원하는 자임을 엄숙히 선언한다.")

요한 하인리히 퓌슬리는 1779년과 1781년 사이에 런던에서 〈선서하는 세 명의 스위스 사람〉을 그렸다.(도판 28) 화가는 하나의 몸짓 속에 세 인물을 담아냈다. 왼팔 세 개를 수평으로 뻗어 세 개의 손이 결합하는 곳에서 화폭의 중심 교점이 형성된다. 치켜든 오른팔과 위를 향한 시선이 작품에 수직 방향을 부여한다. 화가가 클롭슈토크 찬미자임이 여기서 드러난다. 인간의 연대를 나타내는 움직임은 이를 지켜주는 초월성에의 호소이기도 하다. 영웅적인 우아함의 분위기를 드러내면서 윤곽선에 초월의 노력이 형상화되어 있기는 한데, 어디선가 [이미 본 것 같은] 데자뷔déjà vu의 느낌이 든다. 선서 행위가 이전의 모델을 반복하고 있듯 화가의 스타일은 미켈란젤로, 줄리오 로마노, 마르칸토니오 라이몬디 등의 이전 예술을 반복하는 것이다.

자크루이 다비드는 〈호라티우스 형제의 맹세〉(1784~1785)에서 선서를 주제로 삼아 더없이 강력한 표현을 만들어냈으니, 18세기의 미적 풍토가 이보다 더 잘 드러난 것도 없다.(도판 29) 무대는 공화정 초기의 로마다. 호라티우스 가문의 세 형제는 아버지가 지켜보는 앞에서 조국을 지키자고 선서한다. 이번에는 화폭 중앙에 세 자루의 칼을 들어 보이는 아버지 호라티우스의 왼손이

29

30

도판 29. 자크루이 다비드(1748~1825), 〈호라티우스 형제의 맹세〉, 파리 루브르박물관.
도판 30. 다비드, 〈소크라테스의 죽음〉, 뉴욕 메트로폴리탄미술관.

놓여 상징적으로 세 의지를 하나로 결합한다. 아버지의 시선은 세 칼의 손잡이 쪽이다. 그리고 바로 이 지점을 향해 아들 셋이 팔을 뻗어올리고 있다. 세 자루의 칼 손잡이 위에서 아들의 시선과 아버지의 시선이 만난다. 마음이 일치한 형제들의 중심에 살인 무기인 칼들이 놓이는데, 칼을 전하는 아버지의 손이 이 무기를 성스럽게 만든다. 퓌슬리의 그림에서는 팔을 하늘로 들어올리면서 수직 방향을 가리키지만, 다비드의 그림에서는 화면의 배경을 장식하는 육중한 기둥이 수직 방향을 가리킨다. 하지만 이 수직성은 뭐니 뭐니 해도 서로 다른 방향에서 아래를 향하고 있는 창과 칼이 만들어내는 비스듬한 사선에서 드러난다. 성스러움은 이미 전사의 의무에 깃들어 있다.(다비드가 원칙적으로 더 멀리에 존재하는 초월성을 가리키지 않으려고 한 것은 아니다. 우리가 알다시피 그는 지고한 존재의 축제를 주관할 것이며, 1787년의 그림(도판 30) 속 소크라테스는 독당근 사약을 마시는 순간 손가락으로 하늘을 가리킨다.) 국민 총동원령이 내려지고 국민군이 창설되는 시대의 초기에, 국가를 위한 희생을 담은 고대 신화가 상징적인 무대 위에 재현된다. 제 아들들이 아니라 그들에게 건네줄 무기를 바라보는 아버지는 자식의 생명보다도 승리에 집착한다. 아들들로서는 이제 그들 자신보다 그들이 수행한 선서를 따르게 된다. 영웅적인 도약에는 하나의 이념을 위해 감성적 애착과 혈연관계를 넘어서는 일이 수반된다. 아버지의 손은 그 이념의 장중한 은유에 불과하다. 〈호라티우스 형제의 맹세〉에는 감성적 애착의 영향력도 드러날 필요가 있었다. 죽음을 맞게 될 운명이든, 승리를 거둘 운명이든, 전사들이 그런 감정 따위에 전혀 개의치 않음을 나타내기 위해서라도 말이다. 오른편에 함께 모여 있는 여자들은 저항할 수 없는 슬픔의 힘을 표현한다. 피의 과업을 위해 자기 이익을 생각지 않는 단호한 남성성과 죽음에 대적하지 못하고 공포를 다스리지 못하는 감성적 여성성이 이렇게 극적인 방식의 대립으로 나타난다.

〈죄드폼 선서〉의 대형 스케치에는 그런 장중한 대립이 나타나지 않는다. 다비드는 호라티우스 가문의 몸짓을 다시 취해 이를 한데 모인 대표자들에게 전한다. 이번에 작품 구성의 중심에는 더는 무기가 아니라 글로 쓰인 것, 장 실뱅 바이가 낭독한 선언문이 있다. 이 작품을 살아 움직이게 하는 긴장은 본질적으로 더욱 추상적이다. 당사자 한 사람 한 사람의 개인적 이미지와 전체를 움직이게 하는 통일성 사이에 긴장이 생기게 된다. 다비드는 자기 그림을 사유하여 조화롭게 분산된 거대한 물결들을 통해 그림을 구성한다. 하지만 그는 이 군중을 하나의 집단 초상화가 아니라 개별 초상화들의 집합으로 만들고 싶었다. 유일한 반대자(카스텔란 출신의 조제프 마르탱 도슈)는 두 팔로 자기 가슴을 감싼 채 의자에 앉아 있는 모습으로 오른쪽 끝에 배치되었다.*(도판 31) 화가가 마르탱 도슈에게 포인트를 준 것은 물론 그에게 비난의 화살을 집중하기 위한 것이지만 그렇게 하면서 개인의 의식이 두드러지게 강조된다. 우선 집단적인 엄청난 흥분 상태는 개별 의지 하나하나의 결정에 따른 것이다. 〈죄드폼 선서〉의 또다른 스케치를 보면 당사자들을 벌거벗은 육상선수로 배치하여 고대풍으로 그려놓았지만 얼굴의 특징만은 초상화에 버금가는 정확성을 기해 표현했다. 여기서 우리는 이상적인 것과 개별 특징이 두드러진 것을 아우르는 문제를 여실히 만나게 된다. 명확한 데생, 몸짓의 웅변적 순수성, 아름다운 '체형'에는 이상적인 것이 제시되지만, 얼굴에는 고상한 격정이 다른 모든 정념을 대체하고 있을지라도 개별 존재의 '성격'이, 생생한 자연의 불규칙성이 드러난다. 대상을 충실히 모방하는 데 그쳤다면 그런 자연의 불규칙성을 이

* 조제프 마르탱 도슈는 프랑스 남부 오드 주의 제3신분 대표자로 1789년의 삼부회에 참여한 인물이다. 죄드폼 선언문에 찬반을 묻는 투표에서 그는 자신의 대표권은 군주정을 폐지하기 위한 것이 아니라는 이유로 반대표를 행사했는데, 이날 반대표를 던진 이는 마르탱 도슈뿐이었다. 다음날 그는 의장 장 실뱅 바이를 찾아가 대표직 사임을 요청했지만 반려되었고, 국민공회 시기까지 프랑스혁명에 참여했다.

도판 31. 다비드, 〈죄드폼 선서〉 (스케치), 1791, 베르사유미술관.

상적인 '양식'으로 환원할 수 없는 것이다. 다비드가 〈죄드폼 선서〉를 그릴 때 해결해야 했던 문제와 비교할 때 〈나폴레옹의 대관식〉 구성은 기이할 정도로 쉬워 보인다. 전자의 스케치들을 보면 단 한 사람(의자에 꼼짝없이 앉아 있는 반대자)만이 부동자세로 있고, 후자에서는 왕관을 들고 있는 나폴레옹의 손만이 유일한 움직임을 보여준다.

1789년의 살롱[1]에 출품된 대작 〈브루투스〉에는 다른 모습의 선서가 등장한다. 이 그림은 애국적 희생이 극단적으로 어디까지 이를 수 있는지를 강조한다.(도판 32) 그림의 완전한 제목은 '타르퀴니우스 가문과 결탁하여 로마의 자유를 위협하는 음모를 획책한 두 아들에게 형을 선고하고 집으로 돌아온 제1집정관 유니우스 브루투스. 하급관리들이 장례를 치르기 위해 두 아들의 유해를 가져오다'이다. 이 작품의 의미를 온전히 읽고자 한다면 이렇게 긴 부제가 필요하다. 이 그림은 비극의 마지막 부분으로, 비토리오 알피에리의 비극 『제1집정관 브루투스*Bruto Primo*』의 막이 내리는 순간 이루어지는 장면이다.

브루투스	이제부터 살육은 없어야 하리라.
	영원하여라, 로마여.
콜라티누스	오, 초인적인 힘이여!
발레리우스	로마의 아버지, 로마의 신,
	그가 브루투스로다…….
인민	로마의 신이시다…….
브루투스	나만큼
	불행한 인간은 세상에 없으리.

이 주제에 있어 다비드는 티투스 리비우스나 [비극 『브루투스』를 썼던] 볼테르에게서도 영향을 받았지만, 저명한 이탈리아인

도판 32. 다비드, 〈하급관리들이 브루투스에게 두 아들의 사체를 가져오다〉, 파리 루브르박물관.

작가[알피에리]가 1788년 조지 워싱턴에게 헌정한 이 비극에서도 큰 영향을 받았다.[2](이탈리아어로 된 알피에리의 비극 선집이 파리에서 1789년에 출판되는데, 다비드는 바로 그해에 이 그림을 완성했다.) 그런가 하면 시인 앙드레 셰니에는 [다비드에게 헌정한] 〈죄드폼 선서〉를 제목으로 한 오드ode를 쓰면서 다비드의 이 그림을 환기한다. 정말이지 문학가들을 위해 그려진 그림이 아닌가!

아버지이기 전에 시민이었던 제1집정관이
그토록 소중히 아낀 로마의 발밑에서,
판결을 내리고 홀로 돌아와
영광스러운 고통을 가슴으로 맛보네.

무엇하나 빠진 것이 없다. 고통에 휩싸였음에도 뜻을 굽히지 않았던 아버지가 전경에 배치되었다. 그는 어둠 속에, 신격화된 조국을 형상화하는 로마 여신의 석상 아래에 앉아 있다. 토템의 모습으로 나타난 조국의 상징은 하급관리들이 뒤편에서 가져오는 훼손된 시신과 브루투스 사이에 역광으로 처리되었다. 그리고 시신 위에 한 줄기 빛이 내린다. 구성을 보면 어느 것 하나 이성적이고, 알레고리적이고, 장중한 담화의 요청에 따라 배치되지 않은 것이 없다. 이를 보면 브루투스가 두 아들의 목숨보다 조국을 우선시했음을 알 수 있다. 우월하고 잔혹한 생명은 어둠 속 로마 여신의 석상에 응축되어 있다. 젊은이들은 바로 로마를 위해 희생되었다. 이는 아브라함의 희생이 로마식, 이교식으로 번안된 것이라 할 만한다. 다만 여기에는 아버지의 손을 제지하러 오는 천사가 없다는 차이가 있다. 빛은 사선으로 유해를 비추면서 내려가 여자들에게까지 닿는다. 어머니는 손을 크게 저으며 비탄의 몸짓을 보이고, 어머니에게 바짝 달라붙어 있는 두 딸은 실신할 지경이다. 남성적인 애국주의와 여성적인 감정이, 부동의 단호함과 비의지적인 움직임이 맞서는 이 작품에서 다비드는 그림자와 빛을 배분하여 극적 대조의 효과를 강화한다. 화가는 여전히 로코코 양식의 대가들에게서 영향을 받고 있었지만, 예전에 자신도 한번 만들어볼까 했던 빛을 '반짝거리게 하는' 효과는 버렸다. 잠시나마 카라바조풍 화가들을 매혹했던 육중하게 내려앉는 어둠도 버렸다. 브루투스는 어둠 속에서 사려 깊은 의지의 에너지를 표현한다. 그것이 그의 원칙에 충실했기에 생긴 결과들을 견디게 하고, 제 가족이라도 예외 없이 범죄행위를 처벌하게끔 했다. 브루투스가 제 아들들을 죽음에 몰아넣으면서 희생한 것은 바로 그 자신이고, 대를 이을 아들들이었다. 그는 손에 양피지 조각을 들고 있는데 그것이 처형 명령서인지 아닌지는 중요하지 않다. 영구히 존속하는 선고가 적혀 있는 종이가 거기 있다. 이 수수께끼 같은 텍스트와 상징적인 짝을 이루는 것이 인내와 정적의 세계를 상징하는 반짇고리다. 내밀함의 가치, 습관적으로 반복되는 개인적 삶이 외따로 분리하고 보호하면서 하나의 세계를 형성하는 일을 갑자기 중단한 집 내부로 (프랑스혁명처럼) 역사의 비극이 난입해 들어온다. 그 경이로운 반짇고리가 순수한 모습으로 나타날 때(유일한 증인인 우리만이 바라보고 있는 그 비극에서 연기하는 배우들은 이를 미처 잊고 만다) 그것은 말 없는 희생자, 정물이 되며, 그때 가위의 쇠날은 어디에서나 존재하는 잔혹성의 상징이 된다. 화폭의 중심 영역을 점하는 그 반짇고리는 아무것도 아닌 것이지만 아무것도 아니라는 그 자체 때문에 비장한 것이 된다. 그것은 우리가 감각으로 지각할 때 화가가 외면할 수 없는 '객관적인' 세계를 형상화한다. 화가는 반짇고리를 응시하고 우리에게도 그것을 응시하도록 강요한다. 그러나 여기서 화가의 주된 의도는 비극적인 숭고함과 공포(나는 의도적으로 칸트의 용어를 사용하고 있다)를 통해, 고통받는 인간이 그의 운명보다 더 위대함을 보여주는 도덕의 영역을 슬쩍 드러내는 것이다. 색채를 깨우는 빛이 새어들면서 즉각적인 것이 모습을 드러낸다. 즉 사물 상태로 돌아간 육체의 즉각성을 나타내는 사체, 그리고 경련하듯 소스라치거나 부지불식간에 실신하는 모습으로 나타나는 감정. 장 레마리는 다음과 같이 정확히 지적했다. "〈호라티우스 형제의 맹세〉에서처럼 다비드는 남성적이고 코르네유적인 인물들에게 조형적인 에너지를 집중하고, 여자들과 자식들은 라신의 비극처럼 비장하게 나타내면서 다정한 회화적 표현을 마련한다." 그러므로 데생과 윤곽의 힘이 중시된다. 깊이 성찰한 행동으로 감성을 제어하는 영웅적인 인물이 바로 데생과 윤곽으로 강조되는 것이다. 그림 속 여성 집단의 경우 데생이 엄격하게 이루어지지 않거나 고대의 모델을 따르지 않은 것은 아니지만 색채가 더 화려하게 펼쳐진다. 이런 방식으로 다비드의 그림에서 '회화적' 가치와 결속된 인물들은 무엇에도 꿈쩍하지 않는 영웅의 전유물인 위대한 의지와 거리가 먼 정념의 상태를 보이는 이들이다. 다비드의 그림은 완벽한 균형을 갖추었지만, 다음 두 필수 요소를 화해시킬 필요성도 있었다. 하나는 사유를 요구하는 데생이고 다른 하나는 감성의 움직임과 결부된 대상의 색채 및 색을 띤 실체다.

다비드는 사체를 드러냄으로써 마음을 움직인다. 18세기 내내 역사화에서 장례 장면이 금지된 적은 없지만, 이 세기는 죽음을 재발견하고 새로운 감정으로 응시하는 듯하다. 18세기의 여러 성향 가운데 한껏 기교를 부리는 여성적인 성향에 따라 이 시대는 어렴풋하고 유동적인 죽음을 재현하려고 노력했다. 이 시대에 죽음은 우주를 구성하는 원소들, 우주의 숨결 속에서 이루어지는 융합이었다. [생피에르의 소설에 나오는] 비르지니의 익사(1789년에 베르네가, 나중에 프뤼동이 이 주제를 그린다), 앙드레 셰니에의 시 〈젊은 타렌트 여인〉, 영국 회화에서 그려진 오필리어의 우아한 모습이 그런 예다. 그렇지만 영웅적이고 남성적인 성향도 있어서 이 시대에는 건장한 주검도 많이 등장한다. 이 주검들의 당당한 아름다움을 보면 모호한 매력을 느끼게 된다.(다비드와 퀴슬리의 모든 작품에는 시체애호증의 분위기가 어렴풋하게 스며 있다.) 이 화가들의 표면적인 의도는 주검을 아름답게 그림으로써 운명의 여신의 말할 수 없는 부당함을 규탄하려는 것이었지만, 그것은 사유를 더 높은 곳으로 이끌어 영웅들로 하여금 그곳에 이르기 위해 목숨을 내놓게 했다. 더는 생명이 없는 육체는 그렇게 물질세계의 기슭에 놓여 있지만, 그의 살아 있는 의지는 그를 정신의 이상을 향해 이끌어갔다. 우리 앞에 목표의 종착점이 드러난다면 그것은 반사된 빛의 유희를 통해서다. 영웅의 정신은 갈망하던 영광을 결국 쟁취했다. 관객의 눈앞에는 비본질적인 것, 그러니까 허물만이 존재하지만, 그 허물 위로 영원의 빛이 반사되어 '이상적인 아름다움'의 규준에 따라 우리 눈앞에 윤곽을 드러낸다. 중요한 것은 그것이 영웅적인 작품이라는 데 있다. 사체는 그 작품이 미화된 것이다. 이제 고세크, 베토벤 등 위대한 장송행진곡의 시대가 도래한다.

〈브루투스〉에서 죽음은 이미 치러졌다. 프랑스혁명 순교자에게 헌정하는 그림에서는 미리 받아들여지고 극복된 죽음이 중요했다. 개인은 가장 먼저 선서를 통해 개인의 삶을 버리는 데 동의했다. 인간의 본질, 즉 자유의 실현이라는 궁극적인 목적에 순응하지만 그것은 비본질적인 것, 말하자면 자유가 아닌 모든 것을 희생한 대가, 곧 죽음이다. 프랑스혁명 순교자들의 초상화는 죽음 속에서 휴식을 취하는 모습을 보여준다. 그 죽음이 자유로운 인간들의 선서를 인증해준다. 그들은 죽음으로써 자유를 안전히 지켜냈고, 결국 자유를 실현했다. 이때 화가의 작품은 자유를 그러한 죽음의 영광스러운 이면처럼 제시한다. 〈암살당한 마라〉(도판 33)는 특히 로마 회화에서 매우 중시되었던 서사에 신경이 집중되어 있다. 마라는 아직도 샤를로트 코르데의 편지를 손에

도판 33. 다비드, 〈암살당한 마라〉, 1793, 브뤼셀 벨기에왕립미술박물관.

들고 있다. 편지에는 혁명력이 아니라 예전 방식을 따른 1793년 7월 13일이라는 날짜, 암살자의 이름, "시민 마라에게"라는 수신인, "저 혼자 불행해지는 것으로 당신의 호의를 얻을 수 있겠죠"라는 거짓 탄원이 보인다. 욕조 옆 상자 위에는 [프랑스혁명기에 발행된] 아시냐 지폐와 함께 마라의 쪽지도 보인다. "이 지폐를 당신 어머니께 드리세요……" 마라의 선행에 대한 이 증언과 바닥에 떨어진 피묻은 칼이 대립한다. 그런데 우리는 이 그림을 틀림없이 가짜 편지의 성명보다 더 강력한 "마라에게, 다비드. 혁명력 2년"이라는 헌정 비문, 즉 봉헌의 이름으로 읽기 시작했다. 이 글자가 받침대의 초라한 널빤지 위에 뚜렷이 드러나 있다. 편지, 답장, 아시냐 지폐, 칼이 빠른 속도로 일어난 드라마의 증거와 자취라고 한다면, 활자 크기를 작게 했지만 그리 작지도 않은 화가의 성姓이 정치적 영웅의 성姓에 대칭적으로 우애 있게 화답하는 간결한 비문碑文은 죽음의 장면을 영원한 기념물의 차원으로 드높인다. 범죄 행위가 이루어졌던 급박한 순간들을 보여주는 물건들과 갈겨쓴 서체는, 마치 비석처럼 로만체 대문자로 쓴 비문과 짝을 이룬다. 우리는 샤를로트 코르데의 편지와 다비드의 엄숙한 서명이라는 두 글쓰기의 순간을 나누는 간격에 대해 생각하기 시작한다. 이 간격을 메우는 것이 죽음과 예술이다. 암살당한 마라를 보는 일이 남지만, 우리는 마라를 이 두 텍스트를 통해서만 볼 수 있다. 이제 마라는 샤를로트 코르데가 1793년 7월 13일에 짧은 편지 한 통을 건넨 인물로 그치지 않는다. 마라는 혁명력 2년에 다비드의 손으로 그 주검이 영원성을 부여받은 존재가 되었다. 이 두 날짜 사이에서 시간은 요동쳤다. 새로운 시대로 접어든 것이다. 다른 기원을 기점으로 시간이 세어진 것이다. 보들레르는 현실과 이상 사이의 이 긴장을 훌륭하게 포착했다. "바로 이것이 드라마다. 비통한 공포 속에 드라마가 살아 숨쉰다. 이 그림을 다비드의 걸작이자 현대예술의 가장 진기한 작품 중 하나로 만드는 낯선 성취로 인해 이 그림에는 사소한 것이나 고상하지 않은 것이 전혀 들어 있지 않다. 이 이례적이라고 할 만한 시가 더욱 놀라운 점은 엄청난 속도로 그려졌다는 데 있다. 데생의 아름다움을 생각할 때 바로 그 점이 정신을 당황케 한다. 이것은 강자들의 빵이고 유심론의 승리다. 자연만큼 잔혹한 이 그림에는 이상의 향기가 흠씬 풍긴다. 그러니 성스러운 죽음이 날갯짓으로 그리도 빨리 지워버린 저 추醜는 무엇이었을까? 마라는 이제 아폴로에 대항하고, 죽음은 이제 막 사랑의 입술로 그에게 입을 맞추었다. 그는 변용되어 평온 속에 잠들어 있다. 이 작품에는 부드러운 동시에 가슴을 에는 듯한 무언가가 있다. 이 방의 차가운 공기 속에, 이 차가운 벽들 위에, 이 차갑고 음산한 욕조 주위에 영혼 하나가 날아오른다."[「본누벨백화점의 고전 미술관」]

〈브루투스〉(보들레르는 이 작품의 '멜로드라마적인' 면을 덜 좋아했다)에서처럼 여기서도 색채는 말하자면 이상理想이 자리를 비운 부분들에 억제되고 억눌려 있다. 색채는 부수적인 곳에서 강력히 드러난다. 욕조 위의 작업대를 덮고 있는 초록색 양탄자, 거친 표면의 나무 상자, 빛의 섬세한 변화가 보이는 회색 벽. 반대로 조형적 가치, 즉 데생은 변용된 영웅의 재현에서 두드러진다. 다시 보들레르의 용어를 취한다면 여기서 데생은 '유심론'을 확고하게 해주는 요인이다. 데생과 색채의 긴장은 특별한 효과를 만들어낸다. 모순적인 공리들이 상호 보완하며 최고의 예술을 이루어내기 때문이다. 사물의 현전과 사유의 차원이 엄격하게 공존한다. 이러한 성취에 이르기까지 다비드는 타고나기를 뛰어난 색채주의자였고, 처음에는 부셰의 분홍과 파랑에, 다음에는 발랑탱의 어둠에 매혹되었다. 순수한 윤곽의 취향은 오랜 고행의 결과였다. 이 고행은 처음에는 선생들의 충고를 따라서였지만, 나중에 로마에서 고대 예술과 도메니키노[도메니코 참피에리], 미켈란젤로, 라파엘로를 직접 보면서 완전히 받아들이게 되었다.

신중하기 이를 데 없었던 폼페오 바토니가 다비드를 후계자로 지명한 뒤에도, 다비드에게는 회화적 기질이 여전히 남아 있었다. 그가 자제하면서 원칙들과 [보들레르가 「1855년의 만국박람회」에서 다비드를 언급하며 했던 말처럼] "거친 착상"을 받아들였다면 제리코나 들라크루아 같은 화가처럼 자유로운 방식으로 색채를 완성할 수 있었을 것이다. 아비뇽미술관에 있는 미완성작 〈조제프 바라〉에서 다비드가 터치를 넓게 하여 금빛으로 칠한 찬란한 배경을 보면 그의 붓이 얼마나 자유로울 수 있었는지 알 수 있다.(도판 34) 이 그림에는 마라의 시신 뒤에서 공간을 끝냈던 간소한 구도가 다시 나타나지만, 이번에는 원색의 강렬한 빛을 갖추고 있다. '의복'의 효과는 빛나는 공백 속에 홀로 남겨져 죽어가는 자 주위로 사라져버렸기에, 후광이야말로 이 그림이 창조한 따뜻한 광채라 할 것이다. 애국의 물신物神이라 할 삼색 장식리본을 가슴에 꼭 품은 나체의 아이는 엔디미온, 안티노우스나 다름없는 고대의 미소년이다. 여기서도 인물의 윤곽은 영웅적 관념에, 그로서는 영광스러운 부재하는 출구에 연결된다. 윤곽선은 선서를 하고 죽음에 이르러서도 그 선서를 끝까지 지킨 그를 벗어날 길 없이 가두고 있다. 선으로 이어지는 윤곽이 완전히 닫혀 있기에 확고한 의지의 표현이 되는 것이다.(이 의지는 화가의 의지이며, 인물의 의지로 옮아간다.) 경계를 획정하는 이 윤곽은 도덕적 경계 설정을 상징한다. 하지만 여기에는 한 가지 기억이 내재되어 있다. 즉 권위 있는 원형들을 참조하는 것이다. 다비드는 〈호라티우스 형제의 맹세〉를 두고 코르네유보다 푸생에게 더 큰 도움을 받았다고 했는데, 그래서 이 그림은 부조浮彫처럼 읽을 수 있다. 〈암살당한 마라〉에서는 다비드가 저도 모르게 [15세기 이탈리아 화가] 안드레아 만테냐를 상기시킴을 알아챌 수 있다. 여기서 푸생주의는 고전 비극 및 그 관례와 밀접한 연관을 갖고자 했다. 예감했겠지만 선서하는 사람이 그 선서로 인해 그보다 앞서 존재했던 역할을 맡지 않을 수 없는 것처럼, 선으로 이어지는 윤곽은 또다시 그보다 앞서 존재했던 미학적 세계를 가리킨다. 윤곽은 노스탤지어의 언어로 현재를 포위하지만 윤곽이 가두는 현전은 과거로 달아나버린다. 형상적 에너지가 이렇게 묘사된 대상을 우리가 살고 있는 현재에 머물게 했을 때, 그 대상의 내부에서는 고대인이나 위대한 이탈리아인들이 끝끝내 완성한 최상의 재현이 반향을 일으킨다. 어떤 사건을 형상화하지만 그때 재현된 기능에는 상기의 차원이 동시에 들어 있다. 화가가 선서하는 주인공의 충직한 모습을 표현해야 할 때는 자신도 미학적 규범을 충직하게 따랐음을 보여주어야 할 필요를 느끼게 된다. 마리조제프 셰니에와 같이 자신의 연극을 프랑스혁명에 바치고자 한 시인들도 그렇게 생각했다. 라신 비극의 형식이 엄격하게, 더없이 정확하게 작시법을 따르고자 하면서 모방된 것이다. 주제만 상황에 맞추었다. 1789년 말 프랑스의 범죄자 국왕을 프랑스 무대에 처음으로 올린 〈샤를9세Charles IX〉가 그런 사례였다. 여기에 합리주의자들의 논거를 내세우는 이상한 잔재가 하나 남아 있다. 비극은 장광설을 하기 마련이라는 사실을 받아들이지 않았던 것이다. 프랑스혁명은 회화에서처럼 연극을 창작할 때도 이성이 상상력을 통제하고 지도해야 한다고 생각했고, 로코코 정신이 지나치게 사용했던 변형, 나른함, 분산, 감소, 패러디가 이루어지기 전의 형식이 재발견되어 이성을 든든하게 뒷받침했다. 그때 화가들은 의식적으로 역사를 통해 식견을 강화한 두번째 르네상스를 살고자 했던 것이다.[3] 예술가, 특히 화가는 사유를 할 줄 알아야 한다. 퓌슬리, 괴테와 마찬가지로 다비드는 끊임없이 그렇게 말했다. 사유한다는 것은 화면을 구성하는 일일 뿐 아니라, 관람객에게 모범 사례를 제시하고 모범으로 따라야 하는 모델의 양식을 충실히 따라 작업함으로써 귀감이 되는 주제를 강화하는 일이기도 하다. 앞서 살펴보았듯 다비드 같은 화가는 빼어난 초상화(도판 35)에서 뚜렷이 드러나는 회화적 기질과 인간의 모습이 갖는 의미를 논증적이

34

35

도판 34. 다비드, 〈조제프 바라〉, 1794, 아비뇽 칼베미술관.
도판 35. 다비드, 〈자신을 감시하는 간수의 초상화〉, 루앙박물관.

고 시민적이고 도덕적인 의도와 밀접하게 연관시켰다.[4] 다비드는 몇몇 대형 역사화에서 불협화음을 보이고, 자신이 좋아했던 멜로드라마적 구성과 수사학을 따르기도 했다. 하지만 화가 이력의 정점에 섰을 때 다비드는 스스로 부정하겠지만 성스러운 것과 공포를 그려내는 화가였으니, 가시적인 것을 냉혹한 절대자의 손아귀에 떨어뜨리는 순간에조차 그것을 더없이 강렬하게 드러낼 줄 알았다. '자코뱅의 피에타'라 할 〈암살당한 마라〉는 장엄하게 죽음의 고독을 표현하면서, 그 고독을 '공포'와 '미덕'의 보편적 요청에 따라 일치된 마음으로 변화시키고자 했다.

주석과 보충

1. 1789년의 살롱

1789년 살롱전展 개최 전날의 초대 행사에 다비드가 보낸 작품은 (후에 샤를10세가 되는) 아르투아 백작을 위해 그린 〈파리스와 헬레네의 사랑〉뿐이었다. 그러나 나중에 호메로스보다는 알렉산드리아 양식에 가까운 이 그림 말고 고대 로마의 영향을 받은 작품 〈브루투스〉가 추가되었다. 두 그림은 고고학의 요소를 많이 담고 있지만, 그림의 정신만은 이상스럽게도 대립한다. (내적 긴장이라는 것이 전혀 개입되지 않은) 〈파리스와 헬레네의 사랑〉(도판 36)에는 여성성이 우세한 반면, 〈브루투스〉의 근본 소재는 남성적 단호함이며 이는 한쪽에 모여 있는 여성들이 느끼는 크나큰 고통의 정경과 첨예한 대조를 이룬다. 〈브루투스〉는 바로 이 테마를 취했기에, 루이16세가 자기 가족과 (프랑스혁명에 맞섰던) 측근에게 보였던 관용의 태도에 대한 비판으로 간주될 수 있었다. 1789년 살롱전에서 프랑스혁명을 두드러지게 보여주는 작품은 없다시피 했다. 위베르 로베르는 풍경과 폐허의 장르로 그린 사생화寫生畫 〈바스티유 파괴의 시작〉(도판 2)을 전시했다.

여기서 전시된 몇몇 작품을 떠올려보면 작품의 주제가 뚜렷이 대비됨을 알 수 있다. 조제프마리 비앵의 〈속박에서 벗어난 사랑〉(한 여자가 경솔하게 새장을 열었더니 사랑이 날아가버린다. 다른 여자가 그 사랑을 붙잡으러 달려간다)과 〈미네르바의 제단에 봉헌하는 어머니〉, 프랑수아앙드레 뱅상의 〈비너스의 이미지를 떠올려보려고 크로톤의 가장 아름다운 딸들을 모델로 고르는 제욱시스〉, 라그르네(형)의 〈아폴로의 신탁을 받는 알렉산드로스〉, 라그르네(동생)의 〈칼립소의 섬에 떨어진 텔레마코스와 그의 선생〉 〈여장을 한 아킬레우스를 알아보는 오디세우스〉,

도판 36. 다비드, 〈파리스와 헬레네의 사랑〉, 1789, 파리 루브르박물관.

장바티스트 레뇨의 〈십자가에서 내려지는 예수〉 〈대홍수의 장면〉, 조제프 베르네의 〈비르지니의 난파〉 〈폭풍의 끝〉 〈일출 때의 고기잡이〉, 엘리자베트 비제르브룅의 〈위베르 로베르의 초상〉(도판 3), 뒤몽의 〈세밀화로 그린 국왕 초상화〉 〈비앵의 초상〉 등.

살롱의 『전시 도록*Collection des livrets*』은 J. 기프레의 편집본을 따랐다. 파리, 1869~1872, 42vol.

〈파리스와 헬레네의 사랑〉에 드러난 고대의 상기想起에 관해서는 E. 코슈 드 라 페르테와 F. 게의 논문 「다비드 그림의 고고학적, 심리학적 분석」, 『고고학 논집*Revue archéologique*』(1950, II, 129~161쪽. 샤를 피카르의 주석) 참조. 고대의 모델을 따른 다비드의 수많은 데생이 남아 있으며, 그중 몇몇은 루브르박물관에 소장되어 있다. 장 아데마르, 『다비드: 한 천재 화가의 탄생*David, Naissance du génie d'un peintre*』, 파리, 1953, 특히 39~45쪽 참조.

2. 뒤시스가 묘사한 〈브루투스〉

셰익스피어를 프랑스 무대에 맞추어 대단히 자유롭게 번안했던 작가 장프랑수아 뒤시스는 "프랑스 유파를 탁월하게 복원한 화가" 『비앵에게 보내는 서간시*Epître à Vien*』를 썼다. 여기에는 비앵의 그림뿐 아니라 그의 제자와 동시대 화가(레뇨, 타야송, 뱅상)도 언급되어 있다. 뒤시스는 다비드를 길게 다루면서 다비드의 〈호라티우스 형제의 맹세〉 〈브루투스〉 〈사빈족 여인들〉(1799)을 차례로 언급한다. 다음은 〈브루투스〉를 묘사한 부분이다.

> 오 브루투스여! 네 눈에 어떤 장면 보이는가!
> 피 흘리는 두 시체가 보이는데, 머리는 없도다.
> 이럴수가! 아들들이 죽다니! 오 불행한 아버지로다!
> 이 치명적인 죽음, 누구의 명령이었나?
> 바로 너다. 그러나 애달프도다! 로마가 네게 더욱 소중했으렷다.
> 집정관이면서 아버지가 될 수는 없었지.
> 제단 옆에 앉아, 신들에 기대어
> 너는 외면하고 꼼짝도 하지 않는구나.
> 죽음은 네 마음속에 있는 것. 그런데, 하늘이여! 얼마나 매혹적인가.
> 천진한 젊은 네 딸들이 눈물을 흘리며
> 순진한 고통을 토로하는 것은…….
> 가거라, 너는 눈물 한 방울 없는데 나는 눈물이 흐른다.
> 브루투스는 울지 않는다. 고통스러울 뿐. 이 위대한 인간은
> 로마를 구했으니 불멸의 존재에 감사한다.
> 그런데 다비드여, 네 열정은 지칠 줄을 모르는구나.
> 네 자신의 경쟁자, 너를 넘어서야 한다.

네 예술이 너를 타오르게 하고 네게 영광 돌릴 때
네가 듣는 목소리는 본능이며 믿어야 할 것이 그것이다.
천재가 무엇을 못하랴! 제 생각대로 못할 것이 없으니,
천재의 비밀은 자주 잊힌다.
천재는 본능이요, 고생스러운 일은 예술이라.
화가가, 시인이 가진 이 삶의 영혼,
창조의 불로 태워진 양분,
미켈란젤로가 불타오르고, 타소는 까맣게 타버렸다.
느끼고, 보고, 판단하고, 창조하고, 배치하는 이 불은
간혹 겉보기엔 차분한 모습으로 쉴 때도 있다.
그러나 잠자던 화산이 소란스레 반쯤 열려
바로 거기서, 걸작이 솟구쳐 빛나도다.

3. 회화의 쇄신

사람들이 진정한 회화의 복원자라는 영예를 기꺼이 부여했던 화가는 과감하지는 못하지만 정확함만은 알아주는 조제프마리 비앵이다.

"이 위대한 화가는 자연을 전문적으로 연구한 후에 학생들에게 고대의 조각상들, 라파엘로, 줄리오 로마노, 미켈란젤로의 회화며 밑그림을 아름다움의 모델로 제시했다. 그 자신이 이탈리아 유파가 제시한 원칙을 지켰으니, 학생들에게는 이 화가의 작업활동과 모범이 완벽을 목표로 하는 이론과 그 전개를 보여주는 하나의 규칙이었던 셈이다.

……비앵은 이후 다비드가 영광스럽게 거쳐갈 길을 미리 준비했다. 이 존경스러운 노인 비앵은 그 점을 인정했다. "비앵이 친히 나를 방문했던 날, 나는 그가 데생과 회화예술을 새로이 복원하고자 하면서 조국에 큰 봉사를 했다고 말했다. 그랬더니 그는 겸손하게 이렇게 대답했다. '저는 문을 반쯤 열었을 뿐이고, 그걸 밀고나간 이는 다비드였습니다.'"(알렉상드르 르누아르, 『천재에 대한 과학적이고 비판적인 고찰*Observations scientifiques et critiques sur le génie*』, 파리, 1821, 259~262쪽) 비앵의 아카데미 입회작은 〈다이달로스가 아들 이카로스의 날개를 달아주다〉였다. 우리는 비앵을 그리스 항아리, 고대의 부조, 폼페이와 헤르쿨라네움에서 발굴된 유적에서 착상을 얻고 거기서 알레고리적 장면의 요소들을 찾아 순수한 '루이16세 취향'으로 살려낸 화가라고 생각한다. 비앵의 〈사랑의 흥정꾼〉은 엄청난 성공을 거두었다. "그는 호메로스에서 취한 주제로 여러 그림을 그렸지만, 그의 천재는 시인 호메로스에 필적할 만한 것은 아니었다."(알렉상드르 르누아르, 같은 곳)

4. 다비드의 정치적 역할

다비드는 국민공회 당시 의석이 있었고, 왕의 처형안에 찬성 투표했으며, 로베스피에르를 지지하다가 [로베스피에르가 실각한] 테르미도르 9일 이후

투옥되었다. 아카데미를 모두 폐지한 것은 다비드의 공이었다. 국민공회에서 자크루이 다비드가 담당한 역할에 대해서는 쥘 조제프 기프레, 「루이 다비드, 혁명기에 이 화가의 역할에 대한 다양한 증거들」, 『프랑스 예술의 새로운 자료*Nouvelles archives de l'art français*』, 1872, 414~428쪽, 다니엘 L. 다우드, 『공화국 거장의 행렬: 자크루이 다비드와 프랑스혁명*Pageant Master of the Republic: Jacques-Louis David and the French Revolution*』, 링컨, 네브래스카, 1948 및 「프랑스혁명과 화가들」, 『프랑스사 연구*French Historical Studies*』, vol.I, n.2, 1959, 127~148쪽, 제임스 A. 리스, 『프랑스에서 프로파간다로서의 예술의 관념*The Idea of Art as Propaganda in France*』, 토론토대학, 로망스 시리즈, n° 8, 토론토대학출판부, 1965(서지가 훌륭함) 참조.

IX

요한 하인리히 퓌슬리

영국에 다비드에 필적할 화가가 있다면 1789년에 자신의 마지막 역사화 〈디도의 죽음〉을 그린 매력 넘치는 조슈아 레이놀즈[1]도 아니고, 현대의 무훈을 그린 최초의 화가 중 하나인 능숙하고 정확한 벤저민 웨스트도 아니라,[2] 더없이 고상한 시정에 맞추어 영웅적인 장면을 구성하고자 했던 조지 롬니일 것이다. 그런데 그는 무엇보다 시적 초상화 장르에서 레이놀즈와 게인즈버러를 계승했다. 기품, 매혹, 멜랑콜리가 담긴 미묘한 분위기를 자아내는 얼굴을 그려낸 이 장르는 다비드의 초상화보다 엄숙하기로는 덜하고 여성적인 호의가 더 두드러져, 순진무구한 아이나 처녀 주변에 무언지 모를 아찔한 타락의 모습을 감돌게 할 수 있었다. 다비드의 진정한 동시대인으로서 호메로스와 루소의 반향이 들리는 화가, 18세기의 열정을 마음껏 펼친 사람인 요한 하인리히 퓌슬리*는 1741년 취리히에서 출생했으니 다비드보다 7년 연상이다. 두 사람은 1770년과 1780년 사이에 로마에 공부하러 갔다.

* 스위스 취리히 태생의 퓌슬리Füssli는 스무 살이던 1761년에 스위스를 떠나 1765년에 처음으로 영국에 갔다. 이후 이탈리아에서 오랫동안 체류한 후 1779년에 다시 영국으로 건너가 활동했다. 존 보이델의 '셰익스피어 갤러리'를 위해 상당한 그림을 그리기도 했다. 이탈리아 체류시 이탈리아식으로 푸젤리Fuseli라는 이름을 썼는데, 영국 체류시에는 영국식으로 헨리 퓨젤리Henry Fuseli라는 이름으로 활동했다.

다비드는 로마에서 발렌티노 디 볼로냐, 카라치 가문, 게르치노, 귀도, 카라바조, 푸생을 공부했다. 구성의 문제를 다시 생각해보는 동시에 윤곽, 빛, 색채를 조화시키려고 했다. 하지만 퓌슬리는 무엇보다 데생화가여서, 색채는 부차적인 것이라고 보았다. 그에게는 한 명의 화가가 중요했으니, 엄격한 데생은 물론 풍부한 상상력이 마련하는 위대함까지 갖춘 화가 미켈란젤로였다. 색채냐 데생이냐 하는 오래된 논쟁에서 그는 오래 고민하지 않았다. 퓌슬리가 흥미로워한 것은 인간 행위가 표현하는 극적인 세계이지, 물질과 실체, 빛의 유희의 세계가 아니었다. 여기서 퓌슬리를 북유럽의 천재로, 다비드를 라틴세계의 천재로 갈라놓는 것은 (18세기에는 그렇게들 나누었겠지만) 무의미한 일일 것이다. 분명 퓌슬리의 취향은 셰익스피어, 밀턴, 니벨룽 이야기에 깊이 뿌리내리고 있었다. 하지만 그의 현저한 특징은 회화 이미지를 먼저 제시하고 그뒤에 문학 이미지를 이어내는 방식에 있었다. 다비드는 연극의 장면을 그리지만, 퓌슬리는 극작가들에게 착상을 얻거나 배우, 무용수를 그리는 경우에도 내러티브와 동시에 정신의 차원에서 환시vision를, 서사시의 장면을 펼쳐놓는다. 다비드가 합리적으로 모든 것을 포석이 깔린 바닥, 연극무대의 판자 위에 수평으로 세우는 반면, 퓌슬리는 이들 바닥과 판자를 전부 제거해버린다. 데생과 그림은 연극무대를 대체하여 움직이지 않게 고정한 것이 더는 아니다. 어떤 '활인화活人畫'도 데생과 그림에 필적할 수 없고, 어떤 배우라 해도 그 역할을 맡을 수 없을 것이다. 환시는 사실임직한 것과 안정성의 속박을 벗어난다. 이제 연극의 관객과 인물은 더는 같은 곳에 머물지 않는다. 둘의 관계는 보다 내밀한 동시에 보다 낯선 것이 되기 때문이다.

다비드의 그림에는 배경이 있다. 우리가 마주한 공간이 그것으로, 벽과 열주, 벽걸이 천으로 닫혀 있다. 인물들은 전혀 뒤로 물러설 수 없게 되어 있으므로 그들 모두는 무대 제일 안쪽에서

나와 우리 앞에 나타난다. 퓌슬리의 예술 전체가 이런 닫힘을 싫어한다. 그는 다비드와는 반대로 아찔한 깊이의 심연을 열어젖힌다. 원근법을 통한 단축, 사선의 유희, 추락, 날아오르는 모습을 통해, 항상 고개를 쑥 빼어 그 안을 바라보는 관람자는 세계에서 운동 방향이 무궁무진하게 늘어난다는 느낌을 받게 된다. 다비드가 [방, 건물, 벽의 윗부분에 그림이나 조각으로 띠 모양의 장식을 한] '장식띠'나 '부조'의 조합, 엄격한 대조법, 인물 그룹 간의 대비를 통해 바로크 전통에서 대단히 중요한 요소였던 점차 멀어지는 축선의 개념과 단절한다면, 퓌슬리는 표현을 강조하기 위해 시스티나 성당과 줄리오 로마노의 회화적 언어를 되찾는다. 퓌슬리 역시 자신의 방식으로 회화를 복원하고 잃어버린 위대함을 되찾고자 했다. 그는 자기가 혁신적이지도, 현대적이지도 않다고 보았다. 그는 서사시적 숭고함의 불변하는 기준을 찾고자 로마에 갔다. 그리고 그것을 찾아냈다. 퓌슬리가 남긴 이론적 저작을 보면 그가 레이놀즈의 학술적 담화와 마찬가지로 르네상스의 위대한 모범과 규범을 존중했음을 알 수 있다. 여기에는 반항적인 '낭만주의'를 변론하는 생각이 전혀 보이지 않는다. 퓌슬리가 그만의 독특한 기이함과 낯섦을 통해 우리를 놀라게 하는 작품을 완성한 것은 완전히 고전적인 교의를 통해서였다.

퓌슬리가 본인이 공언한 이상을 지키지 않았다고 생각할 수도 있다. 하지만 그의 어떤 의견을 들어보면 이 이상이라는 것이 수많은 방식으로 남용되거나 극단적으로 적용될 위험에 노출되었고, 퓌슬리는 거기서 큰 이득을 취했다. 사실 그의 글은 고집스럽게도 표현과 성격의 권리를 주장하고 있다. 그는 온 힘을 다해 빙켈만의 이론에 맞섰다. 얼마나 많은 사람이 평정, 차분함, 무감동을 진정한 아름다움의 필요조건으로 보고, 선線의 조화와 반대되는 정념의 기호를 하위 개념으로 되돌려보내는 빙켈만의 이론에 끌렸던가. 그러나 퓌슬리가 보기에 빙켈만의 이론은 그리스 예술이 갖는 우월한 본질을 무시한다. 퓌슬리는 그리스 예술에서 엄격한 형식과 비장한 힘을 떼려야 뗄 수 없는 것으로 보았다. 그리스인의 모범과 미켈란젤로의 모범을 본다면 가장 높은 표현적인 에너지를 추구해도 좋은 것이다. 물론 명증성과 우아함, 형식상의 기념비성이 훼손되지 않는 한에서 그렇다. 예술은 엄청난 공포를 보여줄 수 있지만 공포가 시작되는 곳에서 멈춰야 한다. 두려움은 혐오와 반감과 구분되어 순수한 채로 남아야 한다. 그러므로 고상한 양식이며, 비장한 표현과 영적 원리의 결합이며 하는 것은 그대로 남을 것이다.

사실 정념의 표현을 찾고자 하는 이러한 노력은 미켈란젤로 자체가 아니라 그로부터 비롯한 매너리즘의 경향을 자극했다. 최대를 향해 나아가는 퓌슬리의 상상력은 근육질 운동선수의 가장 강렬한 행동 속에서 영웅의 이미지를 펼쳐나간다. 무한한 공간을 지배하려는 듯한 몸짓이 그러하며, 강건한 남성적 피조물은 항상 그가 달성하려고 하는 위업의 극한에 등장한다. 이들 육체가 온 힘을 쏟아붓는 순간 말하는 것은 범죄와 위반이다. 반대로, 여성적 피조물의 경우 퓌슬리의 붓이 가해지면 여성성이 점점 증가한다. 여성들은 몸을 쭉 펴고 눕고, 야위고, 춤추듯 날아오르거나 무기력하게 죽음에 빠져든다. 자신들을 존재하게 하는 꿈 때문에 여성들은 때로는 엘프의 호리호리한 우아함을 가지고, 때로는 신에 필적하는 엄청난 크기로 커지기도 한다. 초자연적인 떠오름이 아니면, 초자연적인 중력이 뚜렷이 나타나는 것이다. 그러므로 여기서 표현의 의지는 즉각 그들 속에 머물렀던 에너지나 무기력에 비례하여 변신을 겪게 되는 육체의 동인이 된다.(도판 37) 퓌슬리의 표현과 성격은 한 가지 표정을 선택하기에 앞서 과도한 몸짓으로 커져나가기부터 한다. 우리는 절정으로 치닫는 꿈을 보고 있다. 이 장면은 데생의 허구적 공간이지, 일반적으로 발 딛고 있는 현실이 아니다. 이 작품이 과장되었다면 있는 그대로 유사해

도판 37. 요한 하인리히 퓌슬리(1741~1825), 〈새벽의 고독〉(리시더스), 취리히, 개인 소장.

야 한다는 관례와 완전히 단절했기 때문이다. 퓌슬리의 데생과 회화는 위대한 문학작품을 읽고 자극받은 감정의 강도를 조형적으로 바꾼 것이다. 이런 의미에서 그는 여전히 역사화의 계승자이다.(다비드와 그의 제자들처럼 퓌슬리 역시 장르화를 경멸하기만 했다.) 하지만 퓌슬리는 여기에 삽화 예술이 가질 수 있는 자유를 온전히 가져왔다. 그는 심리적 효과를 나타내고자 애쓰고, 그 자신이 강박적인 주제들을 고집스럽게 반복하는 꿈에 사로잡혀 역사화에서 신경쓰곤 하는 정확히 고증된 '복식服飾' 같은 것은 개의치 않았다. 로마 의자가 어떻게 생겼는지 고고학자에게 물으러 가는 사람은 다비드이지 퓌슬리가 아니다. 퓌슬리는 제 마음대로 인물에게 옷을 입히거나 벗긴다. 물론 유행을 고려하지 않은 것은 아니다. 그는 존 손이나 로버트 애덤이 그렸을 법한 장식에 고대의 드라마를 옮겨놓는 것이다.

사실 퓌슬리는 문학에서 본질적 충동을 찾기를 기대했다. 그는 손에 연필을 쥐고 서사시나 극작품에 분명하게 나타나지만 보이지는 않는 내용을 [그림의] 윤곽 속에 펼쳐놓으면서 자신이 읽은 작품을 스스로 연기한다. 뒤에 들라크루아가 그러겠지만 퓌슬리는 모든 책임을 각오하고 시의 법칙을 따르는 것이다. 그는 (1786년부터) 보이델의 '셰익스피어 갤러리'에 열정적으로 참여했고, 1790년부터는 자신의 대형 프로젝트인 '밀턴 갤러리'*(퓌슬리 자신이 유일한 참여 작가)에 착수해 이를 1800년에 끝냈다.

『라오콘』에서 레싱은 문학은 행동이 특징이고, 미술은 형태의 차분한 힘이 특징이라고 했다. 문학 공간에서는 사건이 차례로 이어지지만, 미술에서 지배적인 것은 동시성이다. 퓌슬리는 비극

* 퓌슬리는 보이델의 '셰익스피어 갤러리'에 참여한 후, 이를 모델로 영국 시인 존 밀턴의 작품에서 착상을 얻어 마흔일곱 점의 작품을 그렸고 1799년에 '밀턴 갤러리'를 개관했다. 그러나 상업적으로는 성공을 거두지 못하고 이듬해 폐관했다. 도판 37은 밀턴의 비가悲歌 〈리시더스〉를 주제로 한 작품이다.

시인들과 위대한 서사시로부터 착상을 얻은 장면들에서 시에 나타난 행동을 그대로 보존하고자 한다. 그래서 그가 그려내는 강력한 순간들은 이미 행동이 일어났거나 금세 (때로 끔찍한) 행동이 벌어질 순간들이다. 퓌슬리는 이야기가 어떻게 될지 궁금해 하게 함으로써 [회화에 고유한 특징인] 동시성을 벗어나는 경향이 있어서, 인물들은 이를 통해 문학적 이미지가 갖는 무한한 유동성을 띠게 된다. 이 현재 지점에서부터 극적 효과는 시간의 모든 방향으로 퍼져나가는 것 같다. 어떤 과거와 어떤 미래가 예감될 때 그것은 본성상 소름끼치기 일쑤다. 이 장면을 우리가 알아볼 때 번개가 어둠의 두 순간을 가르듯이 환해진다.

그러므로 그의 작품 전체는 상상력에서 나오는 것이며, 드물기는 하지만 초상화들도 마찬가지다. 자연사가의 정확성을 퓌슬리에게서 찾지 말자. 조지 스터브스의 경이로운 작품 〈파에톤〉을 보면 과오나 불행이 들어설 여지가 전혀 없는 낙원 같은 푸르른 식물 세계에 감싸여 소설의 세계로 막 들어서는 것만 같다. (도판 38) 하지만 퓌슬리는 이런 사실주의적인 수단에 코웃음을 친다. 게인즈버러(1788년에 사망했고, 1789년에 열린 대규모 전시회에 주요 작품이 전시되었다) 같은 화가에게서 볼 수 있는 진실성과 충실하게 모방된 시골 풍경에 코웃음친 것도 같은 이유에서다. 퓌슬리는 헨리 레이번이나 롬니처럼 상류사회의 풍속을 그린 작가가 아니었다. 더욱이 그들처럼 색채를 강조했던 사람도 아니고, 모델을 미화하는 유연성도 없었다. 기품 있는 초상화portrait distingué는 1789년에 스무 살이었고 즉각 상류사회에 뚜렷한 인상을 남긴 토머스 로렌스(1792년 스물세 살에 국왕의 전속 화가가 된다)에게 떠넘겼다. 인간의 운명이 선과 악으로 갈라지는 저 위대한 비극적 우화의 세계까지 올라갈 수는 없었다. 그런 곳에선 제대로 숨쉬기조차 힘들었기 때문이다. 퓌슬리는 프랑스혁명이 당대 역사에 각인한 드라마를 전설의 이야기와 상상의 세계에서

도판 38. 조지 스터브스(1724~1806), 〈파에톤〉, 런던 내셔널갤러리.

자기 방식으로 경험했다. 루소의 열렬한 독자였던 퓌슬리는 문명이 발전함에 따라 악도 커진다고 확신했다. 고야처럼 퓌슬리도 계몽주의의 이상을 옹호하고자 했다. 하지만 완강한 반대의 힘에 부딪히게 되니, 그 힘을 상징의 덤불숲으로 가로막아 표현하는 것이다. 그렇게 쫓아내고자 했던 악의 작업이 그를 매혹했다. 그는 밀턴이 그린 사탄의 아름다움을 칭송할 수 있었다. 〈악몽〉(1782)은 아마도 영국을 짓누르고 있던 불안을 알레고리적으로 고발하기 위해 그렸을 수 있다. 그랬다면 그가 이 그림에서 그려낸 것은 무엇보다 고통에 시달리며 잠자는 여자가 느끼는 죽음의 환희였다. 이 끔찍한 장면을 보면서 특별한 즐거움을 느낀다면 우리는 은밀하게 악의 공모자가 되는 셈이다. 심리 세계에 모호한 영역이 남아 있음을 모르는 척하지 않는 원대한 도덕적 의도로 부추겨진 예술의 경이로운 위험이 이러하다. 그는 이성의 세계보다는 심리 세계에 더 오랫동안 머문 듯하다. 광기가 위력을 발휘하고 마법이 확산되어 낮 동안의 의식이 품었던 애초의 의도를 가만히 내버려두지 않을 것이다. 잔혹한 나라에서 어두운 밤을 걸어가는 퓌슬리는 길을 잃는다. 가공할 운명이 떠돌고 있는 그곳은 사드가 고안한 세상과 똑같다. 병색이 완연한 희생자들이 입으나 마나 한 길고 헐렁한 베일을 걸친 채 떠돈다. 잔인한 여인과 마주치기도 한다. 그녀는 거만하거나 아첨을 일삼는 발키리Walkyrie*이며 음탕한 황후다. 그녀들은 가슴을 다 드러내고 마치 귀금속을 가공한 듯한 머리장식을 한껏 틀어올렸다. 어떤 환각에서는 희생자인 여인이 엄숙하고 사악한 사형 집행인이 되어 이국적인 사치로 치장된다.

* 발키리는 북유럽 신화에서 여전사를 이르는 말이다. 신들의 왕인 오딘Odin을 모시는 여신들이었는데, 전쟁터에서 죽을 이들과 살아남을 이들을 결정한다고 한다. 발키리들은 전쟁에서 죽은 영웅들의 영혼을 오딘의 궁전으로 데려온다고 알려져 있다.

이 모습에는 영국 조지 왕조 시대 때 근동의 화려한 장식에 비친 일그러진 빛이 분명히 드러나 있다.(도판 39)

이상하면서도 자극적인 한 세계가 그렇게 만들어진다. 광적인 상상력, 미켈란젤로를 떠올리게 하는 부분들, 고대와 게르만, 중세의 주제가 한데 어우러져 셰익스피어나 밀턴, 아리오스토나 빌란트를 빛내주는 세계. 시간이 완전히 뒤죽박죽되어 있다는 것이 이 예술의 매력이다. 이러한 작품의 모범적 가치는 의지적인 것과 비의지적인 것이, (독일의 '질풍노도Sturm und Drang'와 유사한) 감상적 에너지와 악의 냉정한 호기심이 불안정하게 결합된 데 있다. 그 가치는 문학에서 나왔고 작가들이 경험한 것으로, 윌리엄 벡퍼드, 매튜 그레고리 루이스, 앤 래드클리프 같은 작가의 환상적인 밤의 문학과 놀랍게도 똑같다. 그렇지만 퓌슬리는 이 작가들을 별로 중요하게 생각하지 않았다. 그는 서사시를 그리는 화가가 되고 싶었지 몽환적인 화가가 되려고 한 것이 아니었다. 퓌슬리가 남긴 글을 보면 꿈에 대해서는 지나가는 말로 했던 한 마디뿐이다. 이는 퓌슬리에게 꿈이 의도된 산물이 아니라 내적 필연성 때문에 만들어졌다는 증거다. 강력하기로는 꿈보다 불면이 더하기는 하지만 말이다.

여기서 18세기 말을 특징짓는 한 양상이 발견된다. 이성이 제 힘을 의식하고 특권을 확신하면서 감정과 정념의 힘을 받아들여 에너지를 보충하는 것이다. 그러므로 이성은 선善의 빛과 지성의 명증성 속에서 인간을 통합할 수 있다고 믿는다. 모든 것을 빛으로 변화시킬 수 있다고 믿는다. 그러나 이성이 제가 가졌던 완전한 권리를 욕망에 돌려주었을 때, 갑자기 그때까지 배제했던 어둠과 꿈의 부분이 확장됨을 발견한다. 낮과 밤의 구분선이 내적 경계를 이루고, 이내 성찰에는 오랫동안 의문부호가 붙게 된다. 예술은 더는 완전하게 명백한 의지의 작업이 아니다. 어둠의 몫 전체가 더해져 커진 의식 한가운데서 예술 작업은 어둠에 온몸을 던

도판 39. 퓌슬리, 〈앉아 있는 여인〉, 1790, 벨파스트 뮤지엄아트갤러리.

지는 모험적 탐색이 되고, 그 작업이 가져올 여러 이미지들은 낯선 윤곽이 낮의 찬란한 빛에 모습을 드러낼 때 애초에 가졌던 기원의 흔적을 간직하여 지워지지 않게 할 것이다.

그러나 화가가 자연의 특이성을 세부적으로 모방하려 하지 않고 비극적 우화의 방대한 보편성에 헌신할 때, 불가피하게도 우리 관객으로 하여금 새로운 종류의 특이성과 대면하게 한다. 개인의 특이성, 개인이 꾸는 꿈의 특이성, 개인적 고통의 특이성이 그것이다. 그래서 이 예술은 주관적 이상주의의 세계에서 펼쳐지게 된다. 암흑을 배경으로 외따로 떨어진 세계, 정신적 스펙터클을 발명하는 것이다. 고전주의적 이성을 대변하는 괴테는 퓌슬리가 그린 것과 아주 가까운 악의 소굴을 스스로 한번 그려보고자 했다. 자기 속에 존재하는 어둠을 쫓아내려면 그런 악의 소굴을 자기 쪽에 세워보는 일도 무릅써야 한다고 생각해서다. 반면에, 빙켈만의 영향을 받고 이론적으로는 괴테를 따른 다른 화가들은 낮의 이상주의를 실천해보고자 했다. 그렇지만 주의 깊게 관찰해보면 퓌슬리의 격렬하지만 불완전한 예술과 급진적인 신고전주의 사이에는 어떤 접점이 있음을 확인할 수 있다. 밤과 낮의 중간 지점에서, 석양의 차가운 빛이나 달빛에서, 명증한 빛이 비추던 대상을 고정하는 대신 그만 약화되어 사랑의 애무가, 열정 없는 다정함이 되는 세계에서 그 둘의 만남이 이루어진다. 그 만남은 엔디미온의 분위기*에서 이루어진다.

* 그리스 신화에서 엔디미온Endymion은 대단한 미소년으로 등장한다. 그는 흔히 잠든 모습으로 그려졌는데 이는 그가 꿈꾸는 행복을 상징한다고 하겠다. 가장 유명한 그림으로는 지로데의 1791년작 〈엔디미온〉(도판 41)이 손꼽히는데, 이 작품에서 화가는 기존 아카데미의 화풍을 벗어나 낭만주의를 예고한다. 그림 왼쪽 상단에서 사선으로 잠든 엔디미온을 비추는 은은한 빛이 미소년의 꿈과 쾌락의 다정한 모습을 강조하고 있다.

도판 40. 조슈아 레이놀즈(1723~1792), 〈디도의 죽음〉, 런던 세인트제임스궁.

주석과 보충

1. 레이놀즈와 미켈란젤로, 혹은 겸허한 추종자들

레이놀즈는 열다섯번째로 쓴 마지막 책 『회화론』(1790년 12월)에서 미켈란젤로를 찬양하며 그를 회화예술의 한계를 뛰어넘은 거장으로 내세웠다. 그는 미켈란젤로가 "지금껏 누구도 가지지 못한 숭고하기 이를 데 없는" 상상력을 발휘하여 회화예술을 "단번에 성숙기"에 올려놓았다고 본다. 미켈란젤로와 비교하면 "이후에 그를 모방한 화가들"은 신통치 못했다.

"나는 회화예술을 구성하는 부분들은 (아마 다른 예술들과 마찬가지로) 느리고 점진적으로 발전하지만, 자연스럽고 힘차게 생동하는 상상력을 구성하는 부분들은 보통 충만한 아름다움 속에서 갑작스럽게 터져나온다는 점을 지적하는 데 만족하려 한다. 이 점에서는 아마 호메로스가, 더 확실하게는 셰익스피어가 주목할 만한 사례일 것이다. 미켈란젤로는 회화예술의 시적인 부분을 가장 높은 단계에서 성취했고, 그의 과감한 정신은 알려지지 않은 상상력의 영역을 탐색했으니, 새로움에 매혹되고 자신이 성공적으로 발견한 것에 자극된 그의 정신이 그를 고무하여 후세대들이 결코 따라올 수 없을 만큼 예술의 한계를 뒤로 훌쩍 물렸음이 틀림없다. 후세대들은 충분한 에너지를 갖추지 못했으니 힘이 달려 그가 밀어붙인 한계를 넘어설 수 없었다.

……저 위대한 예술을 이해하고자 할 때는, 미켈란젤로의 발견이 이루어진 그 시대에 살았고 어릴 때부터 그의 양식에 익숙했으며, 그의 언어를 모국어처럼 배운 사람들보다 우리가 더 어려운 조건에서 작업하고 있다는 점을 납득해야 한다. 그들에게는 잊어야 할 보잘것없는 양식이 없었다. 그들은 권고의 말을 듣고 그 양식을 받아들일 준비를 할 필요도, 원칙을 검토함으로써 진리가 증명되게 할 필요도 없었다. 우리는 오늘날 사어死語를 배울 때처럼 문법과 사전 같은 것에 도움을 받아야 한다. 그들은 관례적으로 그 양식을 익혔는데, 규범을 통해 배우는 것보다 그쪽이 더 나으리라.

나는 미켈란젤로의 양식을 언어와 비교했는데, 시적으로 말하면 그의 양식을 신들의 언어로 불러야 마땅할 것이다. 그 양식은 16세기에 그랬던 것과는 달리 우리들 사이에서는 사라지고 말았다."(『회화론』, 루이 디미에의 프랑스어 번역본, 파리, 1909, 255~273쪽)

사실 레이놀즈의 회화는 기질적으로 현저하게 색채주의자였던 화가가 제시한 사려 깊은 절충주의와 같다. 그의 1789년작 〈디도의 죽음〉(런던 세인트제임스궁宮)(도판 40)은 코레조의 유혹과 베네치아의 색채를 섞고자 했다. 에드거 윈드는 디도의 자세가 줄리오 로마노의 한 제자가 팔라초델테의 천장화에 재현한 잠든 프시케의 자세를 빼다박은 것이나 다름없음을 보여주었다.(에드거 윈드, 「레이놀즈와 호가스의 그림에서 빌려온 자세들」, 『와버그와 코톨드 예술학교 저널 *Journal of the Warburg and Courtauld Institutes*』, 1938~1939, II, 182~185쪽)

2. 미국 화가들
신대륙 태생인 벤저민 웨스트와 존 싱글턴 코플리는 그들의 화가 인생 가운데 중요한 시기를 영국에서 보냈다. 웨스트는 영예의 정점에서 레이놀즈에 이어 왕립아카데미의 수장이 되었다. 이들 모두 당대의 관심사를 주의 깊게 바라보면서 최근 사건을 주제로 삼아 역사화의 부흥에 공헌했다. 그렇게 해서 프랑스 화가들이 황제의 서사시를 그려내는 데 길을 열어주었다. 이러한 관점에서 그들은 선구자 역할을 한 셈이었다. 프란체스코 밀리차의 책[『예술을 보는 기술에 대하여』와 『건축사 시론』]을 번역하기도 한 폼므뢸 대령은 혁명력 6년에 "혁명의 기적"과 프랑스군의 "전대미문의 경이"를 재현할 "화가도 판화가도" 발견하지 못했음을 한탄한다. 그는 예술이 교육과 프로파간다의 수단이 되어 "혁명을 극심하게 날조한 유럽의 관념을 바로잡을 수" 있기를 바랐다. 이 주제에 대해서는 에드거 윈드, 「역사화의 혁명」, 『와버그와 코톨드 예술학교 저널』, II, 1938~1939, 116~127쪽 참조.

찰스 윌슨 필과 길버트 스튜어트는 런던에서 웨스트 밑에 있다가 미국에 가서 초상화가로 활동했다. 1789년에 필은 벤저민 프랭클린의 초상화를 그렸는데, 이 그림이 그의 가장 특징적인 작품으로 남았다.(찰스 콜먼 셀러스, 「찰스 윌슨 필이 그린 초상화와 세밀화」, 『미국철학회 회보 *Transaction of the American Philosophical Society*』, 1952년 6월, 1~369쪽 참조) 이 위인의 왼손 앞에 놓인 종이에는 천둥과 도체導體에 관한 그의 유명한 글이 담겨 있다. 사실 1789년에 프랭클린은 흑인노예해방에 전념했고 「불법적으로 속박당한 자유흑인의 해방과 노예제 폐지를 고취하기 위한 펜실베이니아협회의 성명」에 서명했다.

X

로마와 신고전주의자

베네치아에서 로코코 양식이 아이러니와 멜랑콜리에 물든 황혼 속에 지고 있는 동안, 1789년 로마에서는 하나의 예술적 이론과 실천이 진행되고 있었다. 이는 나중에 '앙피르(제국)Empire 양식' 이라는 명칭으로 합의되면서 마무리되었다. 이 양식은 영국, 독일, 이탈리아, 프랑스로 확산되었으므로 실은 하나의 유럽 양식이었다.

1789년의 로마는 그 어느 때보다도 범세계적인 도시였다. 그곳엔 [혁명을 피해 온] 최초의 프랑스 이민자들이 있었다. 익살스러운 시인이면서 프랑스를 대표하여 로마에 와 있던 베르니 주교가 국왕의 고모들과 측근들과 비제르브룅 부인을 맞았다. 하지만 로마에는 프랑스혁명에 공감했던 젊은 프랑스 화가들도 있었다. 교황청 치안 조직은 이들을 면밀히 감시했고 이들이 프리메이슨과 결탁하지 않을까 노심초사했다. 훗날 나폴레옹의 건축가 겸 장식가가 될 샤를 페르시에와 피에르 퐁텐이 1789년 로마에 있었다. 페르시에는 아카데미의 요청으로 트라야누스 기둥의 도면을 그렸다. 그는 퐁텐과 함께 나폴리와 폼페이에서 문양을 수집했다. 그는 장식 관련 어휘를 수립하면서 수많은 '에트루리아적' 요소를 집어넣었다. 조각가 조제프 시나르는 1789년에 로마를 떠났다가 1791년에 되돌아왔다. 카트르메르 드 캥시의 긴 체류가 막을 내린 곳도 로마다. 그가 쓴 『건축 사전*Dictionnaire d'architecture*』과 카노바 전기, 라파엘로 연구에는 로마 체류의 기억이 들어갔다. 존 플랙스먼은 웨지우드와의 오랜 공동작업을 마치고 1787년 이탈리아에 도착했다. 그는 로마에서 개빈 해밀턴을 중심으로 한 영국인 무리를 만났다. 선묘線描 작업을 하던 베니뉴 가뉴로도 만났음이 분명하다. [이탈리아 조각가] 안토니오 카노바는 〈사랑의 여신과 프시케〉〈클레멘스13세의 묘〉를 작업하고 있었다. [스위스 출신으로 이탈리아에서 활동한 화가] 안겔리카 카우프만은 살롱을 열었고 괴테의 초상화를 그렸는데, 괴테는 이 시기에 막 독일로 돌아갔다. 빌헬름 티슈바인은 로마에 오래 체류한 뒤 나폴리에 정착했다. 지로데는 1789년에 로마 대상大賞*을 받고 1790년 초에 로마에 도착했다. 그는 로마에서 〈엔디미온〉(도판 41)과 〈아르타크세르크세스의 선물을 거부하는 히포크라테스〉를 그리게 된다. 마지막으로 [덴마크 출신의 화가] 야콥 아스무스 카르스텐스가 1792년 9월 로마 사회에 등장했다.

이 화가들, 이 이론가들은 빙켈만과 멩스의 열렬한 독자였다. 그들은 하나의 생각으로 열정을 더욱 불태웠으니, 바로 고대(그리스 조각, 화병 그림, 로마 건축)로 돌아가고 만테냐, 라파엘로, 미켈란젤로, 코레조로 돌아가는 것이었다. 하지만 이 복귀는 변덕스러운 취향이나 충동적인 선호가 아니라 이성에 근거한 결정이며, 숙고 끝에 내린 선택이었다. 그들이 감각적인 가치와 즉각적인 행복이 무질서하게 고양되었다고 본 한 세기가 지나고, 그들은 예술이 다시 사유의 권위를 따라야 한다는 임무를 수행했다. 바로크 양식의 극적인 화려함과 로코코 양식의 과잉된 섬세

* 회화와 조각을 대상으로 한 로마 대상Prix de Rome은 루이14세 치세였던 1663년에 처음 수여되었다. 왕립 회화와조각아카데미가 주관했던 이 대회의 수상자는 로마 체류 비용을 받을 수 있었다. 수상자들은 보통 2~4년 동안 로마에 머물면서 이탈리아의 고대와 근대 미술을 접하고 공부할 기회를 얻었다.

도판 41. 안루이 지로데(1767~1824), 〈엔디미온〉, 파리 루브르박물관.

함은 더는 정신의 흔적이 없고, 영혼이 부재하는 희미한 쾌락의 자극제에 불과했다. 그래서 그들은 '매너리즘'과 외면치레에 빠질 만한 치명적인 유혹을 멀리하고자 했다. 그곳에서는 힘의 감퇴만을 볼 뿐이었기 때문이다. 그리고 단순성과 함께 엄격함을 되찾기 위해, 지나친 치장의 노예가 된 영혼을 해방하기 위해 그들은 자연과 이상, 예전 젊은 세기들의 예술에 호소했다. 그들은 바로크와 로코코 양식이 환영의 숲에 가려 진실을 향해 나아가지 못했음을 비판하면서 그 진실을 되찾고자 했다. 이제는 아르미드의 정원에서 벗어나고 싶었던 것이다. 그들은 18세기 말의 수많은 작가가 증언하는 저 우울한 피로를 치유하게 될 것인가? 그들 모두가 새로운 활기의 원천을 찾아내지는 못했을 것이다. 그들 중 많은 이는 이 길이 새로운 르네상스가 아니라 초라하고, 약화되고, 창백한 예술로 인도한다고 생각했다. 그러나 다른 이들은 빌려온 빛과 열로 자신들의 양식을 만들겠지만, 그들의 의도와 성취만큼은 흥미를 끌 만했다.

그들의 연구를 고려하면 모든 것을 새롭게 시작한다는, 혹은 다시 시작하고 쇄신한다는 위대한 생각(프랑스혁명이 역사에 뚜렷이 새겨놓은 그 생각)이 단지 정치제도의 영역에만 적용되는 것이 아님을 알게 된다. 괴테는 오래도록 이탈리아를 여행하는 동안 끊임없이 원시 식물과 식물 구조를 이루는 최초의 성분을 생각했다. 그가 로마에서 만난 화가들 또한 자기 영역에서 시초의 빛에 접근하고자 노력했다. 그들은 부흥이라는 혁명에 참여하고 있다고 느꼈다. 카트르메르 드 캥시는 이를 "고대의 횃불을 다시 밝히는" 임무라고 공식화했다.

그들이 자연에 호소한다면 이는 우선 자연이 물질의 저항을 받아 우회하거나 기이한 모습을 띠기 이전의 원초적 의도에 호소하는 것이다. 또 그리스인의 조각술과 데생을 모방한다면 이는 그리스인이 그 원천 자체에서 마음껏 소재를 취했고, 그들의 마음을 괴롭히고 타락시키는 나쁜 예를 본 적이 없었으므로 자연의 언어를 소박하고 성실하게 말했기 때문이다.

하지만 현대인이 고대의 생명력을 따르려면 자기가 배운 방법을 잊으려고 노력하는 것밖에 할 수 있는 일이 없다. 그들은 천재의 충동에 즉각 따르거나 천재가 드러난 모범적인 작품을 연구하면서 진리를 되찾아야 한다. 그래서 가장 자유로운 자발성을 따르는 동시에 가장 세심하게 성찰하도록 노력해야 한다. 화가는 기억 없는 존재이고자 하면서도 호메로스의 시를 듣고 라오콘상을 바라본다.

혁명 정신이 새로운 공화국을 세우면서 빛의 도래를 열망한다면, 이 화가들은 그 빛의 도래를 현재의 출현임과 동시에 까마득한 과거의 출현처럼 경험한다. 우리가 알기로 원초적 계시라는 생각이 18세기에 간혹 나타나기도 했다. 때로는 성서에 나오는 신과 대화하는 아담의 이미지로 거슬러올라가기도 하고, 때로는 다소 이단적이거나 신비주의적으로 변형되기도 했다. 최초의 인간, 최초의 민족들은 총체적인 예술과 지식을 물려받았지만 역사가 흐르면서 최초의 깨우침의 내용은 계속 모호해지기만 했다. 이 점에서 장 실뱅 바이와 쿠르 드 제블랭의 가르침을 함께 따른 라보 생테티엔은 그리스 신화 자체를 최초의 알레고리적 글쓰기가 타락한 버전으로 보았다. 우리를 상징적으로 태초의 빛이 분출했을 때와 같은 시대에 놓이게 만드는 행위, 즉 입문의식initiation이 없다면 어떻게 그 태초의 빛을 함께 나눌 수 있겠는가? 더욱이 이 지성사가는 1789년경 거의 유럽 전역에서 나타나는 플라톤주의와 신플라톤주의의 부흥에서 폭넓은 연구의 장을 찾았다. 영국에서는 존 테일러의 '오르페우스교적'인 글과 번역이 블레이크에게 영향을 미치게 되고, 네덜란드에서는 헴스테르하위스가 플라톤의 방식에 따라 대화편을 쓰고, 프랑스에서는 1790년에 주베르가 "마치 플라톤처럼 오직 빛만이 보이는 열린 공간을 여행"할 계획을 세우고, 독일에서는 튀빙겐신학교의 연구생이던 헤겔, 횔덜린, 셸링이 프랑스혁명에의 열정이 최고조에 이르렀을 때 플라톤, 프로클로스, 이암블리코스를 읽었다. 관념적인 '미美'의 취향, '존재'의 단일성의 반영이 강렬하게 나타나지 않는 곳이 없었다. 이미 살펴보았듯 이는 감각적 즐거움을 추구하는 타락한 유혹에 맞선 반작용이라 할 것이다. 이제는 눈에만 작용하는 예술이 아니라, 마음(이 역시 시선의 중재를 거칠 수밖에 없지만)에 호소하는 예술을 갈망하게 된다. 프시케 신화는 몇 년 동안 엄청나게 확산될 텐데, 앞서 보았듯 이는 그저 사랑에 깃든 더 진지한 감수성을 표현하기 위해서일 뿐 아니라, 회화예술이 마음에 다다르고자 하여 스스로 알레고리와 상징으로써 재현될 필요를 느꼈기 때문이다. 사실 이르고자 하는 목표가 진정으로 (형이상학적 의미에서) 이상적인 것이라면, 예술작품은 닿을 수 없는 실재의 상징처럼 인식될 수 있을 뿐이다. 감각언어인 예술은 초감각적인 것의 알레고리일 뿐인 것이다. 알레고리가 18세기 말에 특별히 수혜를 받았다는 점이 생각날 것이다. 물론 16세기에 피치노와 피코 델라 미란돌라의 영향으로 알레고리가 개화했음을 떠올리지 않을 수 없다. 그러나 수학적 자연학 덕분에 수용 가능한 재현의 세계가 뿌리까지 바뀌었기에 18세기에 이미지는 더는 르네상스 우주관을 따르는, 거의 마법이나 다름없는 기능을 갖지 못한다. 르네상스의 우주는 정신적인 상호관계로 가득차 있고, 공감과 '조응'이라는 힘의 장들이 관통하는 곳이다. 말하자면 이제 알레고리 이미지의 딜레마는 원격으로 작동하는 의미냐, 아니면 더할 나위 없이 신비로운 분유分有냐 하는 것이었다. 원격으로 작동하는 의미는 짐작할 수 있듯이 기호 체계를 사용하여 다뤄지는 형식들의 고유한 특성인데, 지성적으로 설명할 때 이 형식은 사라져버리고 말 운명이다. 이렇게 이미지가 해체되고 구멍이 났을 때 담화의 시각적 등가물이었던 이미지는 그만 담화에 자리를 내어주게 된다. 이미지를 보필하는 것이 감각이었으나, 이제 이미지는 버림받기라도 한 것 같다. 이미지는 그저 단순한 중개인으로서 일단 바라보는 자의 이성이 감각을 구성하게 되면 이미지를 아름답게 만들 필요가 더는 없게 된다. 이와는 반대로 플라톤 정신에 더욱 충실한 분유 개념은 이미지와 이데아를 분리 불가능한 관계로 연결한다. 이미지는 사유와 구분되고 멀리 떨어진 기호로 제시되는 것이 아니라, 감각세계 한가운데에서 절대적인 것의 현전으로 제시된다.(그런 식으로 우리는 원리들의 빛이 일상의 현실을 만나는 지점에서 혁명의 상징이 우뚝 솟는 것을 보았다.) 관념과 이데아가 완벽히 분유될 때, 결코 분리되지 않는 이 내속 관계에 따라 담화의 의미는 무한히 유보되고 분유가 모든 담화의 자리에 신비롭게 제시된다. 더는 알레고리가 아니라 상징에 대해 말해야 한다. 괴테는 바로 그것을 바랐다. "알레고리는 가상假像을 개념으로, 개념을 이미지로 바꾸는데, 그것은 이미지 속에 일정하게 남아 있던 개념이 완전히 포착되고 소유되어 그렇게 표현되기 위함이다. 상징체계는 가상을 관념으로, 관념을 이미지로 바꾸는데, 그것은 관념이 이미지 속에 영원히 능동적이고 닿을 수 없는 자리에 머물게 하기 위함이다. 상징적인 것이 모든 언어로 표현될 수 있더라도 그 관념만큼은 표현될 수 없다." 가상과 이미지 사이에서 상징적 관념은 여전히 매개의 기능을 갖는데, 그것은 관념이 이미지 속에 무한히 계속 존재하게 하기 위함이다.

이미지가 관념의 요청을 따르게 되면 물질 밖의 것은 모두 추방해버릴 것이다. 그저 감각의 과잉에 불과한 것은 모두 벗어버리려 하고, 물체들이 우발적으로 구성한 이미지는 모두 버릴 것이다. 가뉴로, 플랙스먼, 카르스텐스(대부분 북유럽 사람들이다!)의 조각과 선묘는 무엇보다 그리스 항아리의 화풍에서 미학적 정당성을 확보한다. 초기 데생으로, 확실한 캘리그래피로, 시원의 예술로 돌아가야 한다![1] 하지만 이러한 미학적 정당성을 역사적 동기에서, 또 오랫동안 땅속에 묻혀 있다 발굴된 대상들에 대한 고고학적 매혹에서 찾을 때, 영혼의 능력을 고려하지 않을 수가 없다. 헴스테르하위스는 이렇게 썼다. “영혼은 가장 빨리 아름다움의 관념을 만들어내는 것을 가장 아름답다고 판단한다. ……영혼은 가능한 한 가장 빨리 수많은 관념을 갖고자 한다.” 영혼이 이러한 즐거움을 맛볼 수 있는 것은 윤곽선, 재현된 주제와 잘 어울리는 가장 단순한 둘레선을 통해서다. “가시적 대상은 표면의 윤곽, 대상이 빛과 그림자를 변화시키는 방식, 그리고 마지막으로 대상의 색깔로 구분된다. 오직 윤곽선으로 구분한다고 말할 수도 있으리라. 색은 그저 부수적인 특질일 뿐이고, 빛과 그림자의 변화는 전혀 보이지 않는 윤곽의 결과에 불과하기 때문이다.” 헴스테르하위스는 모든 예술은 관념을 형상 안에 농축하는 것이라고 생각했다. 이때 형상은 금세 해독 가능해야 한다. “우리 영혼 안에 연속과 지속이라고 하는 것과 관계있는 것이라면 무엇이든 혐오하는 무언가가 존재한다는 점은 이론의 여지 없이 확실한 것 같다.” 그래서 헴스테르하위스는 데생과 회화보다 조각이 먼저 발명되었다고 생각한다.[2] 그러나 이러한 생각은 데생과 회화를 조각에 종속시키거나 더 정확하게 말하면 부조와 같은 매개 장르에 종속시키고자 함이었다. “데생과 회화가 탄생하기 위해서는 윤곽이라는 추상적 관념을 먼저 갖지 않을 수 없었다.”

선형성과 부조의 기억에 관해서는 이미 다비드가 아주 멋진 사례 하나를 제공했다. 하지만 그림자를 너무 진하게, 색을 강렬하게 표현하는 것이 다비드의 회화와 모순되는 것은 아니었다. 그런 표현을 억제한 합리적인 에너지가 있으므로 또 그렇게 표현할 기회도 생긴 것이다. 그런 강렬한 표현을 썼다는 것은 그런 표현을 순화하고 통제할 수 있는 엄격한 의지가 있었음을 보여준다. 선으로 이루어진 데생과 판화 같은 하위 장르에서는 그림자와 색채가 배제되고 긴장도 사라졌다. 하나의 유일한 원리가 모순 없이 지배하는 셈이었다. 형상과 윤곽 덕분에 정신의 작업은 이상적인 전형을 확립하려고 노력하게 된다. 이 작업은 다시 자연의 의도로 돌아간다고 주장하지만, 실재를 직접 응시하기보다는 진작에 그 실재를 포착하여 형상화했던 사람들을 매개로 이루어졌다. 실제로 이 화가들이 좋아한 것은 직접적인 자연이 아니라 기왕에 존재하던 아름다운 형상이었다. 거기서 화가들은 자연이 그저 밑그림만 그려놓은 것을 조화롭게 완성해놓은 고대인의 예술을 보았다. 이런 패러다임이 세계와 화가들 사이 어디에나 있다. 예술의 황금시대는 사라지고 없지만, 화가들은 그 기억을 지울 수 없었다. 그래서 그들은 신화 속에 틀어박혀 데생에 몰두했고, 강한 자성磁性으로 이렇게 이끈 것은 그리스의 선 그림에 대한 기억이었다. 플랙스먼은 『일리아스』와 『오디세이아』, 아이스킬로스의 작품에 삽화를 그렸다. 카르스텐스는 고대나 영웅의 주제만을 다루었다.(1797년에 그가 마지막으로 그린 작품의 제목은 〈황금시대〉였다.) 이런 식으로 예술은 이미 예술이 계시해둔 과거로 떠났고, 시인들의 세계를 피난처로 삼았다. 신고전주의(또는 '하이퍼고전주의'랄까)는 무한한 부재에 기대 살아간다. 윤곽선은 과거의 빛이 형상을 되찾자마자 이를 확정한다.

그러나 외부에 있는 절대적인 모델(자연의 의도, 인간의 완전한 형상)의 왕국을 전제하는 이 이상주의에 온전히 주관적인 이상주의를 변호하는 입장이 더해진다. 데생의 선은 모방에 전혀 개의치 않는 자유로운 의식의 행위다. [18세기 독일 고고학자] 카를 루트비히 페르노브의 말처럼 카르스텐스는 베끼지 않았을 뿐 아니라 어떤 기억도 되살려내고자 하지 않았다. 그는 "상상력의 조형적인 힘"을 작동시켰다. 그래서 다비드의 그림에서처럼 선 형성이 화가의 의지력의 행사에 상응하는 것임을 보게 된다. 윤곽으로 형상을 '확정'한다는 것은 창조적 의식의 지배력을 증명한다. 페르노브와 카르스텐스는 창조적 행위의 우위는 예술이 더는 기독교 교리를 따르지 않겠다는 입장의 필연적 귀결이라고 생각한다. 예술가가 일단 '이상적인 자유'를 찾게 되면, 예술 자체에서 자신의 진정한 종교, "즉 자신의 가장 순수한 사랑의 대상"[3]을 따르기 마련이다.

신고전주의 회화의 이 같은 양상과 로코코 양식의 고유한 특징을 다시 한번 비교해야 한다면, 아른거리는 명암明暗이나 복잡한 장식의 문제를 꺼내는 것만으로 그칠 수 없겠지만, 나는 로코코 양식의 부차적인 양상을 지적하고 싶다. 선묘 판화와는 완전히 대척점에 있는 것으로 보이는 실루엣silhouette* 말이다. 실루엣은 일상적인 차림새와 친근한 몸짓의 실제 개인의 모습이 수동적으로 투영된 그림자처럼 제시된다. 말하자면 몸의 윤곽을 전사轉寫한 것이다. 실루엣 화가는 카메라 옵스쿠라의 유리판에 나타난 이미지의 가장자리를 고스란히 따라 그리는 재주로써만 주목받기를 바란다. 제 스스로 만들어낸 것이 전혀 없는 셈이다. 이와는 반대로 선묘는 종이 위에서 손이 움직이는 매 순간에, 자율적인 의식이 그 순간을 주재하고 있음을 알게 해준다. 플랙스먼은 영웅적인 비상을 바라지만 그 움직임이 지나치게 뻣뻣하고 신중하다. 카르스텐스의 움직임은 최면에 걸리기나 한 듯 차분하게 전개된다. 이 예술은 빙켈만(아름다움을 순수한 물처럼 '무미건조'한 것으로 보았던 그는 아름다움이란 맑은 형식이 차분하게 비표현적으로 꽃피워야 하는 것이라고 생각한다)의 명령을 곧이곧대로 따른다면 마비 상태나 지각할 수 없는 유동성 혹은 치명적인 석화石化의 위험에 항상 노출되어 있다. 자신의 작용을 완벽히 통제하는 의식은 나르시스처럼 저만의 순수성과 사랑에 빠지고 투명성이라는 비실체적인 꿈 속에서 정지할 위험을 무릅쓴다.

* 인물의 얼굴이나 몸의 내부를 검은색으로 칠하여 표현하는 회화 방식을 가리키는데, 이런 초상화는 17세기 말과 18세기 초에 등장했다. 이 용어는 이런 방식의 초상화를 즐겼던 에티엔 드 실루에트의 이름에서 따왔다.

도판 42. 야콥 아스무스 카르스텐스(1754~1798), 〈밤과 밤의 아이들〉, 1795, 바이마르 슐로스무제움.

이 예술을 구할 수 있는 것이 발견되었다. 바로 어둠의 복귀, 프로이트의 언어로 말하면 '억압된 것의 복귀'다. 하지만 이 하이퍼고전적인 예술이 테크닉을 다양화하지 않고서 새로운 그림자를 수용하는 것은 우선은 주제에서다. 그렇게 플랙스먼의 그림에서 폭력, 영웅적 분노, 공포, 두려움이 엄청나게 집중된 표현의 힘을 통해 형상들의 차분한 이상을 뒤흔들러 오는 것이다. 반半추상 발레(피카소가 이를 기억해낼 것이다)의 탄생은 영혼이 받는 고통을 암시적으로 떠올리면서 이를 운동과 결합할 필요가 있었기 때문이다. 플랙스먼이 선묘화를 그린 시기가 웨지우드의 장식화가 시절과 장례용 조각 작품 주문을 받던 시절 사이, 다시 말해 우아한 무상성無償性과 영원히 남겨진 슬픔 및 위로의 예술 사이였음을 잊지 말자. 또 카르스텐스의 작품에 더없이 차분한 분위기가 깔려 있다면, 그것은 작품에 내적 차원이 들어갔기 때문이다. 인물 모두가 부동자세를 취하다시피 하는 이미지에 활기를 불어넣는 것은 바로 정신의 드라마다. 루돌프 차이틀러가 올바로 지적했듯 카르스텐스의 작품에는 능동적인 인물(호메로스나 낭송하는 오르페우스, 애원하는 트로이 왕 프리아모스)과 깊은 명상에 빠진 관객이 자주 대비를 이룬다. 카르스텐스는 성찰의 차원을 표현할 줄 알았듯 시간의 깊이도 예민하게 감지해냈다. 그의 그림 속 진중해 보이는 인물들은 자의식, 즉 내적 지속의 의식에 잠겨 자신을 돌아보는 것 같다. 이 정신적 관점은 내용 없는 '나는 생각한다'의 중립적 정체성이 아니라, 현실세계를 전혀 보지 않는 듯한 눈 뒤편에서 까마득한 운명의 감정을 차지해버린다. 카르스텐스가 남긴 주요 작품 하나가 헤시오도스에게서 영감을 얻은 〈밤과 밤의 아이들〉(도판 42), 즉 운명의 신화적 기원이 아니던가?

주석과 보충

1. 선묘線描의 기원

루이 오트쾨르는 박사논문 『18세기 말의 로마와 고대의 재탄생*Rome et la renaissance de l'Antiquité à la fin du XVIIIe siècle*』(파리, 1912)의 한 장을 '철저한 고전주의'와 선화線畵를 즐겨 그린 화가들의 미학적 열망에 할애했다. "화가들은 가장 보편적이고 항구적인 아름다움에 이르고자 했다. 그래서 그저 부수적일 뿐인 모든 것, 색채와 음영까지 제거하게 되었다. 이와 반대로 데생은 형식의 경계를 정하는 가장 지적인 조형 요소로서 유일하게 중요한 것이 되었고 윤곽을 지시하는 것으로 귀결했다. 화가들은 이 추상적인 선묘를 개념을 구체화하는 합리적인 수단으로 보았다.

이러한 방식의 단순성은 몇몇 조각가가 벌써 사용하던 것이다. 1770년에 장 바르보는 윤곽선으로 고대의 부조와 큰 잔을 재현했다. 카사노바는 헤르쿨라네움에서 발굴된 몇몇 청동물의 세부를 그 방식으로 표현했다. 이내 명확한 선묘는 학생들에게 '선의 순수성'을 가르칠 때 사용할 수 있겠다고 여겨졌다. 1785년에 볼파토와 모르겐은 '다소 음영을 넣어 단순한 윤곽선으로 그린' 조각상 모델집을 출간했다. 하지만 18세기 사람들이 볼 때 이 조각상 그림들은 색채는 없으되 음영은 여전히 표현되어 있었다. 그런데 발굴 작업을 통해 고대인들이 이미 그런 개혁의 열망을 실현한 일군의 기념물이 유행하지 않았던가? 말하자면 그리스 화병이야말로 선묘의 완벽한 사례가 아니던가?"(243쪽)

2. 프랑수아 헴스테르하위스와 『조각에 관한 편지』(1769)

헴스테르하위스는 조각의 차분함과 장엄함은 가장 신속하게 이루어지는 지각, 더욱이 즉각적인 이해라는 심리적 요청에 부응한 것이라고 보았다. "그러므로 통일성 혹은 단순성이야말로 조각의 필수 원리라 할 것이다. 그러나 본성상 조각 작품은 어느 쪽이든, 어느 측면에서 보든 아름답게 빛나므로, 가까이서 볼 때나 멀리서 볼 때나 똑같이 즐거움을 주고자 하고 그렇게 해야 한다. 이러한 이유로 나는 조각이 행동과 정념을 완벽하게 표현함으로써 전하고자 하는 관념을 최대치로 늘리는 것 이상으로 윤곽을 능란하면서도 훌륭하게 표현함으로써 대상의 관념을 얻는 데 최소한의 시간이 들도록 노력해야 한다고 생각한다. 바로 그렇기 때문에 특별히 조각에 부합하는 안정과 장엄함이 나오게 된다." 이처럼 헴스테르하위스는 빙켈만처럼 형태의 차분한 아름다움을 지지하고 성격 탐구에 반대한다.(신의 차분함이라는 미학적 문제에 관해서는 발터 렘의 연구 「침묵의 신, 고통의 신Götterstille und Götterstrauer」(같은 제목의 단행본에 수록됨, 잘츠부르크, 1951) 참조)

3. 칸트와 데생의 우위

형상, 데생, 윤곽의 우위는 신고전주의 화가들이 엄격하게 따른 원칙인데, 칸트는 이를 깔끔하게 정식화했다.(『판단력 비판*Kritik der Urteilskraft*』, 1790, §14) 색채는 감각적인 매력으로 우리의 감각을 지나치게 직접적으로 자극하고 관심을 끌지만, 데생은 무관심한 즐거움을 준다. “회화, 조각, 조형예술 전체, 건축, 조경예술의 본질은 데생이다. 취향에 따라 그런 예술들의 근본 조건을 이루는 것은 유쾌한 감각작용을 일으키는 것이 아니라 그 형태를 통해 즐거움을 주게 되는 것뿐이다. 데생을 화사하게 물들이는 색채는 매력을 지닌다. 즉 색채는 대상 그 자체를 감각작용으로 자극할 수 있다. 하지만 그 대상을 바라볼 가치가 있는 것, 즉 아름다운 것으로 만들지는 못한다. 더욱이 색채는 대개 형식미에 대한 요구로 인해 크게 제한되고, 매력을 발휘할 수 있게 허용되더라도 형식미가 있어야만 기품을 갖게 된다.”(J. 지블랭의 프랑스어 번역본, 4판, 파리, 1960)

XI

카노바와 부재하는 신들

안토니오 카노바의 작품에서도 저 어둠의 복귀가 신중하면서도 뚜렷하게 나타난다. 확실히 매끄러움, 반들반들함, 차분함, 몽롱한 차가움이 그의 많은 조각 작품을 지배하는 것 같다. 그의 작품에서 선형성의 원리는 부드러운 표면에 비치는 광채 속에 펼쳐진다. 하지만 다비드처럼 카노바도 다른 지평에서 출발하여 신고전주의의 이상에 다다른다. 두 사람의 작품활동을 보면 그들이 어떤 지점까지 식자층 대중의 심의에 유연히 대처했는지 알 수 있다. 베네치아에서 작업한 〈다이달로스와 이카로스〉를 들고 1779년 로마에 온 카노바는 비판을 들어야 했으며, 빙켈만을 읽고 바티칸의 회랑을 수시로 드나들던 한 무리의 예술가들과 예술 애호가들의 충고를 수용했다.(신고전주의가 비약적으로 발전할 수 있었던 데는 교황 클레멘스14세가 고대의 예술품을 수집해 모아둔 저 바티칸미술관이 중요한 역할을 했음을 과소평가해서는 안 될 것이다. 이곳은 1773년부터 관람객을 받았고, 관람객은 예술품들을 보고 찬탄해 마지않았다.) 그런데 왜 〈다이달로스와 이카로스〉가 비판을 받았는가? 카트르메르 드 캥시의 표현에 따르면, "개인을 모사하는 데 그친 꼭 닮은 모방"에 머물렀기 때문이다. 이는 "진부하고 통속적인" 모방으로서 개별자에 사로잡혀 있다. "말하자면 한 가지 물질적 실재를 통해 제한된 감각에 호소할 뿐이다.”[『카노바와 그의 작품들』] 심지어는 카노바가 살아 있는 육체로 본을 떠서 인물의 형상을 만들어내지는 않았는지 의심하기까지 했다. 엄청난 재능을 타고난 이 젊은 예술가를 고대의 (‘맹목적인 모방’이 아닌) 부활로 이끌려 했던 것이다. 그래서 카노바는 ‘이상적인’ 모방의 비밀을 찾고자 ‘꼭 닮은’ 모방을 버려야 했다. ‘생생한 모델’을 자연으로 보는 대신, 자연을 모델로 삼아야 했다. 이상적인 모방(카트르메르 드 캥시는 카노바에게 그렇게 말했다)에서 “정신은 개별자들과의 비교를 통해 완전함과 아름다움의 관념을 이끌어낼 수 있다. 아마도 자연은 완전하고 아름다운 것의 이미지를 어디에서도 완성하고자 하지 않았던 것 같기 때문이다. 이를 보충하는 것은 오직 예술의 몫이다. 자연의 목적은 셀 수 없이 많지만 예술은 작품 안에서 오직 하나의 목적을 갖기 때문이다.” 카노바는 1781~1782년에 로마에서 〈테세우스〉를 작업했는데, 이 작품은 “로마에서 고대의 원리, 체계, 양식을 부활시킨 최초의 사례”로 식자들에게 높은 평가를 받았다.

두 양식 사이를 오간 두 조각이 모두 다이달로스의 전설을 다루었다는 것은 그저 우연일까? 다이달로스가 아들 이카로스의 어깨 위에 날개를 하나 단다. 비상의 욕망은 젊은이의 몸짓과 오른손에 쥔 깃털을 통해 나타난다. 카노바는 회화, 스케치, 조각에서 계속 중점적으로 이 주제에 대해 상상했다. 곤충의 둥그스름한 앞날개를 단 ‘아모리노들’* 정령들, 더 넓은 꼬리날개를 단 사랑의 여신, 날렵하게 뛰어오르는 무희들이 그의 작품에 날갯짓과 비상의 기쁨을 퍼뜨린다. 여기가 바로크 예술가들이 중요시한 돌과 조각가가 그 돌에 새긴 가벼운 물질들의 대비가 줄곧 이루어지는 곳이다. 옷주름이나 깃털과 같은 물질들은 너무 가벼워 중력을 부정

* 푸토putto라고도 하는데, 미술작품에서 날개를 단 아기 천사를 가리킨다. 이탈리아 미술에서 장식적인 역할을 했다. 사랑(아모르)의 작은 천사라는 뜻의 아모리노amorino는 큐피드, 케루비노를 이르는 다른 이름이기도 하다.

하니 말이다. 이와 반대로 테세우스는 황소 얼굴을 한 괴물의 주검 위에 올라타고 있다. 영웅은 패자의 허리에 몽둥이를 걸쳐놓고 명상에 잠겨 있다. 미로의 공포는 사라졌고, 싸움은 승리로 끝났으며, 어둠을 지배하던 권태는 이제 죽음의 밤에 넘겨졌다. 인간의 힘이 승리를 거둔 것이다. 주제를 자유롭게 선택할 수 있었던 카노바는 아마 욕망에 대한 승리를 상징적으로 표현하고자 했을 것이다. 그러니 그에게서 어떤 관계도, 어떤 정념의 격정도 보이지 않는 것이 당연하다. 중요하게 확인해야 할 점은 카노바가 이상理想에의 요구에 자신의 예술로 부응하고자 할 때 폭력의 요소를 도입하여 죽음이 드리우게 한다는 것이다. 순수한 형식을 추구했다면 그가 빚은 인물에게 비칠 수 있었을 차분하고 침착한 인상을 본능적으로 상쇄하려는 듯이 말이다. 그래서 카노바의 작품에는 우아한 주제와 극단적으로 광포한 장면이 번갈아 나타난다. 〈헤라클레스와 리카스〉의 군상이 그러하며, 이 작품은 [소포클레스의] 〈트라키스 여인들〉에서 영감을 얻었다. 광포한 분노에 빠진 영웅 헤라클레스가 자기와 싸웠던 네소스의 제복을 가져온 아이를 바다에 던져버리는 이야기다.

그러나 카노바가 1789년에 제작하고 있던 작품들을 살펴보자. 〈클레멘스13세의 묘〉 〈사랑의 여신과 프시케〉, 그리고 부조 〈소크라테스의 죽음〉이다. 죽음은 장중하다가, 달콤하다가, 차분한 형상을 차례로 띠면서 어느 곳에나 있다. 다비드의 작품에서처럼 소크라테스는 철학적 자신감과 미리 얻은 내세의 신비와의 친밀성을 보여준다. 두려움 없이 한 세계에서 다른 세계로 나아갈 준비가 된 것이다.

〈클레멘스13세의 묘〉에서 카노바는 단을 쌓아올리고 간격을 확보하는 방식을 채택한다. 그러면 (차이틀러가 [『고전주의와 유토피아』에서] 세밀한 분석을 통해 지적했듯) 빈 공간의 기능이 중요해진다.(도판 43) 이 기념물에는 형상들 사이에 의존관

도판 43. 안토니오 카노바(1757~1822), 〈클레멘스13세의 묘〉, 로마 산피에트로대성당.

계가 없으며 서로 직접적인 관계도 전혀 맺고 있지 않다. 모든 형상이 공히 하나의 동일한 목적을 따르는 바로크 양식의 역동적인 앙상블과는 거리가 멀다. 눈을 감고 기도하는 교황은 살아 있는 자의 시뮬라크르이다. 하지만 명상에 잠긴 그는 깊은 부재 위에서, "비어 있는 거대한 벽감"(루돌프 차이틀러) 앞에서 뚜렷하게 드러난다. 믿음의 여신은 선 채로 이마 주위에 빛을 발하면서 십자가를 받치고 한 손으로 석관을 어루만진다. 여신은 먼 곳을 바라보지만, 그 시선은 하늘을 향한 것도, 고인을 향한 것도, 관람자를 향한 것도 아니다. 주의 깊고 소박한 얼굴에서는 어떤 황홀한 약속도 읽을 수 없다. 부활을 알리는 어떤 격정도 보이지 않는다. 다른 형상들이 취한 태도와 대비되는 이 조각상은 똑바로 서서 뻣뻣하기까지 한 모습으로 오직 계시된 진리에 대한 확고부동한 애착만을 말할 뿐이다. 죽음의 정령[타나토스]은 우리 관람객과 더 가까운 쪽에 자리잡고, 석관 받침대에 팔꿈치를 괴고, 횃불을 뒤집은 채 반쯤 누워서 멜랑콜리한 꿈에 사로잡혀 있는 것처럼 보인다. 이 정령이 무방비 상태로 취한 태도를 보면 카노바가 제시하고자 한 것이 죽음의 상징(이는 믿음의 여신의 알레고리와 대칭을 이룬다)보다는 죽어가는 행위, 존재가 눈에 보이지 않는 파도에 휩쓸리는 유동적인 행위의 재현이라는 점을 깨닫게 된다. 이것이 기독교적 죽음의 이미지일까? 기념물 아래쪽에 놓인 사자 두 마리는 교황이 베네치아 출신임을 떠올리게 한다. 한 마리는 믿음의 여신 발치에서 신음하고 있고, 또 한 마리는 타나토스와 함께 졸고 있다. 두 사자 사이를 얼마나 멀리 떨어뜨렸는지! 또 우리 관람객과의 거리는 얼마나 먼가! 깨어 있는 것은 오직 믿음뿐이다. 기도, 죽음을 부르는 잠, 졸고 있는 동물이 우리와의 사이에 넘어설 수 없는 거리를 만들어내고, 닿을 수 없는 내재성을 생각나게 한다. 여기서 음영은 그저 형상들 뒤에 파여 있거나 형상들 사이에 가로놓인 넓은 허공일 뿐 아니라, 감은 눈 뒤에서 나타나는 '깊이'이기도 하다. 타나토스는 완전한 행복에 젖어 그 보이지 않는 힘에 무방비로 몸을 맡기고 있다. 음영은 적극적으로 모습을 드러내는 것이 아니다. 표면 뒤에서, 작품의 보이지 않는 짜임 속에서 은밀하게 움직이고 있다.

이에 비해 〈에로스와 프시케〉(도판 44)는 얼핏 경박하고 속된 작품처럼 보인다. 관능적이면서 동시에 대담하고 차갑다. 윌리엄 워즈워스는 두 인물의 관능적인 모습을 비판했다. 카트르메르는 신중하게도 "능수능란한 표현과 어쩐지 교태를 부리는 듯한 양식이 단순한 진실과 소박함, 고대의 순수성으로 난 길에서 조금씩 벗어나게 하지 않을지" 하는 걱정을 카노바에게 전할 수밖에 없었다. "(나중에 그가 내게 상기시켜주었는데) 나는 그에게 예스러운 베르니니*가 되지 않게 조심하라고 했던 기억이 난다." 하지만 이 작품은 마땅히 주의를 기울여 살펴볼 가치가 있다. 그리하여 두 육체, 네 팔, 두 날개가 얽혀 들어가며 만들어내는 사선斜線들의 추상에 가까운 매력에서 벗어나게 된다면, 우리는 한 죽어가는 여인을 발견하게 될 것이다. 에로스는 자신이 내린 시련들이 다 끝나고 나서야 그녀를 구하러 왔다. 프리데리케 브룬이 말하기를, "프시케는 페르세포네의 화병을 방금 열었고 거기서 솟아난 죽음의 강(스틱스)의 증기에 휩싸여 실신하는 순간의 모습이 재현되었다." 그러므로 이 작품에서 여성 형상은 죽음의 문턱에 있고, 극한의 절망에 짓눌린 상태였다. 하지만 에로스가 하늘에서 내려왔다. 카노바가 형상화한 순간은 포옹의 순간이 아니다. 이미 죽음의 어둠 속에서 길을 잃은 한 박해받는 존재가 신

* 조반니 로렌초 베르니니는 17세기 이탈리아의 조각가이자 건축가이다. 선線의 유동성과 비틀린 형상들을 재현하는 데 일가견이 있었으며, 원근법의 효과를 적극적으로 구현했다고 평가받았다. 여기서는 카트르메르 드 캥시가 카노바에게 바로크 양식의 대가 베르니니를 따르기보다 고대의 단순성에 충실할 것을 당부하고 있다.

과 최초로 대면하면서 다시 생명을 되찾는 순간이다. 그래서 우리는 이 장면을 빛의 기슭에서 보지만, 여기서 어둠은 대단히 가까운 경계를 드러내고 있다. 프시케는 방금 깊은 어둠 속에서 솟아올라 되살아난다. 루돌프 차이틀러는 이렇게 썼다. “그보다 더 세심하게 다뤄질 수 없을 이 조각의 표면은 의미로 가득찬 것 같은 너무도 가벼운 접촉을 느끼게 해준다. 바로 그런 의미에서(하지만 오직 그 의미에서) 〈에로스와 프시케〉의 군상은 관능적인 내용을 갖는다.” 이 정숙한 조각가는 가장 강렬한 관능의 가치가 낮과 밤 사이의 모호함 속에서, 빛과 어둠이 가볍게 스치는 가운데, 동시적인 현전과 부재에서 생겨난다는 것을 알고 있다. 사랑의 여신 비너스는 타락한 세계의 오점들로부터 영원히 분리된 순수함의 매혹이 부서져버리지 않도록, 결국 아도니스가 자신의 죽음을 맞이할 사냥을 떠나기에 앞서 마지막으로 그의 얼굴을 손으로 쓸어보는 것이다.(도판 45)

1788년에 바르텔레미 신부는 『젊은 아나카르시스의 여행』에서 한 스키타이 젊은이의 탐사를 통해 플라톤 시대 그리스 사람들의 삶을 재현했다. 그리스 세계는 모호한 소설적 생명력으로 생동하고, 그 세계는 현대사회가 모방할 만한 이상적인 모델이 될 정도로 바투 다가왔다. 지혜, 우정, 시민정신, 신앙, 국가의례, 비극 모두가 조화로운 모범으로 제공되는 것 같았다. 역사란 것이 늘 되돌아가고 주기를 가진다면(그것이 오늘날 우리가 사용하는 revolution[혁명/회전]이라는 중의적인 용어의 한 뜻이다), 영원한 규범에 따라 고대의 빛을 받으며 살아가리라는 희망을 품을 수도 있지 않을까? 바르텔레미의 책은 엄청난 성공을 거두었다. 저 강렬하면서도 모순적인 열광의 시대에 몇몇 독자들은 ‘그리스식 향연’을 준비하는 모습에 마음을 뺏기기도 했다.[1] 다비드는 지고의 존재에 바치는 축제를 준비하면서 범아테네제의 행렬을 떠올렸다. 신고전주의 예술의 한 단면 전체가 위대한 모델이 우리에

도판 44. 카노바, 〈에로스와 프시케〉, 1789~1792, 파리 루브르박물관.

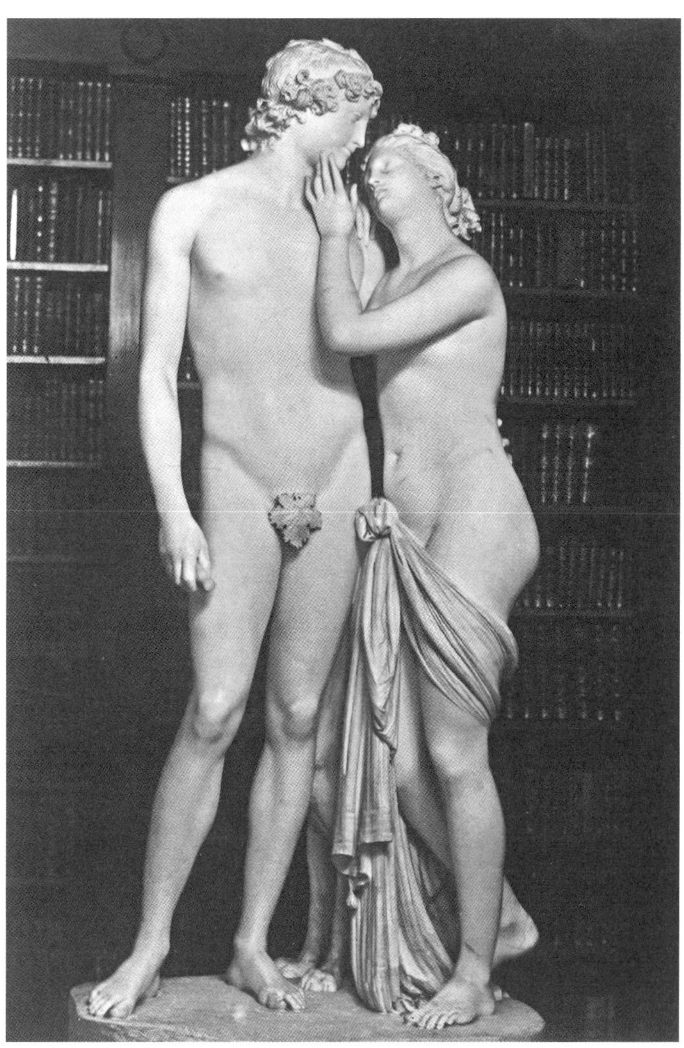

도판 45. 카노바, 〈비너스와 아도니스〉, 주네브, 라그랑주.

게 전하는 몸짓, 역할, 감정을 느끼기 위한 노력으로 정의된다. 과거 그리스에서 빛났던 아름다움을 똑같이 만들어야 했고 그것이 우리의 사랑과 우리의 에너지로 소생되어야 했다. 이 초기의 아름다움 너머에 존재하는 일자一者로의 회귀는 다시금 형제애를 만드는 것 아니겠는가? 실러가 1789년에 출판한 위대한 오드 「예술가들Die Künstler」을 보면 프리즘에서 분광되는 모든 색이 결합되어 만들어내는 흰빛의 이미지를 통해 이 점이 정확히 확인된다. 그러나 실러의 오드는 또한 예전에 아름다움을 통해 인간에게 제시되었던 진리가 이제는 지식을 통해 우리에게 넘겨짐을 말한다. 어떤 새로운 힘이 나타나 우리는 초기의 '소박한' 아름다움에서 멀어졌지만, 그 힘은 그 아름다움을 우리 지식의 전조처럼 알아보게 해준다. 그래서 역사의식은 기원의 빛을 되찾는 순간에조차 빛과의 거리를 측정하고, 고대의 조화를 찾을 수 있는 모델과 멀어지고 있음을 깨닫는다.[2] 그때 의지는 고대인이라는 존재의 모방이며, 장차 의식의 본질 자체가 될 일탈과 성찰의 힘을 비밀리에 부정하게 될 것이다. 그리스가 그리스 신들과 갖는 유일하게 진정한 관계란 우리로 하여금 그리스 신들이 사라져버렸음을 받아들이게 하는 관계다. 우리가 우리 자신의 역사를 살게 하고, 더는 이전의 모델이 남긴 흔적을 따라갈 필요가 없게 될 진보에 투신하게 하는 환원 불가능한 차이가 있음에 동의해야 하는 것이다. 신고전주의 예술의 다른 단면이 그때 부각된다. 형상들의 이미지를 다시 그리면서 그 형상들과 멀어진다는 점을 의식하는 것, 그 예술은 부재를 목적으로 한다는 점을 아는 것 말이다. 조각이나 회화 이상으로 시는 거리를 측정할 줄 알고, 기원으로의 회귀가 불가능하다고 말하며, 그 불가능성 자체를 노래하고, 이제 현대적인 대주제들을 창조한다. 분리된 의식을, 기억을, 잃어버린 현전을 노래하는 서정시가 그것이다. 이탈리아 '고전주의'의 위대한 전통에 속하는 마지막 예술가 카노바가 윤곽을 정확히 드러내고자 했음에도 이를 천재적으로 은밀히 유보하고 우회함으로써, 자신이 창조한 인물들을 환영으로, 곧 눈앞에서 사라져버리게 될 노스탤지어의 출현으로 보게 할 줄 알았던 조각가였음을 인정한다면 그에게 지나친 영예가 될까? 카노바가 빚은 형상들은 우리로부터 멀어지면서, 고대인들이 영원한 것으로 만들었던 아름다움을 결연히 회피하는 그림자를 발견케 하려는 것 아니었을까 하는 생각이 든다.[3]

주석과 보충

1. 즉흥적 여흥: 비제르브룅 부인의 '그리스식 저녁식사' 에피소드(1788)
"어느 날 저녁, 나는 시인 퐁스드니 르브룅의 낭독을 들으러 오라고 열둘인가 열다섯인가를 초대했다. 차분하게 앉아 있는데 남동생[에티엔 비제]이 『아나카르시스의 여행』의 몇 쪽을 읽어주었다. 그리스식 저녁식사 장면을 묘사하며 몇 가지 소스를 만드는 법을 설명하는 대목에 이르러서, 오늘 저녁에 그 소스를 맛보게 해줄 테냐고 물었다. 바로 요리사를 불러 만들어보라고 시켰다. 영계 요리에 쓸 소스와 장어 요리에 들어갈 소스를 만들게 하는 데 합의를 보았다. 참으로 아름다운 여자 손님들을 기다리다가 나는 우리 모두 그리스식으로 옷을 입으면 어떨까 하고 생각했다. 그러면 내가 알기로 열 시나 되어야 도착할 드 보드뢰유 씨와 부탱 씨를 깜짝 놀라게 할 수 있을 것이다. 내 작업실에는 모델들에게 옷을 입힐 때 쓰던 것들이 다 갖춰져 있었으므로 옷을 만들기는 충분할 터였다. 드클레리가街에 있는 내 집에 머물던 파루아 공작에겐 에트루리아 화병 그림들을 모아놓은 멋진 도록이 한 권 있었다. 그날 공작은 네 시에 딱 맞추어 왔고 나는 그에게 내 계획을 설명했다. 그래서 공작은 잔과 화병을 잔뜩 가져왔고 그중에서 내가 선별했다. 손수 잔과 화병을 닦아서 마호가니 테이블에 식탁보도 깔지 않고 배치했다. 그러고 나서 나는 의자들 뒤로 커다란 병풍을 하나 쳐두고, 그것을 주름진 휘장으로 세심하게 가렸다. 푸생의 그림에서처럼 간격을 두면서 휘장을 달았다. 매달린 등잔 하나가 탁자에 강렬한 빛을 쏟아내고 있었다. 마침내 조제프 베르네의 딸인 저 매혹적인 샬그랭 부인이 제일 먼저 도착했을 때는 복장까지 모두 준비가 끝나 있었다. 다음으로 도착한 사람은 미모가 뛰어난 보뇌유 부인이었고, 그다음에는 귀여운 맛은 없지만 아름다운 눈 하나는 세상에서 따라갈 자가 없는 내 며느리 비제 부인이 왔다. 이들 세 명 전부 진짜 아테네 여자로 옷을 바꿔 입었다. 오늘 핀다로스가 될 르브룅이 들어왔다. 분을 다 지우게 하고 허리 버클도 끄르게 하고 머리에는 월계관을 씌웠다. ……파루아 공작은 안성맞춤으로 자줏빛 큰 망토를 걸치고 왔는데 그걸 시인의 옷으로 삼았다. 그래서 나는 눈 깜짝할 사이에 그를 핀다로스이자 아나크레온으로 만들었다. 퀴비에르 후작이 도착했을 때 그가 예전에 금색 리라라고 속였던 기타를 사람을 보내 그의 집에서 찾아오게 했다. 그동안 나는 그에게 옷을 입혔다.

슬슬 시간이 되었다. 나 자신을 생각할 겨를은 없었다. 하지만 나는 언제나 블라우스라고들 부르는, 무릎까지 내려오는 그리스식 흰 원피스를 입었으므로, 머리에 베일을 쓰고 꽃으로 장식한 관을 쓰기만 하면 되었다. 나는 우선 매력적인 우리 딸과 천사처럼 아름다운 보뇌유 양부터 치장하기 시작했다. 깃털처럼 가벼운 고대의 화병을 들고 음료를 시중들 준비를 끝낸 두 여자는 정말 매력적으로 보였다.

아홉시 반에 준비가 끝났고 우리 모두 자리를 잡고 앉았다. 식탁 분위기가 너무도 새로웠고 그림처럼 보였기에 우리는 한 사람씩 차례로 일어나 앉아 있던 사람들을 보러 갔다.

열시가 되자 드 보드뢰유 공작과 드 부탱 공작의 마차 소리가 들렸다. 두 분이 식당 문앞에 도착하자 나는 사람을 시켜 여닫이문을 열게 했는데, 그들은 우리가 퀴비에르 씨의 리라 반주로 글루크의 오페라 합창곡 〈파포스와 그니드의 신〉을 노래하고 있다고 생각했다."(『회상록』, 파리, 샤르팡티에, 연대 미상, 2vol, t.I, 67~70쪽)

비제르브룅 부인은 즉흥적인 여흥으로 그리스식 저녁식사를 제안하면서 특히 비용이 거의 들지 않는 색다른 장면을 연출하고자 했다. 줄잡아 120만 프랑의 지출이 추산되었지만, 그녀는 겨우 15프랑밖에 쓰지 않았다. 과거의 그리스를 되살린다는 주제에 따라 선택된 놀이였음이 중요하다. 이 점을 유념하자. 장리스 부인이 오를레앙 공작의 집에서 다비드와 함께 활인화活人畫 모임을 주최했음은 우리에게 알려진 사실이다. 또 한편 다비드가 〈호라티우스 형제의 맹세〉에 나타난 주제를 장 조르주 노베르의 팬터마임 발레에서 착안했다는 점을 생각하면 인생, 재현, 회화예술, 그리고 멀리 떨어져 있기에 강렬한 매혹을 일으키는 고대에 대한 노스탤지어의 이미지 사이에 꽤나 낯선 순환이 이루어짐을 알게 된다.(에드거 윈드, 「다비드 〈호라티우스〉의 원천들」, 『와버그와 코톨드 예술학교 저널』, 1940~1941, IV, 124~138쪽 참조) 다비드의 〈호라티우스 형제의 맹세〉는 기야르의 대본에 글루크의 애제자 살리에리가 음악을 맡은 오페라에 영감을 주었다. 에드거 윈드는 1789년의 살롱 출품작 〈파리스와 헬레네의 사랑〉이 글루크의 오페라 〈파리드와 엘레나〉에서 착안했을 수 있다고 본다.

2. 역사의식

18세기 말이 되면 역사의식이 더욱 첨예해진다. 루이지 란치의 『이탈리아 회화사 *Storia pittorica dell'Italia*』가 1789년에 나왔고, 헤르더의 『관념들*Ideen*』이 1784~1791년에 나왔다는 시사적인 사실에 주목하자.

46

47

48

도판 46. 요한 토비아스 세르겔(1740~1814), 〈무릎 꿇은 천사〉, 스톡홀름 산타클라라교회.
도판 47. 세르겔, 〈무릎 꿇은 천사〉.
도판 48. 장 앙투안 우동(1741~1828), 〈네 살 때의 사빈 우동〉, 1791, 파리 루브르박물관.

프랑스에서는 혁명적인 성상파괴주의가 창궐했어도 과거의 걸작과 자료가 더욱 체계적으로 보존되었다. 공화국 정부는 구체제의 기획을 계승했다. 그래서 루브르궁의 대형 회랑이 과거 왕실에서 소장하던 그림들을 모아놓은 '박물관'이 되었던 것이다. 알렉상드르 르누아르는 프티조귀스탱수도원에 프랑스의 기념물을 수집하는 박물관을 만들었고 그곳에 파괴된 성당이나 성의 중요한 잔해를 모아 전시했다. 이 박물관은 [영웅들이 죽은 뒤에 가는 천국인] 엘리제Élysée를 겸한 곳으로, 자연의 효과를 그대로 살린 정원 취향을 따른 '장식적 건축물'로 가득하다. 르누아르는 그렇게 다시 끌어모은 기념물들과 위인들의 유해를 연결하고 싶었다. 과거의 지식, 국가적 영광에 대한 찬미, 죽음에 관한 명상, 자연의 감정을 하나로 묶을 수 있는 장소를 창조하고 싶었던 것이다. 그의 기획은 프랑스혁명을 특징짓는 두 가지 제도, 즉 박물관과 팡테옹이 사실은 같은 의도에서 나온 것임을 보여주고 있으니, 역사의 지식은 모범이 되는 위인들을 높이 떠받드는 일과 하나가 된다. 카트르메르 드 캥시가 수플로의 성주느비에브성당을 개수했을 때 이제 그곳은 시민종교의 역사적 장소가 되었다. 그곳은 사자死者들의 공동묘로, 그곳에 들어갔을 때 집단의식이 일깨워지게 된다. 이렇게 말할 수 있다면, 그곳은 위대한 이름들과 위대한 존재들의 박물관이다.

3. 1789년의 조각

18세기는 감상적인 죽음(뱅크스, 플랙스먼, 샤도)을 통해 경박한 우아미(클로디옹)를 상쇄하고자 한 것 같다. 요한 세르겔은 〈술 취한 목신〉의 디오니소스적 '악마주의'로부터 대형 '천사' 상(도판 46, 47)의 차가운 명상으로 나아감으로써 이러한 양식상의 충돌을 자기 방식으로 표현한다. 하지만 이 상반된 유혹 사이에서, 신중하면서도 유연하고 단호함도 갖춘 한 예술의 고난의 길이 그려진다. 실재에 주목하면서도 초상화에 표현된 일시적인 순간, 은밀하게 남아 있는 지속의 시간이 드러나 보이면 얼굴 주변에 신비로움이 떠돈다. 이는 조각가 장 앙투안 우동을 말하는 것이다. 그의 딸 사빈의 흉상은 진정한 사랑의 작품이다.(도판 48) 프랑스혁명은 우동을 호의적으로 대접하지 않았다. 장 실뱅 바이, 라 파예트, 미라보의 초상화를 그린 1789년 이후, 그는 점점더 가르치는 일에 전념하게 된다.

상징과 기호의 조각술(시나르, 미샬롱, 무아트, 롤랑, 보발레, 르쥐외르, 코르베, 에스페르시외, 라메, 쇼데, 카르텔리에 등. 이들에게는 고대의 모델과 다비드의 격려도 중요했지만 피갈과 파주 같은 위대한 선구자들의 도움이 컸다)이 다소 열에 들뜬 발전을 보였다. 프로이센의 샤도는 빙켈만의 규범을 따르지 않았고 곧 괴테와 불화했지만, 정확한 모방을 고전적 우아함 및 위엄과 조화시키고자 했다. 그의 '사실주의'는 우동의 경우처럼 개인의 특이성(그것이 질서를 저해할지라도)을 부각하는 동시에 순수한 형식들의 왕국에 접근하는 낯선 통로를 마련했다.

XII

어둠과의 화해

괴테는 이탈리아를 여행하는 동안 빛과 색에 대해 명상했다. 그는 바이마르로 돌아오는 길에 이에 대한 실험을 하고, 이를 주제로 쓴 『광학론*Beiträge zur Optik*』을 1791년에 출간했다. 그의 모든 이론의 방향을 정하는 중심 생각은 색이 빛과 어둠의 극성極性의 결과라는 것이다. 극성의 원리는 눈 안에 존재한다. 빛과 어둠이 연속적으로 또는 동시적으로 대비되면 외부로부터 눈에 부과된 색을 보충하는 색이 만들어진다. "여기서 인생의 영원한 공식이 드러난다. 어둠이 보이면 눈은 빛을 바라고, 빛을 가까이 두면 눈은 어둠을 바란다. 그래서 눈은 생명력을 갖고 사물을 포착할 권리를 가진다. 그러면서 바로 눈에 고유한 활동으로써 대상과 반대되는 무언가를 산출한다." 그런데 빛과 어둠, 주체와 대상을 잇는 이 극성의 원리가 도덕 세계로 확장된다. 그것이 우주의 원리 자체가 되는 것이다![1] 메피스토펠레스는 말한다. "나로 말할 것 같으면 태초에 전체였던 부분을 이루는 한 부분이다. 빛을 낳았던 저 어둠의 한 부분이란 말이다. 거만해진 빛은 이제 예전의 제 지위와 예전부터 점했던 공간을 놓고 자기를 낳아준 어머니인 밤과 겨룬다. 그래봤자 이길 순 없겠지만 말이다. 제아무리 노력해도 빛은 물체 표면에 멈춰서, 그 위를 기어다닐 수밖에 없으니까. 거기서 흐르고 색을 입히게 되니까……."(네르발의 번역) 여기서 우리가 목도하는 것은 그저 어둠의 복귀만은 아니다. 이제 어둠은 만물의 보편적 근원으로 선언되기에 이른다. 빛은 이차적으로 분출된 것이며, 두 극단의 투쟁이 세상을 아름답게 만든다. 이러한 우주적 차원의 대결에서 인간은 그저 자기 밖에서 전개될 행동의 증인이나 목적에 그치지 않는다. 인간은 만남이 이루어지는 장이지만, 또한 초월을 가능케 하는 동인이다. 인간의 눈은 태양에서 나오는 빛과 닮은 빛을 간직하지만 내부에는 어둠이 존재한다. 또 인간이 세상을 주시할 때, 세상을 응시하고 이해할 때, 이에 더해 그렇게 응시된 대상에 양식의 법칙을 부과하면서 새로운 작품을 만들게 될 때, 인간은 자연 한복판에서 두번째 자연을 만들어내는 창조주가 된다. 다른 어디에서라면 덧없이 사라져버리겠지만 인간이 창조한 새로운 자연에서는 결국 영원한 평형이 이루어진다.

풍요로운 암흑과 창조적 대립이라는 이 엄청난 생각, 극성에 대한 호소는 같은 시기의 블레이크에게서도 볼 수 있다. 1789년의 『순수의 노래』와 『텔의 책』(도판 49, 50)에 1794년의 『경험의 노래』*가 더해지는데, 그렇게 완성된 책의 부제를 보면 그 작품이 "인간 영혼의 상반된 두 상태"를 보여주고 있음을 알게 된다. 생명의 탄생, 활짝 꽃핀 유년기, 솟구치는 힘에 대해 말하는 노래에 빈곤, 공포, 금지, 악의 습격을 피할 수 없는 이 젊은이를 바라보는 노래가 이어진다. 그런데 순수한 유년기를 떠나 악과 죄에 맞서야 비로소 영적인 삶과 예언자의 통찰을 얻게 된다. 1790년에 출간된 『천국과 지옥의 결혼 *The Marriage of Heaven and Hell*』은 시간의 종말과 더불어 인간이 자기의 '실제 육체' 속에서, 엄청난 규모로 커져버린 자신의 실체 속에서 부활하게 됨을 알린다. 그러나 그렇게 되

* 블레이크가 삽화를 곁들여 펴낸 시집 『순수와 경험의 노래: 인간 영혼의 상반된 두 상태를 보여주기 *Songs of Innocence and of Experience. Shewing the Two Contrary States of the Human Soul*』를 이야기하는 것이다. 이 책은 1789년에 펴낸 시집에 새로운 시들을 더해 출간했다.

49

50

도판 49. 윌리엄 블레이크(1757~1827), 『순수의 노래』, 1789, 런던 대영박물관.

도판 50. 블레이크, 『텔의 책』, 1789, 런던 대영박물관.

려면 (정통 신학에서 지옥을 가리키는) 욕망의 세계가 영적인 세계와 화해해야 한다. (위선적 도덕이 세상에서 버림받은 사람들을 가두어둔) 빛 없는 불꽃이 천상의 빛과 하나되어야 하는 것이다. 타락한 존재를 파괴하고 상상 속 환영을 자극하는 악마의 불길로 새로운 삶이 태어난다. 교화하는 이성은 에너지를 책망했으나 그것이 이제는 '영원한 열락'이 된다. 미온적 태도, 신중함, 경계심, 사회질서를 유지할 목적으로 만든 도형장이 이제 진정한 지옥으로 기능할 때 블레이크는 "대립이야말로 진정한 우정"이라고 쓸 수 있게 된다. 이 아포리즘은 블레이크의 모든 회화와 시각작품에 제사로 넣어볼 가치가 충분하다. 대립(블레이크 양식의 내부에서조차 상징화하는 것le symbolisant과 상징화된 것le symbolisé의 대립을 함축한다)이 나타나지 않는 곳이 없고, 긴장과 투쟁이 없는 곳이 없지만, 원과 소용돌이, 나선이 조화를 이룬 위대한 형상들 속에서 갈등이 해소된다. 단말마의 몸짓이며, 도약과 비상을 가능케 하는 초인적 능력이 지상의 현실이 정하는 모든 한계를 넘어선다. 위반이나 해방의 이미지들은 발아하는 잎맥과 같은 유동하는 거대한 순환 속에 통합된다. 그것이야말로 우주 한가운데에서 순환하는 에너지의 표현이다. 내 생각에 가장 놀라운 작품은 천사 군단이 대대적으로 날아오르며 가장 깊은 하늘까지 파고드는 작품이나 추락하는 육체의 비틀림을 불타는 횃불로 변모시키는 작품이 아니다. 그런 작품을 보면 퓌슬리가 재가공해서 물려준 미켈란젤로의 모델이 다소 상투적으로 나타나 있지 않나 하게 된다. 그러나 이들 형상에, 야생의 원시성을 간직한 듯 엄청나게 크고 육중한 피조물들이 대립할 때 더욱 큰 충격을 받게 된다. 저 짐승 같은 넓적한 얼굴을 보면 물결이 일어나는 듯 가벼운 피조물들이 공기, 물, 불을 가득 채운 세상에서 지상의 무기력과 멜랑콜리를, 완강한 밤을, 지옥의 중력을 느끼게 된다.(도판 51) 어두워진 대지 위에 끔찍한 밤이 다가오고 공기는 더는 호흡할 수 없는 것이 된다면 삶은 그저 길고 긴 짓눌림일 수밖에 없다.(도판 52, 53) 그때 삶을 조여오는 한계들이 파열하고, 자유로워진 우리의 상상에 빛의 세상이 열린다. 블레이크가 구상한 유일한 혁명은 묵시록이다. 블레이크가 시간의 종말로 시선을 옮길 수 있다면, 그것은 오로지 그가 가장 오래된 기원을 향하는 것에서 시작하기 때문이다. 신고전주의자들처럼 문명의 황금시대를 바라보기 때문이 아니라, 카오스와 창세기와 천국을 바라보기 때문이다. 블레이크가 최초의 빛을 추적한다면 그것은 비교秘教와 종말론 안에서다. 그는 시간의 종말을 알리는 동시에 기원으로의 회귀, 다시 말해 초기 에덴의 회복을 알린다. 한 거대한 일주의 끝으로서의 혁명(회전)을 알리는 것이다. 하지만 블레이크는 모든 인류의 흥미를 끄는 이러한 확신을 오직 그만의 시적이고 회화적인 언어가 갖는 극단적인 특이성에 담아 선언한다. 그는 고독에 잠겨 집단의 운명에 대해 말한다. 그는 전통적인 상징에 자기가 발명한 상징언어를 더하면서, 모든 이를 위해 예언할 때조차 제 자신은 수수께끼처럼 남긴다. 솟구쳐 오르는 빛에 매혹된 이 예술가는 확고한 말로써가 아니라 일탈을 통해 자기 자신을 흐릿하게 만든다. 그는 그렇게 일탈하면서 지금까지 수립된 모든 사회와 모든 종교가 벗어나지 못한 오류를 부각해야 한다고 생각한다. 여기서 절대적으로 개인적인 것, 절대적으로 특이한 것과 관련된 것(및 다른 말로 하면 광기라고 명명될 수 있을 것)이 최초의 진리, 마지막 진리의 베일을 벗기고자 하는 말을 어둠으로 덮어버린다.(도판 54)

신고전주의 예술은 시작의 열정을, 다시 시작하고자 하는 노스탤지어로 번역하고 변형했다. 신고전주의 예술가들은 지금 이 순간 시작의 빛이 빛나는 것은 오직 과거에 놓인 절대적인 기원에서 반사된 빛이기 때문이라고 보았다. 작품은 진정한 원천에서 멀어져, 그렇게 멀어졌다는 의식을 통해 만들어진다. 빛은 있더라도 열기가 없으니 예술이 차가워지는 것이다. 분명 가장 유리한

도판 51. 블레이크, 〈페스트〉, 1790~1795, 런던 대영박물관.

52

53

도판 52. 블레이크, 〈죽음의 집〉, 1790~1795, 런던 대영박물관.
도판 53. 블레이크, 〈죽음의 집〉.

도판 54. 블레이크, 〈최후의 심판 장면〉, 런던 대영박물관.

상황에서는 고대의 모델 또는 다시 태어나는 모델을 기억하는 것이 창조적인 힘이 되어, 현전과 부재가 순수한 곡선을 그리며 평형을 이루는 것을 감동적으로 보여줄 수 있었으리라. 예술가는 순화된 자연이면서 사유의 법칙이고 고대의 정전이기도 한 이런 다면적인 모습을 지닌 이상의 개념을 가졌기에 자기 눈에 보이는 것을 그대로 믿을 수가 없다. 그러므로 아름다움은 두번째 시선을 통해서야 비로소 파악될 뿐이다. 시간을 거슬러올라 위대한 모델이나 원형의 영역에 이를 때까지 우회한 뒤에야 말이다.

바로 여기에 시작의 개념과 영원에 관한 생각을 화해시키기 위한 노력이 있었음이 보이지 않는가? 신고전주의 예술가들은 재생을 바랐지만 로코코 시대를 흥미롭게 만들었던 덧없는 유행과는 다른 것이고자 했다. '고대로의 회귀'는 일시적 열광이 아니라 심오하고 진지한 회심回心이고자 했다. 그저 새로운 것이 아니라, 18세기가 전력을 다해 추구했던 기이하고 새롭고 예기치 않은 것에 대한 끊임없는 탐색을 그만 중단하는 것이다. 위대함과 조화라고 하는 것은 실제로 놀라움을 주지 않으면서도 격정에 차오르게 한다. 그런 위대함과 조화를 얻기 위해서는 하찮은 놀라움 따위는 포기해도 좋은 법이다. 무엇 하나 실망으로 귀결하지 않는 것이 없기를 바란다니, 바람치고는 참으로 기이하지 않은가. 형식에 영원을 깃들게 하고자 하는 바람이 역사가 맹렬한 가속을 경험하게 되는 바로 그 순간 개입했으니 말이다.

그러므로 최초의 충동은 억제될 것이고, 본능은 아름다운 규범을 자발적으로 따르지 않는다면 의혹에 사로잡힐 것이다. 사실 최종적으로 지배하는 것은 성찰이다. 고대 창작자들이 순박하게 창안했던 아름다움을 '순박함' 없이 재구성하고자 함을 모를 리 없기 때문이다. 시작은 다른 언어로, 알레고리로만 표현될 수 있을 뿐이다. 그리고 가장 열렬히 거리를 뛰어넘고자 하는 사람만이 그 거리를 측정하게 된다. 이 작품들을 아름답게 만들기도 하고 우리의 취향에 경종을 울리기도 하는 내적인 불협화음이 그러한 것이다. '순수한' 선線에 과학이, 교활한 행동이, 타락한 감각이 슬쩍 끼어든다. 육체의 매력과 실제 현전의 무게가 이상에 과도하게 덧붙여지면 물질의 외설적인 복수로, 혼란을 가중시키는 요인으로 비칠 위험이 있다. 바로 그런 이유로 색채와 음영을 배제하는 추상화抽象化가 고조된다. 그래서 데생과 윤곽이 승리를 거두게 된다. 하지만 '순수한' 관념만도 아니고 매혹적인 관능만도 아닌 모호한 구분은 계속될 것이다. 이후 앙피르 양식과 조지 왕조 양식의 장식가들이 즐거움의 취향으로 위선을 감추기 시작하는 대중을 위해 이런 모호함을 사용한다. 18세기 예술에서 단골로 그려진 프시케는 그 자체로 영혼을 가리키지만, 또한 영혼의 욕망과는 다른 욕망에 노출된 사춘기의 꾸밈 없음도 보여준다.

주석과 보충

1. 괴테와 우주의 양극성

"괴테는 이원성을 가지고 색상환色相環을 만들어냈다. 빛과 가까운 쪽에 있는 긍정적 측면(노란색에서 붉은색까지)과 어둠에 가까운 부정적 측면(푸른색에서 보라색까지)이 구분된다. 첫번째 색채들에서는 '빛의 무훈'이 느껴지고 두번째 색채들에서는 '고통'이 느껴진다."(마리아네 트라프, 『괴테의 자연철학 사상 *Goethes naturphilosophische Denkweise*』, 1949, 75쪽)

XIII

고야

1789년에 이상을 추구하는 추상화抽象化를 거부한 유일한 화가로, 신고전주의자들이 꿈꾸었던 모든 것에 완전히 등을 돌릴 만큼 열정적으로 색채와 음영에 몰두한 화가가 있었으니, 바로 프란시스코 고야다.[1] 그는 고대를 거쳐 우회하려 들지 않고, 물질(대상들의 물질, 회화의 물질)의 신비를 깊이 생각하고, 비범한 인생을 살면서 현대회화와 로코코 양식을 가르는 모든 간격을 두루 경험했다. 초기에 고야에게 영향을 준 화가는 코라도 자퀸토, 루카 조르다노, 조반니 바티스타 티에폴로 등이었지만, 그는 멩스와 자신의 처남 프란시스코 바에우가 주선한 후견을 거부했다.(오랫동안 받아들이는 시늉을 하기는 했다.) 마흔이 훌쩍 넘은 나이에 제작된 주요 작품을 보면 마네와 표현주의, 20세기에 나타난 대담한 시도들의 천재성과 고독감을 선행해서 보여주었다. 1789년에 다비드, 카노바, 퓌슬리 등이 이미 자신들 이력의 끝에 다다른 상태였다면, 고야는 변화를 겪으며 초기 양식과 거리를 두게 되었다. 그는 1793년에 큰 병을 앓은 후 청력을 잃었다. 이 때문에 베토벤과 비교되기도 하는데, 그것만이 아니라 몇십 년에 걸쳐 놀라운 양식적 변모를 보였다는 점도 두 사람의 공통점이다. 고독에 틀어박힌 두 예술가는 상상력과 의지, 창조적 열정 같은 것으로 기존의 모든 언어를 넘어서서 여러 수단을 풍부하게 사용하고 변형시켜가며 자신의 작품에 자율적인 세계를 펼쳐놓았다. 고야의 현대성은 저 무모하기까지 한 쇄신에 있었다. 이런 쇄신이 그를 미지의 세계로 인도하고, 가능한 것과 불가능한 것의 끔찍스러운 대립으로 이끌었다. 말하자면 고야의 현대성은 기이하기까지 한 그의 감수성과 예술의 원천이 되는 모든 자원을 동원하여 역사적 순간의 고통에 맞서고자 했던 그의 결의에 있었던 것이다. 영원한 진보의 명령을 스스로에게서 찾고 불안하게 한계를 넘어서고자 한 최초의 예술가 중 한 명이 고야다. 앞서 활동한 다른 어떤 화가보다도 자신이 살아가는 시대의 '취향'에서 벗어나고 자신이 초기에 사용했던 방식을 거부했던 고야는 결국 완벽한 표현의 자유 속에서, 홀로 무엇에도 굴하지 않고 증언해야 했던 고독감 속에서 오직 고야 그 자신이 된다. 실제로 그의 운명은 일탈과 투쟁, 회화언어의 심오한 독창성, 그의 조국 에스파냐와 시대의 고통을 회피하지 않으려는 근심을 모두 끌어안아야 했다. 고야의 작품을 보면 정치적 자유에 대한 근심, 주제에 따른 강렬한 상상력의 자유, 붓과 연필과 펜을 움직일 때마저 드러나는 자유로운 '터치'가 불안할 정도로 깊게 섞여 나타났다. 누구도 따르지 않는 극단적인 표현의 독자성은 누구보다 극심하게 종속되어 살아온 사람의 공적이다. 고야에게 1789년은 뒤늦게나마 화가로서 이력을 공인받은 해였다. 막 권력을 잡은 카를로스4세가 그를 궁정화가로 임명했으니, 그는 곧 왕과 왕비의 화려한 초상화에 착수하게 되었다. (도판 55, 56) 성공이 보장된 것이다. 다른 성공을 포기한 대가로 말이다. 하지만 고야는 에너지의 과잉, 과다할 정도의 불안을 겪었으니 그것이 주문받은 작품들에까지 뚜렷한 영향을 미쳤다. 1787년작 〈보르자의 성 프란체스코와 빈사자〉를 계기로 고야는 죽어가는 사람 주위에서 떼를 지어 낯짝을 찌푸리고 있는 악마들을 흐릿하게 표현하곤 했다. 이때 처음으로 괴물들과 환각에 사로잡힌 인물들이 나타났다. 다비드의 초상화들처럼 고야의 초상화들도 불가해하고 불안한 무언가를 뚜렷이 드러냈다. 간혹 날선 공격성이나 잠재된 증오까지 표현되었다. 확실히 고야는 프랑스와 영국 초상화가들의 가르침을 숙지하면서도 그들과 거리를 두었다. 모델을 돋보이게 하고 매혹적인 아우라로 감싸는 데 주의를 기울였다. 그가 속한 시대는 유년기, 개인의 초기, 덧없는 황금시대를 재발견하는 시대였다. 오수나 공작의 아이들은 안개가 자욱한 대기 속에 나타나지만 다소 고정된 시선이며 슬픔에 찬 입, 소심할 정도로 허약한 모습은 화사한 이미지에 저항할 수 없는 씁쓰레한 감정을 더한다.(도판 57)

왕립 타피스리 제조소(1776년 설립되었고, 고야는 1792년까지 이곳에서 근무했다)를 위해 그린 밑그림들에 숨겨진 의미를 알아보는 사람은 거기에 이미 '카프리치오'로 나타날 것이 있었다고 할 것이다. 군주나 타피스리 제조소 중역들은 장르화의 장면이나 에스파냐 민중의 삶을 그린 장면을 갖고 싶어했다. 고야가 작업한 60여 장의 밑그림과 예비 스케치는 분명 일반적인 톤과 기교의 면에서 진보가 있었고, 점증하는 빛이며 여유롭고도 지적인 구성이 더욱 확고해졌음을 보여준다. 하지만 한결같은 사실에 주의를 기울여보자면, 고야는 처음부터 멜랑콜리로 우울에 빠져 있는 사람들, 난폭한 장면들, 우연한 사건들, 살해 장면들을 화폭에 담았다. 확실히 많은 장면—〈포도 수확〉(도판 58) 〈꽃장수〉 〈아이들의 놀이〉—에서 우아하고 사심 없는 가벼운 모습은 틀림없이 우리를 놀라게 한다. 그러한 장면에서 에스파냐의 진실주의vérisme와 다소 빠른 속도감의 매력이 어울리고 있다. 프라고나르의 방식으로(고야도 프라고나르처럼 그네를 그렸다) 그림의 장면은 삶이 충만한 즐거움에 다다른(순식간에 사라져버릴) 순간을 고정시키려는 것 같다. 그래도 고야는 덜 급하고 덜 서두른다. 하지만 프라고나르의 작품을 마주할 때처럼 우리는 감각적 삶의 밝게 빛나는 풍요로움에도 검은 이면이 있다는 생각에 간혹 사로잡힌다.

도판 55. 프란시스코 데 고야(1746~1828), 〈카를로스4세〉, 1789, 마드리드 프라도미술관.

도판 56. 고야, 〈마리아 루이사 왕비〉, 1789, 마드리드 프라도미술관.

도판 57. 고야, 〈오수나 공작과 그의 가족〉, 마드리드 프라도미술관.

고야는 〈산 이시도로의 초원〉(1787)을 그릴 때 그 자신을 온전히 간직하면서도 프라고나르, 위베르 로베르, 과르디를 한 번에 결합했다. 모였다가 흩어지는 군중과 여러 색이 소란스럽게 어울리는 모습을 그리면서 소란스러운 민중과 대비되는 차분한 공간을 넓게 배치했다.(도판 59) 유순히 반짝거리는 강(만사나레스강)이 비단처럼 반사되는 파라솔과 의복의 빛과 어우러지는 모습이 매혹적이다. 하지만 이렇게 모인 사람들은 하나된 정열도, 환희도 보여주지 않는다. 남자들과 여자들은 우연한 만남을 갖게 될 처지다. 여기서 우리는 우연의 우호적인 얼굴을 보게 되는데, 전체를 보면 그 우연에는 암흑의 얼굴도 있음을 알게 된다. 〈젊은이들〉과 〈노인들〉(릴미술관)을 대조적으로 그리게 될 고야는 벌써 사물과 존재의 쇠락을 직관적으로 파악하고 있었다. 본질적인 불안정성이며 무질서의 잠재성을 보면 고야가 묘사할 다른 축제를 충분히 예감할 수 있다. 그 축제들에서는 혼돈으로의 회귀를 보게 될 것이다. 그곳이 고야가 〈산 이시도로의 초원〉에서 구현한 완전한 세계이고, 그 완전한 세계에는 틀림없이 악과 고통의 자리도 있으리라는 것을 우리는 안다. 타피스리를 위한 밑그림들에는 이 점이 절제된 방식으로 드러난다. 〈술래잡기 놀이〉는 꽤 예쁜 리듬으로 구성된 작품인데, 여기서는 벌이 유희로 바뀐다. [눈을 가린 술래에게] 잡히지 않기 위해 뒤쪽으로 몸을 기울인 여자는 무릎을 꿇고 있는데, 그녀는 자기가 가진 정체성을 피하려는 것처럼 보인다.(도판 60) '꼭두각시 인형'이 받는 벌은 위장된 벌의 또다른 모습이겠다. 생글거리며 웃는 젊은 처녀들(신참 마녀들)이 팔을 벌려 멋진 화환 모양을 만드는 동안, 꼭두각시 인형은 삐딱하게 공중에 던져져 절망하는 모습을 보여준다.(도판 61) 인공의 캐릭터가 보여주는 뒤틀리고 서투르고 고통스럽기까지 한 무기력한 모습을 보면 낯선 물질의 삶, 즉 삶의 희극과 공포의 힘이 나타난다. 이 경박한 장면은 한 가지 경악스러운 비밀을 품

58

59

도판 58. 고야, 〈포도 수확〉, 마드리드 프라도미술관.
도판 59. 고야, 〈산 이시도로의 초원〉, 마드리드 프라도미술관.

60

61

도판 60. 고야, 〈술래잡기 놀이〉, 마드리드 프라도미술관.
도판 61. 고야, 〈꼭두각시 인형〉, 마드리드 프라도미술관.

고 있으니, 이는 자신의 수동적인 운명에 완전히 내맡겨진 저 피조물의 생명력으로 인한 것이다. 여기서 가장 심오한 의미에서 신고전주의 예술이 규제하거나 폐지하려고(순수 형식의 한결같은 야심이지만 그것을 통해 물질의 모호한 운명을 벗어나려고) 노력하는 어둠이 다시 등장한다. 고야는 물질의 어둠을 마주보고 불안을 느꼈겠지만 그는 그 어둠을 뒤로 물리지 않고 직접 맞서는 길을 택했다. 확실히 1789년에 이 엄청난 대결이 있으리라 예상한 사람은 아무도 없었다. 고야는 여전히 색채에 몰두한 화가일 뿐이었고, 다비드처럼 격렬했던 최초의 충동을 다스릴 줄 알았던 화가일 뿐이었다. 1792~1793년에 (청력을 잃고 마는) 병을 앓은 일과 그 시대의 역사적 대격변이 어우러진 영향으로 고야는 그때까지 자기 작품을 은밀한 아우라로 감싸면서 숨겨왔던 불안한 요인을 자신의 그림과 판화에 숨김없이 드러냈다. 타피스리의 밑그림에서는 그저 보이지 않는 분위기로만 존재했던 것이, 암흑의 원리가 자발적으로 활기를 띠고 응축되기라도 하듯 이제 괴물의 무리로 나타났던 것이다.

무의식이 우세해지는 것 같다. 일견 관객은 쓰디쓴 그로테스크한 꿈이 깊은 혼란을 일으키도록 화가의 영혼을 사로잡고 있다고 믿을 수 있다. 그러나 고야를 낭만주의 전통과 그 아류로서 초현실주의의 계보에 속한다고 보는 해석은 시대착오적일 것이다. 고야의 가장 이상한 작품들이더라도 [초현실주의에서처럼] 꿈을 그대로 옮겨놓은 것이라고는 볼 수 없다. 이 작품들을 이해하려면 '빛'의 정신에 대한 다음의 두 가지 입장을 먼저 파악해야 한다. 하나는 어둠에 맞선 투쟁으로, 이때 어둠은 미신, 독재, 기만과 같은 것이다. 또 하나는 기원으로의 복귀다. 앞으로 보겠지만 바로 이 두 가지 생각에서 잡종이 만들어졌다.

고야는 자유주의자였고, 에스파냐에서 계속되는 구체제 앞잡이들의 사악함과 어리석음, 편협한 아집을 고발하고자 한 계몽사상가들의 친구였다. 이성의 인간으로서 고야는 이성이 잠들었을 때 태어나는 그로테스크한 형상들을 대놓고 보여주었다. 고야는 밤의 악령을 풍자한다. 퓌슬리는 아직 의도적으로 기형과 역겨운 존재를 그려내는 데는 이르지 않았지만, 고야는 전혀 주저하지 않고 풍자를 가장 강렬한 지점까지 밀어붙였다. 밤의 존재들을 조롱하려고 그들을 공격하는데, 자신의 분노 속에는 밤의 무언가가 담겨 있다. 프랑스혁명의 태양 신화는 암흑의 힘이 실은 그리 세지 않다는 생각에 빠져 만족해했다. 그러니 '이성'이 나타나고, 여기에 의지가 가세했기에 암흑이 사라져버린 것이다. 이미 본 바와 같이 이 신화는 환상에 불과하다. 프랑스에서는 원칙의 빛이 불투명한 물질세계와 뒤섞여 사라지는 상징체계를 따라 프랑스혁명의 가장 강렬한 순간들이 경험되었다. 그런데 고야는 혁명적인 빛의 중심에서 더욱 멀어져, 완전히 빛을 거부하는 자가 얼굴을 찌푸리고 있는 모습을 그려내기에 딱 좋은 자리를 차지하고 앉았다. 그는 반대를 일삼는 자를 맹렬히 규탄하는데, 그것은 우리 안에서 웃음을 일깨워 그 웃음으로 그런 자를 끝장내기를 바랐기 때문이다. 그러나 이제 풍자는 풍자로써 무너뜨리고자 하는 자에게 생명을 주고, 그에게 가공할 만한 힘을 준다. 웃음으로도 그 존재를 벌하지 못하는 것이다. 웃음은 갑자기 꽁무니를 빼고, 우리는 그저 별세계에 온 것이 아닌가 하는 감정에 사로잡힌 채 끄떡도 하지 않는 위협 앞에 남겨진다. 〈술래잡기 놀이〉에 암시적으로 나타난 어둠이, '귀머거리의 집'*(1820)에 그려진 맹인 가수들의 끔찍한 실명으로 바뀌는 순간이 올 것이다. 고야의 아이러니는 그 아이러니가 만들어낸 것을 지울 수 없다는 데 있다. 어둠이 거칠고 육중한 모습으로 뚜렷이 나타나버렸으니, 다시 그것을 없애기란 이제 불가능하다. 이성은 철저히 이성이 아닌 다른 것을 마

* 고야가 1819년에 구입하여 살았던 집의 이름. 귀머거리라는 이름은 청력을 상실한 고야와는 상관이 없고, 전 소유주가 귀머거리였기 때문에 붙여졌다.

주하고 있다. 이성은 저 괴물과 자기가 어떤 내적인 끈으로 연결되어 있는지 안다. 괴물이 생긴 것은 바로 이성이 그런 괴물을 필요로 했기 때문이다. 아니 더 정확히 말하면 그 필요를 거부했기 때문이다. 괴물은 낮을 지배하는 질서가 명령을 내리지 않았더라면 나타나지 않았을 무정부적인 힘이며, 무수한 결과들이 마주치는 곳이라 하겠다. 이성은 적에게서 자신의 뒤집힌 실재를, 자신을 빛으로 만들어주는 이면을 보면서 극복할 수 없는 차이에 오히려 매혹되기 때문이다. 고야는 악마를 믿지 않지만, 주술을 행하는 사람들의 악마적인 정신착란을 재현할 때는 그들의 고집스럽고 모호하기만 한 허튼짓을 드러낸다. 그런 것이 이내 악마적인 잔인한 모습을 띠게 된다. 악마 추방이 다시 필요해졌지만 이제는 예술이 그 역할을 담당한다. 그것은 상징의 우회나 직접적인 묘사를 통해 악, 폭력, 끔찍한 광란의 모습을 띤 무수한 형상을 명명하고 그려내는 일이다.

지금까지 말했듯 고야는 그의 동시대인들 대부분이 아름다움을 추구하는 데 필수조건으로 삼았던 고대를 통한 우회를 거부했다. 그의 작품에 기원에 대한 노스탤지어가 없기 때문이 아니라, 고야야말로 자발적인 힘을 통해(많은 지식을 자랑하는 기억을 통해 특별한 의미를 갖는 시간적인 장소(아르카디아)나 불변의 형식을 추구하는 것이 아니라) 기원과의 관계를 경험한 유일하다시피 한 사람이었기 때문이다. 벌써 디드로가 그랬고 19세기의 낭만주의자들이 이를 따르듯, 고야가 생각하는 기원은 이상적인 원리가 아니라 생명의 에너지다. 그는 그 에너지를 황소의 눈에서도 찾고, '마하'*들의 머릿결에서도 찾고, 동요하는 민중에

* 고야는 마하라는 여인을 대상으로 〈벌거벗은 마하La Maja desnuda〉(1797~1800)와 〈옷을 입은 마하La Maja vestida〉(1802~1805)를 그렸다. 고야가 그린 마하는 그의 연인이었던 알바 공작부인이라는 설도 있고, 당시 총리였던 마누엘 고도이의 정부 페피타 투도라는 의견도 있다.

게서도 찾고, 세상의 색채에서도 찾았다. 한 가지 상징적 이미지로 이해하자면 고야는 동물로 모습을 바꾼 그리스의 신, 에우로페를 납치한 신화의 흰 황소[제우스] 같은 것은 다른 이들(로마의 '골동품상들')에게 맡기고 그 자신은 마을 광장에서 도륙한 시커먼 짐승을 그린다고 말할 것이었다. 보는 바와 같이 중요한 것은 죽음의 위협이 호시탐탐 노리는 음침한 기원이다. 삶은 죽음 바로 옆에 있다. 그래서 고야의 정물은 무시무시할 정도로 움직임이 없다. 맥박은 완전히 멈춰 있고 '생명의 흐름'은 완전히 제거되어 있다.

어둠이 드러나면 짐승들이 우글거리게 된다. 기원에의 호소는 삶의 깊은 원천을 향한다. 바로 여기가 잡종이 만들어지는 지점이며, 고야의 그림에서 삶의 색채가 악의 어둠과 뒤섞이게 되는 기이한 합류점이다. 이성이 단죄한 형상들이 격렬한 생명력을 갖고 활기를 띠게 된다는데, 가소롭기만한 두려움 때문에 기원의 이미지들이 영향을 받는다는데 어찌 놀라지 않을 수 있을까? 〈사투르누스〉와 같은 탐욕스러운 기원의 끔찍하고도 그로테스크한 이미지가 그렇게 솟아날 것이다. 큰 파멸을 겪을 때 기원과 어둠이 서로 뒤섞이는 것 같다. 하지만 이 점에서 고야는 여전히 '계몽주의'의 운명을 충실히 증언하고 있다. 1808년에 에스파냐가 겪은 계몽주의의 타락상을 그렸던 것이다. 혁명기 프랑스는 사방으로 뻗어나가는 원칙들의 빛의 중심이었고, 고야는 그곳으로부터 평화가 퍼져나가리라 희망했다. 그런 프랑스가 돌변하여 폭력적인 군대의 모습으로 몰려와 지나가는 길 여기저기서 무분별하게 살육과 강간을 자행하는 것이다. 불길한 전복이 일어나 어둠이 빛의 자리를 차지했다. 희망을 품었으나 배반당했고, 자유를 향해 진보하는 것처럼 보였던 역사는 긍정적인 축에서 벗어나 몰상식한 모습으로 나타났다. 신고전주의 예술에 대해 우리가 어둠의 복귀라고 명명했던 것과 그저 대면만 하고 있는 것은 아니었다. 우리는 지금 진짜 교체가 일어나 처음에 빛의 원천으로 보았던 것을 어둠의 원천이 대체해버리는 것을 보고 있다. 제라르 드 네르발이 『오렐리아*Aurélia*』에서 "우주는 밤에 있다!"라고 썼던 비장한 순간에 울려퍼졌을 외침이 벌써 들리는 것 같다. 이 자리에서 나는 고야의 후기 작품을 계속 검토하겠다. 1789년에 이미 관건이 되었던 것과 동떨어진 운명이 그의 후기 작품에 나타나기 때문이다. 잔혹하고 경탄스러운 그림 〈1808년 5월 3일의 학살〉(도판 62)을 보면 사형 집행을 맡은 소대원 무리는 규율이 잘 잡혀 있고 규칙적인 모습으로 표현되었는데 이는 정신 나간 합리성을 나타낸다. 규칙성과 질서(원칙의 승리를 뚜렷이 보여준다)는 폭력의 실행에 관여하고 있을 뿐이다. 고야는 이 장면을 비스듬하게 그리면서 프랑스 경기병들의 얼굴을 감추었다. 그들은 발밑에 놓인 음산한 등불에 역광을 받아 옆모습밖에 보이지 않는다. 소총, 원통형 군모, 가죽 끈, 두건 달린 외투, 칼 등의 장비만 보인다. 경기병들이 화면의 전경을 차지하고 있지만, 그들의 모든 것은 이 장면의 배경을 지배하는 밤하늘에 부합하고 호응한다. 반대로 빛은 희생자 무리를, 더 자세히 말하면 임박한 일제사격으로 쓰러질 민중을 확고하게 비춘다. 고야는 전혀 아름답지 않은 인물의 얼굴에 용기와 공포를 모두 넘어서는 단순한 표현을 부여할 줄 알았다. 두 팔은 십자가 모양으로 뻗고, 손바닥을 보이고, 거친 모습으로 표현된 이 폭도는 인간에게 모욕받고 굴욕당한 원형적 인간의 차원을 단번에 나타낸다. 논리적으로 말하면 빛은 등불에서 나왔지만 관람자가 보기에는 사형수의 흰 셔츠에서 나오는 것 같다. 우리는 사형을 집행하는 소대원들의 기계적인 의지에 맞서는 헛된 몸짓, 절대적인 무력함의 비극을 목도하게 된다. 그러나 고야는 죽음의 방향을 바꾸기에는 어림없는 이 헛된 의지가 죽음으로 침해되지도 파괴되지도 않을 것임을 예감케 한다. 그 방식은 다비드가 장엄한 헌사와 함께 프랑스혁명의 위대한 인물 마라에게 영

도판 62. 고야, 〈1808년 5월 3일의 학살〉, 마드리드 프라도미술관.

원성을 부여했던 방식이 아니다. 고야의 그림에서 중요한 것은 우리로서는 그 이름도 어떤 사람인지도 모르는 한 모호한 인간이다. 그렇게 우리는 가장 기본이 되는 가치, 가장 흔한 존재와 따로 떼어 생각할 수 없는 자유에 주목하게 된다. 칸트가 1790년 『판단력 비판』에서 정의한 숭고의 양상을 이보다 더 분명하게 드러낸 것이 있을까? 인간은 우주적인 힘을 초월케 하는 영적인 차원을 제 안에서 발견한다. 우주적인 힘이 아니라면 인간을 짓누르는 역사의 폭력이라 해도 좋겠다.[2] 총탄과 단두대의 날처럼 뇌우와 폭풍우는 우리 감각 존재의 죽음을 알리지만, 그 때문에 우리에게 부여된 한계를 벗어나리라는 확신을 우리 안에서 일깨우기도 한다. 18세기 말에 몇몇 풍경화가가 이러한 숭고의 경험을 전하려 시도한 바 있지만, '영웅적 풍경화'와 그림을 구성하는 작업을 관례적으로 작업실에서 하다보니 전율의 경험을 일으키고자 했던 뇌우와 폭풍우는 그들 손에서 고상해지고 탈물질화하고 말았다. 물질세계의 야만성과 색채, 빛, 어둠이 풍요롭게 뒤얽혀 있는 모습을 복원할 수 있었던 화가만이, 고야나 뒤에 등장할 테오도르 제리코 같은 화가만이 '도덕적 자유'를 우리 눈앞에 제시할 수 있었다. 내적 감정에서든 형식의 창안에서든[3] 최고의 자유는 물질 및 사건의 숙명성을 받아들이고 그 도전에 충실하게 응전할 줄 아는 화가들만이 실현할 수 있는 법이기 때문이다.

주석과 보충

1. 어둠을 받아들일 줄 알기

고야는 어둠을 받아들일 줄 알았기에, 그가 시도한 예술만이 유일하게 그 시대에 빛과 빛의 무한한 파동으로 실체 자체를 만들어낼 수 있었다. 다른 어디를 찾아봐도, 특히나 윤곽의 폭정에 묶여 있던 화가들을 보더라도 빛의 묘사는 형식에 쓸데없이 덧붙여진 것이었다. 고야 작품의 빛과 색을 깊이 연구한 저작에서 유타 헬트는 "다비드를 필두로 프랑스 화가들은 빛과 색을 점점더 많이 사용하여 대상들을 뚜렷하게 구분해 표현했다. 이와 반대로 고야는 (결국 명암을 표현하게 되는) 빛, 어둠, 색가色價[명도 등 색의 시각적 강도]를 재현에 종속되지 않고 그 자체로 주어진 것으로 생각했다."(유타 헬트, 『고야의 회화에서 빛과 색*Farbe und Licht in Goyas Malerei*』, 베를린, 1964, 159쪽) 고야의 예술에는 에두아르 마네의 과감함이 이렇게 예고되어 있었다.

2. 공포와 숭고

고야의 가장 강렬한 후기 작품들과 칸트 『판단력 비판』(1790)에서 언급된 주제를 가까이 연관지어 살펴본 데 대해 놀라는 사람도 있을 것이다.

칸트가 버크와 함께 아름다움의 미학과 숭고의 미학이라는 이중의 미학을 제안했음을 기억하자. 아름다움은 "이해관계를 완전히 벗어나" 즐거움을 주는 것, "누구든 개념을 갖지 않고도 즐거움을 주는 것"으로 정의된다. 아름다움은 "한 대상의 목적성의 형식으로, 그 형식은 어떤 목적도 재현하지 않고 지각"된다. 아름다움은 그래서 "개념을 갖지 않고 반드시 만족을 주게 되는 대상으로" 인식된다. 천재만이 상상력의 자유로운 유희를 누릴 수 있으며, 그 유희와 지성의 법칙의 조화를 가능케 한다. 여기서 개념은 아무 쓸모가 없는데, 오직 자연만이 천재를 통해 자신의 법칙을 예술에 부과하기 때문이다. 이 아름다움의 미학은 18세기 말에 마음껏 발휘된 장식적 표현을 정당화한다. 이 시기야말로 창조적 언어를 완전히 통제하면서 더없이 세련되고 우아한 터치에 이르렀던 때다.

반대로 숭고의 미학은 인간이 외부 세계의 가공할 만한 스펙터클을 볼 때, 본질적으로 인간으로 하여금 자연의 압도적인 힘에 범접할 수 없게끔 하는 근본적 차이를 의식하는 데 관심을 둔다. "숭고란 그 생각을 품는다는 자체가 모든 감각의 척도를 뛰어넘는 마음의 능력이 존재한다는 증거가 되는 것이다."(§25) "참된 숭고는 오직 판단하는 자의 정신에 존재할 뿐 그런 성향을 갖게 한 자연물에서 찾아서는 안 된다. 그러니 야생의 황량한 곳에 얼음 덮인 뾰족한 봉우리들이 무정형으로 중첩된 산이며 광포하게 파도치는 어두운 바다를 누가 숭고하다 할 것인가? 하지만 정신은 이렇게 형식 따위는 개의치 않고 상상력과 정해진 목적 없이 그 상상력과 이어져 상상력을 확장하는 데 그치는 이성에 몰두하면서 상상력의 힘을 전부 동원해도 이성의 관념에 적합하지 않음을 인정한다면 스스로 평가하여 정신이 자라난다고 느끼게 된다."(§26) "그러므로 자연에서 느끼는 숭고의 감정은 우리가 수행해야 하는 사명에 대한 존경, 그렇게 절취의 방식으로(말하자면 우리 안에 존재하는 인류에 대한 존경을 대상에 대한 존경으로 대체하면서) 우리가 자연의 대상에 내보이는 존경이다. 이 대상은 말하자면 감성이 가질 수 있는 가장 큰 힘보다도 우리가 가진 인식 능력의 합리적 목적이 우월함을 직관적으로 깨닫게 해주기 때문이다."(§27) "위협이라도 하듯 높이 솟아 굽어보는 바위들, 번개와 우레를 품고 다가오며 하늘 위로 피어오른 먹구름, 파괴의 힘을 자랑하는 화산, 폐허만을 남기고 지나가는 폭풍, 끝이 보이지 않고 광란하는 대양, 힘차게 흘러가는 강의 높다란 폭포 등은 우리가 가진 저항의 힘과 비교할 때 우리를 보잘것없이 만드는 대상들이다. 그런데 우리가 안전한 곳에 있기만 하다면 그 광경이 두려울수록 그만큼 더 우리의 마음을 끌게 된다. 우리는 그런 대상을 숭고하다고 하고 싶은데, 그것들이 영혼의 에너지를 보통 이상으로 높여주고, 전지전능해 보이는 자연의 힘을 용기 있게 측정해보고자 하는 아주 다른 종류의 저항 능력을 우리 안에서 찾게 해주기 때문이다."(§28) "그러므로 숭고는 자연의 대상에 존재하는 것이 아니라 바로 우리가 자연보다, 우리 밖에 존재하(여 우리에게 영향을 미치)는 자연보다 우월하다고 의식하게 해주는 우리 정신 안에 존재할 뿐이다. 우리의 힘을 자극하는 자연의 역능처럼 이러한 감정을 불러일으키는 모든 것을 (딱 들어맞지는 않지만) 숭고라고 한다. 이러한 관념이 우리 내부에 있다고 생각하고 오직 그 관념과 관련해서만 우리는 존재의 숭고성에 대한 관념에 이를 수 있다. 그 존재는 자연에서 드러나는 역능을 통해서뿐 아니라, 무엇보다 이 자연을 두려움 없이 판단하고 우리의 사명이 더 우월함을 인식하도록 우리가 받은 능력을 통해서 우리 안에 깊은 존중감을 생겨나게 한다."(§28)

확실히 칸트의 숭고 미학은 제일 먼저 조제프 베르네의 폭풍우, 카스파르 볼프나 루트비히 헤스의 알프스산 그림들에 적용된다. 바라보는 사람의 입장에서 본다면 칸트의 숭고 미학은 안전한 곳에 있다는 생각을 전제로 한다. 위베르 다미시가 정확하게 말했듯 고야가 '신성한 이성'에 깊은 애착을 갖고 있었더라도, 바라보는 사람이 스스로 안전한 상태에 있다고 느끼는 감정은 고야의 세계에서는 더는 살아남을 수 없는 것처럼 보인다.(「고야의 미술과 계몽주의 정신의 모순」, 『18세기의 유토피아와 제도들*Utopie et institutions au XVIIIe siècle*』, 파리/헤이그, 1963) 자연의 매력적인 공포가 아니라, ("인간에게 존재하는 근본악"의 표현인) 전쟁의 공포를 그린 고야가 칸트의 "탁월성의 감정"이 펼쳐지는 저 주관적 차원에 여전히 열려 있는지 물어야 할 것이다. 『전쟁의 재앙*Désastres de la guerre*』에서 테오도어 헤처는 다음과 같이 썼다. "우리는 다른 데 정신을 팔지 않으며 다른 데 주의를 기울이지 않는다. 그 무엇으로도 우리는 더는 화해에 이를 수 없다. 무엇으로도 보편 질서에 이를 수 없고, 무엇으로도 우리가 단단한 땅에 서 있음을 보장해주고 공포를 느끼는 중에도 운명의 필연성이, 신의 의지가 존재한다고 믿게 해줄 어떤 법칙이 있음을 확신하게 할 수 없다. 예술에 의한 강화는 우리를 해방에 이르게 하는 것이 아니라 도리어 우리를 억압하는 힘과 악몽을 키운다. 렘브란트, 티치아노, 벨라스케스 같은 거장들의 마지막 작품들을 보면 예술은 구체적인 것으로부터 변용에 이르지만, 고야는 유령에 이른다. 위대한 예술가가 걷는 길은 항상 사물의 복수성과 근접성을 벗어나 환상의 상태에 이르지만, 고야의 환상은 영원한 빛의 조명을 받지 못했다. 그 환상 뒤에는 암흑이 있고 무無가 있다."(『논문과 강연*Aufsätze und Vorträge*』, 2 vol., 라이프치히, 1957, t. I, 「프란시스코 고야와 1800년의 예술의 위기」, 196쪽) 그렇다. 조화로운 세계는 사라졌고, 지평선 너머에서 우리를 안심시키는 것은 그 무엇도 존재하지 않으니, 하늘은 닫혀버린 것이다. 그러나 예술이, 매혹적인 공포와 맞서는 정신의 거부가 그만큼 더 중요해진다. 인간의 세계가 이해를 통해 탐색해도 여전히 숨겨져 있다면 고발하는 작품 말고 다른 방법이 없다. 어떤 점에서 본다면 고야의 예술은 숭고를 말하는 칸트의 생각에 따라 평가될 수 없음이 명백하다. 바라보는 사람의 의식이 인간을 짓누르는 존재보다 우월하다고 느끼지 못해서가 아니다. 고야의 세계는 가장 깊은 곳에서 어떤 감각의 현전도 더는 예감할 수 없게 하기에 그렇다. 샤토브리앙이 『무덤 너머의 회상록』의 저 유명한 대목에서 표현한 터무니없는 공포의 경험이 이와 같다. 샤토브리앙은 폭도들이 창 끝에 꽂아 휘두르고 다녔던 풀롱과 베르티에의 머리를 저택 꼭대기 창에서 직접 바라본 적이 있었다. 에릭 베일(『칸트의 문제들*Problèmes kantiens*』, 파리, 1963)의 지적처럼 『판단력 비판』은 "자연적이고 역사적인 실재는 존재하고 그것이 이치에 맞다. 모든 것은 이치에 맞는 전체이기 때문"임을 받아들이게 한다. 요컨대 의미와 사실은 대립하기는커녕 일치하는 셈이다. 고야는 늘 이와 반대되는 확신을 품었던 것 같다. 하지만 고야가 그림을 그린 것은 이러한 확신을 강요하기 위해서가 아니라 오히려 그 확신을 쫓아내고 그로부터 치유되고자 했기 때문이다.

3. 1789년의 풍경화

18세기에 컬러 판화 기법이 새로 도입되고 애쿼틴트aquatinte[부식을 이용해 색채나 명암을 표현하는 동판화 기법]와 메조틴트mezzotinte[판면에 가늘고 촘촘하게 새긴 선들을 이용해 미묘한 색조 변화를 표현하는 동판화 기법]가 사용되면서 감상적인 사건들이며 연애 장면, 정치적 풍자와 함께 '피토레스크 풍경화'가 널리 확산되었다. 1770~80년대에는 산이 대단한 호기심을 끌어 '알프스 여행'이 급증했다. 섀프츠베리, 루소에 이어 아주 멋진 글들이 알프스산 정상의 낯선 아름다움을 묘사했다.(라몽 드 카르보니에르, 마르크테오도르 부리, 장앙드레 드 뤼크의 알프스 기행은 물론, 특히 1787년에 오라스 베네딕트 드 소쉬르가 출판했던 『알프스 여행*Voyages dans les Alples*』은 유럽에서 대단한 성공을 거두었다.) 출판업자들은 판화를 대량으로 보급하기에 이르렀다. 하위 장르이자 기록 장르로 여겨졌던 판화 작가들이 누구인지는 대개 알려지지 않은 경우가 많았다. 1780년경에 카스파르 볼프는 베른 상인의 주문으로 요정이 나올 것 같은 알프스의 풍경을 그렸는데, 이 작품이 판화로 제작되어 18세기 말 내내 널리 퍼졌다.(도판 63, 64)

비밀스러운 장르이자 보기 드물게 유연했던 수채화 장르는 영국에서 특히 큰 성공을 거두었다. 폴 샌드비, 알렉산더 카즌스와 그의 아들 존 로버트 카즌스(도판 65)부터 토머스 거틴, 존 컨스터블, 윌리엄 터너의 선구자였던 프랜시스 타운이 이런 성공을 이끌었다. 수채화가들은 자연을 따라 그린 풍경화가 하위 예술로 간주되었기에 그만큼 더 자유롭다고 느꼈다. 파리와 런던에서 열린 아카데미 살롱전에서는 (영웅적 풍경화, 목가적 풍경화 같은) '구성된 풍경화'가 대부분이었다. 그래서 화가는 작업실에서 ('날 것'의 자연을 '아름다운' 자연으로 변모시키기 위해) 실물에서 취한 잡다한 요소들을 이용하고 재구성했다. 수채화가는 그다지 높은 평가를 받지 못했는데 그들은 그저 해당 장르의 장인匠人에 불과했다. 빙켈만이 풍경화가 마음을 그다지 끌지 않는다고 선언한 것은 신중하지 못한 일이었다. "일반적으로 모든 즐거움은 인간에게 더없이 중요한 재산, 즉 시간을 빼앗는 것인데, 이런 즐거움이 사람의 정신을 빼앗는 정도에 비례해서 그저 사람의 기분을 좋게 할 수도 있고 사람의 마음을 완전히 빼앗아버릴 수도 있다. 순전히 물질적인 감각은 그저 영혼을 스쳐지나가기만 할 뿐 오래 지속되는 인상을 남기지 못한다. 풍경이나 정물을 그린 그림을 바라볼 때 느끼는 즐거움이 그런 것이다. 그런 작품을 판단할 때는 화가가 그림을 그릴 때 들인 노력보다 정신을 더 집중해서 볼 필요가 없다. 이러한 점에서 볼 때 단순한 예술 애호가나 예술에 무지한 사람이나 그렇게 집중해서 보지 않아도 된다."(『예술에 관해 쓴 여러 단편 모음집*Recueil de différentes pièces sur les Arts*』, 프랑스어 번역본, 파리, 1786, 180쪽)

목가적 감정은 영국에서 점차 사라져갔다. 독일과 오스트리아에서는 이 감정이 좀더 지속되기는 한다.(하이든은 1801년에야 〈사계四季〉 작곡을 끝냈고, 베토벤은 1803년에 〈전원〉 교향곡을 내놓았다.) 반면 프랑스에서는 (게스너의 유행이 계속되고 들릴이 베르길리우스의 『농경시*Georgica*』를 번역하기는 하지만) 목가적 감정이 흔들리고 있는 것이 사실이었다. 시골에서 얻는 행복에 관한 시적 허구를 의심 없이 믿을 수는 없었다. 한 신화가 사라져갔다. 농민들은 황금시대를 사는 것이 아니었다. 영국 시인 조지 크래브의 아름다운 시집 『시골 마을*The Village*』(1783)은 이 점을 쓰디쓰게 확인시켜준다. 석탄 산업이 농촌을 검게 물들이는 것은 물론이고 과도한 빈곤에 빠진 농민은 결국 도시의 공업 프롤레타리아 수를 늘리게 된다.

이제 '구성된 풍경화'의 주제로 농촌의 목가를 선택하기란 여간 어렵지 않게 된다. 지나간 시간의 지평이 남게 되니 전설 속의 아르카디아, 그리스 목가시인 테오크리토스의 시칠리아, 『부갱빌 여행기*Voyage de Bougainville*』나 『폴과 비르지니』(1787)에서 착상을 얻은 뭔지 모를 열대지방 신기루의 이미지가 그렇다. 푸생의 비밀을 되찾으려던 몇몇 화가가 있었고, 그중 티슈바인이나 코흐라는 북유럽인은 이탈리아의 빛과 이상적인 조화의 매력에 매혹되었다. 이제 다시 환멸이 대세가 된다. 괴테가 1789년에 완성한 대단히 복잡한 비극 『토르콰토 타소*Torquato Tasso*』에 숨겨놓은 비판은 그의 인물들의 확신을 결국 훼손하고 만다. 괴테는 외톨이 주인공이 도피처로 찾고자 하는 기억의 땅, 아르카디아의 황금시대도, 레오노레 데스테 공주가 평화 넘치던 초기 공동체의 내면화된 대체물로 삼은 아름다운 영혼들의 공동체도 믿을 수 없었기 때문이다. 시인은 제 주변의 세계를 벗어날 수 없었다. 프랑스혁명기의 시민 시인([고대 그리스의 전설적인 애국 시인] '티르타이오스들' 중 하나) 펠릭스 노가레는 「황금시대의 소송Le Procès de l'Age d'Or」이라는 의미심장한 제목의 찬가에서 이 생각을 더욱 노골적으로 표현했다. 그는 호전적인 야금술의 시대를 성대한 완곡어법의 방식으로 다음과 같이 노래했다.

> 황금시대와 레아의 시대를 찬양하는 이들이여
> 입을 다무시오…… 나는 여러분의 제단을 파괴할 결심이 섰소.

63

64

65

도판 63. 카스파르 볼프(1735~1798), 〈겨울의 겔텐바흐 폭포〉, 빈터투어 오스카르라인하르트미술관.
도판 64. 볼프, 〈그린델발트의 빙해와 빙산〉, 빈터투어 오스카르라인하르트미술관.
도판 65. 존 로버트 카즌스(1752~1799), 〈엘베섬 풍경〉, 런던 빅토리아&앨버트미술관.

투창을 벼리시오, 공화국에 봉사하시오.
서두르시오…… 우리는 망치의 합의를 좋아하오.
스위스 인민의 요람을 지키고
그들의 재산이 되었던 것은 철과 검이었소.
그곳에서 잔인한 괴물에 맞서
화살이 날아가 괴물의 가슴을 뚫었소.
납도, 철도, 청동도 없이
지상에 어떤 자유도 없이.

프랑스에서 장남[판화가 장미셸 모로의 형] 루이 모로(1739~1805)의 작품은 대단히 신중하게 실제 풍경으로 달려간다. 그는 굳이 '흥미로운' 일화들을 넣지 않고도 대단히 감동적으로 그 풍경의 변화와 빛의 효과를 묘사할 줄 알았다. 하늘과 구름을 꿈꾸듯 명상하는 어떤 부분은 영국 수채화가들의 정신을 닮아 있(지만 위험을 무릅쓰고 대양이나 알프스의 깎아지른 벼랑에 접근할 일은 없)다.(도판 66) 모로보다 열 살가량 어린 피에르앙리 발랑시엔은 로마 주변의 시골에서 자연을 따라 스케치한 작품을 많이 남겼다. 그는 미묘하게 변하는 대기의 관찰자였다.(도판 67) 『실천 원근법 기초 *Eléments de perspective pratique*』(혁명력 8년)에서 발랑시엔은 반사광, 음영, 낮의 순간들, 구름, 뇌우, 화산 분출 등과 관련하여 놀랄 만한 지적을 했다. 그러나 '구성된 풍경화'의 이상에 지나치게 집착하여 이 주제로 완성한 작업에 자율적인 가치를 부여하지는 못했다. 그에게는 그저 준비운동이었을 뿐이다. 발랑시엔은 화실에서 '회상들'을 구성하게 된다.(장바티스트카미유 코로 같은 화가도 마찬가지다.)

발랑시엔의 작품에는 두 가지 보완적인 경향이 보인다. 그 경향들이 낭만주의 또는 적어도 근본적으로 낭만주의적인 성향의 특징을 이룬다. 첫번째 경향은 목가적 행복을 대표하는 전설의 장소들이 시간이 지남에 따라 훼손되어 결국 사라지고 파괴된다는 점을 확인하는 것으로 귀결한다. "[아프로디테의 탄생지로 알려진 키프로스섬의 고대 도시들인] 파포스Paphos와 아마투스Amathus의 향기로운 숲은 지금 무엇이 되었는가? 시인들이 앞다투어 즐겨 노래했던 저 행복한 아르카디아는 지금 무엇이 되었는가? 올림포스산과 그 북쪽 피에로스산이 막아주고, 페네이오스강이 흘러 비옥하며, 울창하고 항상 푸르른 숲으로 덮였던 저 감미로운 템페계곡에 남은 것은 무엇인가? 산이며, 강이며, 계곡은 그대로지만 더는 닮지 않았다. 비옥한 땅은 아마 보존되었을지 모르지만 그곳에서 산출된 것까지 동일하지는 않다. 행복하고 부유함을 노래하던 평화로운 주민들 대신, 비참한 노예들이 무지와 곤궁 속에서 근근이 살아간다. 저 이름난 지역을 둘러볼 때 누릴 수 있는 즐거움이란 예전에 그들이 누렸던 번영을 기억하는 것뿐임에 놀라게 된다. 우리의 상상력이 그들이 누렸던 영광의 시대로 데려가는 것은 사실이다. 그리하여 우리는 그들이 잃은 것을 전부 다시 보고 있다고 믿는다. 위대한 과거가 있었음을 홀로 증언하는 바위를 바라본다. 침묵에 휩싸인 골짜기, 메마른 평야, 더는 흐르지 못하고

도판 66. 루이가브리엘 모로(1739~1805), 〈풍경〉, 디종 마냉미술관.

도판 67. 피에르앙리 발랑시엔(1750~1819), 〈호숫가의 폭풍우〉, 파리 루브르박물관.

고여 있는 물을 보면 연민과 회한의 감정이 생긴다. 그러면서 그 감미로운 풍경에 자연이 보다 아름답고 보다 다양하게 만들 수 있는 모든 것을 더해 헛되이 머릿속에 되새겨보고자 한다. 시선은 찬란한 유년의 시절에 그런 모습이었음을 어렵사리 추측하게 해주는 백골 위를 배회할 뿐이다." 그러나 발랑시엔은 예술이 황량하기 짝이 없는 저 폐허와 원시 상태로의 복귀를 표현하기보다, 문학적 감수성과 박학한 고고학의 도움으로 상상력이 물질의 과거 모습과 그 시적 양상을 함께 복원하기를 바랐다. 회화의 책무는 화폭 위에 정신의 풍경이 나타나게 하는 데 그치지 않고 폐허가 된 도시들을 과거 그대로의 진실성에 따라 복원하는 일일 것이다. "화가는 실제 공간에서 상상 속의 그런 자연을 더는 되찾지 못하므로, 그 자연을 더없이 위대하고 우아하게 묘사했던 시인을 따라 재창조해야 한다. 화가는 매일 눈앞에서 보는 자연을 그제야 알게 되고, 독서를 통해 그저 이상에 불과한 자연과 동일시하면서 이를 취향과 결합하여 다른 양식을, 새로운 형식을, 더 화려한 색의 효과를 부여하게 되며, 그 결과로 유사한 외관을 갖춰주게 된다."(484~485쪽) "우리는 폐허를 보면 예전에 완전하게 존재했던 인공물의 잔해만 볼 뿐이므로, 파손의 정도가 상이한 저 건축물의 음산하고 차가운 뼈대만 재현하게 된다. ……감성적이면서도 철학적인 화가는 창조적 천재성의 도움으로 그리스와 로마의 기념물을 과거 영광의 시대의 광채로 빛나게 그리고 싶을 것이다."(413~414쪽)

이제 우리는 세계를 직접 관조하는 것에서 아주 멀리 떠나버렸다. 18세기 말이 되면 그 같은 관조를 표현하는 기술적 수단이 부족하지 않다. 풍경화의 예술이 힘차게 도약하려면 '있는 그대로의 자연'과 '존재할 수 있을 법한 자연'이라는 고전적 구분이 사라져야 할 것이며, 위대한 고대시의 주변에 고집스럽게 남아 있는 이미지인 완전한 자연이라는 관념을 거부해야 할 것이다. 물론 그러자고 완전성의 개념을 거부할 필요는 없다. 완전성은 가장 가까운 자연에 존재하고, 그곳에 천국의 계시가 있음을 선언하는 것으로 충분하다. 그러려면 화가는 세계를 살피고, 자신의 작업을 통해 자신의 시선이 포착한 풍경의 내적 법칙을 드러낼 수 있어야 한다.

참고문헌

1차 문헌

BOULEE, Etienne Louis, *Architecture. Essai sur l'art*, Textes réunis et présentés par Jean-Marie Pérouse de Montclos, Paris, Hermann, 1968.

—, *L'Architecture visionnaire et néo-classique*, Textes réunis et présentés par J.-M. Pérouse de Montclos, Paris, Hermann, 1993.

FERNOW, Karl Ludwig, *Römische Studien*, 3 vol., Zurich, 1803.

—, *Leben des Künstlers Asmus Jacob Carstens*, Leipzig, 1806.

FÜSSLI, Johann Heinrich, *The Mind of Henry Fuseli*, Choix d'écrits avec une étude introductive par Eudo C. Mason, Londres, 1951.

GARMS, Jörg, *Recueil Marigny. Projets pour la Place de la Concorde*, 1753, Paris, Ed. des Musées de la Ville de Paris, 2002.

GUIFFREY, Jules, *Collection des livrets des anciennes expositions depuis 1673 jusqu'en 1800*, 42 vol., Paris, 1869~1872.

—, *Table générale des artistes ayant exposé aux salons du XVIIIe siècle, suivie d'une table de la bibliographie des salons, précédée de notes sur les anciennes expositions...*, Paris, J. Baur, 1873.

HEMSTERHUIS, François, *Œuvres philosophiques*, 2 vol., Paris, 1809.

LEDOUX, Claude-Nicolas, *L'Architecture considérée sous le rapport de l'art, des mœurs et de la législation*, Paris, 1804, édition fac-similé, Paris, 1962.

LENOIR, André, *Observations scientifiques et critiques sur le génie*, Paris, 1821.

MENGS, Anton Raphaël, *Opere*, 2 vol., Parme, 1780.

—, *Œuvres complètes*, Paris, 1786.

MILIZIA, Francesco, *Dell'arte di vedere nelle belle arti*, Venise, 1781.

MORITZ, Karl Philopp, *Ueber die bildende Nachahmung des Schönen*, Brunswick, 1788.

PRECIADO DE LA VEGA, Francisco, *Arcadia Pictórica en sueño ó poema prosaico sobre la Teórica y Práctica de la Pintura*, Madrid, 1789.

QUATREMERE DE QUINCY, Antoine Chrysotome, *Canova et ses ouvrages, ou Mémoires historiques sur la vie et les travaux de ce célèbre artiste*, Paris, A. Le Clerc, 1834.

—, *Dissertation sur les opéras bouffons italiens*, s.l., 1789.

—, *Considérations sur les arts du dessin en France, suivies d'un plan de l'Académie*, Paris, 1791.

—, *Encyclopédie méthodique. Architecture*, 3 vol., Paris, 1787~1825.

VALENCIENNES, Pierre Henri, *Eléments de perspective pratique*, Paris, an VIII.

VIGEE-LEBRUN, Maris Louise Elisabeth, *Mémoires d'une portraitiste: 1755~1842*, Préface de Jean Chalon, Paris, Scala, 1989.

WINCKELMANN, Johann Joachim, *Sämtliche Werke*, 12 tomes en 8 vol., Donaueschingen, 1825~1835.

18세기에 대한 주요 연구

ADHEMAR, Jean, *La Gravure originale au XVIIIe siècle*, Paris, 1963.

ARASSE, Daniel, *La Guillotine et l'imaginaire de la terreur*, Paris, Flammarion, 1987.

AULARD, François-Alphonse, *Le Culte de la Raison et le culte de l'Etre suprême (1793~1794)*, Paris, 1909.

BACZKO, Bronislaw, *Lumières de l'utopie*, Paris, Payot, 1978.

—, *Comment sortir de la Terreur, Thermidor et la Révolution*, Paris, Gallimard, 1989.

—, *Job, mon ami. Promesse du bonheur et fatalité du mal*, Paris, Gallimard, 1997.

—, et FURET, François (et alii), *L'uomo romantico*, Rome/Bari, Laterza, 1995.

BADINTER, Elisabeth, *Les Passions intellectuelles. Désir de gloire 1735~1751*, Paris, Fayard, 2002.

BAECQUE, Antoine de, *La Caricature révolutionnaire* (sous la dir. de Michel Vovelle), Paris, Presses du CNRS, 1988.

BAKER, Keith Michael, *Au tribunal de l'opinion: essais sur l'imaginaire politique au XVIIIe siècle*, trad. de l'anglais par Louis Evrard, Paris, Payot, 1993.

BALTRUSAITIS, Jurgis, *La Quête d'Isis*, Paris, Flammarion, 1967.

BELAVAL, Yvon, *L'Esthétique sans paradoxe chez Diderot*, Paris, Gallimard, 1950.

BENOIT, François, *L'Art français sous la Révolution et l'Empire. Les doctrines, les idées, les genres*, Paris, 1897.

BICKENDORF, Gabriele, *Die Historisierung der italienischen Kunstbeobachtung im 17. und 18 Jahrhundert*, Berlin, Gebr. Mann Verlag, 1998.

BLONDEL, Spire, *L'Art pendant la Révolution. Beaux-arts, arts décoratifs*, Paris, Henri Laurens, s.d. [1887].

BONNET, Jean-Claude, *Naissance du Panthéon. Essai sur le culte des grands hommes*, Paris, Fayard, 1998.

BRYSON, Norman, *Word and Image. French Painting of the Ancien Régime*, Cambridge et Londres, Cambridge University Press, 1981.

BUKDAHL, Else Maris, *Diderot. Critique d'art*, Copenhague, Rosenklde et Bagger, 1980~1982.

CARLSON, Marvin, *Le Théâtre de la Révolution française*, traduit par J. et L. Bréant, Paris, Gallimard, 1970.

La Carmagnole des Muses. L'homme de lettres et l'artiste dans la Révolution, avec une introduction de Jean-Claude Bonnet, Paris, Armand Colin, 1988.

CASSIRER, Ernst, *Freiheit und Form* (3e éd.), Darmstadt, 1961.

—, *Die Philosophie der Aufklärung*, Tübingen, 1932 ; *La Philosophie des Lumières*, trad. de l'allemand et présenté par Paul Quillet, Paris, 1966.

CAVINA, Anna Ottani, *I paesaggi della argione. La città classica da David a Humbert de Superville*, Turin, Einaudi, 1994.

CHASTEL, André, *L'Art français*, t. III, *Ancien Régime, 1620~1775*, Paris, Flammarion, 1995 (bibliographie).

—, *L'Art français*, t. IV, *Le Temps de l'éloquence, 1775~1825*, Paris, Flammarion, 1996 (bibliographie).

CHATELAIN, Jean, *Dominique Vivant Delon et le Louvre de Napoléon*, Paris, Perrin, 1999.

CHAUNU, Pierre, *La Civilisation de l'Europe des Lumières*, Paris, Arthaud, 1993 (bibliographie, pp. 539~565)

CHOUILLET, Jacques, *L'Esthétique des Lumières*, Paris, Presses universitaires de France, 1974.

—, *La Formation des idées esthtiques de Diderot: 1745~1763*, Paris, Armand Colin, 1973.

COTTRET, Monique, *La Bastille à prendre: histoire et mythe de la forteresse royale*, Préface de Pierre Chaunu, Paris, Presses universitaires de France, 1986.

—, *Jansénismes et lumières: pour un autre XVIIIe siècle*, Paris, Albin Michel, 1998 (bibliographie, pp. 397~403).

—, *Culture et politique dans la France des Lumières (1715~1792)*, Paris, A. Colin, 2002.

CRAVERI, Benedetta, *Madame du Deffand et son monde*, Paris, 1987.

—, *L'Age de la conversation*, trad. Eliane Deschamps-Pria, Paris, Gallimard, 2002.

CROW, Thomas, *La Peinture et son public à Paris au XVIIIe siècle*, trad. d'André Jacquesson, Paris, Macula, 2000.

DAUMAS, Maurice, *Images et sociétés dans l'Empire moderne (XVe~XVIIIe siècle)*, Paris, A. Colin, 2000.

DEBRIE, Christine, et SALMON, Xavier, *Maurice Quentin de La Tour. Principes des pastellistes*, Paris, Somogy, 2000.

DECULTOT, Elisabeth, *Johann Joachim Winckelmann. Enquête sur la genèse de l'histoire de l'art*, Paris, Presses universitaires de France, 2000.

De David à Delacroix. La peinture française de 1774 à 1830, Catalogue de l'exposition du Grand Palais, Paris, 1974 (bibliographie).

DELON, Michel, *L'Idée d'énergie au tournant des Lumières, 1770~1820*, Paris, Presses universitaires de France, 1988.

—, (éd.), *Dictionnaire européen des Lumières*, Paris, Presses universitaires de France, 1997.

DELUMEAU, Jean, et COTTRET, Monique, *Le Catholicisme entre Luther et Voltaire*, Paris, Presses universitaires de France, 1996.

DEMORIS, René, et FERRAN, Florence (éd.), *La Peinture en procès: l'invention de la critique d'art au siècle des Lumières*, Paris, Presses de la Sorbonne nouvelle, 2001.

DEPRUN, Jean, *La Philosophie de l'inquiétude en France au XVIIIe siècle*, J. Vrin, 1979 (bibliographie).

DESPOIS, Eugène, *Le Vandalisme révolutionnaire: fondations littéraires, scientifiques et artistiques de la Convention*, Paris, 1868.

EHRARD, Jean, *L'Idée de nature en France dans la première moitié du XVIIIe siècle*, Paris, A. Michel, 1994 (bibliographie, pp. 795~836).

EIGELDINGER, Frédéric S., et TROUSSON, Raymond (éd.), *Dictionnaire de Jean-Jacques Rousseau*, Paris, H. Champion/Genève, Slatkine, 1996.

EITNER, L. E. A., *Neo-classicism and Romanticism, 1750~1850. Sources and Documents*, 2 vol., Londres, 1970.

FAUCHOIS, Yann, *Chronologie politique de la Révolution, 1789~1799* (sous la dir. de François Furet), Alleur, Marabout et Paris, Hachette, 1989.

FRIED, Michael, *La Place du spectateur*, trad. de l'anglais (*Absorption and Theatricality: Printing and Beholder in the Age of Diderot*, 1980) par Claire Brunet, Paris, Gallimard, 1990.

FRIEDLANDER, Walter, *David to Delacroix*, traduit en anglais par R. Goldwater, Harvard, 1952.

FURET, François, *Penser la Révolution française*, Paris, Gallimard, 1978.

—, et HALEVI, Ran (éd.), *Orateurs de la Révolution française*, Paris, Gallimard, «Bibl. de la Pléiade», 1989.

—, *La Monarchie républicaine: la Constitution de 1791*, Paris, Fayard, 1996.

FURET, François, et OZOUF, Mona, *Dictionnaire critique de la Révolution française*, Paris, Flammarion, 1988.

—, (éd.), *Terminer la Révolution: Mounier et Barnave dans la Révolution française*, Grenoble, Presses universitaires de Grenoble, 1990.

—, (éd.), *Le Siècle de l'avènement républicain*, Paris, Gallimard, 1993.

FURET, François, et RICHET, Denis, *La Révolution*, 2 vol., Paris, Hachette, 1965~1966.

—, *La Révolution française*, Paris, Fayard, 1989.

GAEHTGENS, Thomas, MICHEL, Christian, RABREAU, Daniel, SCHIEDER, Martin (éd.), *L'Art et les normes sociales au XVIIIe siècle*, Paris, Ed. de la Maison des sciences de l'homme, 2001.

GAUCHET, Marcel, *La Révolution des droits de l'homme*, Paris, Gallimard, 1989.

—, *La Révolution des pouvoirs. La souveraineté, le peuple et la représentation (1789~1799)*, Paris, Gallimard, 1995.

GAUTIER, Hippolyte, *L'An 1789: événements, mœurs, idées, œuvres et caractères, avec 650 reproductions, par la photogravure sur cuivre, de vignettes, d'estampes et de tableaux de l'époque*, Paris, 1888.

GERARD, Alain, *Pourquoi la Vendée?*, Paris, Armand Colin, 1990.

GODECHOT, Jacques, *La Prise de la Bastille*, Paris, Gallimard, 1989.

GONCOURT, Edmond et Jules de, *Histoire de la société française pendant la Révolution*, Paris, 1854.

GOULEMOT, Jean-Maris, *Discours, révolutions et histoire: représentations de l'histoire et discours sur les révolutions de l'âge classique aux Lumières*, Paris, Union générale d'éditions, 1975.

GRELL, Chantal, *Le Dix-Huitième siècle et l'Antiquité en France, 1680~1789*, 2 vol., Oxford, Voltaire Foundation, 1995.

—, et STANIC, Milovan, *Le Bernin et l'Europe. Du baroque triomphant à l'âge romantique*, Paris, Presses de l'Université de Paris-Sorbonne, 2002.

GRIGSON, Geoffrey, *The Harp of Aeolus*, Londres, 1947.

GUSDORF, Georges, *Naissance de la conscience romantique au siècle des Lumières*, Paris, Payot, 1976.

HALEVI, Ran, *Les Loges maçonniques dans la France d'Ancien Régime: aux origines de la sociabilité démocratique*, Paris, Armand Colin, 1984.

HAUTECŒUR, Louis, *Rome et la renaissance de l'Antiquité à la fin du XVIIIe siècle*, Paris, 1912.

—, *Littérature et peinture en France du XVIIe siècle au XXe siècle*, Paris, 1942.

—, *L'Art sous la Révolution et l'Empire, 1789~1815*, Paris, 1953.

HAWLEY, Henry H., *Neo-classicism, Style and Motif*, New York, The Cleveland Museum of Art, 1964.

HERMON-BELOT, Rita, *L'Abbé Grégoire, la politique et la vérité* (sous la dir. de Mona Ozouf), Paris, Ed. du Seuil, 2000.

HOBSON, Marian, *The Object of Art. The Theory of Illusion in Eighteenth-Century France*, Cambridge/Londres [etc.], Cambridge University Press, 1982.

HONOUR, Hugh, *Neo-classicism*, Penguin, 1968.

IHL, Olivier, *La Fête républicaine*, Paris, Gallimard, 1996.

JAUME, Lucien, *Le Discours jacobin et la démocratie*, Paris, Fayard, 1989.

JOHNSON, James William, *The Formation of English Neo-Classical Thought*, Princeton, 1967.

JOURDAN, Annie, *Les Monuments de la Révolution (1770~1804). Une histoire de représentation*, Paris, Honoré Champion, 1997.

KINTZLER, Catherine, *Théâtre et opéra à l'âge classique*, Paris, Fayard, 2004 (nouv. éd.).

LANKHEIT, Klaus, *Révolution et Restauration*, trad. de l'allemand par Jean-Pierre Simon, Paris, 1966 (bibliographie).

LEITH, James A., *The Idea of Art as Propaganda in France, 1750~1799. A Study in the History of Ideas*, Toronto, 1965.

LEMAÎTRE, Henri, *Le Paysage anglais à l'aquarelle*, Paris, Bordas, 1955.

LE ROY LADURIE, Emmanuel, *L'Ancien Régime, de Louis XIII à Louis XV: 1610~1770*, Paris, Hachette, 1971.

Les Arts de la Révolution, 1789~1799. Aux armes et aux arts! (sous la dir. de Philippe Bordes et Régis Michel), Paris, Adam Biro, 1988 (bibliographie).

LEVEY, Michael, *Painting and Sculpture in France 1700~1789*, New Haven, Londres, Yale University Press, 1993.

LEYMARIE, Jean, *La Peinture française: XIXe siècle*, Genève, Skira, 1993 (bibliographie).

MANDROU, Robert, *La France aux XVIIe et XVIIIe siècles*, Paris, Presses universitaires de France, 1974.

—, *L'Europe «absolutiste»: raison et raison d'Etat, 1649~1775*, Paris, Fayard, 1977.

MAUZI, Robert, *L'Idée du bonheur dans la littérature et la pensée française au XVIIIe siècle*, Paris, Armand Colin, 1960.

MICHELET, Jules, *Histoire de la Révolution française*, 7 vol, Paris, 1847-1853.

MONGLOND, André, *Le Préromantisme français*, 2 vol., Paris/Grenoble, 1929 (nouv. éd., Paris, 1965~1966).

MORTIER, Roland, et Trousson, Raymond (sous la dir. de), *Dictionnaire de Diderot*, Paris, H. Champion et Genève, Slatkine, 1999.

OGEE, Frédéric (éd.), *The Dumb Show. Image and Society in the Works of William Hogarth*, Oxford, Voltaire Foundation, 1997.

OZOUF, Mona, *La Fête révolutionnaire 1789~1799*, Paris, 1976.

—, *L'Ecole de la France. Essais sur la Révolution, l'utopie et l'enseignement*, Paris, Gallimard, 1984.

—, *L'Homme régénéré. Essais sur la Révolution française*, Paris, Gallimard, 1989.

OZOUF, Jacques et Mona, *La République des instituteurs*, Paris, Gallimard et Ed. du Seuil, 1992.

PARISET, F. G., «Le néo-classicisme», *L'Information d'histoire de l'art* (Paris), mars-avril 1959.

POMEAU, René, *2D'Arouet à Voltaire: 1694~1734*, Oxford, Voltaire Foundation [at the] Taylor Institutition, 1985.

POMMIER, Edouard, *Théories du portrait. De la Renaissance aux Lumières*, Paris, Gallimard, 1998.

PRAZ, Mario, *Gusto neoclassico*, 2 vol., Naples, 1959.

PROUST, Jacques, *Diderot et l'«Encyclopédie»*, Genève et Paris, Slatkine, 1982.

RAND, Richard (éd.), *Intimate Encounters. Love and Domesticity in Eighteenth-Century France*, Princeton, Princeton University Press, 1997.

REHM, Walther, *Griechentum und Goethezeit. Geschichte eines Glauben*, Leipzig, 1936.

—, *Götterstille und Göttertrauer*, Salzbourg, 1951.

RENOUVIER, Jules-Maurice-Barthélemy, *Histoire de l'art pendant la Révolution, considéré principalement dans les estampes*, Paris, 1863.

ROCHE, Daniel, *La France des Lumières*, Paris, Fayard, 1993.

ROGER, Jacques, *Buffon: un philosophe au Jardin du Roi*, Paris, Fayard, 1989.

ROSENBERG, Pierre, *Du dessin au tableau: Poussin, Watteau, Fragonard, David & [et] Ingres*, Paris, Flammarion, 2001.

ROSENBLUM, Robert, *L'Art au XVIIIe siècle: transformation et mutations* [1967], trad. de l'anglais par Sylvie Girard, G. Monfort, 1989.

SCHEFFER, H., *Das Phänomen der Kunst. Grundsätzliche Betrachtungen zum 19. Jahrhundert*, Munich, 1952.

SCHNAPPER, Antoine, *Le Métier des peintres au Grand Siècle*, Paris, Gallimard, 2004.

Le Sentiment de la montagne, Catalogue de l'exposition du musée de Grenoble et des Editions Glénat, Paris, Réunion des Musées nationaux, 1998.

SHACKLETON, Robert, *Montesquieu: une biographie critique*, trad. de l'anglais par Jean Loiseau, Grenoble, Presses universitaires de Grenoble, 1977.

STAROBINSKI, Jean, *Diderot dans l'espace des peintres, suivi de Le sacrifice en rêve*, Paris, Réunion des Musées nationaux, 1991.

The French Revolution and the Creation of Modern Political Culture, Oxford/New York (etc.), Pergamon, vol. 1. éd. par Keith Michael Baker, 1987 ; vol. 2, éd. par Colin

Lucas, 1988 ; vol. 3, éd. par François Furetet Mona Ozouf, 1989 ; vol. 4, éd. par Keith Michael Baker, 1994.

THOMAS, Keith, *Dans le jardin de la nature. La mutation des sensiblilités en Angleterre à l'époque moderne (1500~1800)*, Paris, Gallimard, 1995.

TOCQUEVILLE, Alexis de, *L'Ancien Régime et la Révolution* (Œuvres complètes), 2 vol., Paris, 1952.

TRAHARD, Pierre, *La Sensibilité révolutionnaire: 1789~1794*, Paris, Bovin, 1936.

VIATTE, Auguste, *Les Sources occultes du romantisme: illuminisme, thésophie, 1770~1820*, 2 vol., Paris, 1928.

VOVELLE, Michel (sous la dir. de), *Révolution et République: l'exception française* (Actes du colloque de Paris-I, septembre 1992, Institut d'histoire de la Révolution française), Paris, Kimé, 1994.

WERNER, Hofmann, *Goya. Vom Himmel durch die Welt zur Hölle*, Munich, Verlag C. H. Beck, 2003.

WRIGELY, Richard, *The Origins of French Art Criticism from the Ancien Régime to the Restauration*, Oxford, Clarendon Press, 1993.

ZEITLER, Rudolf, *Klassizismus und Utopia. Interpretationen zu Werken von David, Canova, Carstens, Thorvaldsen, Koch*, Stockholm, 1954 (bibliographie).

단행본과 전시회 카탈로그

프란시스코 고야

BOATTO, Alberto, *Narciso infranto: l'autoritratto moderno da Goya a Warhol*, Rome, Laterza, 1997.

BONNEFOY, Yves, *Goya, Baudelaire et la poésie*, Entretien avec Jean Starobonski (...), Genève, La Dogana, 2004.

DAMISCH, Hubert, «L'art de Goya et les contradictions de l'esprit des Lumières», *Utopies et institutions au XVIIIe siècle*, Textes recueillis par Pierre Francastel, La Haye, 1963.

Das Capriccio als Kunstprinzip: zur Vorgeschichte der Moderne von Arcimboldo und Callot bis Tiepolo und Goya: Malerei, Zeichnung, Graphik [exposition], Cologne, Wallraf-Richartz-Museum, 8 décembre 1996~16 février 1997, Zürich, Kunsthaus, 14 mars 1997~1er juin 1997; Vienne, Kunsthistorisches Museum im Palais Harrach, 29 juin 1997~21 septembre 1997, Catalogue édité par Ekkehard Mai et Joachim Rees et écrit par Bettina Baumgärtel et al., Milan, Skira, 1996.

DESPARMET FITZ-GERALD, Xavier, *L'Œuvre peint de Goya*, 4 vol., Paris, 1928~1950.

DOMERGUE, Lucienne, *Goya. Des délits et des peines*, Paris, Honoré Champion, 2000.

DU GUÉ TRAPIER, Elisabeth, *Goya and His Sitters. A Study of his Style as a Portraitist*, New York, 1964.

GASSIER, Pierre, *Goya: témoin de son temps*, Fribourg, Office du Livre/Paris, Bibliothèque des Arts, 1983.

—, *Goya*, Genève, Skira, 1989.

—, et WILSON, Julien, *Vie et œuvre de Francisco Goya*, Fribourg, Office du Livre, 1970.

Goya: das Zeitalter der Revolutionen: 1789~1830 (Hamburger Kunsthalle, 17 octobre 1980~4 janvier 1981), Munich, Prestel, 1980.

Goya and his times (catalogue), Londres, Royal Academy of Arts, exposition d'hiver, 1963~1964 (bibliographie).

Goya und Velázquez: das königliche Portrait Goya y Velázquez: el retrato real (Städtishe Galerie im Städelschen Kunstinstitut, Francfort-sur-le Main, 7 octobre 1991~9 janvier 1992, en collaboration avec le Museo del Prado et le ministère de la Culture, Madrid), Madrid, Museo del Prado, 1991.

Goya/Rembrandt: la mémoire de l'œil (Genève, cabinet des Estampes, 18 mai~12 septembre 1993 / Isadora Rose-de Viejo; liminaire de Rainer Michael Mason), Genève, Musée d'art et d'histoire, 1993.

Goya: 250 aniversario (exposition, musée du Prado, 30 mars~2 juin 1996), Catalogue par Juan J. Luna, Margarita Moreno de las Heras, Madrid, Museo del Prado, 1996.

GUDIOL, J., *Goya*, 4 vol., Narcelone/Paris, 1971.

HELD, J., *Farbe und Licht in Goyas Malerei*, Berlin, 1964 (bibliographie).

HELMAN, E., *Transmundo de Goya*, Madrid, 1963.

HETZER, Th., «Francisco Goya und die Krise der Kunst um 1800», in *Aufsätze und Vorträge*, 2 vol., Leipzig, 1957.

John Baldessari und Goya: ich habe es gesehen: Werke aus Goya Series (1996/97) and Los desastres de la guerra (1808/63) (Graphische Sammlung Albertina, Vienne, 17 février~26 mars 1999), Vienne, Graphische Sammlung Albertina, 1999.

LAFUENTE FERRARI, Enrique, Goya, Paris, 1961.

Les Ravages de la guerre: suites de gravures par Francisco Goya et Otto Dix, Ottawa, musée des Beaux-Arts du Canada, 1995.

LICHT, Fred, *Goya*, trad. de l'anglais par Marie Grocholska, Paris, Citadelles et Mazenod, 2001.

MALRAUX, André, *Saturne. Essai sur Goya*, Paris, 1950.

NORDSTRÖM, Folke, *Goya, Saturn and Melancholy*, Stockholm, 1962 (bibliographie).

SAMBRICIO, V. de, *Tapices de Goya*, Madrid, 1946.

SÁNCHEZ CANTÓN, Francisco Javier, *Goya*, Paris, Crès et Cie, 1930.

SERRALLER, Francisoco Calvo, *Goya*, trad. de l'espagnol par Christiane de Montclos, Paris, Gallimard/Electa, 1997.

SYMMOINS, Sarah, *Goya*, trad. de l'anglais par Nordine Haddad, Paris, Phaidon, 2002.

WERNER, Hofmann, *Goya*. Vom Himmel durch di Welt zur Hölle, Munich, Verlag C. H. Beck, 2003.

피에트로 곤자가

MURARO, M. T., *Scenografie di Pietro Gonzaga*, Catalogue de l'exposition, Venise, 1967.

Scenografie di Pietro Gonzaga (Fondation Giorgio Cini, Venise), Catalogue de l'exposition édité par Maria Teresa Muraro et présenté par Gianfranco Folena [Vicenza], N. Pozza, 1967.

프란체스코 과르디

BETTAGNO, Alessandro, *I Guardi: vedute, capricci, feste, disegni e «quadri turcheschi»*, Venise, Marsilio, 2002.

BRION, Marcel, *Guardi*, Paris, H. Screpel, 1976.

BYAM SHAW, James, *The Drawing of Francesco Guardi*, Londres, Faber and Faber, 1951.

FIOCCO, G., *Guardi*, Milan, Silvana, 1965 (bibliographie).

Guardi: quadri turcheschi (Venise, Isola di San Giorgio Maggiore, 28 août~21 novembre 1993), Milan, Electa, 1993.

MORASSI, Antonio, *Antonio e Francesco Guardi*, Venise, Alfieri, 1973.

Problemi guardeschi (Atti del convegno di studi promosso dalla mostra dei Guardi, Venise, 13~14 septembre 1965), Venise, 1967.

SUCCI, Dario, *Francesco Guardi: itinéraire d'une aventure artistique*, trad. de l'italien Adriana Cavalletti, Arcueil, Anthèse, 1995.

ZAMPETTI, P., *Mostra dei Guardi*, Venise, Palazzo Grassi, Catalogue de l'exposition, Venise, 1965 (bibliographie).

장바티스트 그뢰즈

BROOKNER, Anita, *Greuze: the Rise and Fall of an Eighteenth-century Phenomenon*, Londres, P. Elek, 1972.

Jean-Baptiste Greuze (1725~1805) et les collections du musée Greuze de Tournus (Jean-Baptiste Geuze (1725~1805) and the musée Greuze collections) par Christelle Rochette, avant-propos de Pierre Rosenberg, trad. anglaise par Lesley Cleaver [Tournus], [Hôtel-Dieu], [Musée Greuze], 2000.

MAUCLAIR, Camille, *Jean-Baptiste Greuze* [Catalogue de l'œuvre peint et dessiné, suivi de la liste des gravures exécutées d'après ses ouvrages, par J. MARTIN et Ch. MASSON], Paris, 1908.

RENOUVIER, Jules, *Histoire de l'art pendant la Révolution, 1789~1804*, suivie d'une étude sur J.-B. Greuze, notice biographique d'Anatole de Montaiglon, Genève, Slatkine Reprints, 1996.

THOMPSON, James, *Jean-Baptiste Greuze*, New York, The Metropolitan Museum of Art, 1990.

장 마르크 나티에

Jean-Marc Nattier, 1685~1766, Catalogue de l'exposition au château de Versailles (26 octobre~30 janvier 2000), Paris, Réunion des Musées nationaux, 1999.

자크루이 다비드

ADHEMAR, Jean, et CASSOU, Jean, *David. Naissance du génie d'un peintre*, Paris, 1953.

BORDES, Philippe, *Le «Sermen du Jeu de Paume» de Jacques-Louis David. Le peinture, son milieu et son temps de 1789 à 1792*, Musée national du château de Versailles, Paris, ministère de la Culture, Réunion des Musées nationaux, 1983.

BROOKNER, Anita, *Jacques-Louis David*, Préface de Mona Ozouf, trad. de l'anglais par Louis Evrard, A. Colin, 1990.

DOWD, D. L., *Pageant Master of the Republic, Jacques-Louis David and the French Revolution*, Lincoln, Nebraska, 1948.

FOISSY-AUFRERE et al. (éd.), *La Mort de Bara: de l'événement au mythe: autour du tableau de Jacques-Louis David*, Avignon, fondation du muséum Calvet, 1989.

HAUTECŒUR, Louis, *Louis David*, Paris, 1954.

HOLMA, Klaus, *David, son évolution et son style*, Paris, 1940.

Jacques-Louis David, 1748~1825 (musée du Louvre, Département des peintures, Paris, Musée national du château de Versailles, 26 octobre 1989~12 février 1990), Paris, Réunion des Musées nationaux, 1989.

JOHNSON, Dorothy, *Jacques-Louis David: Art in Metamorphosis*, Princeton N. J., Princeton University Press, 1993.

LEE, Simon, *David*, trad. de l'anglais par Françoise Cuiramand, Paris, Phaidon, 2002.

NANTEUIL, Luc de, *Jacques-Louis David*, New York, H. N. Abrams, 1985.

ROBERTS, Warren, *Jacques-Louis David, Revolutionary Artiste: Art, Politics, and the French Revolution*, Londres, Chapel Hill, University of North Carolina Press, 1989.

ROSENBERG, Pierre, et PRAT, Louis-Antoine, *Jacques-Louis David: 1748~1825*. Catalogue raisonné des dessins, 2 vol., Milan, Leonardo Arte, 2002.

ROSSI PINELLI, Orietta, *David e l'arte della Rivoluzione francese*, Florence, Giunti, 1989.

SCHNAPPER, Antoine, *David et son temps*, Fribourg, Bibliothèque des arts, 1989.

VAUGHAN, William, et WESTON, Helen (éd.), *Jacques-Louis David's Marat*, Cambridge, Cambridge University Press, 2000.

WILHELM, J., «David et ses portraits», *Art de France*, 1964, n° 4, pp. 158~173.

루이 장 데프레

La Chimère de Monsieur Desprez (exposition, Musée national du Louvre), Paris, Réunion des Musées nationaux, 1994.

Louis Jean Desprez: tecknare, teaterkonstnär, arkitekt: en utställning ingående I Nationalmuseums 200-årsjubleum, Stockholm, Nationalmuseum, 1992.

Louis-Jean Desprez: Auxerre 1743~Stockholm 1804, architecte pensionnaire du roi de France à Rome, Auxerre, Musée Saint-Germain, 1994.

WOLLIN, N. G., *Gravures originales de Desprez*, Malmö, 1933.

—, *Desprez en Italie*, Malmö, 1934.

—, *Desprez en Suède*, Stockholm, 1939.

위베르 로베르

CORBOZ, André, *Peinture militante et architecture révolutionnaire: à propos du thème du tunnel chez Hubert Robert*, Bâle, Stuttgart, Birkhäuser, 1978.

Hubert Robert (1733~1808) et saint-Pétersbourg: les commandes de la famille impériale et des princes russes entre 1773~1802 (exposition du musée de Valence, juin~octobre 1999, Catalogue), Valence, Réunion des Musées nationaux, 1999.

Hubert Robert (1733~1808) und die Brücken von Paris (Catalogue de l'exposition du 14 décembe 1991~8 mars 1992, Saatliche Kunsthalle Karlsruhe/Dietmar Lüdke), Karlsruhe, Staatliche Kunsthalle, 1991.

Hubert Robert: Drawing & Watercolors (National Gallery of Art, Washington, 19 novembre 1978~21 janvier 1979, Victor Carlson, Catalogue d'exposition), Washington, National Gallery of Art, 1978.

Landschaft und Architektur: Hubert Robert und seine Zeitgenossen in der Graphischen Sammlung des Hessischen Landesmuseums Darmstadt (Catalogue de l'exposition au Hessisches Landesmuseum Darmstadt, 22 novembre 1991~26 janvier 1992, organisée par Peter Märker et Jan Simane), Darmstadt, Hessisches Landesmuseum, 1991.

MONTGOLFIER, B., de, «Hubert Robert, peintre de Paris au musée Carnavalet», *Bulletin du musée Carnavalet*, 1964, année 17, 1-2, pp. 2~35.

RADISICH, Paula Rea, *Hubert Robert: Painted Spaces of the Enlightenment*, Cambridge, Cambridge University Press, 1998.

피에르루이 드 라 리브

GUERRETTA, Patrick-André, *Pierre-Louis de la Rive ou la belle nature, vie et œuvre peint (1753~1817)*, Genève, Georg, 2002.

장 앙투안 바토

Les Amours des dieux: peinture mythologique de Watteau à David (Galeries nationales du Grand Palais, Paris, 15 octobre 1991~6 janvier 1992), introduction de Pierre Rosenberg, Paris, Réunion des Musées nationaux, 1992.

CORNEC, Gilles, *Gilles ou Le Spectateur français*, Paris, Gallimard, 1999.

FARGE, Arlette, *Les Fatugues de la guerre: XVIIIe siècle, Watteau*, Paris, Le Promeneur, 1996.

JONES, Louisa E., *Pierrot-Watteau: a Nineteenth Century Myth*, Tübingen, G. Narr et Paris, Jean-Michel Place, 1984.

MOREAU, François, et GRASSELLI, Margaret Morgan, *Antoine Watteau: le peintre, son temps, et sa légende*, Paris, Champion et Genève, Slatkine, 1987.

PLAX, Julie Ann, *Watteau and the Cultural Politics of Enlightenment-Century France*, Cambridge, Cambridge University Press, 2000.

POSNER, Donald, *Watteau*, Cornell University Press, 1984.

ROLAND MICHEL, Marianne, *Watteau: un artiste au XVIIIe siècle*, Paris, Flammarion, 1984.

TEMPERINI, Renaud, *Watteau*, Paris, Gallimard, 2002.

TOMLINSON, Robert, *La Fête galante: Watteau et Marivaux*, Genève et Paris, Droz, 1981.

VIDAL, Mary, *Watteau's Painted Conversatins: Art, Literature and Talk in Seventeenth- and Eightennth-century France*, New Haven et Londres, Yale University Press, 1992.

Watteau et la fête galante (musée des Beaux-Arts de Valenchiennes, 5 mars~14 juin 2004, organisée par Patrick Ramade et al.), Paris, Réunion des Musées nationaux, 2004.

Watteau: 1684~1721 (National Gallery of Art Washington, juin-septembre 1984; Galeries nationales du Grand Palais, Paris, 23 octobre 1984~28 janvier 1985; Château de Charlottenbourg, 22 février~26 mai 1985), Paris, ministère de la Culture, Réunion des musées nationaux, 1984.

WYNGAARD, Amy, «Switching Codes: Class, Clothing, and Cultural Change in the Works of Marivaux and Watteau», *Eighteenth-Century Studies*, 33, 4, 2000, pp. 523~541.

루이 레오폴드 부아이

Boilly, 1761~1845: un grand peintre français de la Révolution à la Restauration (Musée des beaux-arts de Lille, 23 octobre 1988~9 janvier 1989), Lille, Musée des Beaux-Arts, 1988.

Louis Boilly: 1761~1845 (3 mai~30 juin 1984, musée Marmottan, Paris), Paris, La Bibliothèque des arts, 1984.

MARMOTTAN, Paul, *Le Peintre L. Boilly (1761~1845)*, Paris, H. Gateau, 1913.

SIEGFRIED, Susan L., *The Art of Louis-Léopond Boilly: Modern Life in Napoleonic France*, New Haven/Londres, Yale University Press, Fort Worth Kimbell Art Museum, 1995.

윌리엄 블레이크

ALFORD, Steven E., *Irony and the Logic of the Romantic Imagination*, New York/Berne, etc., P. Lang, 1984.

BLUNT, Anthony, *The Art of William Blake*, New York/Evanston, Harper and Row, 1974.

BRONOWSKI, J. [sic], *William Blake and the Age of Revolution*, Londres, Routledge & Kegan Paul, 1972.

DAMROSCH, Leopold, Jr., *Symbol and Truth in Blake's Myth*, Princeton, Princeton University Press, 1980.

DISALVO, Jackie, ROSSO, G.A., HOBSON, Christopher Z., *Blake, Politics and History*, New York et Londres, Garland, 1998.

EAVES, Morris, *The Counter-Arts Conspiracy: Art and Industry in the Age of Blake*, Ithaca et Londres, Cornelle University Press, 1992.

ERDMAN, David V., *Blake, Prophet Against Empire: a Poet's Interpretation of the History of his Own Times*, Princeton (New Jersey), Princeton Univ. Press, 1954.

FRYE, Northrop, *A Fearful Symmetry. A Study of William Blake*, Princeton, 1947.

HALL, Carol Louis, *Blake and Fuseli: A Study in the Transmission of Ideas*, New York et Londres, Garland, 1985.

KEYNES, Geoffrey, *William Blake's Engravings*, Londres, 1950.

—, *Blake. Complete Writing: with Variant Reading*, Londres, Oxford University Press, 1976.

MAKDISI, Saree, *William Blake and the Impossible History of the 1790s.*, Chicago, University of Chicago Press, 2003.

MEE, Jon, *Dangerous Enthusiasm: William Blake and the Culture of Radicalism in the 1790s.*, Oxford, Clarendon Press, 1992.

PHILIPPS, Michael, *William Blake: recherches pour une biographie. Six études*. Préface d'Yves Bonnefoy, trad. d'Antoine Jaccottet [Paris], Collège de France, 1995.

RAINE, Kathleen, *Blake and Antiquity*, Londres, Routledge, 2002.

RIEDE, David G., *Oracles and Hierophants. Construction of Romantic Authority*, Ithaca N. Y. et Londres, Cornelle Univ. Press, 1991.

SCHORER, Mark, *William Blake: the Politics of Vision*, Gloucester Mass., P. Smith, 1975.

The Contiental Prophecies / William Blake, éd. introd. et notes de D. W. Doerrbecker, [Londres], William Blake Trust/Londres, The Tate Gallery, 1995.

THOMPSON, E. P., *Witness against the Beast: William Blake and the Moral Law*, Cambridge/New York [etc.], Cambridge University Press, 1993.

WARNER, Janet A., *Blake and the Language of Art*, Kingston/Montreal, McGill-Queen's University Press et Gloucester, A. Sutton, 1984.

WIELAND-BURSTON, Joanne Barbara, *Blake in France: The Poet and the Painter as Seen by French Critics in the Nineteenth and Twentieth Centuries*, [Nashville Ten.], Vanderbilt University, 1977 (University Microfilms).

William Blake: Indépendance and Innovation, Tate Gallery, [Londres], 18 mai-8 août 1993, Londres, Tate Gallery, 1993.

WORALL, Clark et David (éd.), *Blake in the Nineties*, Basingstoke, MacMillan/New York, St. Martin's Press, 1999.

엘리자베트 비제르브룅

HAUTECŒUR, Louis, *Madame Vigée-Lebrun*, Paris, 1926.

PITT-RIVERS, François, *Madame Vigée Le Brun*, Paris, Gallimard, 2001.

SANDOZ, Marc, *Matériaux pour servir à l'histoire du paysage de montagne*, Annecy, Académie florimontane, 1982.

SHERIFF, Mary D., *The Exceptional Woman: Elisabeth Vigée-Lebrun and the Cultural Politics of Art*, Chicago, Londres, University of Chicago Press, 1996.

Elisabeth Louise Vigée Le Brun: 1755~1842 (Kimbell Art Museum, Fort Worth, 5 juin~8 août 1982), par Joseph Baillio, Fort Worth, Kimbell Art Museum, 1982.

장 시메옹 샤르댕

Chardin (Paris, Galeries nationales du Grand Palais, 7 septembre~22 novembre 1999; Düsseldorf, Kunstmuseum et Kunsthalle, 5 décembre 1999~20 février 2000; Londres, Royal Academy of Arts, 9 mars~28 mai 2000; New York, The Metropolitan Museum of Art, 19 juin~17 septembre 2000), Catalogue par Pierre Rosenberg assisté de Florence Bruyant, Paris, Réunion des Musées nationaux, 1999.

CONISBEE, Philip, *Cardin*, Lewisburg, Bucknell University Press, 1986.

ROLAND MICHEL, Marianne, *Chardin*, New York, H. N. Abrams, 1996.

ROSENBERG, Pierre, *Chardin: 1699~1779* (Grand Palais, 29 janvier~30 avril 1979), Paris, Réunion des Musées nationaux, 1979 (bibliographie).

—, *Chardin*, Genève, Skira, 1991.

—, et TEMPERINI, Renaud, *Chardin: suivi du catalogue des œuvres*, Paris, Flammarion, 1999.

WILDENSTEIN, Georges, *Chardin*, Zürich, Manesse, 1963.

조제프 시나르

L'Œuvre de Joseph Chinard (1755~1813) au musée des Beaux-Arts (Lyon, 1978), Lyon, musée des Beaux-Arts, 1978.

ROCHER-JAUNEAU, M., «Chinard and the Empire Style», *Apollo*, 1964, vol. 80, n° 31, pp. 220~225.

장 앙투안 우동

ARNASON, Hjörvardur Harvard, *The Sculptures of Houdon*, Londres, Phaidon, 1975.

POULET, Anne L., *Jean-Antoine Houdon: Sculptor of the Enlightenment*, Chicago, University of Chicago Press, 2003.

Houdon, 1741~1828: sculpteur des Lumières (Musée national du château de Versailles, 1er mars~31 mai 2004), Catalogue sous la dir. scientifique d'Anne L. Poulet, Paris, Réunion des Musées nationaux, 2004.

RÉAU, Louis, *Houdon, sa vie et son œuvre*, 2 vol., Paris, 1964.

안토니오 카노바

Antonio Canova: Beginn der modernen Skulptur, introduction par David Finn; texte de Fred Licht [aus dem Amerikanischen von Johannes Erichsen], Munich, Hirmer, 1983.

Antonio Canova, Venise, musée Correr, et Possagno, Gipsoteca (22 mars~30 septembre 1992), Venise, Marsilio, 1992.

APOLLONI, Marco Fabio, *Canova*, Florence, Giunti, 1992.

BASSI, Elena, *Canova*, Bergame, Istituto italiano d'arti grafiche, 1943.

—, *La Gipsoteca di possagno. Sculture e dipinti di Canova*, Venise, 1957.

Canova e l'incisione, Rome del Grappa, Museo Biblioteca Archivio [19 janvier~24 avril 1994], éd. par Grazia Pezzini Bernini et Fabio Fiorani: textes de H. Honour... et alii.

Canova, éd. par Sergej Androsov, Mario Gauderzo, Giuseppe Pavanello, Milan, Skira, 2003.

Dal medioevo a Canova: sculture dei Musei civici di Padova dal Trecento all'Ottocento (Padoue, Musei civici agli Er,itani, 20 février~16 juillet, 2000, par Davide Banzato,

Franca Pellegrini, Monica De Vincenti, Comune di Padova, Assessorato alla cultura, Musei civici), Venise, Marsilio, 2000.

JOHNS, Christopher M.S., *Antonio Canova and the Politics of Patronage in Revolutionary and Napoleonic Europe*, Berkeley, etc., University of California Press, 1998.

L'opera completa del Canova, présentation de Mario Praz, appareil critique et philologique par Giuseppe Pavanello, Milan, Rizzoli, 1976.

Mostra Canoviana, Catalogue édité par Luigi Coletti, Treviso, Palazzo dei Trecento, [15 septembre~10 novembre] 1957.

PAOLIN, Elide, *Canova e Possagno*, S.n., Comunità montana del Grappa, 1987.

QUATREMERE DE QUINCY, Antoine Chrysostome, *Canova et ses ouvrages, ou Mémoires historiques sur la vie et les travaux de ce célèbre artiste*, Paris, A. Le Clerc, 1834.

STEFANI, Ottorino, *I rilievi del Canova: una nuova concezione del tempo e dello spazio*, Milan, Electa, 1990.

—, *Canova pittore: tra Eros e Thanatos*, Milan, Electa, 1992.

—, *Antonio Canova: la statuaria*, Milan, Electa, 1999.

VARESE, Ranieri, *Canova: le tre grazie*, Milan, Electa, 1997.

자코모 콰렌기

ANGELINI, Piervaleriano, *Giacomo Quarenghi e San Pietroburgo*, avec la collaboration de l'Associazione osservatorio Quarenghi, Bergame, 2003.

Disegni di Giacomo Quarenghi, Catalogue de l'exposition, introd. par Guiseppe Fiocco, Venise, 1967 (bibliographie).

Giacomo Quarenghi e il suo tempo (Actes du congrès, éd. par Silvia Burini), Bergame, Moretti & Vitali, 1995.

Gli artisti italiani in Russia / Ettore Lo Gatto. Gli architetti Mosca e nelle province, éd. par Anna Lo Gatto, introd. par Carlo Bertelli, préface de Giuseppe Glisenti, Anatoli Leonidovic Adamishin e Ferdinando Salleo, Milan, Scheiviller, 1990.

ZANELLA, Vanni (éd.), *Giacomo Quarenghi: architetto a Pietroburgo: lettere e altri scritti*, Venise, Albrizzi, 1987.

장프랑수아 드 트루아

LEIBAULT, Christophe, *Jean-François de Troy (1679~1752)*, Paris, Athéna, 2002.

조반니 도메니코 티에폴로

BYAM SHAW, James, *The Drawing of Domenico Tiepolo*, Londres, 1962.

GEALT, Adelheid M., et KNOX, George, *Giandomenico Tiepolo: maestria e gioco:*

disegni dal mondo, Milan, Electa, 1996 (exposition: Castello di Udine, 14 septembre~31 décembre 1996; Indiana University Art Museum, Bloomington, Indiana, U.S.A., 15 janvier~9 mars 1997).

TIEPOLO, Giovanni Domenico, *Raccolta di testi: 1770~1970* (introduction et catalogue par George Knox; trad. de l'anglais par Kay Marie Baird et Aurelio Cantoni), Udine, Electa, 1970.

요한 하인리히 퓌슬리

ALLENTUCK, Marcia, *Fuseli and Lavater: Physiognomical Theory and the Enlightenment*, Genève, Institut et musée Voltaire, 1967.

ANTAL, Frederick, *Fuseli Studies*, Londres, Routledge and Kegan Paul, 1956.

BECKER, Christoph, *Johann Heinrich Füssli. Das verlorene Paradies*, Stuttgart, Staatsgalerie, 1997.

Füssli pittore di Shakespeare: pittura e teatro 1775~1825 (Fondazione Magnani Rocca, Mamiano di Traversetolo (Parma), 7 septembre~7 décembre 1997), éd. par Fred Licht, Simona Tosini Pizzetti, David H. Weinglass, Milan, Electa, 1997.

FÜSSLI, Johann Heinrich, *Aphorismes, principalement relatifs aux beaux-arts*, trad. de l'anglais par Patrick Hersant, préface de Jean-Félix Guilloteau, éd. établie par Xavier Carrère, Toulouse, Ombres, 1996.

Füssli, Stockholm, Nationalmuseum, 1990.

Henry Fuseli, Catalogue de l'exposition, The National Museum of Western Art, Tokyo, 1983.

Henry Fuseli. 1741~1825, Catalogue de l'exposition, Londres, Tate Gallery, 1975.

Johann Heinrich Füssli: 1741~1825 (musée Rath, Genève, 17 juin~1er octobre 1978), Genève, musée d'Art et d'Histoire [1978].

KLEMM, Christian, *Johann Heinrich Füssli Zichnungen*, Zurich, Kunsthaus Zürich, 1986.

KOENIG, Alfred, *Johann Heinrich Füssli: 1745~1832. Weltanschauung eines Züricher Politikers im 18. Jahrhundert*, Zurich, Orell Füssli, 1959.

MYRONE, Martin, *Henru Fuseli*, Londres, Tate Gallery, 2001.

POWELL, Nicolas, *Fuseli: the Neightmare*, Londres, A. Lane, 1973.

PRESSLY, Nancy L., *The Fuseli Circle in Rome: Early Romantic Art of the 1770s.*, Catalogue de l'exposition au Yale Center for British Art, New Haven, du 12 septembre au 11 novembre 1979.

ROSSI PINELLI, Orietta, *Füssli*, Giunti, 1997.

SCHIFF, Gert, *Zeichnungen von Johann-Heinrich Füssli*, Zurich, 1959.

—, *Johann-Heinrich Füssli. 1741~1825*, 2 vol., Oeuvrekataloge Schweizer Künstler, Zurich, Berichthaus/Munich, Prestel-Verlag, 1973.

장오노레 프라고나르

ASHTON, Dore, *Fragonard in the Universe of Painting*, Washington et Londres, Smithsonian Institution Press, 1988.

Au temps de Watteau, Chardin et Fragonard: chefs-d'œuvre de la peinture de genre en France, par Colin B. Bailey, Philip Conisbee, Thomas W. Gaehtgens, sous la dir. de Colin B. Bailey, Tournai, La Renaissance du livre; New Haven [etc.], Yale University Press et Ottawa, musée des Beaux-Arts du Canada, 2003.

CUZIN, Jean-Pierre, *Jean-Honoré Fragonard: vie et œuvre. Catalogue complet des peintures*, Fribourg, Office du livre, 1987.

Fragonard et le dessin français au XVIIIe siècle: dans les collections du Petit Palais ([Paris], musée du Petit Palais, 16 octobre 1992~14 février 1993) [introd. et textes par José-Luis de Los Llanos], Paris, Paris-Musées, 1992.

Fragonard (Galeries nationales du Grand Palais, Paris, 24 septembre 1987~4 janvier 1988; The Metropolitan Museum of Art, New York, 2 février~8 mai 1988/par Pierre Rosenberg), Paris, ministère de la Culture et de la Communication, Réunion des Musées nationaux, 1987.

Fragonard et le Voyage en Italie (1773~1774), Catalogue de l'exposition du musée d'Art et d'Histoire Louis-Senlecq de L'Isle-Adam (20 mai~30 septembre 2001), Paris, Somogy, 2001.

RODARI, Florian (éd.), *Fragonard, l'instant désiré*, Paris, Herscher, 1994.

SHERIFF, Mary, *Fragonard: Art and Eroticism*, Chicago et Londres, University of Chicago Press, 1990.

THUILLIER, Jacques, *Fragonard*, Genève, Skira et Paris, Flammarion, 1987.

WAKEFIELD, David, *Fragonard*, Oresco Books, 1976.

피에르폴 프뤼동

GUIFFREY, Jean, *L'Œuvre de Pierre-Paul Prud'hon*, Paris, Archives de l'art français, nouvelle période, 1924.

건축

BARDON, Michel, *Les Jardins. Paysagistes-jardiniers-poètes*, Paris, Laffont, 1998.

CORBOZ, André, *Deux capitales françaises: Saint-Pétersbourg et Washington*, Lausanne, In-folio, 2003.

Dresde ou le rêve des Princes, Catalogue de l'exposition du musée des Beaux-Arts de Dijon (16 juin~1er octobre 2001), Paris, Réunion des Musées nationaux, 2001.

GARRIGUES, Dominique, *Jardins et jardiniers de Versailles au Grand Siècle*, Paris, Champ Vallon, 2001.

GUILLERME, Jacques, «Lequeu et l'invention du mauvais goût», *Gazette des Beaux-Arts*, 1965, année 107, période 6, livraison 1160, pp. 153~166.

HAUTECŒUR, Louis, *L'Architecture classique à Saint-Pétersbourg à la fin du XVIIIe siècle*, Paris, 1912.

—, *Histoire de l'architecture classique en France*, 7 t. en 9 vol., Paris, 1943~1957, t. IV et V.

JACQUES, Annie, et MOUILLESEAUX, Jean-Pierre, *Les Architectes de la liberté*, Paris, Gallimard, 1988.

LE MENAHEZE, Sophie, *L'Invention du jardin romantique en France (1761~1888)*, Neuilly-sur-Seine, Ed. Spiralitude, 2001.

KAUFMANN, Emil, «Three Revolutionary Architects: Boullée, Ledoux and Lequeu», *Transactions of the American Philosophical Society*, nouv. série, vol XVII, 3e partie, 1952, pp. 431~564.

—, *L'Architecture au siècle des Lumières* [1955], trad. de l'anglais par O. Bernier, Paris, 1963.

LEMAGNY, J. C., *Les Architectes visionnaires de la fin du XVIIIe siècle*, Catalogue de l'exposition du cabinet des Estampes, Genève, novembre 1965~janvier 1966.

METKEN, G., «Jean-Jacques Lequeu ou l'Architecture rêvée», *Gazette des beaux-arts*, 1963, année 107, période 6, livraison 1155, pp. 213~230.

PEROUSE DE MONTCLOS, Jean-Marie, *Etienne-Louis Boullée (1728~1799), De l'architecture classique à l'architecture révolutionnaire*, Préface d'André Chastel, Paris, Arts et métiers graphiques, 1969.

—, *Les «Prix de Rome»: concours de l'Académie royale d'architecture au XVIIIe siècle*, Paris, Berger-Levrault, Ecole nationale supérieure des Beaux-Arts, 1984.

—, *Histoire de l'architecture française. [2], De la Renaissance à la Révolution*, Paris, Mengès/Caisse nationale des monuments historiques et des sites, 1989.

—, *Etienne-Louis Boullée*, Paris, Flammarion, 1994.

—, *L'Art de Paris*, Paris, Mengès, 2000.

—, *L'Architecture à la française: du milieu du XVe siècle à la fin du XVIIIe siècle*, [2e éd.], Paris, Picard, 2001.

RABREAU, Daniel, *Claude-Nicolas Ledoux (1736~1806). L'architecture et les fastes du temps*, Bordeau, William Blake & Co, 2000.

ROSENAU, H., *Boullée's Treatise on Architecture*, Londres, 1953.

—, «Boullée and Ledoux as Town-planners: a Reassessment», *Gazette des beaux-arts*, 1964, année 106, période 6, livraison 1142, pp. 172~190.

RYKWERT, Joseph, *On Adam's House in Paradise: the Idea of the Primitive Hut in Architectural History*, New York, Museum of Modern Art et Chicago, Graham Foundation for Advanced Studies in the Fine Arts, 1972; trad. par Lucienne Lotringer avec la collb. de Daniel Grisou et Monique Lulin, Paris, Ed. du Seuil, 1976.

—, *The First Moderns: the Architects of the Eighteenth Century*, Cambridge Mas. et Londres, The MIT Press, 1980.

—, *Les Premiers Modernes: les architectes du XVIIIe siècle*, trad. de l'anglais par Antoine Jaccottet, Paris, Hazan, 1991.

SUMMERSON, John, *Architecture in Britain: 1530~1830*, Londres, Penguin, 1954.

Triomphes du Baroque. L'architecture en Europe, 1600~1750, sous la dir. d'Henry A. Millon, Paris, Hazan, 1999.

VOGT, A.-M., *Boullée Newton-Denkmal*, Bâle, 1969.

—, *Russische und französische Revolutions-Architektur, 1917~1789*, Cologne, 1974.

음악 연구

ABERT, Anna Amalie, *Die Opern Mozarts*, Wolfenbüttel, Zurich, Möseler Verlag, 1970.

BRAUNBEHRENS, Volkmar, *Mozart in Wien*, Neuausgabe, 7. Aufl., Munich, Piper, et Mauence, Schott, 1991.

CHAILLEY, Jacques, *La Flûte enchantée, opéra maçonnique: essai d'explication du livret et de la musique*, Paris, R. Laffont, 1968.

DA PONTE, Lorenzo, *Trois livrets pour Mozart (Don Juan, trad. de Don Giovanni; Les Noces de Figaro, trad. de Le nozze di Figaro; Toutes les mêmes, trad. de Così fan tutte)*, Paris, Flammarion, 1994; rééd. séparée, trad., notes, bibliogr. et chronologie par Michel Orcel, Paris, GF, 1994.

EINSTEIN, Alfred, *Essays on Music*, préface à l'édition anglais par Ralph Leavis, introduction par Paul Henry Lang, Londres, Faber and Faber, 1958 (8 essais sur Mozart).

—, *Mozart, sein Charakter, sein Werk*, Francfort-sur-le-Main, Fischer, 1967; trad. fr. par Jacques Delalande, *Mozart: l'homme et l'œuvre*; préface de Pierre-Antoine Huré, nouv. éd., Paris, Gallimard, 1991 (catalogue des œuvres de Mozart, pp. 591~610 et index).

EISEN, Cliff (éd.), *Mozart Studies; Mozart Studies 2*, Oxford, Clarendon, 1991.

GREITHER, Aloys, *Wolfgang Amadé Mozart*, Reinbek bei Hamburg, Rowohlt, 1962.

HENNENBERG, Fritz, *Wolfgang Amadeus Mozart*, Reinbek bei Hamburg, Rowohlt, 1992.

HILDESHEIMER, *Wolfgang, Mozart*, trad. de l'allemand par Caroline Caillé, Paris, J.-C. Lattès, 1979.

HUNTER, Mary Kathleen, *The Culture of Opera Buffa in Mozart's Vienna: a Poetics of Entertainment*, Princeton, Princeton University Press, 1999.

JOUVE, Pierre Jean, *Le Don Juan de Mozart*, nouv. éd. Paris, Plon, 1968.

KINTZLER, Catherine, *Poétique de l'opéra français de Corneille à Rousseau*, Paris, Minerve, 1991.

—, *La France classique et l'Opéra... ou la vraisemblance merveilleuse*, Arles, Harmonia Mundi, 1998.

KLOSE, Dietrich (éd.), *Uber Mozart*, Stuttgart, Reclam, 1991.

KONRAD, Ulrich, *Mozarts Schaffensweise: Studien zu den Werkautographen, Skizzen und Entwürfen*, Göttingen, Vandenhoeck & Ruprecht, 1992.

—, et STAEHELIN, Martin (éd.), *Allzeit ein Buch: die Bibliothek Wolfgang Amadeus Mozarts* (exposition au Malerbuchkabinett der Bibliotheca Augusta, 5 décembre 1991~15 mars 1992), Weinheim, VCH/Acta Humaniora, 1991, Ausstellungskataloge der Herzog August Bibliothek, n° 66.

KUNZE, Stefan, *Mozarts Opern*, Stuttgart, P. Reclam Jun., 1984 (bibliographie).

LAURENTI, Jean-Noël, *Valeurs morales et religieuses sur la scène de l'Académie royale de musique*, Genève, Droz, 2002.

MASSIN, Jean et Brigitte, *Wolfgang Amadeus Mozart*, Paris, Fayard, 1970.

Mozart e I musicisti italiani del suo tempo (Actes du congrès international, 21~22 octobre 1991, Rome, éd. par Annalisa Bini), Lucques, Libreria musicale italiana, 1995.

MOZART, W. A., *Briefe und Aufzichnungen*, éd. par l'Internationalen StiftungMozarteum Salzburg, réuni et commenté par Wilhelm A. Bauer et Otto Erich Deutsch, Gesamtausgabe, 7 vol., Kassel et Bâle, Baerenreiter, 1962~1975.

REHM, Wolfgang, *Mozarts Nachlass und die Andrés Dokumente zur Verteilung und Verlossung von 1854*, Offenbach-sur-le-Main, J. André, 1999 (liste des œuvres de Mozart publiées chez J. André, pp. 45~64).

ROBBINS LANDON, H. C., *1791–Mozart's Last Year*, Londres, Thames and Hudson, 1988.

—, *Mozart: The Golden Years*, Londres, Thames and Hudson, 1989.

—, *The Mozart Compendium*, Londres, Thames and Hudson, 1990.

ROSEN, Charles, *Le Style classique: Haydn, Mozart, Beethoven*, trad. de l'anglais par Marc Vignal, Paris, Gallimard, 1978.

SUTTER, Louis-Marc, «Les musiques de la Révolution française», *Revue musicale de Suisse romande*, 42e année, juin 1989, pp. 97~121.

TILL, Nicholas, *Mozart and the Enlightenment: Truth, Virtue and Beauty in Mozart's Operas*, New York et London, W.W.Norton, 1992 (bibliographie, pp. 351~361).

Zaubertöne, Mozart in Wien 1781~1791 (exception du Historischen Museums der Stadt Wien im Künstlerhaus, 6 décembre 1990~15 septembre 1991), Vienne, Historisches Museum der Stadt, 1990.

ZEMAN, Herbert (éd.), *W. A. Mozart in Wien und Prague: die grossen Opern*, Mitteleuropäisches Forschungszentrum der Literaturen und Kulturen des Donauraumes, Wiener Goethe-Verein, Vienne, Verl. Hölder; Pichler, Tempsky, 1993.

장 스타로뱅스키 연보

1920 11월 17일, 스위스 주네브에서 태어난다. 부모(아론 스타로뱅스키와 술카 프리트만)는 폴란드에서 이주한 유대인이다. 아버지 아론은 폴란드와 러시아 국경(현재 리투아니아)의 폴론카에서 출생한 인텔리겐차였다. 아버지는 스무 살 때 의학 공부를 위해 주네브대학에 입학하고, 어머니도 같은 의학부에 다닌다. 스타로뱅스키의 부모는 학업을 마친 뒤인 1926년 주네브에서 개원한다. 그의 호적상 이름은 장 이삭 스타로뱅스키다.

1930 남동생 조제프 스타로뱅스키 출생. 장 스타로뱅스키는 주네브 음악학교에서 음악 수업을 받는다. 음악학교 오케스트라에서 타악기 주자로 활동한다.

1938 고등학생 때 주네브대학에서 마르셀 레몽의 프랑스문학 강의를 수강한다.

1939~ 주네브대학에서 문학과 의학을 공부한다. 현대 프랑스 및 유럽 문학예술 전반에 깊은 관심을 보인다.

1942 주네브대학에서 고전문학 학사학위(프랑스, 라틴, 그리스 문학)를 받는다. 16세기 프랑스 시인 롱사르를 전공했던 마르셀 레몽에게 큰 영향을 받는다. 또한

레몽의 소개로 1941년 스위스에 정착한 프랑스의 시인이자 소설가, 비평가인 피에르 장 주브를 만난다.

1945 아버지의 영향과 권유로 문학뿐 아니라 의학도 함께 공부하여 7월 14일에 의학부 학사학위를 취득한다. 같은 해 프란츠 카프카의 『유형지에서』를 프랑스어로 번역해 출간한다.

1946~ 주네브대학에서 프랑스문학 조교로 근무한다. 1946년에 폴 알렉상드르, 마르크 에젤딩거와 함께 피에르 장 주브에 대한 평론서 『피에르 장 주브: 시인이자 소설가 *Pierre Jean Jouve. poète et romancier*』를 출간한다.

1949~ 주네브대학병원 임상치료실에서 인턴으로 근무한다.

1953 벨기에 출신 문학비평가 조르주 풀레의 권유로 미국 존스홉킨스대학(볼티모어) 로망스어학부에서 강의한다. 이곳은 문학뿐 아니라 의학도 함께 공부하고 가르칠 수 있었던 장점이 있었다. 프랑스 쇠유Seuil 출판사의 '영원한 작가들Ecrivains de toujours' 총서의 하나로 『몽테스키외*Montesquieu*』 출간.

1954 존스홉킨스대학 로망스어학부 조교수로 부임해서 3년간 강의한다. 이때 조르주 풀레와 레오 슈피처에게서 많은 영향을 받는다. 레오 스피처의 영향은 1970년에 출간한 『비평의 관계』에 상세히 드러나 있다. 같은 해 8월 15일 자클린 시르망과 결혼한다.

1955 루소의 플레이아드 전집 편집자였던 스승 마르셀 레몽이 스타로뱅스키에게 공동작업을 제안한다.

1957 주저主著 중 하나인 문학 박사논문 『장자크 루소: 투명성과 장애물*Jean-Jacques Rousseau. La Transparence et l'Obstacle*』을 출간한다. 박사논문 지도교수는 마르셀 레몽이었다. 이 논문은 이듬해 논문심사를 최종 통과하며, 이후

1971년 루소에 대한 논문 일곱 편을 추가하여 재출간된다.

1958 주네브대학의 지성사 교수로 부임하여 프랑스 문학사와 지성사, 의학 사상사를 강의한다. 이곳에서 1985년 은퇴할 때까지 400여 편의 논문을 쓴다. 문학과 정신분석학 관련 다수 학술지의 편집에 참여한다. 페미나-바카레스코상(페미나상의 에세이 부문)을 수상한다. 훗날 의학을 공부하여 혈액암 전문의가 되는 첫 아들 미셸이 태어난다.

1959 둘째 아들 피에르 출생. 피에르는 훗날 스위스 보 지방의 문화관광 관련 직에 종사한다.

1960 주네브대학에서 의학 박사논문 『멜랑콜리 치료의 역사: 기원부터 1900년까지*Histoire du traitement de la mélancolie. des origines à 1900*』가 통과된다.

1961 바로크 및 고전주의 문학 전반에 관한 연구서 『살아 있는 눈*L'Œil vivant*』 출간. 실러상을 수상한다. 셋째 아들 조르주가 태어난다. 조르주는 나중에 피아니스트이자 음악학자가 되며 주네브대학과 로잔대학의 음악학 교수로 일한다.

1963 『의학사*Histoire de la médecine*』 출간.

1964 『자유의 발명 1700~1789』 출간.

1966~ 주네브대학 의학부에서 강의한다.(1985년까지)

1967 주네브대학 프랑스문학 교수로 부임한다. 주네브의 장자크루소학회 회장으로 선출되어 1993년까지 연임한다.

1970 자신의 문학 사상과 방법론에 관한 논문을 모은 『비평의 관계*La Relation critique*』, 『곡예사의 초상*Portrait de l'artiste en saltimbanque*』 출간.

1971~ 페르디낭 드 소쉬르에 대한 연구서 『말 아래의 말*Les Mots sous les mots: les anagrammes de Ferdinand de Saussure*』 출간.
문학연구상(1971), 아카데미프랑세즈의 피에르드레니에상(1972) 등을 수상한다.

1973 『1789 이성의 상징』 출간.

1974 광기의 발현에 관한 세 가지 독서 『세 개의 분노*Trois Fureurs*』를 출간한다. 이 책에서 소포클레스의 아이아스, 마가복음, 퓌슬리의 회화를 연구한다.

1982 약 8년 만에 신간 『계속되는 몽테뉴*Montaigne en mouvement*』를 출간한다.

1987~ 1987년부터 1년간 콜레주드프랑스 초빙교수를 지낸다.

1988 프랑스 화가 클로드 가라슈에 대한 비평서 『클로드 가라슈*Claude Garache*』 출간.

1989 비평집 『방향지시판*Table d'orientation*』 및 18세기 연구 논문집 『악 속의 약: 계몽주의 시대 비판과 정당화 *Le Remède dans le mal. Critique et légitimation de l'artifice à l'âge des Lumières*』 출간.

1990 보들레르의 시를 멜랑콜리의 관점으로 훌륭히 분석한 『거울에 비친 멜랑콜리: 세 번의 보들레르 읽기*La Mélancolie au miroir. Trois lectures de Baudelaire*』 출간.

1991 미술전시회 도록 해설 『화가들 공간 속의 디드로*Diderot dans l'espace des peintres*』 출간.

1993 괴테상 수상.

1999 '작용'과 '반작용'이라는 용어의 역사와 문학적 수용사를 다룬 기념비적 저서 『작용과 반작용*Action et réaction. Vie et aventures d'un couple*』 및 『시와 전쟁: 1942~1944년의 연대기*La Poésie et la guerre, chroniques 1942~1944*』 출간.
야스퍼스상 수상.

2000 팔순이 된 스타로뱅스키를 기념하는 국제학술대회가 파리3대학에서 개최된다. 이 학술대회에서 발표된 글들을 묶은 책 『계속되는 스타로뱅스키*Starobinski en mouvement*』(뮈리엘 가뉴뱅과 크리스틴 사비넬 편집)가 이듬해 출간된다.

2005 오페라와 현대 회화를 다룬 비평서 『매혹적인 여인들*Les Enchanteresses*』 출간.

2012 멜랑콜리를 주제로 한 논문과 비평을 모은 『멜랑콜리의 잉크*L'Encre de la mélancolie*』 출간. 루소 연구 논문집 『비판과 유혹*Accuser et séduire*』과 디드로 연구 논문집 『디드로: 어느 악마의 지저귐*Diderot. un diable de ramage*』을 동시에 출간.

2016 문학과 예술에 대한 연구 및 비평을 모은 『세상의 아름다움*La Beauté du monde. La littérature et les arts*』 출간.

해설

빛과 그 이면: 스타로뱅스키의 비평

이충훈

"가장 완전한 의미의 비평가 스타로뱅스키"

프랑스 격월간 문학잡지 『크리티크*Critique*』는 2004년 장 스타로뱅스키에게 헌정하는 특집호를 발행했다. 잡지의 서두에서 주간 필리프 로제와 스위스 주네브대학의 문학부 교수 파트리치아 롬바르도는 장 스타로뱅스키를 "가장 완전한 의미의 비평가"라고 소개한다. 그들에 따르면 스타로뱅스키는 언제나 "텍스트와 컨텍스트, 설명과 해석의 균형을 잃지 않고자 하"며, "더없이 엄정한 형식 분석과 더없이 예리한 내용의 종합을 결합하는" 비평가이다.

> 스타로뱅스키는 문학을 별개의 현상으로 보지 않는다. 문학은 시간과 공간 속에서 세상의 모든 언어를 연결하고 인간 존재들을 사로잡고 있는 관심사들을 번역하는 것이다. 여기가 문학이 공적 역할을 맡게 되는 지점이며, 비평가의 사회적 기능이 자리하는 곳이다. 그의 작품은 텍스트에 담겨 있는 비의秘義를 드러내면서도 사유의 방향 역시 제시한다. 지식의 변화양상을 민감하게 포착하면서 그의 작품은 해결의 길을 열어준다. 장 스타로뱅스키의 비평, 그의 더없이 세련된 언어는 한 시대를 넘어 지속되

> 는 것의 빛으로 환히 빛나고 중요한 역사적 순간에 포함된 미묘한 차이를 고스란히 드러낸다.(『크리티크』, 2004년 8-9월호, 599쪽)

그야말로 문학비평가가 받을 수 있는 최상의 찬사가 아닐까? 문학작품의 형식과 내용, 역사·사회적 조건과 개인 특유의 조건을 종합하면서, 내밀한 의식을 실어내는 작가의 언어에 바투 다가서면서도 이를 정중하고 신중한 비평가의 언어로 감싸안는 스타로뱅스키의 문학적 태도는 비평가의 덕목과 의무, 책임과 유희를 모두 충족한다.

그러나 어쩌면 바로 이러한 문학적 태도와 '방법'이 과거 치열하고 전투적이기까지 했던 문학 논쟁과 기존의 관례적 언어에 타격을 가할 목적으로 신조어를 남용했던 문학의 장에서 그가 오랫동안 한쪽에 비켜서 있던 이유이기도 할 것이다. 이런 점에서 스타로뱅스키를 '주네브학파'의 일원으로 보는 입장도 있다. 이 학파는 주네브대학의 마르셀 레몽과 장 루세를 필두로 알베르 베겡과 스타로뱅스키 등을 포함한다고 알려져 있다. 1980년대 중반에 '주네브학파'를 한국에 소개했던 김현의 문학적 관심도 이러한 맥락에서 해석할 수 있다.

그러나 주네브학파가 특별한 '방법론'이나 '이념'을 공유했던 것은 아니다. 주로 주네브 출신들로 이루어진 이 문학 그룹을 공식화한 사람은 오히려 미국에 체류중이던 벨기에 출신의 문학평론가 조르주 풀레였다. 이들의 공통점을 굳이 찾자면 작품의 섬세한 분석, 작가의 전기적 내용을 바탕으로 한 유연한 정신분석학적 접근, 작가와 작품의 통시적 연구와 공시적 연구를 종합하고자 하는 시각 등이라 할 수 있다. 그러나 이러한 태도가 굳이 주네브학파에게만 해당한다고 볼 수는 없다. 한 작가와 그의 작품들, 작가가 받은 영향들, 사회와 역사 속에 살아가는 작가의 실존적 경험에 대한 관심과 해석은 진지한 문학 연구자와 비평가라면 누구도 간과하지 않을 기본적인 원천이자 주제이기 때문이다.

스타로뱅스키는 자신의 방법론을 뚜렷이 제시한 적은 없지만 그렇다고 해서 지난 문학 논쟁의 시대에 멀찍이 떨어져 있지도 않았다. 언어학자 페르디낭 드 소쉬르에 대한 연구서 『말 아래의 말*Les mots sous les mots*』(1971)은 구조주의 언어학에 대한 그의 관심을 보여준다. 또한 그의 문학관과 사상관의 토대를 보여주는 『비평의 관계*La relation critique*』(1970)를 보면, 스타로뱅스키 비평의 세 가지 원천을 레오 슈피처의 문체론, 프로이트의 정신분석학, 그리고 지성사histoire des idées로 꼽을 수 있다. 특히 지성사가로서의 면모는 주네브학파의 다른 구성원들과의 방법적 차이를 보여준다. 한 작가가 특별히 사용했던 단어와 개념 하나에 주목하고, 한 시대에 성격도 관심도 입장도 다른 많은 작가들이 공유했던 단어와 개념의 역사를 추적하고자 하는 지성사는 수많은 신조어가 만들어지고 한 사람 한 사람이 서로 다른 개념과 감성을 갖고 경쟁한 18세기 연구에서 없어서는 안 될 방법이었다. 그렇지만 스타로뱅스키가 여전히 주네브학파의 관심과 입장을 공유한다면, 이는 제한된 어느 시대에 연구와 비평의 문을 닫아두는 대신, 끊임없이 그 시대를 이전과 이후 시대 사이에 위치시키면서 재해석하는 입장에 동의했기 때문이다. 18세기 프랑스와 로망스어권 문학의 권위자였던 스타로뱅스키가 자신의 연구를 몽테뉴에서 라신과 코르네유, 스탕달로, 다시 보들레르, 피에르 장 주브, 카프카를 거쳐 유럽의 많은 현대 시인과 예술가로 확장하는 까닭이 여기에 있다. 그의 문학 연구와 비평은 문학에서 "한 시대를 넘어 지속되는 것"을 올바로 포착하고자 하는 노력이 낳은 탁월한 결과물이다.

루소와 멜랑콜리: 스타로뱅스키의 두 원천

폴란드계 유대인 부모를 둔 장 스타로뱅스키는 1920년 주네브에서 태어나 그곳에서 자랐다. 그는 주네브대학에서 문학과 의학을 공부했고, 1949~1953년에 주네브대학병원에서, 1953~1954년에 미국 존스홉킨스대학에서 인턴 생활을 했다. 이 시기에 정신분석학 임상의로서 프로이트의 저작을 깊이 연구했다. 1958년에는 주네브대학에서 『장자크 루소: 투명성과 장애물』로 문학 박사학위를, 1960년에 같은 대학에서 『멜랑콜리 치료의 역사: 기원부터 1900년까지』로 의학 박사학위를 받지만, 이후에는 주네브대학 문학부에서 연구와 강의를 진행했다. 문학과 의학, 인문학과 자연과학 사이를 부단히 오갔던 연구 궤적이 그의 저작에 고스란히 드러나 있음은 물론이다. 하지만 스타로뱅스키는 어느 한쪽을 일방적으로 다른 쪽에 적용하는 태도를 끊임없이 경계했다. 현대에 메울 수 없을 정도로 골이 깊어진 두 영역이 역사적으로나 문화적으로 주고받았던 있는 그대로의 영향관계를 추적하는 것이 그의 독특한 문학적 입장을 구성한다.

스타로뱅스키에게 루소(문학)와 멜랑콜리(의학)는 연구와 비평의 출발점이며, 이 두 주제는 그의 이후 저서들에도 지속적으로 나타난다. 스타로뱅스키가 수행한 루소 연구의 가장 큰 업적은 주네브대학의 지도교수 마르셀 레몽과 공동으로 작업한 플레이아드판 루소 전집(1959~1995)이다. 문헌학, 문체론, 문학사 및 지성사의 분야에서 그의 연구가 이 전집 곳곳에 반영되어 있다. 이는 이후 그가 내놓은 루소 연구에도 고스란히 담겨진다.

다른 한편 멜랑콜리는 개인의 질병과 그로부터 구성되는 특수한 의식을 연결해주는 중요한 주제이다. 보들레르의 시를 멜랑콜리의 관점으로 훌륭히 분석한 『거울에 비친 멜랑콜리: 세 번의 보들레르 읽기』(1990)를 비롯하여 이 고전적 주제는 스타로뱅스키의 거의 모든 저술에 등장한다.(이 주제로 쓴 글을 모은 두터운 연구서 『멜랑콜리의 잉크』가 2012년에 출판되었다.)

장자크 루소를 '투명성'과 '장애물' 사이를 부단히 오간 작가로 부각한 그의 박사논문은 출간 즉시 서구의 문학 연구자들에게 루소를 읽는 새로운 관점을 제시함은 물론 스타로뱅스키만의 새롭고도 진지한 비평적 시각을 각인시켰다. 그런데 투명성과 장애물이라는 주제는 비단 그의 루소 해석에 국한되지 않는다. 이 두 단어가 마주칠 때 갖게 되는 역동적이고 폭발적인 의미에 주목하는 스타로뱅스키는 이 개념을 18세기 유럽의 문학과 예술을 효과적으로 이해할 수 있는 키워드로 이해하는 것 같다. 그러므로 『자유의 발명 1700~1789』과 『1789 이성의 상징』에서 이 두 단어가 자주 발견되는 것도 우연은 아니다. 18세기의 이론가들과 작가들은 인간 본성의 탐구를 위해 기원으로 거슬러올라가는 방법을 택했다. 현재 우리가 보고 있는 인간은 기원에서 멀어져 숱한 변화를 겪어온 존재다. 그러므로 인간 본성을 올바로 이해하기 위해서는 그렇게 변화한 양상을 빠짐없이 추적하면서 최초의 순수하고 투명했던 인간의 모습을 정확히 그려내야 한다. 루소는 물론 몽테스키외, 콩디야크, 라 메트리, 뷔퐁, 디드로, 돌바크, 그리고 사드에 이르기까지 작가들 사이에 다소의 차이는 있지만 이들 모두가 취한 방법이 그와 같았다.

작가들은 최초의 '투명한' 인간이 자유로운 존재였음을 깨달았다. "인간은 자유롭게 태어났다"는 루소의 선언이 대표적이다. 자연의 품에서 갓 태어난 인간은 뒤늦게 설립된 사회에서 태어나고 자란 인간과 기질, 감각, 상상력, 사유의 모든 면에서 다를 수밖에 없다. 그렇다면 무엇이 자연 속에서 자유롭게 태어난 인간에게서 자유를 빼앗았는가? 화려한 건축물, 매력적인 가면, 사회의 계층들을 구분지어놓는 모든 차별과 불평등, 그리고 무소불위의 군주정이 그것이다. 자유롭고자 한다면 이 모든 부자유와 불합리를 보지 못하게 가려놓은 베일을 제거해야 한다. 그것들이 자유를 가로막고 있는 장애물이다. 그러니 그 베일을 벗기기만 해도 사람들의 이성과 지성을 마비시켜놓았던 악의 힘, 어둠의 힘은 사라지고 말 것이다.

18세기, 다양성과 개성의 시대

스타로뱅스키는 이 책에서 계몽주의의 이념이 당대의 예술작품에 어떤 반향을 일으켰는지 추적한다. 그가 18세기 후반의 "성상 파괴적인 배경장식의 폐지"(118쪽) 경향에 주목하는 것도 이런 의미에서다. 바로 이 시기는 감각의 마비와 즐거움의 추구, 낭비와 호사의 예술적 경향이었던 바로크와 로코코 양식에 대한 반작용으로서 신고전주의와 민중적 양식이 승리를 거두던 때였다. 당시 사람들은 건축양식, 실내장식, 사치, 의복, 스펙터클 같은 '눈에 보이는' 장애물부터 제거하고자 했다. 다소의 부침은 있으나 루이14세와 루이15세의 절대왕정 시절에 사치와 호사의 문화가 정점에 이르렀다. 17세기 고전주의 이성에 근거한 질서와 균형, 통일성과 조화의 엄격한 기준이 완화되면서 바로크와 로코코 시대의 예술은 세련되고 섬세한 표현을 자랑하면서 한없이 가벼워졌고, 감각에 직접 호소하는 자잘한 장식들은 반짝거리다 가뭇없이 사라지기를 반복했다. 18세기 전반기의 예술은 17세기에 보이던 이성의 과잉을 즐거움의 과잉으로 상쇄하는 듯했다. 그 호사스러운 예술에서는 "의미가 약화되고 의미를 내포한 가치들이 성겨지는 경향"(39쪽)이 있었다.

이때 인간 본성으로서의 자유를 추구하고 이론화했던 계몽주의 사상가들과 작가들이 나타나 이 경박하고 변덕스러운 유행으로서의 예술에 엄정한 비판을 가했다. 고대 그리스와 로마 문화의 이상이 구현했던 순수 형식과 자유 이념의 회복이 다시 논의되었다. "경박한 이미지들, 로코코 양식의 특징인 유혹적인 추파, 바로크 수사학의 과장된 태도들"(125쪽)을 추방하고 오염된 아름다움을 정화하려는 움직임이 일어났다. 빙켈만의 신고전주의가 그 대표적인 이념이며, 음악의 소나타와 교향곡이 대표적인 예술 형식이었다.

그러나 스타로뱅스키는 18세기에 사치스럽고 경박했던 문화와 예술이 곧장 고대의 순수하고 자연스러운 이상으로 대체되었다고 주장하지 않는다. 그가 주목하는 것은 이 시대의 예술가들에게서 두 상반된 경향이 무수한 방식으로 경쟁하고 배제하고 흡수되고 길항하면서 수많은 차이를 만들어냈다는 점이다. 이 시대를 뜨겁게 달구었던 고대와 현대의 경쟁, 이탈리아 양식과 플랑드르 양식의 경쟁(회화), 고전주의와 고딕주의의 경쟁, 멜로디와 화성의 경쟁(음악), 영국식 정원과 프랑스식 정원의 경쟁 같은 수많은 경쟁이 의미를 갖는 것은 그 자체의 이론적 정합성보다는 이런 과정을 통해 각각의 예술가들이 누구와도 닮지 않은 개성과 자기만의 기법을 갖추게 되었다는 점이다. 기존의 지배적인 장르가 쇠퇴하고 새로운 장르가 발명되었다. 과거에 중요시되던 시학적, 예술적 가치가 의심의 대상이 되고, 주목받지 못하던 예술의 영역에서 혁신이 일어났다. 이 '다양성'이 프랑스와 유럽의 18세기 예술이 갖는 매력이자 성취임을 부정할 수 없다. 유파와 학파의 틀로 가둘 수 없는 예술가들의 무한한 '개성'이 18세기 예술을 그 이전의 어떤 시대와도 구분케 해주는 특징임을 간과해서는 안 된다. 예술가들 각자는 자신이 생각하는 예술적 이상의 투명성을 의식하고 실천과정에서 부딪히게 마련인 장애물과 끊임없이 마주하게 된다. 그러면서 그 장애물을 피해보기도 하고, 우회하기도 하고, 결국 받아들이기도 하는 것이다. 이를 통해 예술가들 각자가 장애물에 부딪히면서 수용하게 되는 회절回折의 방식과 양상이

18세기 예술을 그 어떤 세기와도 비교할 수 없을 만큼 풍요롭게 만들어주었다는 점을 스타로뱅스키는 강조하고 있다.

현대보다 더 현대적인

『자유의 발명』은 "18세기에 덧씌워진 신화에서 다시 출발해야 한다"는 문장으로 문을 연다. 흔히 18세기를 '이성의 시대'이자 '혁명의 시대'로 보곤 한다. 또한 많은 이들이 경멸적으로 혹은 자조적으로 "시詩가 없던 시대"로 비난하거나 탄식하기도 한다. 근대 유럽 연극의 모범이 된 17세기 프랑스의 운문 비극과 19세기 문학사를 수놓은 수많은 시인들 사이에서 18세기는 운문 대신 산문이, 형식 대신 이념이 승리한 시기로 평가받곤 한다. 요컨대 문학과 예술의 시대이기 전에 정치와 혁명의 시대로 보는 시각이다.

그러나 18세기를 더는 이전의 방식으로 시를 쓰고 무대에 설 수 없음을 올바르게 깨달은 시대라고 볼 수는 없을까? 시작법을 배우고 각운을 맞출 줄 안다고 시를 쓰는 것은 아니다. 무대에 고대 신화의 영웅이 아니라 장터의 필부필부匹夫匹婦가 등장하지 못할 이유가 무엇인가? 신화와 종교에서 끌어낸 주제를 거대한 화폭에 담아내는 역사화보다 당대 풍속을 다루는 장르화, 개인의 개성을 포착하여 재현해내는 초상화 장르가 열등하게 여겨질 이유가 무엇인가? 그렇지만 이 시대는 주제와 인물만 살짝 바꾸는 것으로 만족하지 않았다. 새로운 장르에는 새로운 시학이 필요하다. 새로운 주제에는 새로운 연기법이 필요하다. 18세기가 '미학'이 빛을 본 시대인 것도 이와 무관하지 않는다. 바움가르텐의 『미학』(1758)과 칸트의 『판단력비판』(1790)을 꼽지 않더라도 미적 감정의 기원과 작용방식에 대한 탐구는 이 시기 철학이 다룬 중요한 주제 중 하나였다. 그래서 양식良識 대신 천재가, 균형 잡힌 아름다움 대신 상상력에 폭력을 가하는 숭고가, 완성된 그림 대신 스케치와 캐리커처가 새로운 미적 가치를 가졌음에 주목했던 것도 이 시대의 역사적 맥락을 살펴보면 자연스러운 일이다. 스타로뱅스키는 『자유의 발명』의 마지막 장에서 이러한 문제들을 종합해본다. 그리고 여기서 다시 멜랑콜리의 주제를 취한다. '눈앞에 보이는' 화려한 사물들의 현전에 몰두했던 18세기 초의 경향에서 이제 18세기 말의 '부재'의 경험과 표현으로 넘어가는 것이다. 정복과 소유, 과시와 과잉의 욕망으로 '불안'해 했던 18세기 초의 사회적 경향이 이미지의 파괴와 폐지의 운동에 압도당하면서 인간의 덧없는 운명이 다시금 의식되기 시작했다. 계몽철학자들이 한 세기 동안 논의했던 자연과 사회, 야만과 문명의 대립이 뒤섞이면서 예술은 기억 대신 망각을, 명성 대신 익명을 그려내기 시작했다. 그런 과정을 통해 18세기 후반의 예술은 이전 시대의 금과옥조였던 모방과 재현을 벗어나버린다. 스타로뱅스키는 특히 이 시기의 회화 작품들에서 전혀 주저함 없이 다음 세기의 인상주의는 물론 20세기의 초현실주의 경향까지 읽어낸다. 그는 문예사가들이 경솔하게 고립시켜버렸던 18세기가 사실은 온갖 현대적인 예술 운동과 이념의 토대였음을 은근히 드러낸다. 모든 세기와 모든 문화는 각자의 방식으로 과거와 대화하고 미래를 예고하는 법이지만, 스타로뱅스키는 특히 18세기가 예술 자체의 성찰과 사유에서 여전히 현대적이고 어떤 지점에서는 우리 시대보다 더 현대적임을 시사하고 있다.

혁명 신화의 베일 벗기기

스타로뱅스키는 『이성의 상징』에서 18세기의 또다른 '신화'를 벗겨낸다. 바로 '1789년'의 신화이다. 실증주의적 역사는 흔히 구체제Ancien Régime의 모순이 필연적으로 폭발한 사건으로 프랑스혁명을 바라보곤 한다. 하지만 스타로뱅스키는 1789년만을 연구의 대상으로 삼는다. 과연 이 시대의 유럽은 우리가 쉽게 생각하듯 혁명적 에너지로 넘쳐났던가? 그는 혁명의 사건 자체에서 한 발 물러나 당시 예술(회화, 건축, 조각, 음악, 문학)의 여러 면모를 있는 그대로 조망해본다. 어떤 저작에서도 자신의 문제의식을 손쉽게 드러내는 법이 없는 그는 이 책에서도 신중한 태도로 일관한다. "1789년에 빛을 본 예술작품 대부분은 혁명의 결과라고 볼 수 없다. 파리가 폭동으로 뒤흔들리고 프랑스 군주정이 휘청일 때, 여러 건축물과 그림, 오페라 작품이 프랑스 안팎에서 완성되었다. 이 작품들은 혁명이라는 사건 이전에 구상되었고, 긴 호흡의 의도로 준비되었기에 저 뜨거웠던 나날의 열기와는 아무 상관이 없었다. 그래서 우리는 이 작품들을 역사적 문맥과 무관하게 해석할 수 있을 것 같다. 우연히 시대가 같았을 뿐이니, 여기에 단순하게 인과관계를 적용할 수는 없다."(252쪽)

그렇지만 스타로뱅스키가 정치와 예술, 사회와 문화를 별개의 것으로 본다고 생각해서는 안 될 일이다. 그가 주목하는 것은 보다 근본적으로 "예술과 사건은 서로를 비추고, 서로가 서로를 드러낸다는 점에서 중요성을 가진다"는 점이다. 더 나아가 그는 "1789년의 예술가들은 혁명에 주목했든 무시로 일관했든, 혁명을 승인했든 단죄했든…… 프랑스혁명과 어떤 식으로든 관계를 맺지 않을 수 없"(253쪽)었음을 인정한다. 그가 취한 입장, 그가 염려한 방식은 이 해의 모든 정신이 프랑스혁명의 징후이자 예고이며, 그렇지 않은 정신과 작품은 반역사적이거나 반혁명적이라는 단순한 추론과 위험한 오해이다. 바로 이것이 1793년 말 로베스피에르 권력의 핵심이었던 공안위원회의 판단이 아니었던가? 모차르트의 오페라를 경박하다고 비판하고 카노바의 조각을 통속적 모방으로 보는 입장이 그렇지 않은가? 스타로뱅스키는 이런 손쉬운 추론의 방식과 오해의 깊이를 단죄하거나 비난하는 대신 이 시대의 걸작으로 남은 여러 예술을 비교하고 분석하면서 독자에게 이 점을 신중히 판단해줄 것을 권한다.

빛의 시대와 어둠의 회귀

다시 18세기에 대한 한 가지 상투적인 이해를 살펴보자. 이 시대를 당대에는 빛의 세기le siècle des Lumières라 불렀다. 이때 대문자 복수형으로 쓴 빛Lumières은 편견과 미신의 어둠을 밝히는 '지식'이라는 의미다. 과학혁명은 기독교 신의 천지창조 이데올로기를 무너뜨렸다. 종교와 민간 신앙이 지배했던 사회가 합리적이고 유용한 지식이 보급(빛이 전파)됨에 따라 쇠락의 길을 걷는 반면, 너나없이 공공 교육의 기회가 평등하게 주어졌을 때 인간의 지성은 급속히 확장되고 인류의 행복bien-être도 이에 비례하여 증가할 수 있다는 확신을 가지게 되었던 것이다. 스타로뱅스키는 "암흑을 눌러 이기는 빛, 죽음 한복판에서 다시 태어나는 삶, 다시 처음으로 돌아간 세상 등의 은유는 1789년 무렵에 보편적으로 부각되던 이미지"(293쪽)였음을 잊지 않는다. 그러나 이 빛의 이미지는 18세기에 새롭게 등장한 것이 아니다. 신의 계시라는 종교적 의미와 함께 태양왕을 자처했던 루이14세 절대왕정의 '빛'에 대한 18세기 철학자들의 버전이기도 했다.

1789년의 제3신분은 이 강력한 빛이 과거의 "부당한 분리, 터무니없는 금지, 다수를 몰아냈던 방벽"을, "인간의 삶에 허락된 '자연'권의 전적인 향유를 누릴 수 없도록 막았"던 그 방벽을 일소해, "무한한 공간의 열림을, 빛과 권리가 모든 방향으로 퍼져나갈 수 있을 하나의 장場을 창조"(298쪽)하기를 기대했다. 그곳은 세 신분을 서로 떼어놓았던 방벽이 무너지고, 모든 시민이 평등하게 자연이 각자에게 부여한 일반의지에 따라 사유하고, 의지意志를 품고, 행동에 나서는 공간일 것이다. 세상을 바꾸고, 새롭게 시작하고자 하는 그 빛이 퍼지지 못하도록 막았던 구체제의 모든 장애물의 어두운 힘을 끝끝내 물리치게 되는 "빛의 영광과 시련"(306쪽)을 이제 기억하고 기념해야 한다. 스타로뱅스키는 이런 "변증법"이 "프랑스혁명의 내적 법칙"(308쪽)이었음을 지적한다.

> 어둠이 물러서면서 나타난 혁명의 빛은 그 어둠의 회귀와 맞서야 한다. 어둠은 혁명의 빛 내부까지 위협한다. 혁명의 빛이 세상에 스며들 때는 어떤 저항에 직면한다. 이 저항은 무기력하게 남아 있는 사태, 새로운 진리를 받아들이지 않는 사람들의 반항적 의지가 한데 어우러져 빚어진다. 사변적 이성과 이를 널리 퍼뜨리고자 하는 열망은 과감히 '현실의 힘'에 휘둘리지 않아야 할 것이며, 이번을 마지막으로 완전히 벗어나고자 했던 음험한 적의 회생을 보게 될 것이다.(309쪽)

그러나 이 '어둠이라는 적'은 어디에 있는가? 이 적은 반혁명세력이요, 음모가요, 적대적 연합으로 간주될 것이다. 여기에 프랑스혁명이 공포정치로 접어들었던 과정, 바스티유 함락으로 부족해 국왕을 '혁명의 빛'에 저항하는 "밤의 과오"(310쪽)로 간주하여 처벌할 수밖에 없었던 과정이 놓인다.

이제 예술가들은 이 '어둠'의 힘을 그리기 시작한다. 빛의 세기는 과거의 어둠을 완전히 일소할 수 있고, 이성의 빛은 인간의 가장 어두운 내면까지 밝혀줄 수 있으리라 생각했지만, 형체도 없고 이름도 없는 그 '어둠'이 복귀한다. 18세기 예술가들은 모든 불필요한 장식을 제거하고 기하학적 명증성에 따라 새롭게 열린 세상에 어울리는 양식을 얻을 수 있으리라 믿었지만, 세기 말에 그들은 "그때까지 배제했던 어둠과 꿈의 부분이 확장됨을 발견"(380쪽)하고 "어둠의 몫 전체가 더해져 커진 의식 한가운데"에서 "어둠에 온몸을 던지는 모험적 탐색"(380~382쪽)으로 그들의 예술 작업을 받아들이게 된다.

그런 대표적인 화가로 스타로뱅스키가 고야를 꼽는 것은 우연한 일이 아니다. 그는 『이성의 상징』의 서두를 고야의 작품으로 열었고, 이 책을 고야에 대한 긴 설명으로 마무리한다. 고야는 18세기 후반의 모든 예술적 경향을 경험하고, 그 시대 유럽의 모든 역사적 사건을 체험했던 인물이다. 그의 작품에는 18세기 예술의 전형들이 엿보이지만 "마네와 표현주의, 20세기에 나타난 대담한 시도들의 천재성과 고독감"(425쪽)도 나타난다. 무엇보다 스타로뱅스키가 고야에서 발견하는 것은 "감각적 삶의 밝게 빛나는 풍요로움에도 검은 이면이 있다는 생각"(427쪽)이며, "이성이 잠들었을 때 태어나는 그로테스크한 형상들을 대놓고 보여주었"(435쪽)던 점이다. 고야의 천재는 혁명의 태양신화에 깃든 환상을 간파했다. 어둠은 그리 쉽게 일소되지 않는다. 고야는 프랑스혁명이 압도적인 강한 빛으로 눌러 이겼다고 생각한 어둠이 복귀하리라는 사실을 느꼈고, 이를 자신의 작품 속에 표현했다. 고야의 경탄스러운 후기 작품 〈1808년 5월 3일의 학살〉이 이를 증명한다. 에스파냐에 들어온 프랑스 혁명군이 시민들에게 발포하는 그림이다. 빛인 줄 알았던 것이 어둠이며, 그 어둠이 역사의 폭력이 되어버렸음을 고야는 똑바로 보았다.

스타로뱅스키는 고야를 통해 프랑스혁명을, 그 혁명의 신화와 광기를 언급하며 책을 끝맺는다. 그것이 프랑스혁명의 운명이자 한계였다고 말하려는 것은 아니었다. 그의 목적은 1789년에 일어난 인류의 전 세계적 사건이 결국 파국으로 끝났음을 선언하는 데 있지 않다. 다만 그는 영원히 기억되고 또 기억되어야 할 이

해의 미적, 예술적, 지성사적 사건들을 담담히 수집하고, 성찰하고, 독자들과 함께 반추하고자 한다. 그것이 비평가의 사회적 기능이며, 예술의 공적 역할인 까닭이다. 그런 점에서 스타로뱅스키의 저작은 작품을 역사 속에서, 역사를 작품 속에서 겹쳐 읽으면서 균형 잡힌 해석을 제시해준다.

스타로뱅스키의 『자유의 발명』과 『이성의 상징』은 다소 아카데믹한 다른 저작들에 비하면 일반 대중을 염두에 두고 쓴 예외적인 책이라 하겠다. 18세기 유럽의 문학과 예술이 총망라된 이 저서에서 그는 재기에 넘친 활기찬 세기를 있는 그대로 다시 읽어주고자 했다. 그렇지만 그가 지극히 평이한 문체로 18세기에 논의되었던 거의 모든 주제를 다룬 점은 놀랍기까지 하다. 두 책의 제목으로 삼은 '자유'와 '이성'은 흔히 18세기를 이해하기 위한 키워드와 같다. 스타로뱅스키는 이 두 개념을 앞세우기보다는 정념, 즐거움, 의지, 숭고, 멜랑콜리, 노스탤지어, 불안, 어둠 등의 주제들이 '자유'와 '이성'을 어떻게 감싸고 있는지 보여주고자 한다. 역사의 어느 시대도 마찬가지겠지만, 프랑스와 유럽에 있어 18세기의 이상과 현실이 현대인들에게 여전히 생각할 거리를 마련해준다면 그것은 그 시대가 만들어낸 추상적 개념, 사람들의 마음을 뜨겁게 달구었던 이데올로기 때문은 아닐 것이다. 스타로뱅스키는 이 책에서 이성과 정념, 의무와 즐거움, 질서와 광기, 특권과 전복이 작가와 예술가 개개인에게 어떤 식으로 공존하는 동시에 경쟁했는지 보여준다. 그의 또다른 아름다운 책 『곡예사의 초상』(1970)에서 볼 수 있듯 모든 예술가는 이 둘 사이를 위태롭지만 경이롭게 건너가는 곡예사와 같다. 우리는 곡예사의 기술에 찬사를 보내고 그의 아슬아슬한 연기력에 흥분하지만, 외줄을 사이에 둔 양쪽 어디에도 자신의 자리를 차지할 수 없는 그 우울과 권태는 자주 외면받곤 한다. 정확히 이 지점이 스타로뱅스키가 우리를 데려가 바라보게 하는 곳이다.

루소와 지성사를 전공한 역자에게는 스타로뱅스키의 저작 이상으로 지적인 자극을 주었던 것이 없었다. 그의 다른 중요한 저작들도 서둘러 한국에 소개되기를 바란다. 그런 점에서 역자에게 선뜻 이 책을 번역할 기회를 주고, 오랫동안 기다려준 문학동네의 고원효 편집자께 감사의 마음을 전하고 싶다. 또한 서투른 번역을 매만져 아름답게 꾸며주신 김영옥 편집자께도 깊은 감사의 뜻을 전한다.

찾아보기(인명)

자유의 발명 1700~1789 **/** 1789 **이성의 상징**

초판 인쇄 ¦ 2018년 10월 29일
초판 발행 ¦ 2018년 11월 9일

지은이 ¦ 장 스타로뱅스키
옮긴이 ¦ 이충훈
펴낸이 ¦ 염현숙

기획 ¦ 고원효
책임편집 ¦ 김영옥
편집 ¦ 송지선 허정은 고원효
디자인 ¦ 슬기와 민 인진성
저작권 ¦ 한문숙 김지영
마케팅 ¦ 정민호 이숙재 정현민 김도윤 안남영
홍보 ¦ 김희숙 김상만 이천희
제작 ¦ 강신은 김동욱 임현식
제작처 ¦ 영신사

펴낸곳 ¦ (주)문학동네
출판등록 ¦ 1993년 10월 22일 제406-2003-000045호
주소 ¦ 10881 경기도 파주시 회동길 210
전자우편 ¦ editor@munhak.com
대표전화 ¦ 031)955-8888
팩스 ¦ 031)955-8855
문의전화 ¦ 031)955-3578(마케팅) 031)955-1905(편집)
문학동네카페 ¦ http://cafe.naver.com/mhdn
북클럽문학동네 ¦ http://bookclubmunhak.com

ISBN 978-89-546-5340-4 93920

이 도서의 국립중앙도서관
출판예정도서목록(CIP)은
서지정보유통지원시스템 홈페이지
(http://seoji.nl.go.kr)와
국가자료공동목록시스템
(http://www.nl.go.kr/kolisnet)에서
이용하실 수 있습니다.
(CIP제어번호: CIP2018033083)

www.munhak.com

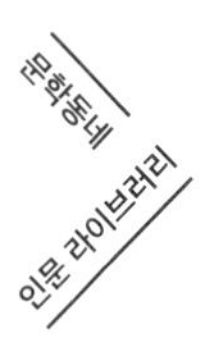

세상은 언제나 인문의 시대였다.
삶이 고된 시대에 인문 정신이 수면 위로 떠올랐을 뿐.
'문학동네 인문 라이브러리'는 인문 정신이 켜켜이 쌓인 사유의 서고書庫다.
오늘의 삶과 어제의 사유를 잇는 상상의 고리이자
동시대를 이끄는 지성의 집합소다.
살아 움직이는 유기체적 지식을 지향하고, 앎과 실천이 일치하는
건강한 지성 윤리를 추구한다.

1¦ **증여의 수수께끼** | 모리스 고들리에 ¦ 지음 | 오창현 ¦ 옮김
2¦ **진리와 방법 1** | 한스게오르크 가다머 ¦ 지음 | 이길우 외 ¦ 옮김
3¦ **진리와 방법 2** | 한스게오르크 가다머 ¦ 지음 | 임홍배 ¦ 옮김
4¦ **역사—끝에서 두번째 세계** | 지그프리트 크라카우어 ¦ 지음 | 김정아 ¦ 옮김
5¦ **죽어가는 자의 고독** | 노르베르트 엘리아스 ¦ 지음 | 김수정 ¦ 옮김
6¦ **루됭의 마귀들림** | 미셸 드 세르토 ¦ 지음 | 이충민 ¦ 옮김
7¦ **저자로서의 인류학자** | 클리퍼드 기어츠 ¦ 지음 | 김병화 ¦ 옮김
8¦ **검은 피부, 하얀 가면** | 프란츠 파농 ¦ 지음 | 노서경 ¦ 옮김
9¦ **전사자 숭배—국가라는 종교의 희생제물** | 조지 L. 모스 ¦ 지음 | 오윤성 ¦ 옮김
10¦ **어리석음** | 아비탈 로넬 ¦ 지음 | 강우성 ¦ 옮김
11¦ **기록시스템 1800·1900** | 프리드리히 키틀러 ¦ 지음 | 윤원화 ¦ 옮김
12¦ **비판철학의 비판** | 리쩌허우 ¦ 지음 | 피경훈 ¦ 옮김
13¦ **부족의 시대** | 미셸 마페졸리 ¦ 지음 | 박정호·신지은 ¦ 옮김
14¦ **인간성 수업** | 마사 C. 누스바움 ¦ 지음 | 정영목 ¦ 옮김
15¦ **자유의 발명 1700~1789 / 1789 이성의 상징** | 장 스타로뱅스키 ¦ 지음 | 이충훈 ¦ 옮김